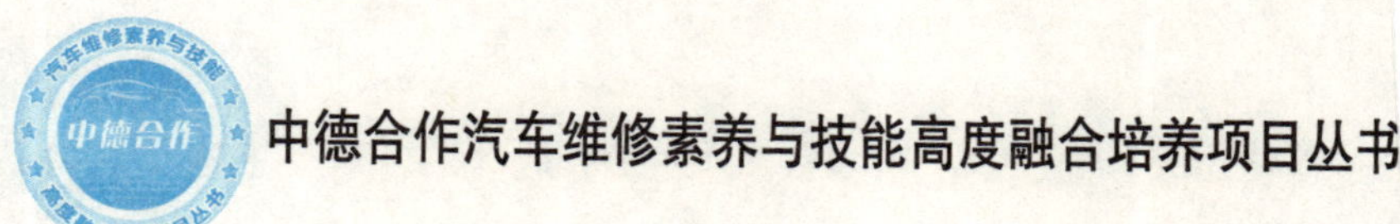

中德合作汽车维修素养与技能高度融合培养项目丛书

机械组件与系统检查拆换

学习领域2

Check and Replacement of Mechanical Components and Systems

杨梅 赵超 张彦华 周克媛 高吕和 编著

机械工业出版社

《机械组件与系统检查拆换》是本系列丛书的第 2 个学习领域，主要包括：LS2.1：安装车轮和轮胎并进行四轮定位；LS2.2：制动时产生摩擦噪声，制动片磨损指示器亮起；LS2.3：底板上发出随转速变化的隆隆声或响亮的排气声；LS2.4：发动机运行不平稳且功率不足；LS2.5：冷却液损失且排气管冒白烟；LS2.6：发动机爆燃噪声，机油压力指示灯亮起。

本书的主要任务是用多种教学方法（如卡片法、小组拼图法、旋转木马法、餐垫法、概念地图法等）讲述底盘系统损伤的故障诊断与维修问题，使学生养成严谨、规范的工作习惯，提高他们的思考和应变能力，提高安全生产、成本控制、协调合作意识，培养学生信息获取、沟通展示、团队合作、计划决策、自我管理和运用英语的能力。

本书定位为高职院校汽车维修相关专业教材，也可作为中职院校以及其他职业培训学校汽车维修相关专业学生用书。

图书在版编目（CIP）数据

机械组件与系统检查拆换/杨梅等编著. —北京：机械工业出版社，2017.6
（中德合作汽车维修素养与技能高度融合培养项目丛书. 学习领域；2）
ISBN 978-7-111-57377-7

Ⅰ.①机… Ⅱ.①杨… Ⅲ.①汽车－零部件－检修②汽车－电气系统－检修 Ⅳ.①U463②U472.41

中国版本图书馆 CIP 数据核字（2017）第 165485 号

机械工业出版社（北京市百万庄大街 22 号　邮政编码 100037）
策划编辑：李　军　　　　责任编辑：李　军　谢　元
责任校对：张　征　张　薇　封面设计：马精明
责任印制：李　飞
北京铭成印刷有限公司印刷
2017 年 9 月第 1 版第 1 次印刷
184mm×260mm · 21.5 印张 · 513 千字
0 001—1 900 册
标准书号：ISBN 978-7-111-57377-7
定价：79.90 元

凡购本书，如有缺页、倒页、脱页，由本社发行部调换
电话服务　　　　　　　　网络服务
服务咨询热线：010－88361066　机 工 官 网：www.cmpbook.com
读者购书热线：010－68326294　机 工 官 博：weibo.com/cmp1952
010－88379203　金 书 网：www.golden－book.com

教育服务网：www.cmpedu.com

编委会

德国专家团队

丛书序

2014年6月23日，第七次全国职业教育工作会议在北京召开，李克强总理发表重要讲话，强调要把提高职业技能和培养职业精神高度融合，不仅要培养大批怀有一技之长的劳动者，而且要让受教育者牢固树立敬业守信、精益求精等职业精神。

2014年11月17日，北京市教育委员会与德国巴登·符腾堡州教育、青年和体育部签署了双方合作共同举办汽修专业素养与技能高度融合教育改革试验班的合作意向书，在过去10年合作的基础上，用3年时间，通过试验班的形式，尝试走出一条结合中国国情、代表职业教育未来发展方向的高水平职业教育发展道路，让德国先进的职业教育理念在中国落地实施，探索人文教育、职业素养与职业能力高度融合的课程和教学体系。素养与技能高度融合的教育模式改革实现了职业教育以职业规律为起点、立足工作能力和生活能力培养、服务于完美人格塑造的教育理念，以能力为本位，以素质提升为目标，培养能够适应当前社会需要的应用型人才。试验项目培养目标是：培养能够独立、负责任、在团队条件下高效率解决问题的可持续发展的职业人；培养学生健全的人格和良好的素养，建立社会主义核心价值观。

2015年9月，北京市7所中高职国家级示范学校迎来了第一批汽修专业试验班学生，在课堂中正式开始采用职业素养与技能培养高度融合的新型教育模式，以专业内容为载体培养学生可持续发展的职业精神和非专业能力。将非专业能力培养内容作为最重要的教学内容，不仅打破了国内学科体系和知识体系，而且也打破了德国已经成熟的职业课程体系，形成了一套全新的非专业能力培养与专业能力培养高度融合的课程体系。而我们的课堂也由过去说教式的课堂转向了适应企业人才需求的“有趣、有用、有效”的“三有”课堂。经过一年的探索，试验班学生的精神面貌、职业素养及技能与其他班学生相比已经发生明显变化，试验模式得到了奔驰、奥迪、宝马等企业的认可，学生陆续被高端企业“预定”。试验学校也逐渐将试验范围从汽修专业扩展延伸到其他专业。

为了保证质量和提高效率，我们在“杜威思维五步”和“德国行动六步”基础上，自主开发了“十步教学”流程，并组织试验学校的骨干教师统一采用“十步教学”进行教学设计。同时，本课程也转化为Moodle课程，通过Moodle平台开展线上线下教学活动，将职业素养与技能培养高度融合的新型教育模式在课堂中真正落地实施。为了评估教学效果，追踪学生的综合职业能力发展，我们自主开发了“八步测评”体系。该体系与“十步教学”相呼应，编制了测评任务题库和测评任务能力指标评价表，对学生综合职业能力进行统一测评。每位参加测评的学生都会得到《职业行动过程分析报告》和《综合职业能力诊断报告》。这两份报告为学校实现学生个性化培养及教学改进提供了重要参考。

德国巴登·符腾堡州专家团队在德国原有的14个学习领域的基础上，依据培养目标开发了试验项目课程大纲，包括11个学习领域，共79个学习情境。每个学习情境都是完整的工作任务，并明确提出了包含知识、技能、素养在内的具体教学目标。北京参加本项目的学校专家团队在实施过程中与企业专业技术人员合作，对课程大纲进行了本土化改造，最终优化调整为12个学习领域，共80多个学习情境，并最终形成了本丛书。

由于经验有限，本丛书还存在不少疏漏，请使用本丛书的师生提出宝贵意见，以便我们在今后进行补充和改进！

编　者

丛书特色

不同于以往任何教材，本丛书的呈现形式是完整的“十步教学”流程设计。从教学准备开始，包括教学硬件设施准备和教学软件资源准备，经历了任务接受、任务分析、理论学习、任务计划、任务决策、任务实施、任务检查和任务交付的完整行动过程，最后还有反思评价和任务拓展。每一步设计得都非常详细具体。

本丛书课程内容架构以信息页模块的形式呈现，打破了传统的学科体系教材结构，以典型工作任务和工作情境为载体，突出专业内容重点，重视细节，实现了由简单到复杂的编排。每一个学习情境的专业理论内容，按照重点和难点之间的逻辑关系，分散在不同的信息页中，突出了重点，化解了难点，避免了长篇累牍给学生带来的压力，也有利于学生提炼整理关键信息。

本丛书为教师和学生提供了活动标签，有教师活动和学生活动的具体要求，有时间建议，活动流程完善，环环相扣，师生只要按照活动标签认真互动，即可轻松使用。

本丛书为教师和学生提供了完备的教学资源。从教学准备开始，接下来是接车剧本、客户工单，最后还有设备资料清单。理论学习阶段有信息页、工作页：根据信息页完成对应的工作页，完成理论学习；有理论测试卷；能够检验每一个知识点的掌握程度，由 Moodle 系统自动评分导出分数，不需要教师阅卷批改。任务计划阶段有工作计划表格，任务决策阶段有任务决策表，任务交付阶段有交车剧本。每一个教学流程都有测评表，不需要补充任何资源。教师可以把精力放在如何组织学生学习上。

本丛书提供了丰富的教学方法和学习方法，既有使用说明，也有实施步骤。师生根据丛书的引导，尝试实施就会慢慢掌握小组拼图法、旋转木马法等适合培养学生自主学习能力的教学方法。

本丛书的内容适合度较为广泛，已在遴选北京的 7 所中高职国家级示范学校示范应用，反馈良好。实践证明，一个人的非专业能力依托专业能力培养，是完全不受中高职学生水平差异限制的；本丛书适合所有汽修专业的中高职学生使用。

丛书使用方法

使用本丛书时，请严格按照“十步教学”流程的活动标签逐步实施，不能跳步，并且认真阅读活动要求，即每一步的教师活动和学生活动。使用时遵循以下原则：

1. 关于教学手段

(1) 线上与线下相结合。为有效实现素养与技能高度融合项目的培养目标，尽量采取面对面的教学实施，教师为主导，学生在教师设计好的思路下自主学习。但是，针对学习内容不同和授课课时的限制，某些环节或内容需要积累和记载下来，某些环节以电子版呈现会更好。因此借助 Moodle 教学系统，把最适合的学习内容或学习环节呈现在系统中，采取线上和线下相结合的教学手段。已参与本项目的教师可以通过 Moodle 系统账号，获取相应的系统资源。

(2) 课堂内与课堂外相结合。素养与技能高度融合项目要培养训练学生可持续发展的非专业能力，还要培养学生的专业能力，课堂内时间紧，学习任务重。能力本身的持续性和相对稳定性，决定了我们不能忽略课堂外培养的有效作用。为了检验教学效果和巩固拓展能力，在课堂外，教师既可以借鉴 Moodle 教学系统，继续提供学习内容辅助学生完成相应的任务，也可以安排适当的拓展任务，组织学生团队合作完成。

(3) 教师主导学生全程自主学习。教师设计好教学思路，给学生提供需要的学习资源，用一根无形的线索主导学生。学生在教师的主导下，或一个活动，或一个环节，按照“十步教学”教学流程，或个人，或团队，全程自主学习。教师在学习过程中几乎没有讲授，教师只是主导者、观察者、辅助者和答疑者。学生通过自主学习，同时获取专业能力和非专业能力。

2. 关于教学方法

本丛书主张课堂上综合采用多种教学方法，利用所有教学资源组织学生自主学习。涉及的教学方法：（项目原创的）三步访谈法、小组拼图法、旋转木马法、学习站法、工作站法、专家法、餐垫法（井田法）、倒立法、闪光灯法、咖啡馆法、速度二重奏法、概念地图法、交头接耳法等；（德国原有的）头脑风暴法、卡片法、思维导图法、主动倾听法、集体笔记法、团体拼图法、刺激鼓动法、演绎归纳法、主持小组作业法、系列计划法、专题报告法、角色扮演法、全面反馈法、情境教学法、小组教学法等。通过教师活动和学生活动导引，把一个个教学方法鲜活呈现。

本丛书设计的所有教学方法都是有利于素养与技能高度融合培养的有效载体，教学方法不是通过阅读可以理解掌握的，最好是通过培训才可以有效把握。教师可以通过自己的实践积累，慢慢领悟小组拼图法、旋转木马法、工作站法等的灵活运用。如果希望精准掌握教学方法的精髓，建议教师参加本项目的师资培训，以学生角色体验多种教学方法的使用。

3. 关于教学评价

教师日常教学测评，对应“十步教学”，每一步都有针对素养、技能和知识的评价表。参与本项目教师通过自己的账号，可以在 Moodle 系统中自动完成对每一个学生的评价，从而积累针对学生的日常综合职业能力指标评价。

使用本丛书前，需要详细阅读每个学习领域的前言，改变观念，明确来龙去脉及培养目标。为了很好地实施课程，请配合项目培训和 Moodle 系统使用，三位一体才能灵活运用。教学活动，即教师活动和学生活动，属于教学方法的具体实施，这些内容要经过项目培训才能灵活运用；教学资源，即信息页、工作页，阅读丛书即可获取；教学评价：只能在 Moodle 系统获取，包括随堂评价、“十步教学”的每一步评价、综合评价。系统会减少教师的任务量进行自动统计和导出。

目　录

LS2.1

安装车轮和轮胎并进行四轮定位

教学准备

教学情境准备

教师活动 教师提前提供给所有学生 2.1.0.1 客户任务工单。课前提供 2.1.0.2 接车剧本给事先安排好的两个学生，一个扮演客户，另一个扮演维修接待人员（Service Advisor，简称 SA），以便上课时两个学生能在实车上把客户任务真实再现。

学生活动 所有学生在课前熟悉 2.1.0.1 客户任务工单，提前了解客户委托任务。

两个角色扮演的学生要熟悉练习 2.1.0.2 接车剧本。（课前）

2.1.0.1 客户任务工单

2.1.0.1 客户任务工单

<table>
<tr><td>车主姓名</td><td></td><td>日期</td><td></td></tr>
<tr><td>车型</td><td></td><td>车牌号</td><td></td></tr>
<tr><td>发动机号</td><td></td><td>底盘号</td><td></td></tr>
<tr><td>联系电话</td><td colspan="3"></td></tr>
<tr><td>通信地址</td><td colspan="3"></td></tr>
<tr><td colspan="4">故障现象描述：
车主需要安装冬季轮胎并进行四轮定位。</td></tr>
<tr><td colspan="4">检查维修建议：</td></tr>
<tr><td colspan="4">故障结论：（更换或维修的零件记录）</td></tr>
<tr><td colspan="2">取车付款：
现金 银行卡</td><td colspan="2">维修人：
收款人：</td></tr>
</table>

2.1.0.2 接车剧本

2.1.0.2 接车剧本

学习情境描述：

一辆大众速腾轿车，行驶总里程10万km，客户发现轮胎达到磨损极限，想更换冬季轮胎并做四轮定位。

前台：您好！有什么需要我帮助的？

客户：您好！我发现轮胎达到磨损极限，想更换冬季轮胎并做四轮定位。您能帮我看看吗？

前台：好的！我先检查一下。

（检查轮胎沟槽中的磨损极限标识，确认是否需要更换）

前台：我刚才初步诊断了一下，轮胎磨损确实达到极限需要进行更换，我给您更换冬季轮胎并进行四轮定位。

客户：好的！那您尽快维修吧，我还着急用车呢。

前台：那您想什么时间取车？

客户：今天下午4点取车吧。

前台：好的！请您到客户区休息等待，如有需要，我会及时和您联系。

教学目标准备

教师活动 教师以一页PPT简要介绍本情境的教学目标：素养点、知识点、技能点。

学生活动 学生思路清楚、目标明确，在头脑中形成个人学习规划。（课前）

素养点：

① 在小组中能够良好地自我表达，并且懂得倾听他人。

② 能够阅读和总结简单的文本，并用简单的工具（PPT）进行可视化。

③ 能够推断出初步结论。

④ 能够保持周围环境干净整洁。

⑤ 能够独立工作。

⑥ 能够小组合作。

⑦ 在小组中能够与他人有效地沟通交流。

⑧ 能够阅读技术信息，检索提炼、建构逻辑关系。

知识点：

① 轮胎的型号。
② 轮胎的结构。
③ 轮毂的型号和结构。
④ 静态和动态不平衡。
⑤ 废弃轮胎的处理和回收利用。
⑥ 拆装车轮的方法。
⑦ 扒胎机和动平衡仪使用方法。
⑧ 四轮定位仪的使用方法。

技能点：

① 拆装车轮。
② 使用扒胎机更换轮胎。
③ 做动平衡。
④ 完成四轮定位。
⑤ 遵守安全条例。

资料设备清单

参与本项目的教师具体见 Moodle 系统，未参与本项目的教师可以根据实际情况自行制订。

2.1.1 任务接受：接车

两人角色扮演

学生活动 学生分组，两人一组。其中，事先安排好的两个学生为一组，一个扮演客户，另一个扮演 SA，在实车上把客户任务真实再现。(10min)

教师活动 教师观察角色扮演学生的表演过程，同时观察其他学生的表现：倾听的认真程度。

全员换位评价

学生活动 学生认真观看角色扮演情境再现过程，理解客户委托，并与本组学生一起对做角色扮演的学生换位思考并进行口头评价：角色扮演时的优缺点，如果是自己怎样改进会更好。(10min)

教师活动 教师指出角色扮演的优缺点，提出注意事项进行强调说明。

全员分组练习

教师活动 教师要求所有学生借鉴两个示范学生的表现，进行任务接受练习。

学生活动 学生按照教师的提示与强调，借鉴示范的两个学生的表现，学生分组在实车上进行任务接受的角色扮演练习。互换角色再练习一次。(10min)

提交任务接受阶段的评价表

教师活动 教师要求学生对任务接受阶段自己扮演 SA 时的表现进行自我评价。

学生活动 学生按照教师的要求对自己在扮演 SA 时的表现进行客观真实地自评。

任务接受评价表

参与本项目的教师具体见 Moodle 系统，未参与本项目的教师可以根据实际情况自行制订。

2.1.2 任务分析：轮胎需要更换的原因

教学方法：餐垫法

独立查找原因

教师活动 教师提供 2.1.2.1 信息页（维修信息、文本资料）和餐垫图纸，指导学生独立查找轮胎需要更换的原因，并书写在餐垫上周边对应位置。

学生活动 学生分组，首先个人独立阅读教师提供的 2.1.2.1 信息页，在信息页上划出关于轮胎需要更换的原因，形成个人的结论，工整地书写在餐垫上自己的对应位置。(30min)

2.1.2.1 信息页

2.1.2.1 信息页

学校名称		任课教师	
班级		学生姓名	
学习领域	L2 机械组件与系统检查拆换		
学习情境	LS2.1：安装车轮和轮胎并进行四轮定位	学习时间	1h

在汽车实现离地飞行之前，过分强调轮胎的重要性不为过。汽车就靠着四条轮胎四个巴掌大小的接地面积来实现和路面的“沟通”，载重、加速、减速、转向……轮胎与车辆安全密切相关。对于轮胎，你一点也不能“将就”，而要很“讲究”地使用。例如，对于老龄化的轮胎，一定要及时更换。

1. 不要使用“老龄胎”

汽车轮胎正常的使用寿命应该多久？米其林、普利司通、邓禄普、倍耐力、大陆等各大品牌轮胎的官方网站都没有给出明确的答案。

影响轮胎寿命的因素很多，除了轮胎设计、材质等先天因素外，车主的操作习惯、汽车的使用环境、车况好坏等都会影响轮胎的寿命，所以即使是同一品牌的轮胎，装在同一型号的车上，其使用时间和里程也都有很大区别。

米其林和邓禄普轮胎的官方建议：如果是已经使用了五年或更久的轮胎，则需要让专业人士至少每年检查一次。而基于安全考虑，从生产日期起超过十年的轮胎无论是否达到磨损标识都应该更换。

“轮胎使用五年，几乎都已经到了老龄阶段。”“真正能坚持十年的轮胎少之又少，在现实的使用环境下，汽车轮胎使用五年已经算是长寿了。”轮胎的正常寿命一般在五年之内，为了安全，一旦超过五年最好能更换。

轮胎到了老龄阶段后，胎面一般也会出现“皱纹”，这些细小的纹路显示它已经该“退休”了。

2. 磨损到极限一定得换胎

如果让你穿一双不带花纹的平底靴到光滑路面走一趟，你一定会感到步步惊心，轮胎如果过度磨损也会有这样的效果。轮胎胎面上的花纹意义重大，具有提高附着力和排除路面积水的功能，让轮胎保持较好的路面附着力。磨损的轮胎附着能力大幅下降，尤其是在积水的湿滑路面上尤其危险，所以当轮胎花纹磨损到极限后，应该及时更换。轮胎胎肩处有三角形的磨损标记，它指向轮胎沟槽中的磨损块，当轮胎花纹磨损后，就会露出这个磨损块，此时应该更换轮胎。

3. 不要让你的轮胎带伤上阵

千万不要为难你的轮胎，如果它已经有伤，就一定不要让它坚守岗位，要不，你就是跟自己过不去，这实在是极不安全的一件事情。

在用车过程中，轮胎可能会被异物扎到，也可能不小心蹭到马路牙子，或者高速通过路面凹凸遭遇强烈撞击，这些都可能会导致轮胎受损。轮胎受损的情况包括胎面裂缝、胎面鼓包、胎面橡胶缺失、胎侧磨损严重或者不正常磨损等。

如果轮胎被钉子等尖锐物件扎到胎面，那修补后还可以继续上路，但是如果是胎侧受损或者胎面的伤口太大，就一定要更换。应一个月对轮胎至少进行一次外观检查。

4. 如何让轮胎长寿?

1）保持正确的胎压。车辆一般会将正确的胎压标准贴在左侧车门内侧，请按照厂方建议保持胎压正常。特别提示，厂方标准的胎压是在轮胎“冷态”的情况下测量。

2）不要超速行驶，避免急加速、紧急制动、快速过弯、通过垂直落差较大的障碍。

3）保持车况正常，四轮定位正确。

4）建议车主每隔8000km或10 000km互换一次四条轮胎的位置，让四条轮胎磨损均匀。

5. 出现哪些情况时一定更换轮胎?

1）轮胎磨损至磨损极限标志时（即胎面花纹深度低于1.6mm）。

2）轮胎受损，出现胎面裂缝、胎面鼓包、胎面橡胶缺失、磨损不均匀、被化学品腐蚀、轮胎多次被异物扎到等情况。

3）轮胎老化，轮胎老化快慢跟环境、使用方式密切相关，一般正常使用3~5年，如果已经使用了五年或更久，要让专业人士每年至少检查一次。

合作讨论原因

学生活动 学生小组合作讨论达成共识，把本组的轮胎需要更换的原因工整书写在餐垫的中间位置上，把餐垫贴在白板上展示。(30min)

教师活动 教师重点观察学生讨论时的表现：所有成员是否可以通过协商快速达成一致意见。

师生确定原因

教师活动 教师带领学生一起逐条对每组的结果进行分析评价，判断对错，总结原因。

学生活动 学生领会理解，修改本组餐垫并把最终结果工整地记录在笔记本上。(10min)

填写客户工单

教师活动 教师提供行驶证等资料，指导学生填写2.1.0.1客户任务工单（车辆检验内容，确定维修范围，是否修理车辆建议）。

学生活动 学生小组合作完整填写客户任务工单。(20min)

提交任务分析阶段的评价表

教师活动 教师要求学生对任务分析阶段自己的表现依据2.1.2.2任务分析评价表进行自我评价。

学生活动 学生按照教师的要求对自己在任务分析阶段的表现对照每一条进行客观真实地自评。

2.1.2.2 任务分析评价表

参与本项目的教师具体见Moodle系统，未参与本项目的教师可以根据实际情况自行制订。

2.1.3 理论学习：轮胎、车轮的结构组成与工作原理

教学方法：概念地图法

3.1 底盘的结构组成

关键词法独立学习

教师活动 教师提供2.1.3.1信息页和写有关键概念的若干卡片，让学生独立阅读，划出关键词，完成2.1.3.1工作页，并在分到的每一个卡片后面写出关键概念的解释。

学生活动 学生在小组内安静独立地阅读2.1.3.1信息页，划出关键词，完成2.1.3.1工作页，并在分到的每一个卡片后面写出关键概念的解释。(60min)

2.1.3.1 信息页

2.1.3.1 信息页

学校名称		任课教师	
班级		学生姓名	
学习领域	L2 机械组件与系统检查拆换		
学习情境	LS2.1：安装车轮和轮胎并进行四轮定位	学习时间	50min
工作任务	A：底盘的结构组成	学习地点	理实一体化教室

底盘的作用是支撑、安装汽车发动机及其各部件、总成，形成汽车的整体造型（图 1），并接受发动机的动力，使汽车产生运动，保证正常行驶。底盘由传动系统、行驶系统、转向系统和制动系统四部分组成。

图 1 汽车底盘结构

1. 传动系统

传动系统一般由离合器、变速器、万向传动装置、主减速器、差速器和半轴等组成。

（1）传动系统的功用

汽车发动机所发出的动力靠传动系统传递到驱动轮。传动系统具有减速、变速、倒车、中断动力、轮间差速和轴间差速等功能，与发动机配合工作，能保证汽车在各种工况条件下的正常行驶，并具有良好的动力性和经济性。

（2）传动系统的分类

传动系统可按能量传递方式的不同，划分为机械传动、液力传动、液压传动、电传动等。

图 2 所示为传统的发动机纵向安装在汽车前部，后桥驱动的 4 ×2 汽车布置示意图。发动机发出的动力经离合器、变速器、万向传动装置传到驱动桥。在驱动桥处，动力经过主减速器、差速器和半轴传给驱动轮。

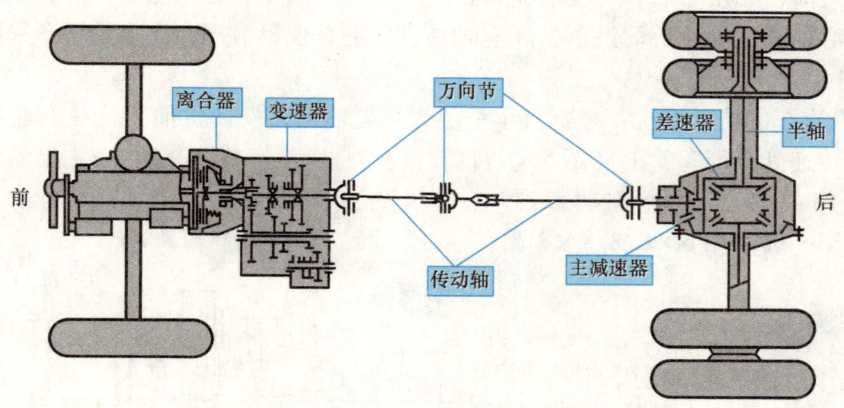

图 2 机械式传动系统的基本组成

液力传动（此处单指动液传动）是利用液体介质在主动元件和从动元件之间循环流动过程中动能的变化来传递动力。液力传动装置串联一个有级式机械变速器，这样的传动称为液力机械传动。

液压传动也叫静液传动，是通过液体传动介质静压力能的变化来传递能量，主要由发动机驱动的油泵、液压马达和控制装置等组成。

电传动是由发动机驱动发电机发电，再由电动机驱动驱动桥或由电动机直接驱动带有减速器的驱动轮。

（3）传动系统的布置形式

机械式传动系统常见布置形式主要与发动机的位置及汽车的驱动形式有关。可分为：

1）前置后驱：即发动机前置、后轮驱动。这是一种传统的布置形式。国内外的大多数货车、部分轿车和部分客车都采用这种形式。它是前轮转向、后轮驱动，发动机输出动力通过离合器、变速器、传动轴输送到驱动桥上，在此减速增矩后传送到后面的左、右半轴上，驱动后轮使汽车运行，转向与驱动分开，负荷分布比较均匀。

2）后置后驱：即发动机后置、后轮驱动。在大型客车上多采用这种布置形式，少量微型、轻型轿车也采用这种形式。发动机后置，使前轴不易过载，并能更充分地利用车厢面积，还可有效地降低车身地板的高度或充分利用汽车中部地板下的空间安置行李，也有利于减轻发动机高温和噪声对驾驶人的影响。缺点是发动机散热条件差，行驶中的某些故障不易被驾驶人察觉。远距离操纵也使操纵机构变得复杂、维修调整不便，但由于优点较为突出，在大型客车上应用越来越多（图3）。

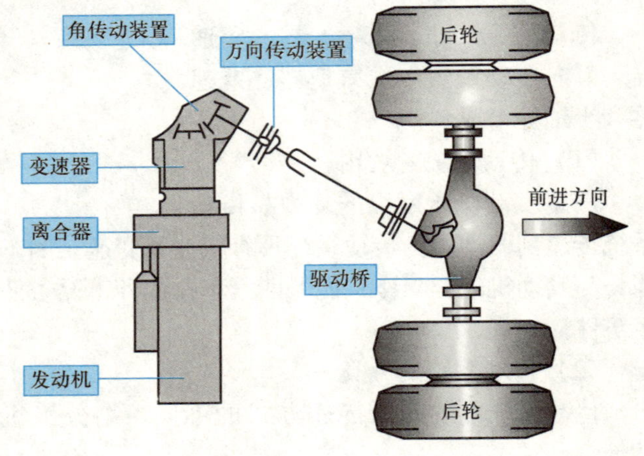

图3 后置后驱传动系统布置示意图

3）前置前驱：发动机前置、前轮驱动。这种形式操纵机构简单、发动机散热条件好。缺点是：上坡时汽车质心后移，使前驱动轮的附着质心减小，驱动轮易打滑；下坡制动时则由于汽车质心前移，前轮负荷过重，高速时易发生翻车现象。现在大多数轿车采取这种布置形式（图4）。

4）越野汽车的传动系统：越野汽车一般为全轮驱动，发动机前置，在变速器后装有分动器将动力传递到全部车轮上（图5）。目前，轻型越野汽车普遍采用4×4驱动形式，中型越野汽车采用4×4或6×6驱动形式，重型越野汽车一般采用6×6或8×8驱动形式。

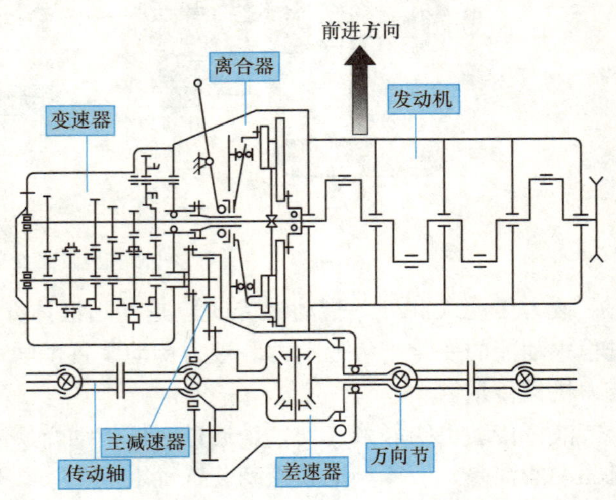

图4 前置前驱传动系统布置示意图

2. 行驶系统

（1）汽车行驶系统的功用

1）将汽车构成一个整体，承受汽车的总重量。

2）接受来自传动系统的动力，通过驱动轮与路面的作用产生牵引力，使汽车正常行驶。

3）承受并传递路面作用于车轮上的各种反力和力矩，缓和不平路面对车身造成的冲击，衰减汽车行驶中的振动，保持行驶的平顺性。

4）与转向系统配合，保证汽车操纵稳定性。

（2）汽车行驶系统的组成

汽车行驶系统一般由车架、车桥、车轮和悬架等组成。

车架是汽车的基体，发动机、变速器、传动机构、操纵机构、车身等总成和部件都安装于车架上。

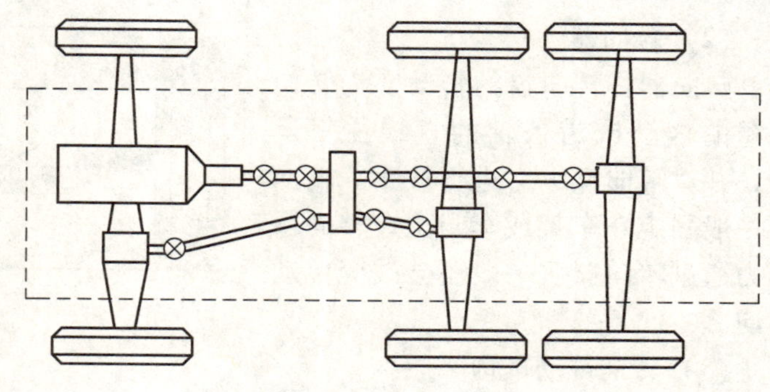

图5 越野车全轮驱动形式

车架按其结构形式不同可分为：边梁式车架、中梁式车架、综合式车架和无梁式车架。

车桥通过悬架与车架连接，支撑着汽车大部分的重量，并将车轮的牵引力、制动力以及侧向力经悬架传给车架。

车桥分为整体式和断开式两种。按使用功能划分，车桥又可分为转向桥、转向驱动桥、驱动桥和支持桥。

车轮与轮胎支撑汽车车体重量，缓和由于路面不平引起的冲击力，接受和传递制动力和驱动力，轮胎具有抵抗侧滑的能力，轮胎具有自动回正的能力，使汽车正常转向，保持汽车直线行驶。

车轮由轮毂、轮辋以及轮辐组成。

轮胎主要由胎冠、胎肩、胎侧、胎体和胎圈等组成。

悬架把车架与车桥弹性连接起来，吸收或缓和车轮在不平路面上受到的冲击和振动，传递各种作用力和力矩。

悬架一般由弹性元件、导向装置和减振器组成。

悬架可分为独立悬架和非独立悬架两类。

独立悬架的特点是每一侧车轮单独通过弹簧悬挂在车架下面，汽车行驶过程中，当一侧车轮跳动时，不会影响另一侧车轮的工作。独立悬架中多采用螺旋弹簧和扭杆弹簧作为弹性元件，并配有导向装置和减振器。独立悬架在轿车上应用广泛（图6）。

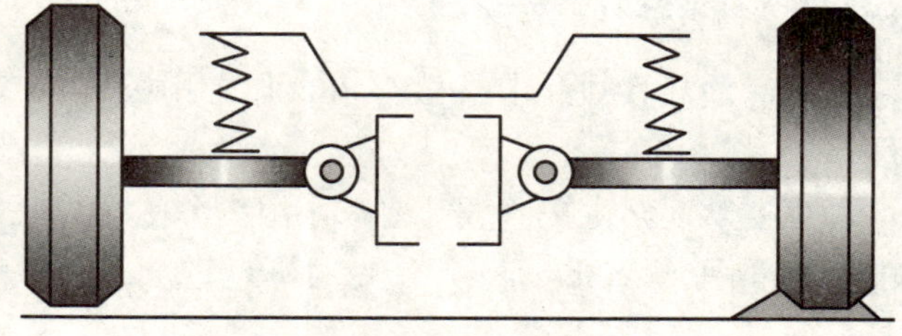

图6 独立悬架

非独立悬架的特点是两侧的车轮分别安装在同一整体式车桥上，车桥通过弹性元件与车架相连。这种悬架在汽车行驶过程中，当一侧车轮跳动时，另一侧车轮也将随之跳动。非独立悬架广泛采用钢板弹簧作为弹性元件，这种悬架在中、重型汽车上普遍采用（图7）。

3. 转向系统

汽车上用来改变或恢复其行驶方向的专设机构称为汽车转向系统。

转向系统由以下三部分组成：

（1）转向操纵机构

转向操纵机构主要由转向盘、转向轴、转向管柱等组成。

(2) 转向器

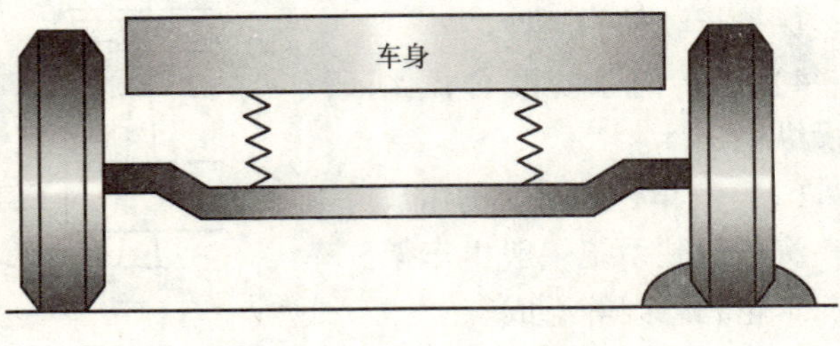

图7 非独立悬架

转向器将转向盘的转动变为转向摇臂的摆动或齿条轴的直线往复运动，并对转向操纵力进行放大。转向器一般固定在车架或车身上，转向操纵力通过转向器后一般还会改变传动方向。

(3) 转向传动机构

转向传动机构将转向器输出的力和运动传递给车轮（转向节），并使左、右车轮按一定关系进行偏转。

按转向能源的不同，转向系统可分为机械转向系统和动力转向系统两大类。

4. 制动系统

汽车上用以使外界（主要是路面）在汽车某些部分（主要是车轮）施加一定的力，从而对其进行一定程度的强制制动的一系列专门装置统称为制动系统。其作用是：使行驶中的汽车按照驾驶人的要求进行强制减速甚至停车；使已停驶的汽车在各种道路条件下（包括在坡道上）稳定驻车；使下坡行驶的汽车速度保持稳定。

制动系统一般由制动操纵机构和制动器两个主要部分组成。

互相讲述关键概念

教师活动 教师要求学生对照卡片在小组内互相讲述关键概念。

学生活动 学生按照教师要求对照卡片在小组内互相讲述关键概念。(20min)

组内合作逻辑思维导图

教师活动 教师要求学生小组合作，用关键词卡片在A0图纸上构建概念地图的思维导图。

学生活动 学生按照教师要求小组内分工合作，用关键词卡片在A0图纸上构建概念地图的思维导图。(30min)

展示讲述小组成果

教师活动 教师要求小组展示概念地图的思维导图，一个组讲，其他组听、提出疑问和改进建议。

学生活动 学生小组按照教师要求选出代表展示概念地图的思维导图，其他组听、提出疑问和改进建议。(10min)

小组合作整理笔记

教师活动 教师要求学生合作讨论后修改工作页，并整理关键内容到笔记本上。

学生活动 学生经过讨论修改工作页，把工作页提交到系统，并把关键内容整理到笔记本上。(10min)

教学方法：小组拼图法

3.2 轮胎及车轮的组成及原理

原始组独立完成工作页

教师活动 教师把学生分成专家组，并提供与之有关的2.1.3.2~2.1.3.5信息页和2.1.3.2~2.1.3.5工作页。

学生活动 学生原始组个人独立学习信息页，并完成工作页。(60min)

2.1.3.2 信息页

2.1.3.2 信息页

学校名称		任课教师	
班级		学生姓名	
学习领域	L2 机械组件与系统检查拆换		
学习情境	LS2.1：安装车轮和轮胎并进行四轮定位	学习时间	50min
工作任务	B：轮胎的作用、分类与标识	学习地点	理实一体化教室

1. 轮胎的作用

轮胎的作用是：支撑全车的质量，吸收、缓和由路面传来的冲击力；通过轮胎同路面间的附着力来产生驱动力和制动力；在保证汽车正常转向行驶的同时，通过轮胎产生自动回正力矩、使汽车保持稳定的直线行驶方向；保证轮胎与路面的良好附着，以提高汽车的动力性、制动性和通过性。轮胎有故障将导致汽车行驶困难或行驶油耗增加等。

2. 轮胎的分类

汽车轮胎按胎体结构不同，可分为充气轮胎和实心轮胎。现代汽车绝大多数都采用充气轮胎。充气轮胎按组成结构可分为有内胎和无内胎两种；按胎内工作气压分为高压胎低压胎和超低压胎（图1）；按胎面花纹的不同，可分为普通花纹轮胎、越野花纹轮胎和混合花纹轮胎等（图2）；按胎体内帘线排列方向的不同，可分为普通斜交轮胎和子午线轮胎。

a) 高压胎

b) 低压胎（目前汽车大部用低压胎）

图1 轮胎按气压分类

普通花纹轮胎的特点是花纹沟槽细而浅，花纹块接地面积较大，因而耐磨性和附着性较好，适用于较好的硬路面。

越野花纹轮胎的特点是花纹沟槽宽而深，花纹块接地面积较小，保证了轮胎与大片接地面积的“咬合”，防滑性能好，常用在矿山、建筑工地上的行驶车辆上。

混合花纹轮胎兼有普通花纹和越野花纹的特点。

3. 轮胎的标识

1）轮胎规格有两个参数：轮胎宽度和轮辋直径，单位为in或mm。然而，这些数值与

图 2 轮胎按花纹分类

轮胎实际尺寸不一致，因此，确切的数值必须从标准表中获得。所有用于轮胎的尺寸都是指轮胎充气至标准压力且没有负荷的情况（图 3）。

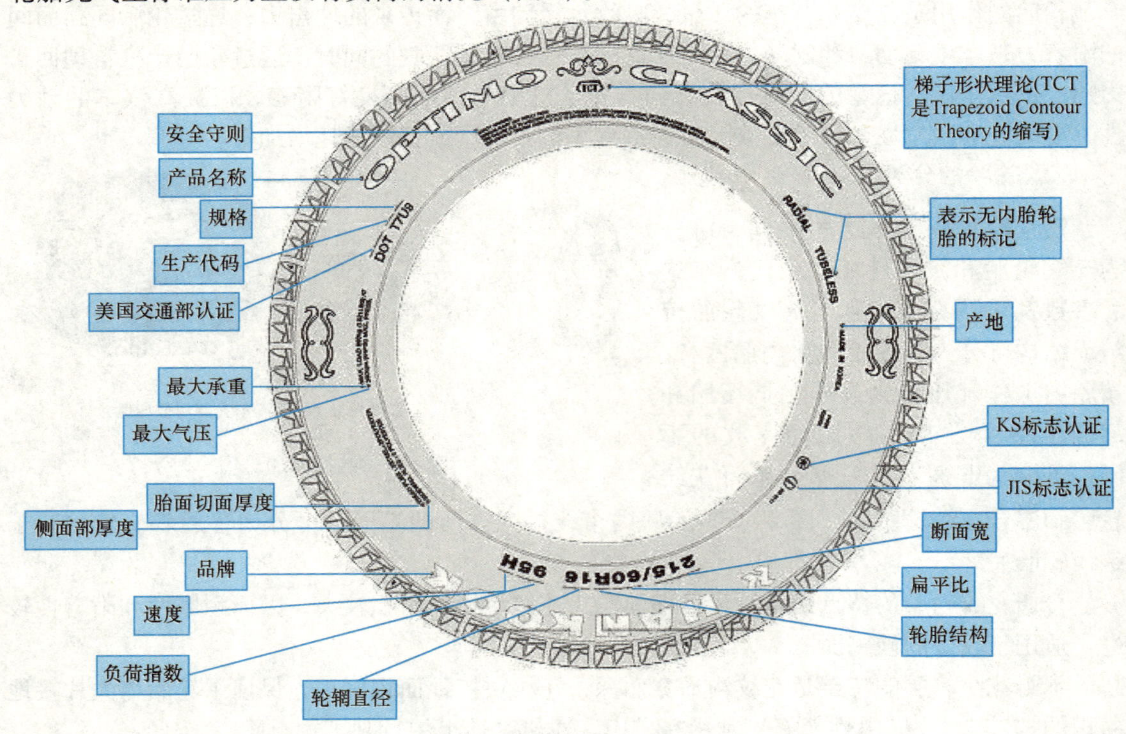

图 3 轮胎的标识

2）为区别不同的轮胎类型，如球形断面低压轮胎和低横断面轮胎，引入了轮胎高度（H）与宽度（B）之比，即高宽比或扁平率。扁平率在轮胎标注中以百分数的形式给出。

现代轮胎的宽度大于高度。如果轮胎高度为宽度的80%，则扁平率即高度与宽度之比为0.8:1。由于扁平率以百分数形式标注在轮胎上，因而这种轮胎被称为80胎。

3）根据最高允许速度不同，可将轮胎分为乘用车和摩托车两类。

每一最高允许速度与一字母代码对应，轮胎速度代码见表1：

表1 轮胎速度级别代码表

最高速度/(km/h)	速度级别代码	最高速度/(km/h)	速度级别代码
160	Q	240	V
180	S	270	W
190	T	300	Y
210	H	240以上	ZR

4）轮胎的承载能力由负荷指数（LI）表示。它是一个数字代码，用来表明轮胎在标准压力时的最大承载能力，见表2。

表2 轮胎最大承载能力

轮胎规格	普通			加强型（额外负荷）		
	LI	kg	$\times 10^5$ Pa	LI	kg	$\times 10^5$ Pa
135/80 R 13	70	335	2.4	74	375	2.8
185/70 R 14	88	560	2.5	92	630	2.9
195/65 R 15	91	615	2.5	95	690	2.9
205/50 R 16	87	545	2.5	91	615	2.9

5）轮胎标注的含义，例如195/60 R 15 88 H：

R：子午线轮胎。

195：标称轮胎宽度195mm。

60：高宽比（扁平率）60%。

15：轮辋直径15in。

88：负载能力560kg。

H：最高速度210km/h。

2.1.3.3 信息页

2.1.3.3 信息页

学校名称		任课教师		
班级		学生姓名		
学习领域	L2 机械组件与系统检查拆换			
学习情境	LS2.1：安装车轮和轮胎并进行四轮定位	学习时间	50min	
工作任务	C：轮胎的结构和原理	学习地点	理实一体化教室	

1. 轮胎的结构

有内胎的充气轮胎由外胎、内胎和垫带组成。

1）外胎：外胎是用耐磨橡胶制成的强度高又有弹性的外壳，直接与地面接触，保护内胎不受损伤，其组成如图 1 所示。

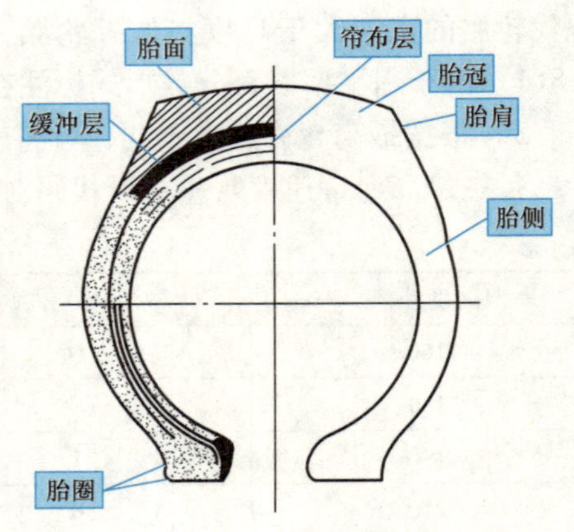

图 1　外胎结构

胎冠与地面接触，直接承受冲击与磨损，并保护胎体免受机械损伤；胎肩是较厚的胎冠与较薄的胎侧间的过渡部分，一般也制有花纹，以利于防滑和散热；胎侧是贴在帘棉层侧壁的薄橡胶层，用以保护帘布层，避免受潮湿和机械损伤；帘布层是外胎的骨架，也称胎体，其主要作用是承受载荷、保持轮胎外缘尺寸和形状。

帘布层通常用多层胶化的棉线或其他纤维编织而成，其帘线按一定角度交叉排列。缓冲层位于胎面与帘布层之间，质软而弹性大，一般由多层较稀疏的帘线和富有较大弹性的橡胶制成，其作用是加强胎面与帘布层的结合，以防紧急制动时胎面从帘布层上脱落，同时又能减小路面对轮胎的冲击和振动。

胎圈是帘布层的根基，它有较大的刚度和强度，轮胎靠胎圈装在轮辋上。胎圈由钢丝圈、帘布层包边和胎圈包布组成。

2）内胎和垫带（图 2）：内胎是一个环形橡胶管，上面有气门嘴，用于充入或排出空气，其尺寸稍小于外胎内壁尺寸，内胎具有良好的弹性、耐热性和密封性，

垫带是一个环形橡胶带，它垫在内胎与轮辋之间，保护内胎不被轮辋和胎圈磨坏，并防止尘土及水进入胎内。

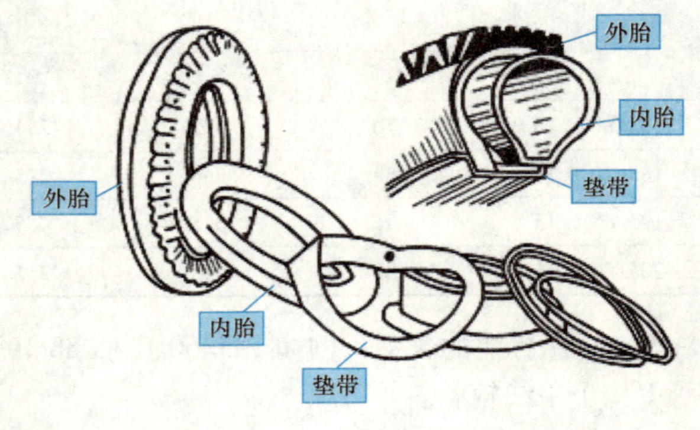

图 2　含内胎轮胎结构

2. 普通斜交轮胎和子午线轮胎

1）普通斜交轮胎（图 3a）：普通斜交轮胎的帘布层和缓冲层各相邻层帘线交叉，且与胎面中心线成小于 90°角排列，帘布层通常由成双数的多层帘布用橡胶贴合而成，帘布的帘线与轮胎子午断面的交角一般为 52°～54°。相邻层帘线相交排列，缓冲层由两层帘线交叉排列。

2）子午线轮胎（图 3b）：帘布层帘线排列方向与轮胎子午断面一致（即与胎面中心线成 90°角），能使其强度被充分利用，故它的帘布层数比普通轮胎可减少一半，因而胎体较柔软，而缓冲层层数较多，提高了胎面的刚度和强度。

优点：弹性大、耐磨性好、滚动阻力小、附着性能强、缓冲性能好、承载能力大、不易穿刺。缺点：外胎面刚性大、不易吸收路面凹凸及接缝产生的冲击（主要是低速时）。此外，由于胎侧柔软，被刺后伤痕易扩大。由于具有较多优点，现代汽车已逐渐广泛应用。

3. 无内胎的充气轮胎

无内胎的充气轮胎（图 4），但在外胎内壁上有一层很薄的专门用来封气的橡胶密封层，

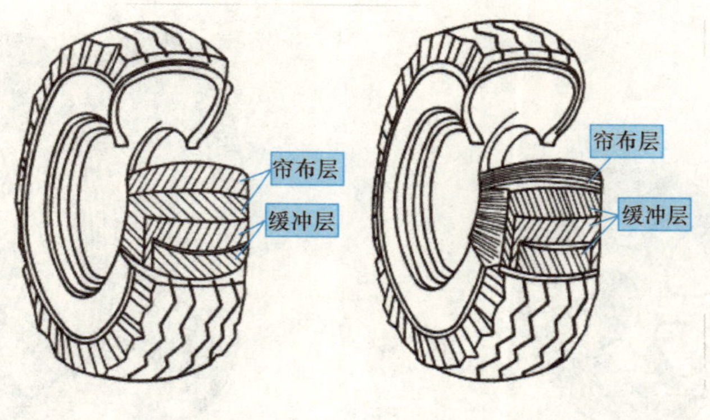

图 3　普通斜交轮胎和子午线轮胎

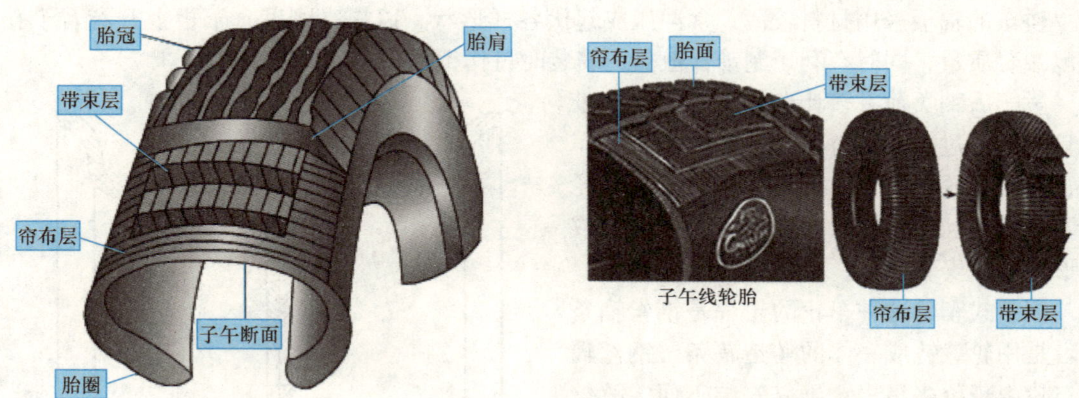

图 4　无内胎的充气轮胎结构

胎缘部位留有余量，密封层被固定在轮辋上，钉子刺破轮胎后，内部空气不会立即泄掉，安全性能好。另外轮胎爆破后，可从外部紧急处理，目前这种轮胎在轿车上应用较多。

2.1.3.4　信息页

2.1.3.4　信息页

学校名称		任课教师	
班级		学生姓名	
学习领域	L2 机械组件与系统检查拆换		
学习情境	LS2.1：安装车轮和轮胎并进行四轮定位	学习时间	50min
工作任务	D：车轮的分类和组成	学习地点	理实一体化教室

通常车轮由轮毂、轮辋以及这两件元件之间的连接部分称为轮辐的元件所组成。

按照轮辐的结构不同，车轮可分为辐条式（图 1）和辐板式（图 2）。

辐板式车轮由挡圈、辐板、轮辋和气门嘴伸出口组成。辐板为钢质圆板，它将轮毂和轮辋连接为一体，大多是冲压制成，少数是与轮毂铸成一体。后者多用于重型汽车上。辐板与轮辋是铆接或焊接在一起的，对于采用无内胎轮胎的车轮，宜采用焊接法以提高轮辋的密闭性。

图 1　辐条式车轮

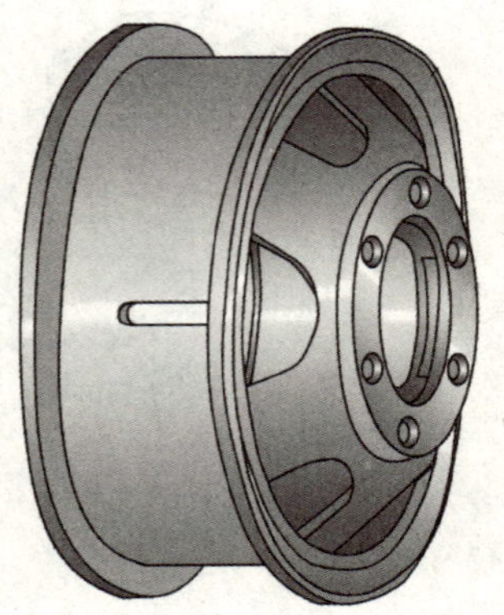

图 2　辐板式车轮

轿车的辐板采用材料较薄，常冲压成起伏各样形状，以提高刚度。辐板上开有若干孔，用以减轻质量，同时有利于制动器散热，安装时可作把手。

货车后轴负荷大多比前轴大很多，为使后轮胎不致过载，后桥车轮一般安装双式车轮，在同一轮毂上安装两副相同的辐板和轮辋，为方便互换，辐板的螺栓两个端面做成锥形，便于安装。

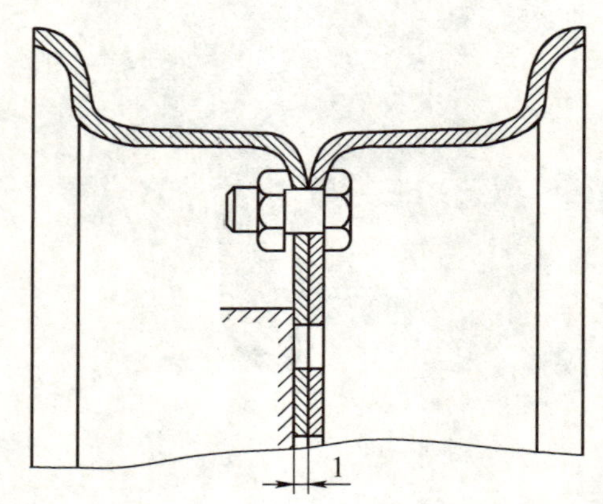

图 3　对开式车轮

辐条式车轮这种车轮的轮辐是钢丝辐条或者是用轮毂铸成一体的铸造辐条。钢丝辐条车轮由于价格昂贵、维修安装不便，故仅用于赛车和某些高级轿车上。铸造辐条式车轮用于重型货车上。在这种结构的车轮上，轮辋是用螺栓和特殊形状的衬块固定在辐条上，为使轮辋与辐条对中好，在轮辋和辐条上都加工出配合锥面。

根据轮辋形式不同，车轮又可分为组装轮辋式、可调式、对开式（图 3）、可反装式。

根据车轮材质不同，车轮又有铝合金、镁合金、钢车轮之分。

2. 1. 3. 5　信息页

2. 1. 3. 5　信息页

学校名称		任课教师		
班级		学生姓名		
学习领域	L2 机械组件与系统检查拆换			
学习情境	LS2. 1：安装车轮和轮胎并进行四轮定位		学习时间	50min
工作任务	E：轮辋的标识与组成		学习地点	理实一体化教室

1. 轮辋的结构

轮辋按其断面结构形式分为深槽式轮辋、平式轮辋和对开式轮辋（图 1）。

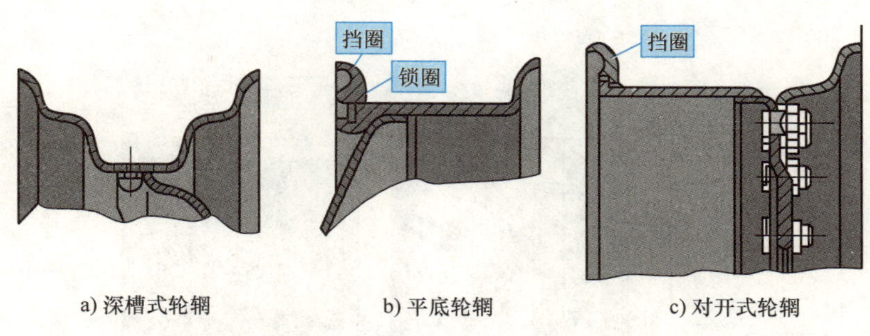

图 1　轮辋的分类

深槽式轮辋，代号是 DC，这种轮辋多用于轿车及越野车上，易于装卸，因而它的轮辋一般都采用钢板冲压成形的整体结构。

平底轮辋如图，代号是 WFB，主要用于中、重型载货汽车以及自卸汽车、大客车上。

对开式轮辋（对拆平底式轮辋），代号是 DT。它由左右可分的两半轮辋组成。两部分轮辋可以是等宽度，也可以不等宽，它们之间用螺栓固紧在一起形成用以安装轮胎的轮车内。

轮辋固定在轮辐上，也有些轮辋与轮辐是可拆卸式的。轮辋通常被分为整体式（中间下凹式）和驼峰式两种形式，驼峰式轮辋用于商用车。

1）整体式轮辋。整体式轮辋被用在几乎所有的乘用车上。这种轮辋是由轻质合金铸造或锻造而成，并被铆接、焊接或用螺栓固定在辐板式轮辐或网状轮辐上。轮辋的横断面是对称的（图 2）或非对称的。

2）驼峰式轮辋。如果采用无内胎的子午线轮胎，则应使用中间下凹的驼峰式轮辋（图 3）。这种轮辋在胎圈座圈靠近凹槽底边具有驼峰状的连续隆起部分。如果这种隆起不是圆形的，则被称为平顶驼峰。驼峰和平顶驼峰的目的都是为防止在横向力作用下，胎圈从其座圈上被推到轮辋凹槽底边。汽车以较高速度转弯时，就会产生这种横向力。如果胎圈出现这种情况，则无内胎轮胎中的空气会迅速逸出，将会导致严重的交通事故。

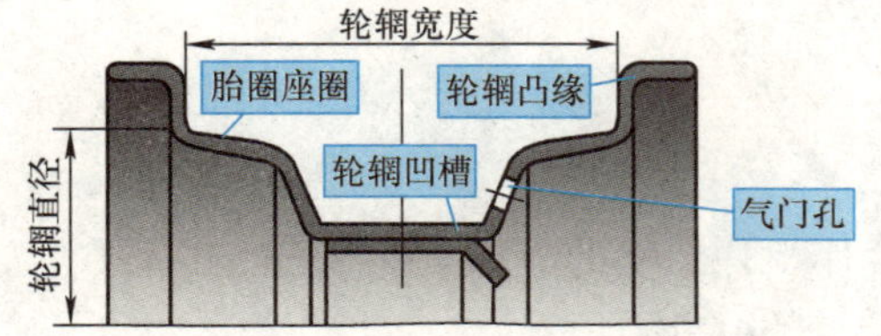

图 2　横断面对称中间下凹整体式轮辋

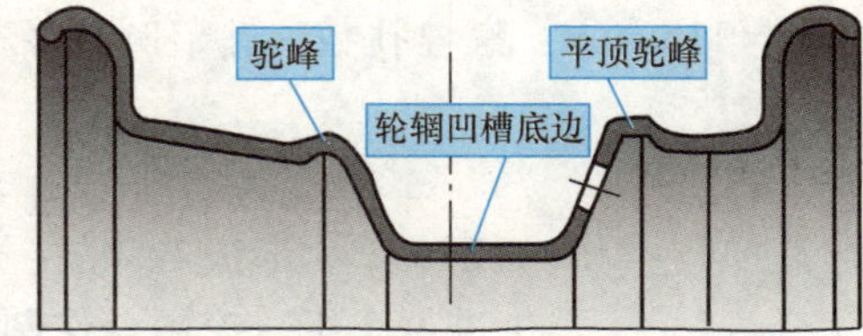

图 3　非对称驼峰式轮辋

2. 轮毂的尺寸和标记

轮毂的结构如图 4 所示，它的标记由制造商压印在车轮上。这些标记基本上由两个尺寸组成：轮毂宽度 a 和轮毂直径 D，均以 in 或 mm 为单位。中间下凹式轮毂的这两个尺寸之间由“×”分开。轮毂宽度后面的字母代码表示轮毂凸缘的形状，轮毂直径后面的字母代码

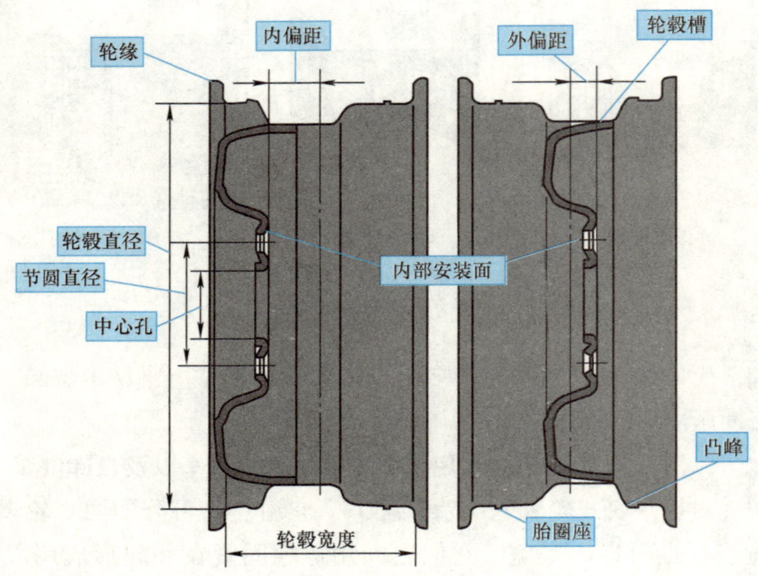

图4 轮毂的结构

表明轮毂的形式。

例如：6 1/2J×15H RO35

6 1/2：轮辋宽度，in 或 mm。

J：字母代码，表示轮辋凸缘尺寸。

×：整体式轮辋（中间下凹式轮辋）。

15：轮辋直径，in 或 mm。

H：外侧胎圈座圈上的驼峰。

RO（或 ET）35：偏距为 35mm。

其他轮辋标记：

H2：轮辋两侧胎圈座圈处均有驼峰。

LK×115×69：螺栓孔数×孔节圆直径×中心孔直径。

专家组合作制作海报

教师活动 教师要求学生形成专家组，小组合作设计简单的海报。

学生活动 学生进行小组讨论，合作制作海报。(30min)

专家组展示讲述海报

学生活动 学生每个小组展示讲述本组学习成果（5min），其他组学生认真倾听，提出疑问、建议。(30min)

教师活动 教师在学生讲解海报时及时给出评价和反馈。

拼图学习完成其他工作页

教师活动 教师要求学生先独立完成工作页的学习，并进行指导和答疑，然后小组讨论并展示结果。

学生活动 学生先是独立完成工作页的学习，然后和伙伴讨论形成本组意见，进行工作页的展示。(200min)

完成 2.1.3.1 理论测试

教师活动 教师要求学生独立完成 2.1.3.1 理论测试，不允许查阅任何资料。

学生活动 学生安静地、独立地在系统上完成 2.1.3.1 理论测试并提交，不能查阅任何资料。(20min)

2.1.3.1 理论测试

2.1.3.1 理论测试

学校名称		任课教师	
班级		学生姓名	
学习领域	L2 机械组件与系统检查拆换		
学习情境	LS2.1：安装车轮和轮胎并进行四轮定位		
理论学习内容	底盘的结构、轮胎及车轮的组成及原理	学习时间	5h

一、填空题（每空 1 分，共 40 分）

1. 传动系统按能量传递方式的不同可划分为________、________、________、________等。

2. 传统的发动机纵向安装在汽车前部，根据后轮驱动的 4×2 汽车布置示意图，发动机发出的动力经________、________、________传到________。在驱动桥处，动力经过________、________和________传给驱动轮。

3. 液力传动（此处单指动液传动）是利用________在________和________之间循环流动过程中动能的变化来传递动力。液力传动装置串联一个有级式机械变速器，这样的传动称为液力机械传动。

4. 汽车轮胎按胎体结构不同，可分为________和________。现代汽车绝大多数都采用________。充气轮胎按组成结构可分为________和________两种；按其胎内工作气压分为________和________；按其________的不同，可分为普通花纹轮胎、越野花纹轮胎和混合花纹轮胎；按其胎体内帘线排列方向的不同，又可分为________和________。

5. 通常车轮由________、________以及这两件元件之间的连接部分称为________的元件所组成。

6. 按照轮辐的结构不同，车轮可分为________和________。

7. 根据轮辋形式不同，车轮又可分为________，________，________，________。

8. 写出下列标识的含义。

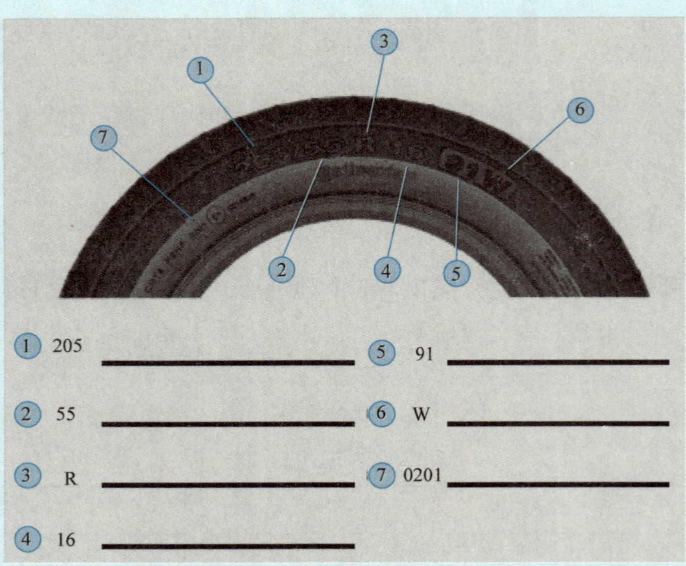

二、单选题（每题2分，共6分）

1. 有内胎的充气轮胎由外胎、内胎和（　　）组成。

A. 垫带　　B. 帘布　　C. 纤维　　D. 帘带

2. 胎圈是（　　）的根基，它有较大的刚度和强度，轮胎靠胎圈装在轮辋上。胎圈由钢丝圈、帘布层包边和胎圈包布组成。

A. 胎冠　　B. 帘布层　　C. 胎肩　　D. 胎侧

3. 内胎是一个环形橡胶管，上面有气门嘴，用于充入或排出空气，其尺寸稍（　　）外胎内壁尺寸，内胎具有良好的弹性、耐热性和密封性。

A. 小于　　B. 大于

三、判断题（每题2分，共10分）

1. 外胎是用耐磨橡胶制成的强度高又有弹性的外壳，直接与地面接触，保护内胎不受损伤。（　　）

2. 胎冠不与地面接触，间接承受冲击与磨损，并保护胎体免受机械损伤。（　　）

3. 胎肩是较厚的胎冠与较薄的胎侧间的过渡部分，一般也制有花纹，以利于防滑和散热。（　　）

4. 胎侧是贴在帘棉层侧壁的薄橡胶层，用以保护胎肩，避免受潮湿和机械损伤。（　　）

5. 帘布层是外胎的骨架，也称胎体，其主要作用是承受载荷、保持轮胎外缘尺寸和形状。（　　）

教学方法：工作站法

3.3 轮胎的更换

工作站学习完成工作页

教师活动 教师提供实验车型的维修手册等资料和工作站，提供2.1.3.6~2.1.3.7信息页，要求学生完成工作页2.1.3.6~2.1.3.7和实际操作，教师对各工作站进行巡视和指导。

学生活动 学生根据教师要求，查阅2.1.3.6~2.1.3.7信息页，完成工作站的学习内容和实操内容。(60min)

2.1.3.6 信息页

2.1.3.6 信息页

学校名称		任课教师	
班级		学生姓名	
学习领域	L2 机械组件与系统检查拆换		
学习情境	LS2.1：安装车轮和轮胎并进行四轮定位	学习时间	50min
工作任务	F：拆装车轮方法和注意事项	学习地点	理实一体化教室

1. 更换轮胎时的注意事项

1）不能混装其他型号的轮胎，否则难以保证汽车在路面上的附着性和行驶的安全性。

2）为了使轮胎磨损尽可能均衡，安装在汽车上的所有轮胎都应进行定期换位。轮胎换位要按规定进行，并保持轮胎的原滚动方向。下面介绍两种换位法：

一种是交叉换位法，适用于经常在拱形路面上行驶的汽车；另一种是循环换位法，适用于经常在较平坦道路上行驶的汽车。

3）新轮胎花纹上有宽12mm、厚6mm的磨损指示条，如指示条已磨去，应立即更换轮胎。

4）拆卸轮胎时，应使用千斤顶在指定位置上将车身顶起。

5）轮胎与轮辋必须配套使用，不允许对轮辋进行敲击或使用撬棒，要用轮胎拆装机进行拆装。

6）修理过的或新的轮胎必须经过动平衡试验后方可使用。

2. 轮胎的使用

1）严格遵守轮胎充气标准。轮胎气压过高，在行驶中会发生跳动，前轮摆动，使转向盘抖动，不能高速行驶；轮胎气压不足，将使胎侧弯曲变形过大，加剧帘布层之间的摩擦，使轮胎过度发热，橡胶耐磨性、帘布层强度降低，轮胎使用寿命缩短。

2）控制轮胎温度。汽车行驶时，轮胎因变形摩擦而发热升温，若超过100℃，则胎体强度会大大降低，易引起脱层、爆破等损坏。因此，应尽量避免高速行驶，或在轮胎选配时应取与车辆最高时速相符的速度级别。

轮胎温度升高后，应采用停车降温的方式，严禁泼水降温或放气。

3. 轮胎常见故障及其原因

1）轮胎花纹磨损，当磨损到指示条显露时，必须更换新胎。

2）轮胎某一部位早期严重磨损，可能由于急剧起步、制动所致。

3）轮胎单侧胎肩处发生早期磨损，可能是由于车轮外倾角、前束调整不当或频繁紧急制动而引起的。

4）轮胎成多角形磨损，可能是由于轮胎、车轮偏心弯曲或轮毂、转向节偏心弯曲、轴承松旷等原因引起的。

5）轮辋凸缘处发生变形、锈蚀，引起轮胎和轮辋错位，引起轮胎周缘处损伤、漏气。

4. 车轮的拆装

1）举升车辆前，将车轮螺母松开。

2）采用举升机抬升的车辆要使用千斤顶来保证安全。

3）在拆卸前使用粉笔或颜色标记车轮相对于轮毂轴承的位置。

4）使用粉笔或贴纸对轮胎的安装位置进行标记。

5）对待安装的车轮进行损伤、磨损和尺寸检查。

6）注意待安装车轮的转动方向，不要改变。

7）在举升的车辆上先将螺母拧到手动拧紧的程度。

8）在放下来的车辆上，使用扭力扳手将车轮紧固，紧固力矩根据生产厂商规定，通常钢轮毂为90～120N·m，螺母的紧固不要大于规定的紧固力矩，否则轮毂和车轮螺栓可能会损坏。

9）纠正轮胎气压（数值见油箱盖、车门、维修手册或汽修厂信息系统），使用肥皂水检查气门密封性，用气门罩锁紧气门。

2.1.3.7　信息页

2.1.3.7　信息页

学校名称		任课教师		
班级		学生姓名		
学习领域	L2 机械组件与系统检查拆换			
学习情境	LS2.1：安装车轮和轮胎并进行四轮定位		学习时间	50min
工作任务	G：拆胎机的使用方法和注意事项		学习地点	理实一体化教室

1. 使用方法

1）卸下轮胎前，将气门罩拧下并拆下旧平衡块。

2）将两个胎缘压入轮毂槽内。

3）将车轮外侧面朝上夹紧，用撬棍经过轮毂凸峰将胎缘撬至安装头的分离铲上。轮胎始终从气门位置开始进行拆卸。握紧撬棍并踩下踏板使工作盘转动。

4）有内胎时首先将内胎取出。第二个胎缘的拆卸如3）所述。

5）将轮毂胎圈座进行清洁和除锈，更换新的气门。

6）带内胎的轮胎内部涂上滑石粉，将胎缘涂抹轮胎安装润滑膏。

7）有些轮胎会在气门处有彩色标记。从气门位置之后开始安装轮胎。

8）松开车轮，将轮胎首先以3～4bar（$1bar = 10^5Pa$）的压力充气，然后放至2.5bar。

9）将车轮夹紧至动平衡机上，注意保持良好的圆周运动（径向冲击）。调节轮毂宽度、轮胎直径和车轮到防护罩的距离。

2. 注意事项

（1）轮胎的分解

先举升车体，并在车轮上标明记号，如“左前”“右后”等，然后拆下车轮。

1）先清洁各处泥土，然后放出胎内空气。

2）用轮胎撬棒尖端插入挡圈缺口，并在缺口对面的挡圈上轻轻敲击，将挡圈撬出。

3）把气阀推进外胎内部，取下轮盘。

拆卸轮胎必须使用撬棒、手锤、拆胎机等专用工具，如图所示，不许用大锤重击，也不许用其他尖锐工具。

（2）轮胎的装配

与拆卸顺序相反，并注意以下事项：

1）装合内、外胎时应擦拭干净，并在接触面上涂撒滑石粉。

2）外胎胎面如有标志，表示轮胎较轻的部位，内胎嘴应安装在该处。

3）人字花纹的轮胎和在轮胎侧标有旋转方向的轮胎，应按规定方向装用。

4）气门嘴应与制动鼓上的间隙检视孔错开，以便检查制动鼓与摩擦片的间隙。

5）双胎并装时，两轮胎的气门嘴应对称排列（互成180°角），这样有利于平衡。

6）内侧轮胎的气门嘴与外侧轮胎的轮辋孔应对正，以便检查气压和充气。

7）装配后且在使用汽车时，轮胎均应保持标准气压。

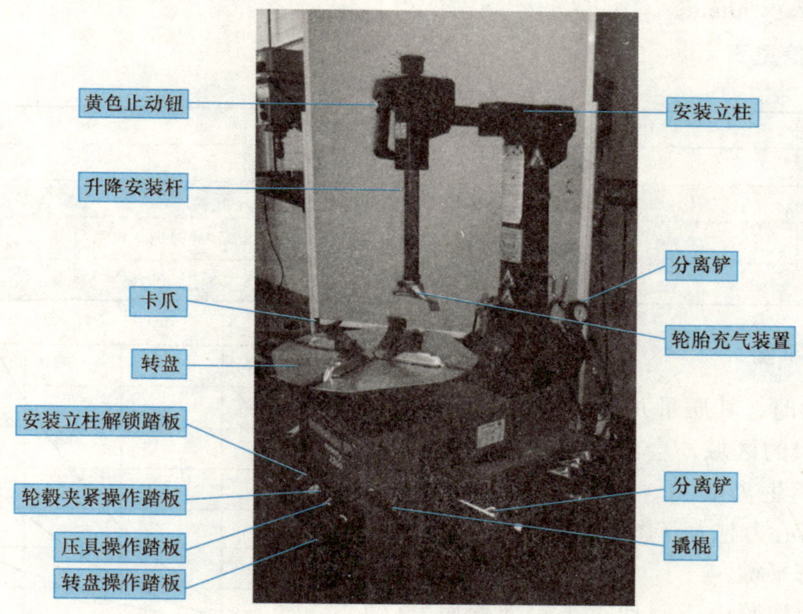

图 拆胎机

轮换工作站学习

教师活动 教师组织学生轮换工作站进行小组学习。

学生活动 学生轮换工作站进行小组学习。（240min）

小组合作制作综合海报

教师活动 教师要求每个小组完成一张思维导图的总海报。

学生活动 学生分组完成一张总海报。（60min）

展示讲述综合海报

教师活动 教师选出一个组来介绍讲解总海报内容，教师进行评价。

学生活动 被选出的小组展示讲述本组绘制的总海报内容，其他组学生提出疑问、建议。(30min)

教学方法：工作站法

3.4 动平衡与四轮定位

工作站学习完成工作页

教师活动 教师提供实验车型的维修手册等资料和工作站，提供2.1.3.8～2.1.3.9信息页，要求学生完成工作页2.1.3.8～2.1.3.9和实际操作，教师对各工作站进行巡视和指导。

学生活动 学生根据教师要求，查阅2.1.3.8～2.1.3.9信息页，完成工作站的学习内容和实操内容。(60min)

2.1.3.8 信息页

2.1.3.8 信息页

学校名称		任课教师		
班级		学生姓名		
学习领域	L2 机械组件与系统检查拆换			
学习情境	LS2.1：安装车轮和轮胎并进行四轮定位		学习时间	50min
工作任务	H：动平衡		学习地点	理实一体化教室

1. 车轮平衡

车轮转动时，其质量并不会均匀分布。在其质量较大的区域，会出现不平衡，也就是说，会产生离心力，而且质量越大、车速越高，离心力越大（图1）。

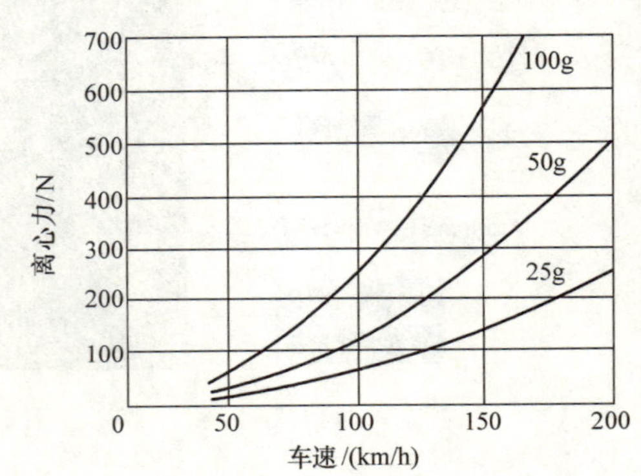

图1 作用在标注为195/65 R15的轮胎上的离心力

(1) 静态平衡

如果轮胎橡胶由于制动时车轮抱死而导致胎面部分磨损，那么，在磨损部分的对面将产生离心力，从而有可能使车轮在汽车高速行驶时跳离路面。这种磨损情况可通过旋转车轮进行检查。

为保证车轮在转动时的每一位置都能保持停止不动，围绕车轮转轴的所有转动惯量的总和必须等于零，这样车轮处于静态平衡：

$$M_1 = M_2，\text{即} \ G_1 r_1 = G_2 r_2$$

如果车轮静态不平衡．则应附加平衡质量。具有重力 G_2 的平衡质量，必须固定在车轮最重部分的轮辋对面。这个配重质量必须足够大，以使新生转矩 M_2 与转矩 M_1 相符合。这

样车轮就得到了静态平衡（图2）。

（2）动态不平衡

车轮的不平衡质量 m，很少与其固定在轮辋上的平衡质量 m_2 处于同一水平高度或同一纵向平面内。虽然车轮是静态平衡的，但在较高车速时，m_1 和 m_2 产生的离心力将围绕其轴线形成一个转矩，从而使车轮抖动或摆动。这种情况下，车轮处于动态不平衡。如果不平衡质量与车轮支承平面处于相同的水平高度，那么，只有 M_{c2} 产生不平衡作用（图3）。

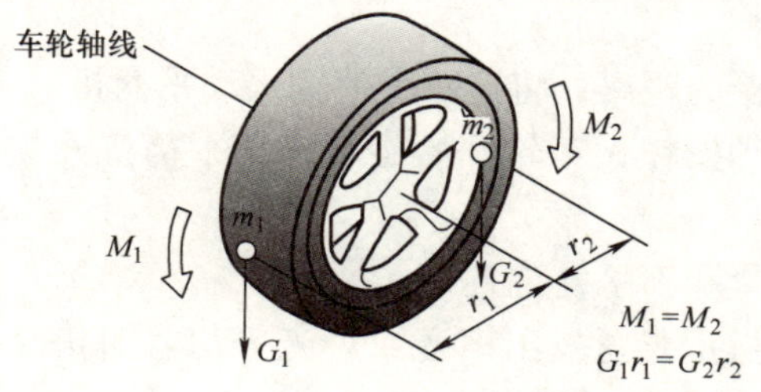

图2 静态平衡

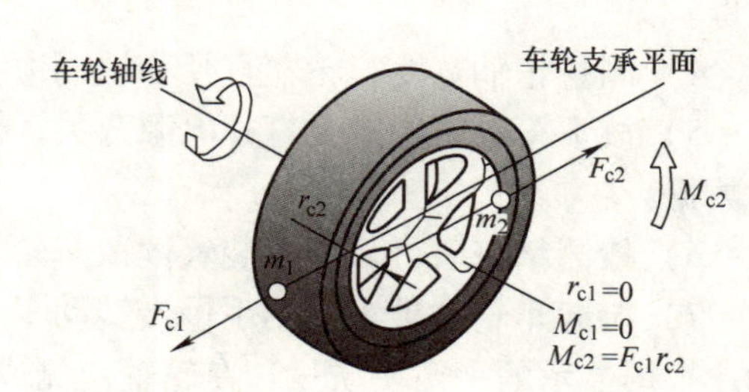

图3 动态不平衡

在轮辋内侧附加第二块平衡质量 m_3，能形成新生转矩 M_{c3} 并抵消不平衡转矩 M_{c2}，这样车轮才能处于动态平衡状态（图4）。平衡质量 m_2 和 m_3 的大小和位置需要在平衡设备上确定。

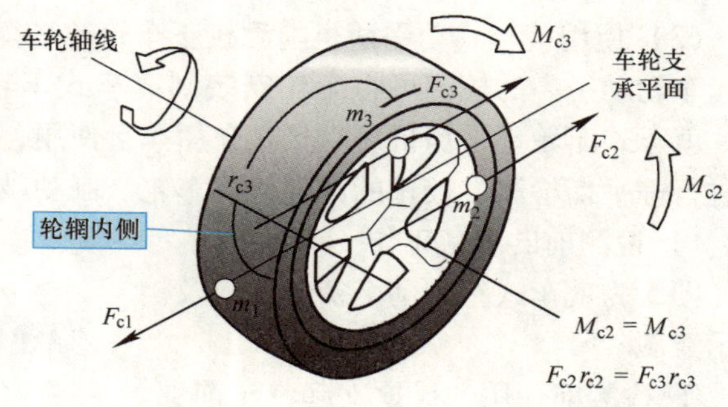

图4 动态平衡

2. 车轮平衡的检测

如果车轮的质量分布不均匀，旋转起来是不平衡的；车轮不平衡对转向轮摆振的影响比路面不平的影响要大得多。车轮不平衡是汽车产生摆振的重要原因之一。

随着道路质量的提高和高速公路的普及，汽车行驶速度越来越快，因此对汽车车轮平衡度的要求也越来越高。车轮高速旋转时，不平衡质量会引起车轮上下跳动和横向摆振，不仅影响汽车的行驶平顺性、乘坐舒适性和操纵稳定性，而且也会影响行车安全。车轮的上下跳动和横向摆振还会加剧轮胎磨损，缩短汽车使用寿命，增加汽车运输成本。

车轮不平衡的原因主要是：轮辋、轮胎在生产和修理过程中存在精度误差、轮胎材料不均匀；轮胎装配不正确，轮胎螺栓重量不一；平衡块脱落；汽车行驶过程中出现偏磨；使用翻新胎或补过轮胎等。

（1）车轮静平衡的检测

1）对于非驱动桥上的车轮：支起车轴，调整好轮毂轴承松紧度，用手轻转车轮，使其自然停转。在停转的车轮离地最近处做一个标记，然后重复上述步骤。如果每次试验标记都停在离地最近处，则车轮静不平衡；如果多次转动自然停止后的标记位置各不相同，说明车轮静平衡。

2）驱动桥上的车轮，由于受到差速器等的制约，无法使用上述方法，只能在装车前检测。

即使静平衡的车轮，在装车使用时也可能动不平衡因此还应对车轮动平衡进行检测校正。

(2) 使用离车式动平衡机检测校正车轮动平衡

1) 清除车轮上的泥块、石子和旧平衡块。

2) 将轮胎气压充至规定值。

3) 根据轮辋中心孔的大小选择锥体或多孔式连接盘，将车轮装上动平衡机，拧紧固定螺母。

4) 测量轮辋宽度、轮辋直径和轮辋边缘至机箱的距离，将这三个值输入动平衡机。

5) 放下车轮防护罩，打开电源开关，按动起动按钮，车轮开始旋转，动平衡机开始采集数据。

6) 检测结束后，从指示装置读取车轮不平衡量和不平衡位置。

7) 抬起车轮防护罩，用手慢慢转动车轮，当指示装置发出声音或灯光等信号时停止转动。根据显示的平衡块质量，在轮辋内侧或外侧牢固安装平衡块。

8) 重新检测动平衡，直到指示装置显示不平衡质量小于5g或显示“00”“OK”为止。

9) 关闭电源开关，取下被测车轮。

(3) 使用就车式动平衡机检测校正车轮动平衡

车轮动平衡的检测可将车轮安装到离车式车轮动平衡机上检测与校对，但需要拆下车轮。就车式车轮动平衡机可直接在在用车上使用，非常方便，而且既可进行动平衡检测，又可进行静平衡检测，校正的部件包括车轮、制动鼓（盘）、轮毂轴承等高速旋转体。

1) 检测前的准备工作。

图5为就车式车轮动平衡机组成及检测示意图。

① 检测前，用千斤顶支起汽车前部。注意保持前轴处于水平状态，使两边车轮离地间隙相等。

② 清除被测车轮上的泥土、石子和旧平衡块等。

③ 检查轮胎气压，必要时调整至规定值。

④ 用手转动车轮，检查轮毂轴承是否松旷，必要时调整至规定值。

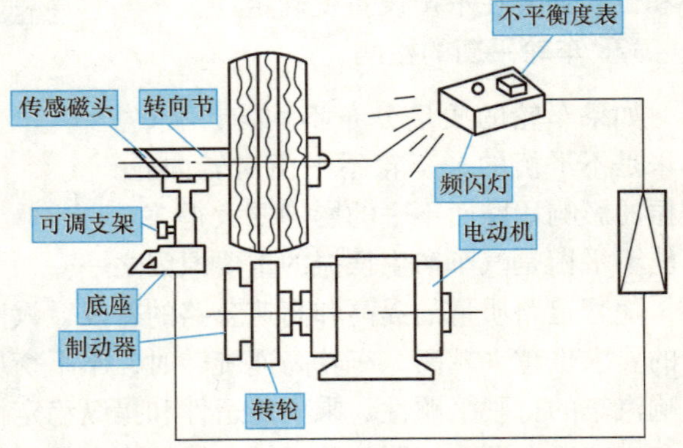

图5 就车式车轮动平衡机示意图

⑤ 在轮胎外侧任意位置上用白粉笔或白胶布做记号。

2) 车轮静平衡的检测校对。

① 使用三角垫木或其他方法固定另一个前轮和两个后轮，将传感磁头吸附到悬架或转向节下，调节可调支杆高度并锁紧。

② 推动车轮动平衡机至车轮侧面或前面（视车轮平衡机形式不同而异），检查频闪灯是否工作正常，检查转轮的旋转方向能否使车轮的转动方向与汽车前进行驶的方向一致。

③ 操纵车轮动平衡机转轮与轮胎接触，起动电动机带动车轮旋转至规定转速。

④ 观察频闪灯照射下的轮胎标记位置，并从指示装置上读取不平衡量数值（用第一档

显示）。

⑤ 操纵车轮动平衡机上的制动装置，使车轮停止转动。

⑥ 用手转动车轮，使车轮上的标记仍处在上述观察位置上，此时轮辋的最上部即为加装平衡块的位置。

⑦ 按指示装置显示的静不平衡量选择平衡块，牢固地装卡到轮辋边缘上。

⑧ 重新驱动车轮进行复试，这时指示装置用第二档显示。调整平衡块质量和位置，直至符合平衡要求。

3）车轮动平衡的检测校对。

① 将传感磁头吸附在经过擦拭的制动底板边缘平整处，使磁头与车轮旋转中心处在同一水平位置。

② 驱动车轮旋转至规定转速，按照上述检测方法观察轮胎标记位置，读取动不平衡值。

③ 停转车轮，按动不平衡值选择平衡块和在车轮上的加装位置，加装平衡块。

④ 按照上述的检测方法进行复查，直至符合平衡要求。

2.1.3.9 信息页

2.1.3.9 信息页

学校名称		任课教师		
班级		学生姓名		
学习领域	L2 机械组件与系统检查拆换			
学习情境	LS2.1：安装车轮和轮胎并进行四轮定位		学习时间	50min
工作任务	I：四轮定位		学习地点	理实一体化教室

1. 四轮定位

（1）转向轮定位

为了保持汽车直线行驶时的稳定性、转向轻便性，减小轮胎和机件的磨损，转向轮、转向节和前轴三者之间在安装上具有一定的相对位置，这种具有一定相对位置的安装，称为转向轮定位。它包括主销后倾、主销内倾、前轮外倾和前轮前束四个参数。

1）主销后倾如图 1 所示。

主销后倾后，其轴线延长线与路面的交点 A 位于轮胎与地面接触点 B 之前，B 点距离 A 点为 l。若汽车向右转弯，则汽车的离心力将引起路面对车轮的侧向反作用力 F，F 通过 B 点作用于车轮上，形成稳定力矩 $M=FL$，其方向与车轮偏转方向相反，它有使转向轮自动恢复到原来中间位置的趋势。主销后倾的作用是保证汽车直线行驶的稳定性，并力图使转弯后的转向轮自动回正。

① 主销后倾：主销安装在前轴上，其上端略向后倾斜。

② 主销后倾角：在纵向平面内，主销轴线与垂线之间的夹角（图 1 中

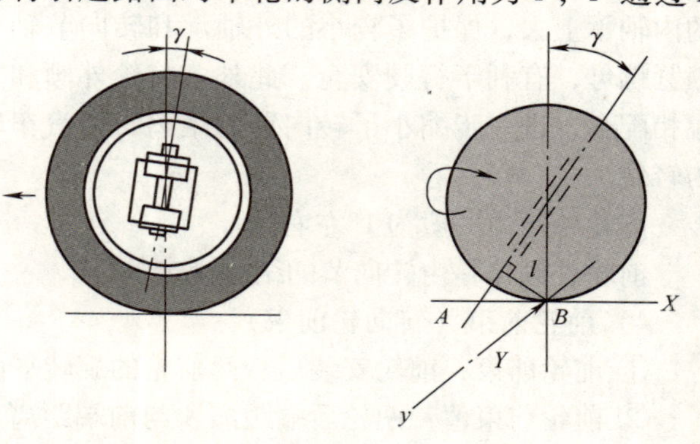

图 1 主销后倾

γ 角)。

主销后倾角越大，车速越高，转向轮的稳定效应越强，但转向越沉重，主销后倾角一般不超过 3°。主销后倾角是由前轴、悬架和车架装配在一起时，使前轴向后倾斜或依靠钢板弹簧座间加装楔形垫块而形成的。

2）主销内倾如图 2 所示。

① 主销内倾：主销安装在前轴上，其上端略向内倾斜。

② 主销内倾角：在横向平面内，主销轴线与垂线之间的夹角 β（图 2a）。

③ 其作用是使转向轮自动回正，并使转向轻便。

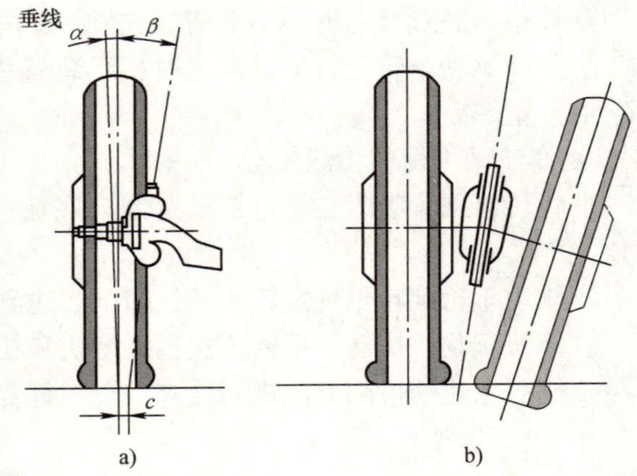

图 2 主销内倾

当转向轮在外力作用下由中间位置偏转一个角度时（为解释方便，图中画成偏转了 180°，见图 2b，实际车轮偏转角度一般不超过 50°），车轮的最低点将陷入地面下，但实际上是不可能的，而是将转向轮连同汽车前部向上抬起一个相应的高度。一旦外力消失，转向轮就在汽车前部重力的作用下，力图恢复到原来的直线行驶位置，这就是前轮自动回正的原因。

主销内倾角越大或转向轮转角越大，则汽车前部抬起就越高，转向轮自动回正作用越强烈，但转向就越费力，主销内倾角一般不大于 8°。此外，主销内倾角还使得转向臂缩短，从而减小了阻力臂，使得转向轻便，同时也可减小了从转向轮传到转向盘上的冲击力。

主销内倾角是在前轴制造加工时，使主销孔向内倾斜而获得的。

3）前轮外倾（转向轮外倾）如图 3 所示。

① 前轮外倾：前轮安装在车桥上，其上端略向外倾斜。

② 前轮外倾角：前轮旋转平面与纵向垂直平面之间的夹角（图 3 中的 α 角）。

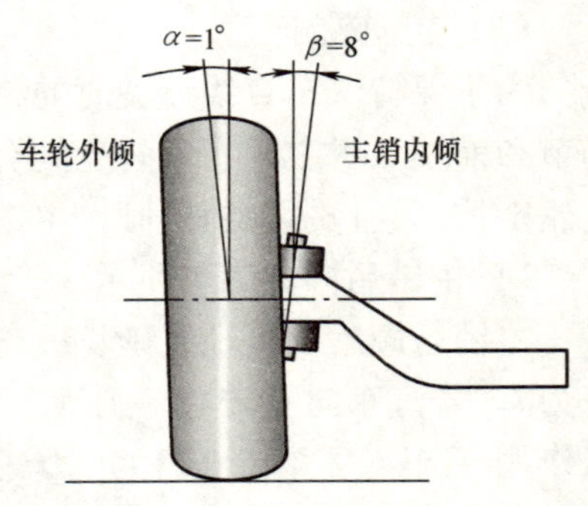

图 3 前轮外倾（转向轮）

前轮外倾的作用在于提高前轮工作的安全性，使转向轻便。由于前轮外倾使前轮所承受的重力集中到较大的内轴承上去，保护了较小的外轴承和转向节轴外端的锁紧螺母，有利于行驶安全。此外，前轮外倾和主销内倾相配合，进一步缩小了转向臂的距离，使汽车转向更为轻便。

前轮外倾角一般为 1°左右。

前轮外倾角是由转向节的结构确定的。

4）前轮前束（转向轮前束）

① 前轮前束：前轮安装后，两前轮的旋转平面不平行，前端略向内收。

② 前轮前束值：两轮后端距离 A 与前端距离 B 差值，如图 4 所示。

③ 前轮前束的作用是消除因前轮外倾使汽车行驶时向外张开的趋势，减小轮胎磨损和

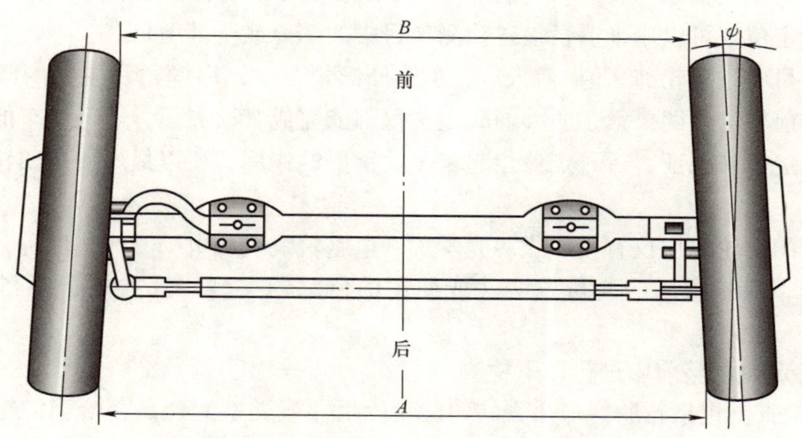

图4 前轮前束（俯视图）

燃料消耗。

④ 前轮前束可通过改变横拉杆的长度来调整。

（2）后轮定位

后轮外倾角和前束（图5），其作用主要是：

1）后轮的负外倾角可增加车轮接地点的跨度，增加汽车的横向稳定性。

2）前束可抵消汽车高速行驶且驱动力（图5中 F）较大时，车轮出现的负前束（前张），减少轮胎的磨损。

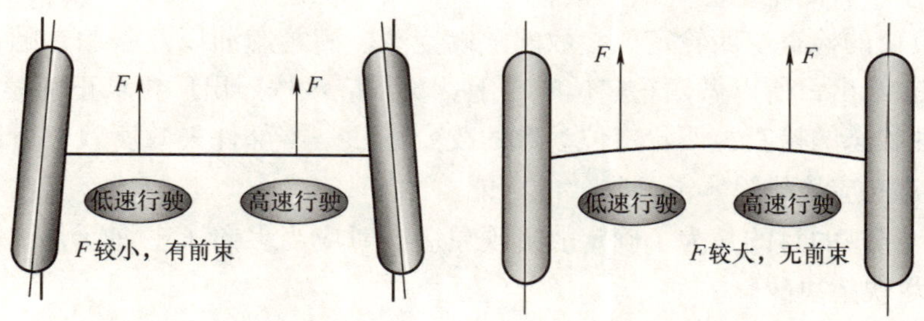

图5 后轮定位

2. 四轮定位检测及行驶故障诊断调整

为了提高汽车的安全性、平顺性和舒适性，汽车必须具有正确的车轮定位参数。正确的车轮定位参数可以保证汽车转向轻便，转向后能自动回正；汽车在转向、急剧改变车速和高速行驶时，以及在坏路行驶或紧急制动时能保证行驶方向的稳定性。操作车辆时能稳定准确，路面振动小，坏路上车身没有明显摇摆，乘车舒适，轮胎寿命长。

（1）四轮定位仪原理

四轮定位仪是专门用来测量车轮定位参数的设备。四轮定位仪可检测的项目包括：前轮前束角/前张角、前轮外倾角、主销后倾角、主销内倾角、后轮前束角/前张角、后轮外倾角、车辆轮距、车辆轴距、转向20°时的前张角、推力角和左右轴距差等。目前常见的国产或进口的四轮定位仪可以用来测量上述检测项目中的部分或全部项目。

在检测项目中，车轮前束值/前张角、车轮外倾角、主销后倾角和主销内倾角统称为前轮定位，又称前轮定位四要素，各种前轮定位仪都能完成其检测任务。但汽车的操纵稳定性不仅仅由前轮定位来保证，后轮定位也起着至关重要的作用，所以最好使用四轮定位仪检测和调整。

目前常用的四轮定位仪有接线式、光学式、电脑拉线式和电脑激光式四种，它们的测量原理是一致的，只是采用的测量方法（或使用的传感器类型）及数据记录与传输的方式不同。

（2）四轮定位调整前应进行以下检查

1）车轮检查。包括轮胎磨损是否均匀，轮胎尺寸或类型配合是否恰当，轮胎气压是否符合要求。使用子午线轮胎的发动机前置前轮驱动轿车，在空载时四轮胎压较低，常低于2. 5bar（$1\text{bar} = 10^5\text{Pa}$）。满载时前轮胎压一般在2. 5bar，后轮胎压稍高，一般在3. 0bar左右。胎压具体数值应按照具体车型上的标示为准。如果是行驶跑偏问题，可以先将左右两个前轮进行对调，然后试车。如果车轮左右对调后，跑偏方向朝向对调前的相反方向，可以确定前轮是主要的影响因素。如果前轮左右两车轮对调后，跑偏方向不变，可以确定跑偏不是由前轮引起的，必须进行四轮定位测量以进一步找出原因。

2）四轮悬架高度测量。每个车轮承担的重量不相同，一般发动机前置前驱轿车，前轮轴重要略高于后轮，右侧车轮的重量略高于左侧车轮，所以会使四轮悬架的高度略有差别。通常以每个车轮上部翼子板下边缘到车轮有中心点为测量对象。前轮的悬架高度一般低于后轮，同一轴的左、右侧轮重应基本一致。

3）车上负荷的检查。四轮定位参数的常以空载、满箱燃油以及备胎、随车工具均处于合适位置的状态给出，所以做四轮定位时车上，负载应该按照出厂要求正确摆放。

4）零部件状态的检查。四轮定位参数的改变往往是零部件失效所致，所以做四轮定位参数调整前，首先应该排除零部件失效的可能。

5）路试。路试的目的是为了确定故障现象。有时应当多向车主询问，了解车辆的使用情况，有助于尽快解决故障。

驾驶时应当检查转向盘是否平顺，注意感觉转向盘、地板和座位的振动。注意方向是否跑偏或操纵中出现的不正常情况，如转向困难转向时出现轮胎噪声，表1为一些常见的问题及原因。

表1　行驶故障可能原因

行驶故障	可能原因
转向沉重	主销后倾角太大
	动力转向机构故障
转向盘发抖	车轮动态不平衡
	车轮中心点偏离，产生凸轮效应
	发动机运转不顺畅
	制动盘异常磨损，厚度不均匀

（续）

行驶故障	可能原因
行驶跑偏	主销后倾角不正确
	前轮外倾角不正确
	车身高度左右不相等
	左右车轮气压不相等
	轮胎变形或不良
	转向系统卡住，制动片卡住
转向盘漂浮不定	主销后倾角太小
	零部件磨损严重，间隙太大
转向盘不能良好回正	主销后倾角太小
	零部件运动干涉、卡滞
	助力转向机构故障
转向盘不正	总前束正确，转向盘在中间位置时，单边前束不等
轮胎羽毛状磨损	前束不正确
轮胎单边磨损	前轮外倾角不正确
轮胎凹凸状磨损	车轮动态不平衡

（3）四轮定位的调整

四轮定位参数的调整有时不能一次调整到位。由四轮定位原因产生的故障，要完全解决问题，往往需要进行2～3次的测量或调整才能完全排除。

现代四轮定位仪使用起来比较方便，只要按照仪器的操作提示进行作业即可。

四轮定位仪只是我们解决问题时用到的工具，不能过分依赖四轮定位仪。由于四轮定位仪本身也存在测量误差，操作者本身操作不当也会产生误差，所以还得以实际行驶情况作为最后的检验结果。

在做四轮定位数据调整时，要以先后轮、后前轮、先外倾、后前束为调整顺序。

1）后轮外倾角。

2）后轮束角。

3）前轮主销后倾、内倾角。

4）前轮外倾角。

5）前轮束角。

在量产汽车中，很多车型只有前束和外倾这两项参数可以调整。其他的定位参数在汽车设计和制造时就可以保证参数的精度。如马自达只有前轮和后轮的前束可以调整；长安福特蒙迪欧只有前轮前束和后轮外倾角可以调整。

某些车型经过长时间的使用或者事故修复后，在正常的调整范围内调整，不能满足要求，但是可以通过加装调整垫片或者更换偏心螺栓等方法进行深度调整，下面来介绍此类调整方法。

1）上控制臂调整的常用方法：

① 增减垫片调整主销后倾角和车轮外倾角，如图6所示。

② 移动上控制臂来调整前轮外倾角和主销后倾角，如图 7 所示。

③ 旋转凸轮来调整车轮外倾角和主销后倾角，如图 8 所示。

④ 旋转上控制臂上两个偏心凸轮来调整主销后倾角和车轮外倾角，如图 9 所示。

⑤ 分别旋转两个偏心螺栓，来调整车轮外倾角和主销后倾角，如图 10 所示。

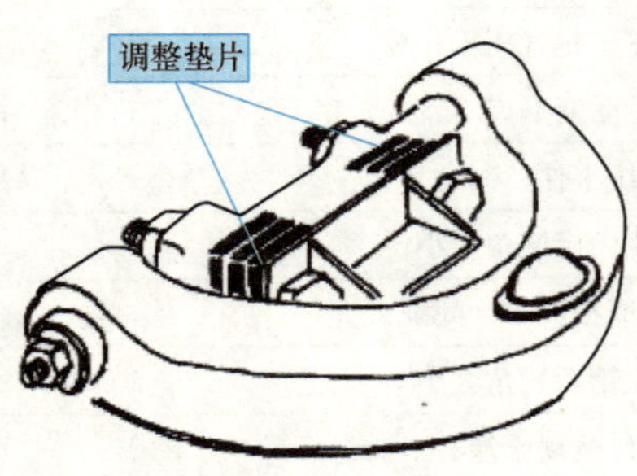

图 6 从上控制臂调整方法一

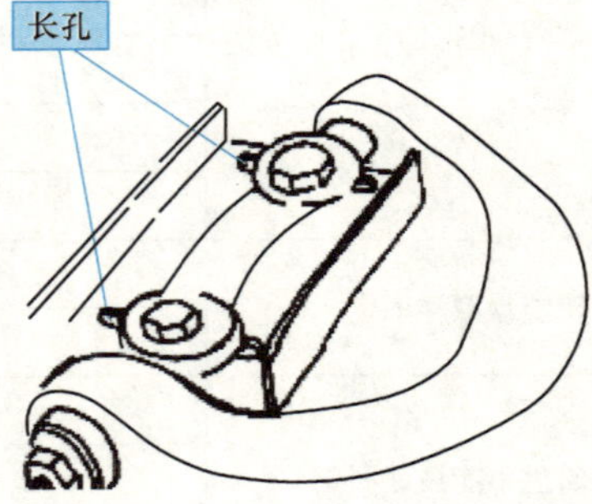

图 7 从上控制臂调整方法二

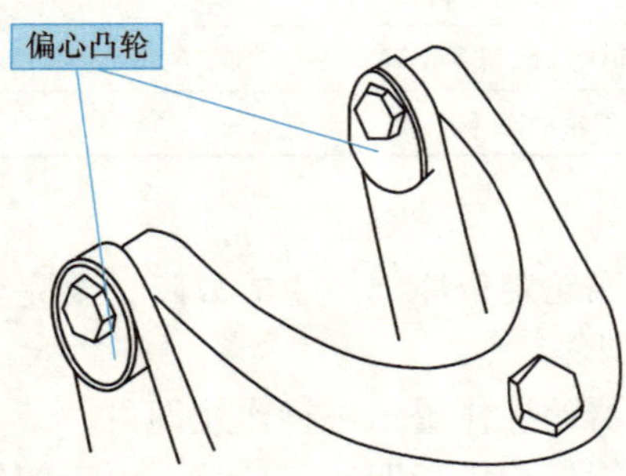

图 8 从上控制臂调整方法三

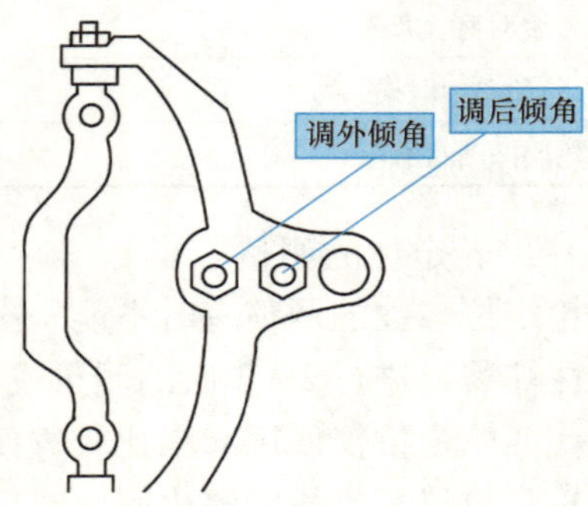

图 9 从上控制臂调整方法四

2）下控制臂调整的常用方法：

① 转偏心凸轮，可调整车轮外倾角，如图 11 所示。

② 调整主销后倾角时，松开环销并旋转即可，调整车轮外倾角时，旋转偏心螺栓，如图 12 所示。

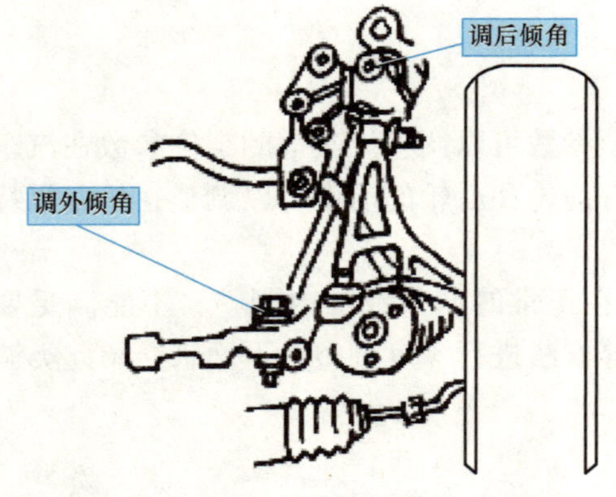

图 10 从上控制臂调整方法五

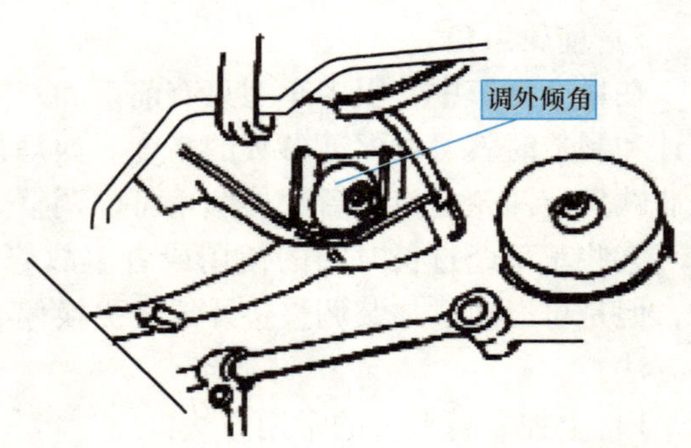

图 11 从下控制臂调整方法一

③ 松开控制臂安装螺栓，旋转偏心凸轮可调整前轮外倾角，如图 13 所示。

④ 松开下控制臂前端的球头安装螺栓，可以推进或拉出球头，从而调整前轮外倾角，如图 14 所示。

3）从减振器顶部进行调整的常用方法：

① 松开前减振器顶上几个定位螺栓，可以沿前卡孔左右移动减振器来调整前轮外倾角，如图 15 所示。

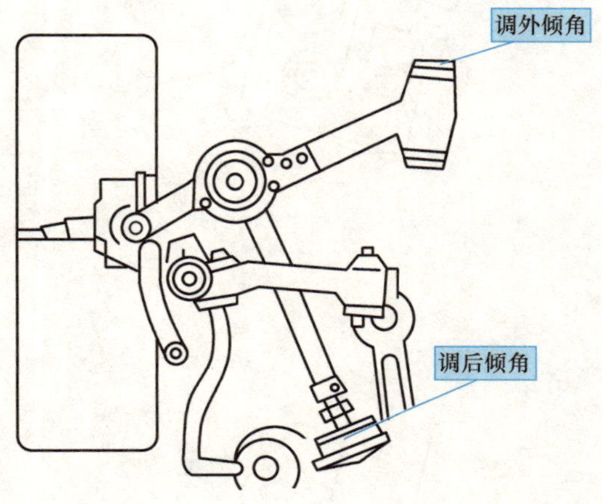

图 12 从下控制臂调整方法二

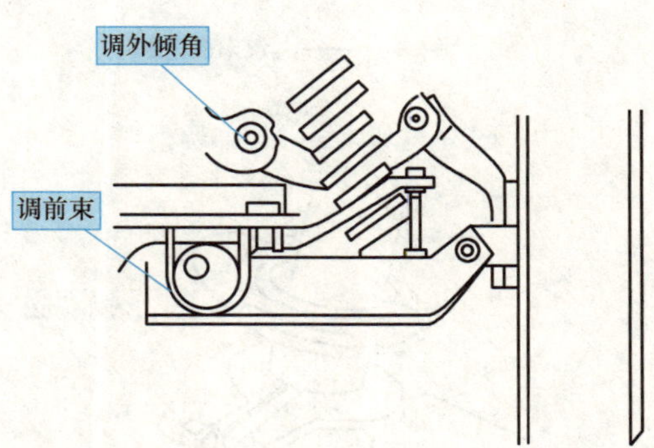

图 13 从下控制臂调整方法三

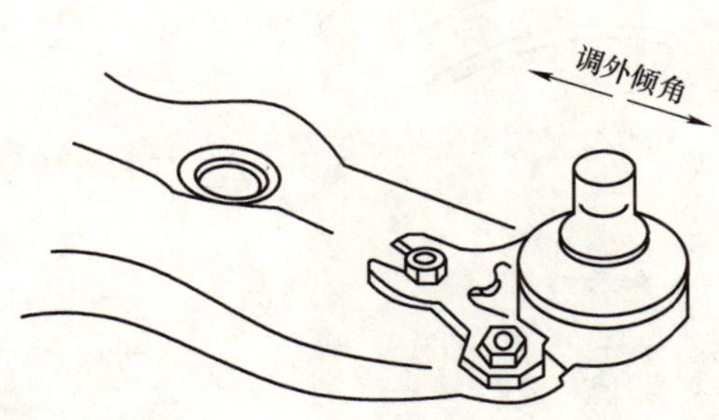

图 14 从下控制臂调整方法四

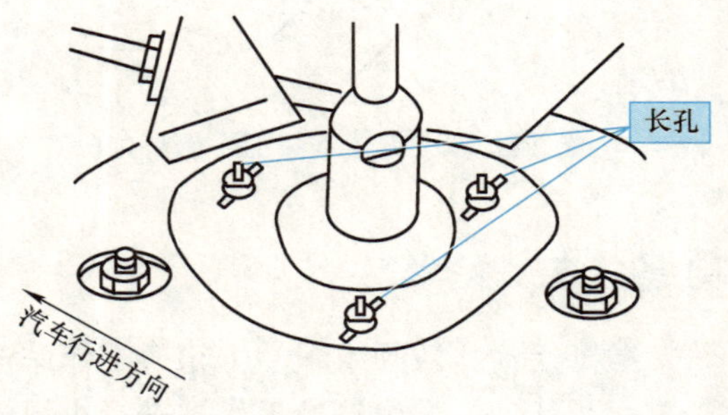

图 15 从减振器顶部调整方法一

② 松开前减振器顶上定位螺栓，向下推着前减振器并旋转 180°，顺时针转增大外倾角，逆时针转减小外倾角，如图 16 所示。

4）从减振器支架部位进行调整的常用方法：

① 松开减振器支架上两个螺栓，旋转上部带偏心凸轮的螺栓即可调整前轮外倾角，如图 17 所示。

② 松开两个螺栓向里推或向外拉轮胎，可以调整车轮外倾角，如图 18 所示。

③ 松开减振器两个螺栓向外或向内移动轮胎上部，可以调整车轮外倾角。调整后可以加进楔形锯齿边铁片，即能固定又可防松脱，如图 19 所示。

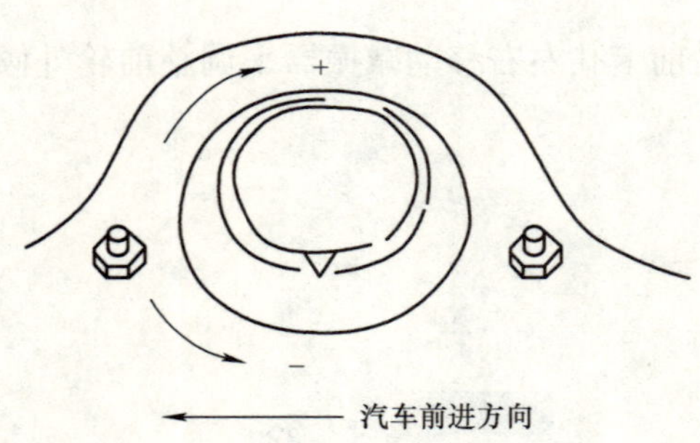

图 16　从减振器顶部调整方法二

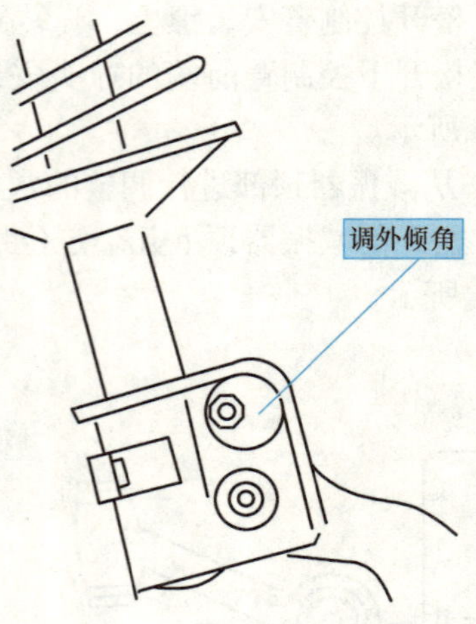

图 17　从减振器支架部位调整方法一

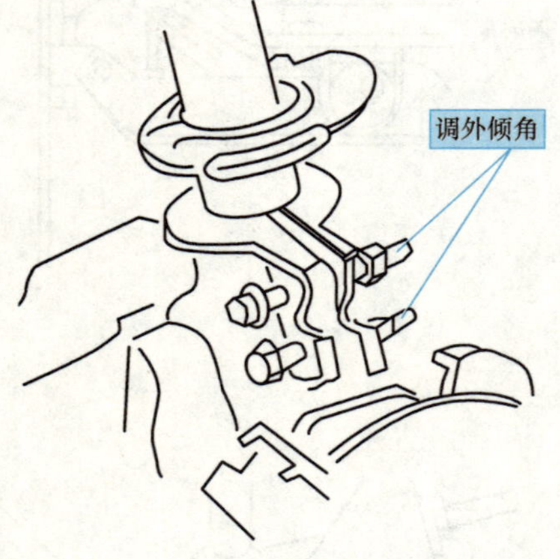

图 18　从减振器支架部位调整方法二

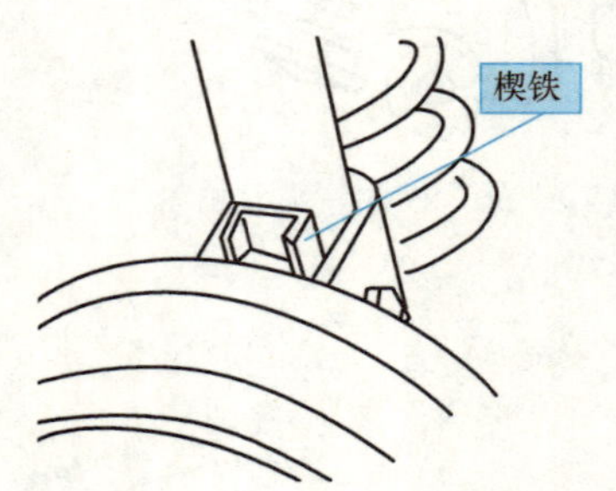

图 19　从减振器支架部位调整方法三

轮换工作站学习

教师活动　教师组织学生轮换工作站进行小组学习。

学生活动　学生轮换工作站进行小组学习。(240min)

小组合作制作综合海报

教师活动　教师要求每个小组完成一张思维导图的总海报。

学生活动　学生分组完成一张总海报。(60min)

展示讲述综合海报

教师活动　教师选出一个组来介绍讲解总海报内容，教师进行评价。

学生活动　被选出的小组展示讲述本组绘制的总海报内容，其他组学生提出疑问、建议。(30min)

完成 2.1.3.2 理论测试

教师活动 教师要求学生独立完成 2.1.3.2 理论测试，不允许查阅任何资料。

学生活动 学生安静、独立地在系统上完成 2.1.3.2 理论测试并提交，不能查阅任何资料。（20min）

2.1.3.2 理论测试

2.1.3.2 理论测试

学校名称		任课教师	
班级		学生姓名	
学习领域	L2 机械组件与系统检查拆换		
学习情境	LS2.1：安装车轮和轮胎并进行四轮定位		
理论学习内容	轮胎的更换，动平衡与四轮定位	学习时间	5h

一、填空题（每空 1 分，共 25 分）

1. 车辆举升前将车轮________松开。

2. 采用举升机抬升的车辆要使用________保证安全。

3. 在拆卸前使用________来标记车轮相对于轮毂轴承的位置。

4. 使用________对轮胎的安装位置进行标记。

5. 对有待安装的车轮进行________的尺寸检查。

6. 在举升的车辆上先将螺母拧到________的程度。

7. 在放下来的车辆上，使用扭力扳手将车轮紧固，紧固力矩根据生产厂商规定，通常钢轮毂为________，螺母的紧固不要大于规定的紧固力矩，否则轮毂和车轮螺母可能会损坏。

8. 将车轮外侧面朝上夹紧，用撬棍经过轮毂凸峰，将胎缘撬至安装头的分离铲上。轮胎始终从________开始进行拆卸。握紧撬棍并踩下踏板使工作盘转动。

9. 有些轮胎会在气门处有彩色标记。从________之后开始安装轮胎。

10. 为了保持汽车直线行驶时的稳定性、转向轻便性，减小轮胎和机件的磨损，转向轮、转向节和前轴三者之间在安装上具有一定的________，这种具有一定相对位置的安装，称为________。它包括________、________、________和________四个参数。

11. 主销后倾角：在________平面内，________与________之间的夹角。

12. 主销内倾角：在________平面内，________与________之间的夹角。

13. 前轮外倾角：________与________平面之间的夹角。

14. 前轮前束值：两轮________距离与________距离差值。

二、单选题（每题 2 分，共 6 分）

1. 转向沉重，可能的原因是（　　）。

A. 动力转向机构故障　　B. 发动机运转不顺畅

C. 外倾角不正确　　D. 左右车轮气压不相等

2. 转向盘发抖可能的原因是（　　）。

A. 车轮中心点偏离，产生凸轮效应　　B. 发动机运转不顺畅

C. 车轮动态不平衡　　D. 制动盘异常磨损，厚度不均匀

E. 都正确

3. 主销后倾角不正确不会引起（ ）。

A. 转向沉重　　B. 转向盘发抖

C. 转向盘漂浮不定　　D. 转向盘不能良好回正

三、判断题（每题2分，共12分）

1. 可以装用其他汽车型号的轮胎，保证汽车的路面附着性和行驶安全性。（ ）

2. 为了使轮胎磨损尽可能达到均衡，安装在汽车上的所有轮胎都应进行轮胎换位，轮胎换位要按规定进行，并保持轮胎原滚动方向。（ ）

3. 交叉换位法，适用于经常在较平坦道路上行驶的汽车。（ ）

4. 拆卸轮胎时，应使用千斤顶，在指定位置上将车身顶起。（ ）

5. 修理过的或新的轮胎无需经过动平衡试验即可使用。（ ）

6. 轮胎与轮辋必须配套使用，可以对轮辋进行敲击或使用撬棒。（ ）

提交理论学习阶段的评价表

教师活动 教师要求学生对理论学习阶段2.1.3.1评价表进行自我评价。

学生活动 学生按照教师的要求对自己在理论学习阶段的表现进行自评，要客观真实。

2.1.3.1 理论学习评价表

参与本项目的教师具体见Moodle系统，未参与本项目的教师可以根据实际情况自行制订。

2.1.4 任务计划：制订安装车轮和轮胎并进行四轮定位工作计划

独立查阅信息

教师活动 教师提供实验车型的维修手册。

学生活动 学生独立查阅教师提供的维修手册，提炼整理关键信息。（20min）

小组制作工作计划海报

教师活动 教师要求学生小组合作制订“轮胎更换及四轮定位”工作计划海报，把每一步的细节和注意事项写出来，包括为什么干、怎么干，安全、环保、工具、时间、成本、注意事项、检测标准等。

学生活动 学生分组讨论，小组合作完成工作计划海报。（40min）

2.1.4.1 工作计划海报

见附录。

展示讲述工作计划海报

教师活动 教师选出一个小组来介绍讲解海报内容，教师进行评价。

学生活动 被选出的小组展示讲述本组学习成果，其他小组学生提出疑问、建议。（40min）

修改工作计划海报

教师活动 教师强调修改工作计划时要注意：安全、环保、规范、时间及成本控制意识的训练。

学生活动 每个小组根据教师意见认真改进本组海报。（20min）

提交任务计划阶段的评价表

教师活动 教师提供任务计划阶段的评价表，指定组间评价顺序，保证每个小组都被评价。要求学生将2.1.4.2评价表以小组形式提交到系统。

学生活动 每个小组对老师指定的小组进行评价，合作填写2.1.4.2评价表，由小组提交到系统。

2.1.4.2 任务计划评价表

参与本项目的教师具体见Moodle系统，未参与本项目的教师可以根据实际情况自行制订。

2.1.5 任务决策：与师傅和客户沟通工作计划

独立完成任务决策表

教师活动 教师发放2.1.5.1任务决策表要求学生安静、独立地完成。

学生活动 学生独立地按照任务决策的关键要素完成2.1.5.1任务决策表。(20min)

2.1.5.1 任务决策表

2.1.5.1 任务决策表

决策类型	决策方案
与师傅决策	请站在厂商的角度，和师傅沟通任务计划实施的可能性。(包括：工作任务的时间控制和成本控制，工作步骤的正确性、规范性和合理性，工作过程的安全性和环保性，考虑厂商的经济效益和工作效率等，并记录决策结果与师傅的建议)
与客户决策	请站在客户的角度，和客户沟通任务计划实施的可能性。(包括：是否有几种可能供客户选择？某些项目做或不做？现在做还是未来做？考虑客户的成本控制、时间控制、安全性、环保性、美观性和便利性等，并记录决策结果与客户的意见)

实战演习任务决策

教师活动 教师选出一个学生代表（这个学生是以往决策出现问题较大的）和自己进行任务决策，及时担任师傅和客户双重角色。

学生活动 被选出的学生与教师进行决策对话，其他学生观察，并进行口头评价、补充、改进。(20min)

提交确认任务决策

学生活动 每个学生修改自己的任务决策表，提交到系统。(20min)

教师活动 教师对每个学生制订的任务决策表进行确认，并将确认信息从系统发给学生。

提交任务决策阶段的评价表

教师活动 教师要求学生对任务决策阶段 2.1.5.2 评价表进行自我评价。

学生活动 学生按照教师的要求对自己在任务决策阶段的表现进行自评，要客观真实。

2.1.5.2 任务决策评价表

参与本项目的教师具体见 Moodle 系统，未参与本项目的教师可以根据实际情况自行制订。

2.1.6 任务实施：使用设备进行实车拆装检测

示范操作

教师活动 教师亲自示范操作，或者播放相关视频（操作内容是：从接车确认开始，按照诊断思路进行轮胎更换和四轮定位工作）。

学生活动 学生观察教师的示范动作，或观察视频中的示范动作。

操作实施

教师活动 教师将学生分组，并要求每组学生分工明确，严格强调安全和事故预防要求等。实施过程中教师进行巡视指导。

学生活动 学生分为 4 组，分工操作。每组每次安排 2 名学生操作，所有学生轮流，每个学生都要完成一次操作。当 2 名学生进行操作时，另外安排 2 名学生分别对其进行评价，填写 2.1.6.1 评价表，1 名学生拍视频，1 ~2 名学生监督记录，1 ~2 名学生查阅手册改进计划。(4h)

提交任务实施阶段的评价表和视频

教师活动 教师要求学生对任务实施阶段 2.1.6.1 评价表进行自我评价，并提交任务实施阶段录制的所有视频资料。

学生活动 学生按照教师的要求对自己在任务实施阶段的表现进行自评，要客观真实。负责拍摄的学生将视频整理提交到系统，负责评价的学生将 2.1.6.1 评价表提交到系统。

2.1.6.1 任务实施评价表

参与本项目的教师具体见 Moodle 系统，未参与本项目的教师可以根据实际情况自行制订。

2.1.7 任务检查：5S 与检查工作结果

任务检查和 5S

教师活动 教师提供 2.1.7.1 任务检查流程。要求学生分组，小组合作完成任务检查及 5S，在 2.1.7.1 任务检查单上标注。教师要求学生小组成员对工作过程和工作计划进行监督和评估，记录优缺点及改进建议，并口头表达。教师要重点引导学生对队友的支持性意见的表达，并训练学生接纳他人建议。

学生活动 学生分组，小组合作完成任务检查及 5S，在 2.1.7.1 任务检查单上标注。(20min)

学生按照教师规定严格监督和控制其他成员的工作过程并友善提出改进建议。(10min)

2.1.7.1 任务检查单

2.1.7.1 任务检查单

1. 请进行必要的最终任务检查，在（　　）里进行标记。

检查任务实施过程（　　），是否有改进或需要说明：

如有，处理意见：

检查测量值与标准值（　　），是否有改进或需要说明：

如有，处理意见：

2. 请进行必要的 5S。

5S 车辆（　　）

5S 工位（　　）

5S 场地（　　）

3. 请根据实施的诊断与修理工作，编制工作说明，完善改进工作计划（以另一种颜色的笔在任务计划上标注作答）。

小组合作修改工作计划

教师活动 教师要求学生小组合作修改完善工作计划，修改方式：在原有工作计划上用另一种颜色的笔进行真实、全面地复盘改进，并进行标注。

学生活动 学生小组合作修改完善工作计划，修改方式：在原有工作计划上用另一种颜色的笔进行真实、全面地复盘改进，并进行标注。(10min)

提交任务检查阶段的评价表

教师活动 教师要求学生对自己在任务检查阶段的表现进行自我评价。提醒学生：对于自己没有涉及的条目不评价。

学生活动 学生对自己在任务检查阶段的表现进行自我评价，对于自己没有涉及的条目不评价。

2.1.7.2 任务检查评价表

参与本项目的教师具体见 Moodle 系统，未参与本项目的教师可以根据实际情况自行制订。

2.1.8 任务交付：交车

任务交付准备

教师活动 在任务交付之前，教师提供2.1.8.1交车剧本给事先安排好的两个学生，一个扮演客户，另一个扮演SA，以便上课时两个学生能在实车上呈现交车过程。

学生活动 两个角色扮演的学生要熟悉练习交车剧本。

2.1.8.1 交车剧本

2.1.8.1 交车剧本

(一) 任务完成正常交车

前台：先生，您好！您的车修好了，没有任何问题，您可以放心使用了。这是针对轮胎使用的开车温馨贴士，请您留存！

客户：非常感谢！

前台：不客气！这是费用清单，请您跟我去财务结账。

客户：好的。

前台：这是车钥匙，以后请您放心使用！请您随时观察车况，如果有任何问题，请随时联系我。非常愿意为您服务！

客户：好的！谢谢你！再见！

前台：再见！您慢走！

(二) 任务未完成异常交车

前台：先生，您好！非常抱歉，您的车我们前期预估失误，虽然我们已经尽力了，但是还是不能按照约定时间正常交车给您，预计还得2个小时才能完成。您看您是继续在店里等待，还是先去处理其他事情。等这边结束我及时联系您。

客户：好吧！2个小时后一定能取走我的车吗?

前台：真的非常抱歉！不过，您放心！同样的错误我们不会出现第二次。再有2个小时肯定交车给您。

客户：好吧。2个小时后等你电话，我先去处理其他事情。一定要完全修复啊！

前台：请您放心！一定保证您的爱车行驶无忧，我会随时观察进展情况，及时联系您。非常愿意为您服务！

客户：好的！谢谢你！那我先走了，待会儿见！

前台：待会儿见！您慢走！

两人角色扮演

学生活动　学生分组，两人一组。其中，事先安排好的两个学生为一组，一个扮演客户，另一个扮演 SA，先交车给师傅，然后交车给客户。(10min)

教师活动　教师提前安排学生两人一组，观察角色扮演学生的表演过程，同时观察其他学生的表现：倾听的认真程度。

全员换位评价

学生活动　学生认真观看角色扮演情境再现过程，理解客户委托，并与本组学生一起对 SA 角色扮演的学生换位思考进行口头评价：角色扮演时的优缺点，如果是自己怎样改进会更好。(5min)

教师活动　教师指出角色扮演的优缺点，提出注意事项进行强调说明。

全员分组练习

教师活动　教师要求所有学生借鉴两个示范学生的表现，进行任务交付练习。

学生活动　学生按照教师的提示与强调，借鉴示范的两个学生的表现，学生分组在实车上进行任务交付的角色扮演练习。互换角色再练习一次。(10min)

提交任务交付阶段的评价表

教师活动　教师要求学生对任务交付阶段自己扮演 SA 时的表现依据 2. 1. 8. 2 评价表进行自我评价。

学生活动　学生按照教师的要求对自己在任务交付阶段扮演 SA 时的表现进行自评，要客观真实。

2. 1. 8. 2　任务交付评价表

参与本项目的教师具体见 Moodle 系统，未参与本项目的教师可以根据实际情况自行制订。

2. 1. 9　反思评价：总结知识点、技能点和素养点

提交反思评价自评表

教师活动　教师归纳整理理论知识体系，以一页 PPT 展示知识点、技能点和素养点。

学生活动　学生认真反思，倾听，构建适合自己学习的知识体系。(10min)

学生认真反思，对照学习目标进行自我反思，填写 2. 1. 9. 1 自评表。(10min)

2. 1. 9. 1　反思评价自评表

参与本项目的教师具体见 Moodle 系统，未参与本项目的教师可以根据实际情况自行制订。

提交反思评价他评表

教师活动 教师把每一位学生的反思阶段的评价表分配给其他同学进行评价。

学生活动 学生按照系统分配的评价对象，每个学生都填写一份对另一个学生的评价表。(10min)

2.1.9.2 反思评价他评表

参与本项目的教师具体见 Moodle 系统，未参与本项目的教师可以根据实际情况自行制订。

提交反思评价阶段的评价表

教师活动 教师参照学生的自评与他评在 2.1.9.3 反思评价表上给出学生反思评价成绩。

学生活动 每个学生将自评表和他评表形成的 2.1.9.3 反思评价表进行对照，帮助学生自我认识。

2.1.9.3 反思评价表

参与本项目的教师具体见 Moodle 系统，未参与本项目的教师可以根据实际情况自行制订。

2.1.10 巩固拓展

迁移新任务

教师活动 教师布置新的客户任务：对扎钉子的轮胎进行修补。要求学生小组合作制订工作计划并用 PPT 展示。

学生活动 学生明确拓展任务：小组合作制订工作计划，下次课前用 PPT 展示和评价。做好完成拓展任务的计划（分工与时间安排）。

分工制作工作计划

教师活动 教师要控制学生的制作过程，要求学生分工完成 2.1.10.1 工作计划，把自己负责的部分提交到系统，让教师看到。

学生活动 学生在小组长的带领下，制作过程合理分工，每人完成工作计划的一部分并提交到系统。(课后)

2.1.10.1 工作计划海报

见附录。

提交过程视频和 PPT

教师活动 教师要求学生制作 PPT 的过程录制视频并把视频提交到系统，同时提交 PPT 结果到系统。

学生活动 小组合作，录制制作 PPT 过程的视频。

巩固拓展阶段的评价表

教师活动 教师要求小组长完成本小组所有成员的 2. 1. 10. 2 评价表，提交到系统。

学生活动 小组长完成小组评价 2. 1. 10. 2 评价表，并把每个组员的评价表提交到系统。

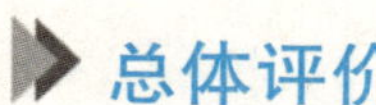

2. 1. 10. 2 巩固拓展评价表

参与本项目的教师具体见 Moodle 系统，未参与本项目的教师可以根据实际情况自行制订。

总体评价

给学生反馈总体评价表

教师活动 教师对每个学生的总体评价表初稿进行补充修改，形成总体评价定稿，作为每个学生本学习情境的最终评价。

学生活动 学生认真对照教师反馈的总体评价表，分析自己的优势和不足，有针对性地制订改进措施，加强培养素养或知识、技能不足的方面。

LS2.2

制动时产生摩擦噪声，制动片磨损指示器亮起

教学准备

教学情境准备

教师活动　教师提前提供给所有学生 2.2.0.1 客户任务工单。课前提供 2.2.0.2 接车剧本给事先安排好的两个学生，一个扮演客户，另一个扮演 SA，以便上课时两个学生能在实车上把客户任务真实再现。

学生活动　所有学生在课前熟悉 2.2.0.1 客户任务工单，提前了解客户委托任务。

两个角色扮演的学生要熟悉练习 2.2.0.2 接车剧本。（课前）

2.2.0.1　客户任务工单

2.2.0.1　客户任务工单

车主姓名		日期	
车型		车牌号	
发动机号		底盘号	
联系电话			
通信地址			
故障现象描述： 车主反映，制动时产生摩擦噪声，制动片磨损指示器亮起。			
检查维修建议：			
故障结论：（更换或维修的零件记录）			
取车付款： 现金　　银行卡		维修人： 收款人：	

2.2.0.2　接车剧本

2.2.0.2　接车剧本

学习情境描述：

一辆大众速腾轿车，行驶总里程 6 万 km，客户发现制动时产生摩擦噪声，制动片磨损指示器亮起。

前台：您好！有什么需要我帮忙的？

客户：您好！发现制动时产生摩擦噪声，制动片磨损指示器亮起。您能帮我看看吗？

前台：好的！您给我车钥匙，我先检查一下。

（上车，打开点火开关，试车发现制动时产生摩擦噪声，制动片磨损指示器亮起，询问客户）

前台：您的车制动时产生摩擦噪声，制动片磨损指示器亮起。这个毛病以前出现过吗？最近您修理过什么部件吗？

客户：不瞒您说，我的车车况特别好，在这之前什么毛病也没有，这是第一次有故障，只做过正常的维护保养。

前台：我刚才初步诊断了一下：制动时确实产生摩擦噪声，且制动片磨损指示器亮起，可能是制动片达到磨损极限需要更换了。具体原因需要后台检测后才能确认。

客户：好的！那您尽快维修吧，我还着急用车呢。

前台：那您想什么时间取车？

客户：今天下午4点取车吧。

前台：好的！请您到客户区休息等待，如有需要，我会及时和您联系。

教学目标准备

教师活动　教师以一页PPT简介本情境的教学目标：素养点、知识点、技能点。

学生活动　学生思路清楚、明确目标，在头脑中形成个人学习规划。（课前）

素养点：

① 能够树立目标并制订实现目标的战略计划。

② 能够总结简单的事实文本，并将其转换成简单的结构。

③ 能够共同找出简单的解决方案。

④ 能够独立工作。

⑤ 能够小组合作。

⑥ 能够在小组中与他人高效沟通交流。

⑦ 能够阅读技术信息，检索提炼、建构逻辑关系。

知识点：

① 制动系统的作用。

② 制动系统的组成和工作原理。

③ 制动系统的分类。

④ 制动器的分类和组成。

⑤ 制动器的工作原理。

⑥ 制动器的检测和更换方法。

技能点：

① 制动系统部件的基本检查。

② 制动器的检测。

③ 盘式制动器的更换。

④ 鼓式制动器的更换。

⑤ 遵守安全条例。

资料设备清单

参与本项目的教师具体见 Moodle 系统，未参与本项目的教师可以根据实际情况自行制订。

2.2.1 任务接受：接车

两人角色扮演

学生活动　学生分组，两人一组。其中，事先安排好的两个学生为一组，一个扮演客户，另一个扮演 SA，在实车上把客户任务真实再现。（10min）

教师活动　教师观察角色扮演学生的表演过程，同时观察其他学生的表现：倾听的认真程度。

全员换位评价

学生活动　学生认真观看角色扮演情境再现过程，理解客户委托，并与本组学生一起对做角色扮演的学生换位思考进行口头评价：角色扮演时的优缺点，如果是自己怎么改进会更好。（10min）

教师活动　教师指出角色扮演的优缺点，提出注意事项进行强调说明。

全员分组练习

教师活动　教师要求所有学生借鉴两个示范学生的表现，进行任务接受练习。

学生活动　学生按照教师的提示与强调，借鉴示范的两个学生的表现，学生分组在实车上进行任务接受的角色扮演练习。互换角色再练习一次。（10min）

提交任务接受阶段的评价表

教师活动　教师要求学生对任务接受阶段自己扮演 SA 时的表现进行自我评价。

学生活动　学生按照教师的要求对自己在扮演 SA 时的表现进行客观真实地自评。

2.2.1.1 任务接受评价表

参与本项目的教师具体见 Moodle 系统，未参与本项目的教师可以根据实际情况自行制订。

2.2.2 任务分析：制动时产生摩擦噪声，制动片磨损指示器亮起的原因

教学方法：餐垫法

独立查找原因

教师活动　教师提供 2.2.2.1 信息页（维修信息、文本资料）和餐垫图纸，指导学生独立查找制动需要更换的原因，并书写在餐垫上周边对应位置。

学生活动　学生分组，首先个人独立阅读教师提供的 2.1.2.1 信息页，在信息页上划出关于制动时产生摩擦噪声，制动片磨损指示器亮起的原因，形成个人的结论，工整地书写在餐垫上自己的对应位置。（30min）

2.2.2.1 信息页

2.2.2.1 信息页

学校名称		任课教师		
班级		学生姓名		
学习领域	L2 机械组件与系统检查拆换			
学习情境	LS2.2：制动时产生摩擦噪声，制动片磨损指示器亮起	学习时间		1h

时常有人问，制动片多久更换一次最合适。这是个很难回答的问题。除了常跑长途比较省制动片之外，最重要的是驾驶方式是否得当，比如驾驶的提前量，如果能很好地掌握，您就会发现，很多时候根本无需踩下制动踏板。一般来说，一副制动片用 10 万 km 没问题，用得好的话，甚至可以达到 15 万 km。

由于每个驾驶人踩制动踏板的频率不一样，很难界定制动片多长时间需要更换一次。唯一的办法就是，在例行检查的时候，看看制动片的磨损程度，如果到了临界点，就得立即更换了。

哪些情况下需要更换

条件 1：厚度达标

一个新的制动片厚度一般在 1.5cm 左右（图 1），随着使用中不断地摩擦，厚度会逐渐变薄。专业技术人员建议，当肉眼观察制动片厚度已经仅剩原先 1/3 厚度（0.5cm）左右时，车主就要增加自检频率，随时准备更换了。当然个别车型由于轮毂设计原因，不具备肉眼查看的条件，需要拆卸轮胎才能完成。

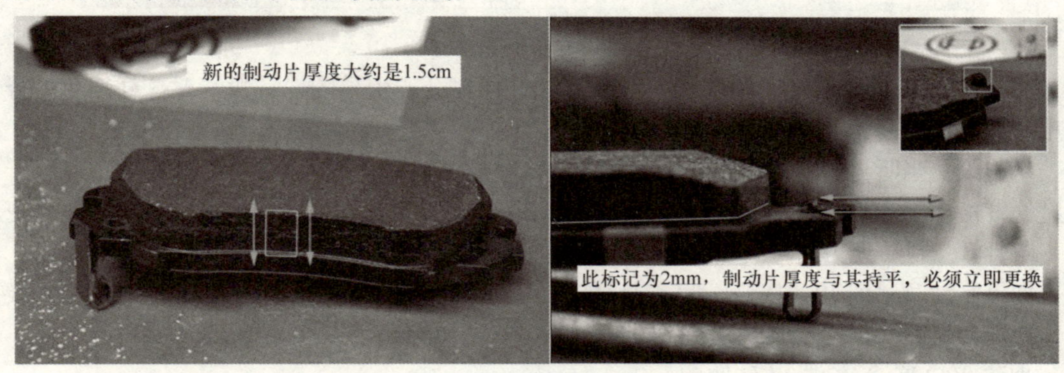

图 1 磨损极限

每个制动片的两侧都有一个突起的标志，这个标志的厚度在 2～3mm 左右，这也是制动片最薄需要更换的极限，如果制动片厚度已经与此标志平行，则必须要进行更换。因此当制动片厚度接近此标志的时候，车主就要随时观察准备了，不过在不拆卸轮胎的情况下通过肉眼很难准确观察，目前不少车型在制动片过薄时仪表驻车制动器指示灯位置会有所提示，相对自检就方便一些。

小建议：制动片根据用车环境和开车习惯没有严格的更换间隔，一般在行驶到 6 万 km 左右就要考虑更换。当肉眼观察发现制动片较薄时应当在保养时要求技术人员进行检查，因为肉眼观察本来就会存在误差，专业的维修站通过卡尺要比肉眼观察更严谨一些（图 2）。

如果是鼓式制动，那用看的方法就无法检查，您可以通过下面两个方法进行判断制动鼓中的制动片是否需要更换。

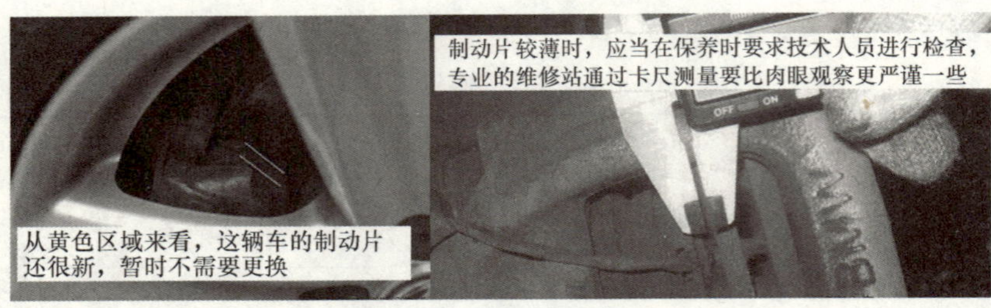

图2 检测制动片厚度

条件2：产生摩擦噪声

如果在轻点制动踏板的同时伴随有铁蹭铁的“嗞嗞”声（也有可能是制动片在刚开始安装时磨合产生的作用），此时制动片必须立即更换。因为制动片两侧的极限标识已经直接摩擦制动盘，证明制动片已经超过极限。遇到这种情况，在更换制动片的同时要配合制动盘的检查，出现这种声音时往往制动盘已经损坏，如图3所示，此时即便更换新的制动片仍然不能消除响声，严重时需要更换制动盘。

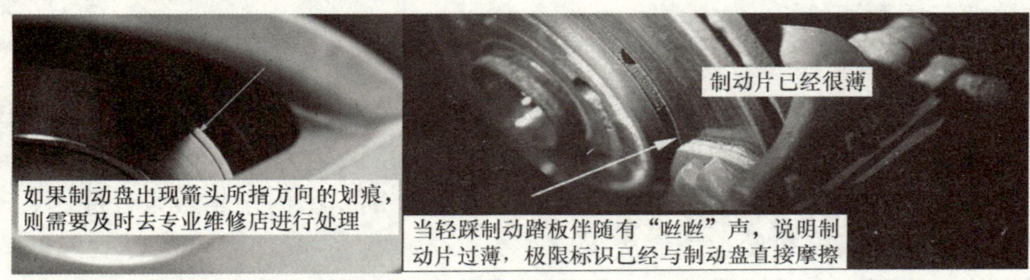

图3 检测制动片损坏

另外，有些质量不好的制动片中有硬点，这样也会产生异响，一般情况这样产生的异响会用一段时间磨掉后消失。

小建议：当听见制动片有声音的时候往往已经晚了，此时制动盘多多少少都会有损伤。制动盘的价格比制动片要高出很多，因此建议大家勤检查制动片，避免损伤制动盘的事情出现。

条件3：制动无力

如果制动时感到很吃力了，那就有可能是制动片基本已经丧失摩擦力了，这时候必须要更换，否则会引发严重的事故（图4）。

小建议：这个方法相对抽象，凭感觉可能有些不好把握，因此养成一个良好的自检习惯很重要。另外制动效果降低会导致制动液消耗增加，因此更换制动片的同时要着重检查制动液的情况。

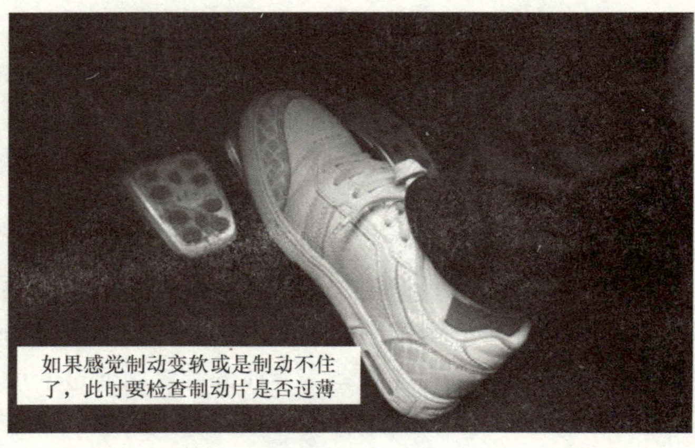

图4 检测制动是否无力

条件4：制动片磨损指示器亮起

以仪表板上制动片磨损指示器是否亮起作为该不该换制动片的判断依据。当指示器亮起，如果到这时才换，说明已经相当危险。因为这种警示系统有的是直接感应制动片的厚度，有的则是在制动片已经完全磨完，制动液因此极端下降，才会使指示器亮起。

如果是后者，等到指示器亮起，制动片金属底座与制动盘已经处于“铁磨铁”状态，这时，会在车胎靠近轮圈边缘看到晶亮的铁屑。因此，我们建议定期检查制动片磨损状况看其是否能用，而不要只相信指示器（图5）。

图5　制动片磨损指示器

条件5：制动片或制动盘有裂纹或沟槽等

如果制动片或制动盘有裂纹或者沟槽，会严重影响制动效果，需要及时更换（图6）。

图6　磨损的制动片和制动盘

合作讨论原因

学生活动　学生小组合作讨论达成共识，把本组的制动时产生摩擦噪声，制动片磨损指示器亮起的原因工整书写在餐垫的中间位置上，把餐垫贴在白板上展示。(30min)

教师活动　教师重点观察学生讨论时的表现：所有成员是否可以经过妥协或协商快速达成一致意见。

师生确定原因

教师活动　教师带领学生一起逐条对每组的结果进行分析评价，判断对错，总结原因。

学生活动　学生领会理解，修改本组餐垫并把最终结果工整记录在笔记本上。(10min)

填写客户工单

教师活动　教师提供行驶证等资料，指导学生填写2.2.0.1客户工单（车辆检验内容，确定维修范围，是否修理车辆建议）。

学生活动　学生小组合作填写完整客户任务工单。(20min)

提交任务分析阶段的评价表

教师活动　教师要求学生对任务分析阶段自己的表现依据2.2.2.2评价表进行自我评价。

学生活动　学生按照教师的要求对自己在任务分析阶段的表现对照每一条进行客观真实地自评。

2.2.2.2　任务分析评价表

参与本项目的教师具体见Moodle系统，未参与本项目的教师可以根据实际情况自行制订。

2.2.3　理论学习：制动系统的组成与工作原理

教学方法：概念地图法

3.1　制动系统的组成与分类

关键词法独立学习

教师活动　教师提供2.2.3.1信息页和写有关键概念的若干卡片，让学生独立阅读，划出关键词，完成2.2.3.1工作页，并在分到的每一个卡片后面写出关键概念的解释。

学生活动　学生在小组内安静、独立地阅读2.2.3.1信息页，划出关键词，完成2.2.3.1工作页，并在分到的每一个卡片后面写出关键概念的解释。(60min)

2.2.3.1　信息页

2.2.3.1　信息页

学校名称		任课教师		
班级		学生姓名		
学习领域	L2 机械组件与系统检查拆换			
学习情境	LS2.2：制动时产生摩擦噪声，制动片磨损指示器亮起		学习时间	50min
工作任务	A：制动系统的组成与分类		学习地点	理实一体化教室

1. 汽车制动系统的作用

使行驶中的汽车按照驾驶人的要求进行强制减速甚至停车；使已停驶的汽车在各种道路

条件下（包括在坡道上）稳定驻车；使下坡行驶的汽车速度保持稳定。

2. 汽车制动系统的组成

一般来说，汽车制动系统包括行车制动装置和驻车制动装置两套独立的装置。其中行车制动装置是由驾驶人用脚来操纵的。驻车制动装置是由驾驶人用手操纵的。行车制动装置的功用是使正在行驶中的汽车减速或在最短的距离内停车。而驻车制动装置的功用是使已经停在各种路面上的汽车保持不动。但是，有时在紧急情况下，两种制动装置也可同时使用来增加汽车制动效果。有些特殊用途的汽车和经常在山区行驶的汽车，长期而又频繁地制动将导致行车制动装置过热，因此在这些汽车上往往增设各种不同形式的辅助制动装置，以便在下坡时稳定车速。

汽车制动系统主要由四个部分组成，如图 1 所示。

1）供能装置。包括供给、调节制动所需能量以及改善传动介质状态的各种部件。

2）控制装置。产生制动动作和控制制动效果各种部件，如制动踏板。

3）传动装置。包括将制动能量传输到制动器的各个部件，如制动主缸、轮缸。

4）制动器。产生阻碍车辆运动或运动趋势的部件。

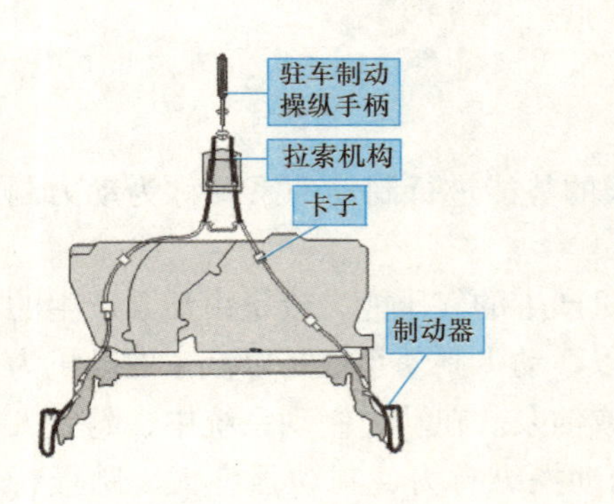

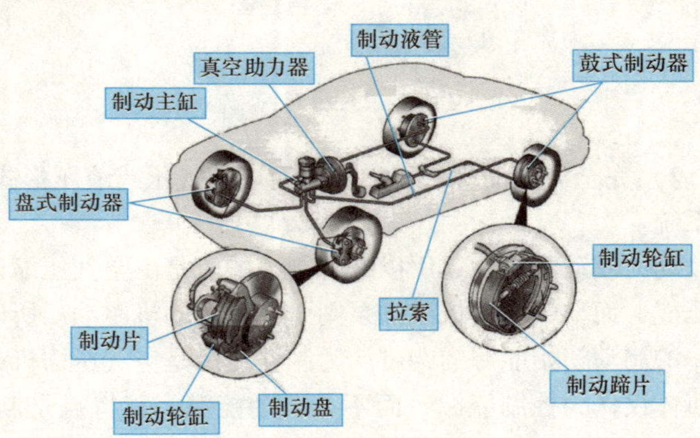

图 1 制动系统

3. 汽车制动系统的类型

（1）按制动系统的作用分类

制动系统可分为行车制动系统、驻车制动系统、应急制动系统及辅助制动系统等。

1）用以使行驶中的汽车降低速度甚至停车的制动系统称为行车制动系统；

2）用以使已停驶的汽车驻留原地不动的制动系统则称为驻车制动系统；

3）在行车制动系统失效的情况下，保证汽车仍能实现减速或停车的制动系统称为应急制动系统；

4）在行车过程中，辅助行车制动系统降低车速或保持车速稳定，但不能将车辆紧急制停的制动系统称为辅助制动系统。

上述各制动系统中，行车制动系统和驻车制动系统是每一辆汽车都必须具备的。

（2）按制动操纵能源分类

制动系统可分为人力制动系统、动力制动系统和伺服制动系统等。

1）以驾驶人的肌体作为唯一制动能源的制动系统称为人力制动系统。

人力制动系统的制动能源仅仅是驾驶人的肌体。按其传动装置的结构形式，人力制动系统有机械式和液压式两种。人力机械式制动系统通常用于汽车的驻车制动，包括传动机构和锁止机构，传动机构由驻车制动操纵手柄、拉杆、调整拉杆及驻车制动拉索组成。改变拉杆和调整拉杆之间的相对位置可以调整驻车制动操纵手柄的工作行程。

如图2所示，人力液压式制动系统以制动液为介质，将驾驶人施加的控制力通过装在车架上的主缸由机械能转换为液压能，再通过装在车轮制动器内的轮缸将液压能转换为机械能，促使制动器进入工作状态。

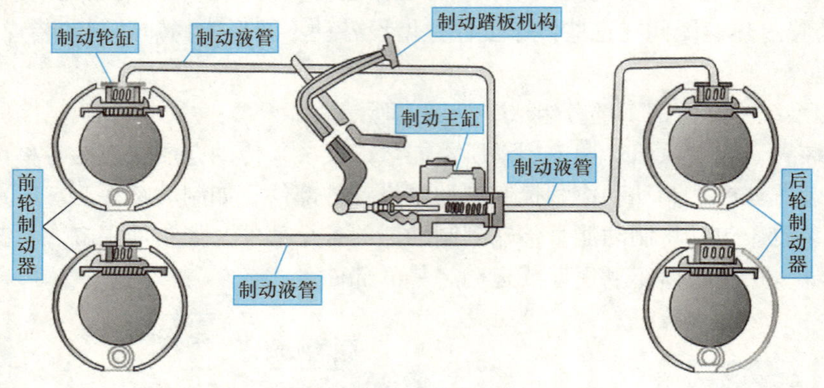

图2 人力制动系统

2）完全靠发动机的动力转化而成的气压或液压形式的势能进行制动的系统称为动力制动系统。

动力制动系统中，用以进行制动的能是由空气压缩机产生的气压能，或是由油泵产生的液压能，而空气压缩机或油泵则由汽车发动机驱动。所以，动力制动系统是以汽车发动机为唯一的制动初始能源的，可认为制动能源是空气压缩机或油泵。在动力制动系统中，驾驶人的肌体仅作为控制能源，而不是制动能源，其特点是制动操纵省力、制动强度大、踏板行程小。

动力制动系统有气压制动系、气顶液制动系和全液压动力制动系三种。气压制动系统是发展最早的一种动力制动系统，其供能装置和传动装置全部是气压式的（图3）。其控制装置大多数是由制动踏板机构和制动控制阀等气压控制元件组成，也有的在踏板机构和制动控制阀之间还串联有液压式操纵传动装置。气顶液制动系统的供能装置、控制装置与气压制动系统的相同，但其传动装置则包括气压式和液压式两部分。全液压动力制动系统中除制动踏板机构以外，其供能、控制和传动装置全是液压式。

3）兼用人力和发动机动力进行制动的制动系统称为伺服制动系统或助力制动系统，如图4所示。

伺服制动系统兼用人体和发动机作为制动能源，在正常情况下，制动能量大部分由动力伺服系统供给，可以减轻驾驶人施加于制动踏板上的力，增加车轮制动力，达到操纵轻便、制动可靠的目的。在动力伺服系统失效时，伺服制动转变为人力制动。

常见伺服制动系统以发动机工作时在进气管中形成的真空（或利用真空泵产生的真空）为伺服能量。它可分为增压式和助力式两种形式。增压式是通过增压器将制动主缸的液压进一步增加，增压器装在主缸之后；助力式是通过助力器来帮助制动踏板对制动主缸产生推

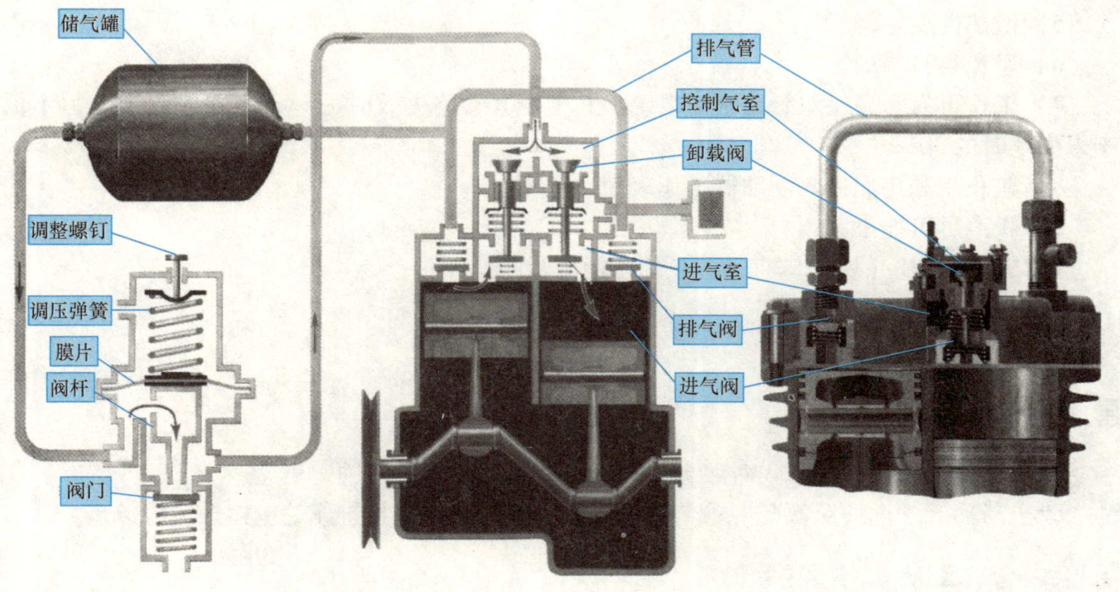

图 3　动力制动系统

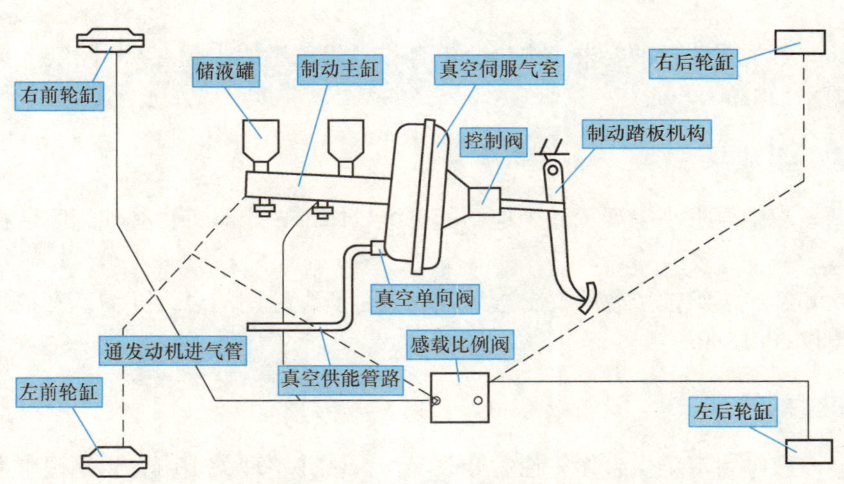

图 4　伺服制动系统

力，助力器装在踏板与主缸之间。

（3）按制动能量的传输方式分类

制动系统可分为机械式、液压式、气压式、电磁式等。目前轿车上主要采用的是液压式制动系统，同时采用两种以上传能方式的制动系称为组合式制动系统。

4. 对制动系统的要求

1）具有足够的制动能力。

2）操纵轻便。

3）制动时汽车行驶方向应稳定。

4）作用滞后性应尽可能短。气制动 <0.6s，列车 <0.8s。

5）散热性要好。

6）避免自行制动。

7）工作可靠。采用双管路制动系统。其中一套管路失效时另一条管路的制动能力不低于未失效时的30%。

8）防止水和污泥进入制动器工作表面。

9）噪声尽可能小。

10）摩擦衬片（块）应有足够长的使用寿命。

11）调整间隙容易。

12）有报警装置。

互相讲述关键概念

教师活动 教师要求学生对照卡片在小组内彼此互相讲述关键概念。

学生活动 学生按照教师要求对照卡片在小组内彼此互相讲述关键概念。(20min)

组内合作逻辑思维导图

教师活动 教师要求学生小组合作，用关键词卡片在A0图纸上构建概念地图的思维导图。

学生活动 学生按照教师要求小组内分工合作，用关键词卡片在A0图纸上构建概念地图的思维导图。(30min)

展示讲述小组成果

教师活动 教师要求小组展示概念地图的思维导图，一个组讲，其他组听、提出疑问和改进建议。

学生活动 学生小组按照教师要求选出代表展示概念地图的思维导图，其他组听、提出疑问和改进建议。(10min)

小组合作整理笔记

教师活动 教师要求学生合作讨论后修改工作页，并整理关键内容到笔记本上。

学生活动 学生经过讨论修改工作页，把工作页提交到系统，并把关键内容整理到笔记本上。(10min)

教学方法：旋转木马法

3.2 液压制动系统的工作原理

关键词法独立学习

教师活动 教师提供2.2.3.2信息页，让学生独立阅读，划出关键词，完成2.2.3.2工作页，并整理出逻辑关系思维导图。

学生活动 学生安静独立地阅读2.2.3.2信息页，划出关键词，完成2.2.3.2工作页，并整理出逻辑关系的思维导图。(30min)

2.2.3.2 信息页

2.2.3.2 信息页

学校名称		任课教师	
班级		学生姓名	
学习领域	L2 机械组件与系统检查拆换		
学习情境	LS2.2：制动时产生摩擦噪声，制动片磨损指示器亮起	学习时间	50min
工作任务	B：液压制动系统的工作原理	学习地点	理实一体化教室

液压制动系统（图1）包括制动踏板、具有制动助力器的串列双腔主缸、管路系统（可能带有制动压力减压器）、具有车轮制动器的制动轮缸。

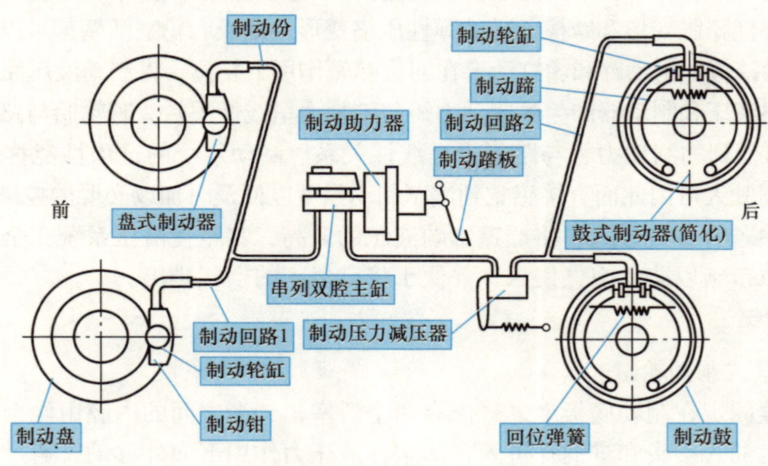

图1 液压制动系统

通常情况下，所有车轮都装有盘式制动器，比较老的车型和较小的汽车后轮采用鼓式制动器。为安全起见，要求采用具有串列双腔主缸的双回路系统。如果一个制动回路发生故障，那么另一回路仍然能对汽车进行制动。

1. 液压制动系统的工作原理概述

液压制动系统的工作原理基于帕斯卡定律，完全封闭容器中的液体压强均匀地作用在周围所有容器壁上。

制动踏板的力推动主缸活塞，从而使液体产生压强。液体压强通过制动管传递，并产生推动轮缸的力（接触压力）。液压力的相互作用取决于活塞的面积，也就是说，在最大的活塞面积上作用的力最大。另一方面，活塞行程的大小与力的作用情形相反。所以，在主缸活塞上施加1000N的力，使其移动8mm，那么，在四个制动轮的活塞上将总共产生4000N的力，相应的活塞行程为2mm。

因而，主缸中液压能量所做的功与制动轮缸中是相同的（图2）。液压制动系统的工作压力可以高达18MPa。这表明液压系

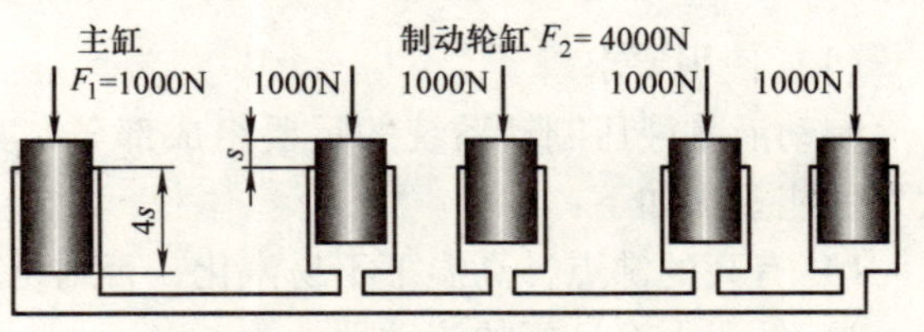

图2 液压制动系统工作原理示意图

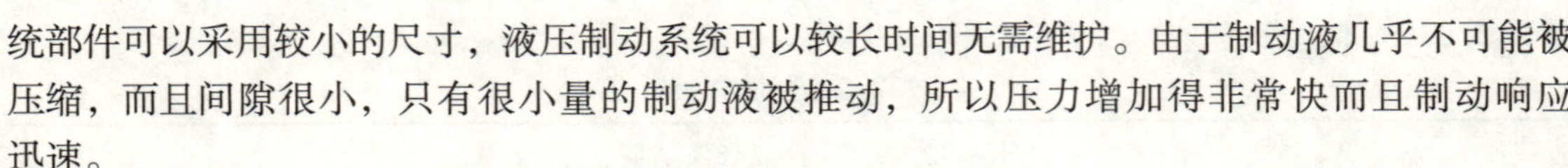

统部件可以采用较小的尺寸，液压制动系统可以较长时间无需维护。由于制动液几乎不可能被压缩，而且间隙很小，只有很小量的制动液被推动，所以压力增加得非常快而且制动响应迅速。

制动踏板机构和制动主缸都装在车架上。因车轮是通过弹性悬架与车架联系的，而且有的还是转向轮，主缸与轮缸的相对位置经常变化，故主缸与轮缸间的连接油管除金属管（铜管）外，还有特制的橡胶制动软管。各液压元件之间及各段油管之间还有各种管接头。

踩下制动踏板，制动主缸即将制动液经油管压入前、后制动轮缸，将制动蹄推向制动鼓。在制动器间隙消失之前，管路中的液压不可能很高，仅足以平衡制动蹄回位弹簧的张力以及油液在管路中的流动阻力。在制动器间隙消失并开始产生制动力矩时，液压与踏板力方能继续增长，直到完全制动。从开始制动到完全制动的过程中，由于在液压作用下，制动液管（主要是橡胶软管）的弹性膨胀变形和摩擦元件的弹性压缩变形，踏板和轮缸活塞都可以继续移动一段距离。放开制动踏板，制动蹄和轮缸活塞在回位弹簧作用下复位，将制动液压回主缸。

显然，管路液压和制动器产生的制动力矩与踏板力呈线性关系。若轮胎与路面间的附着力足够，则汽车所受到的制动力也与踏板力呈线性关系。制动系统的这项性能称为制动踏板感（或称路感），驾驶人可因此而直接感觉到汽车制动强度以便及时加以必要的控制和调节。

液压系统中若有空气侵入，将严重影响液压的升高，甚至使液压系统完全失效。因此在结构上必须采取措施以防止空气侵入，并便于将已侵入的空气排出。

2. 制动轮缸

（1）双活塞式制动轮缸

缸体用螺栓固定在制动底板上，缸内有两个活塞，二者之间的内腔由两个皮碗密封。制动时，制动液自油管接头和进油孔进入，活塞在液压力作用下向外移动，通过顶块推动制动蹄。弹簧保证皮碗、活塞、制动蹄紧密接触，并保持两活塞之间的进油间隙。防护罩除防尘外，还可防止水分进入，以免活塞和轮缸生锈而卡住。在轮缸缸体上方还装有放气阀，以便放出液压系统中的空气。

（2）单活塞式制动轮缸

为缩小轴向尺寸，液压腔密封件不用抵靠活塞端面的皮碗，而采用装在活塞导向面上切槽内的皮圈，进油间隙靠活塞端面的凸台保持。放气阀的中部有螺纹，尾部有密封锥面，平时旋紧压靠在阀座上。与密封锥面相连的圆柱面两侧有径向孔，与阀中心的轴向孔相通。需要放气时，先取下橡胶护罩，再连踩几下制动踏板，对缸内空气加压，然后踩下制动踏板不动将放气阀旋出少许，空气即可排出，待空气排出将放气阀旋闭后再放松制动踏板，如此反复直到空气排尽。

3. 制动液

（1）使用要求

制动液是液压制动系统的重要组成部分，其质量好坏对制动系统的工作可靠性影响很大，性能要求如下：

1）有高的沸点，高温下不易汽化，否则易产生气阻，使制动系失效。

2）低温下有良好的流动性。

3）不会使与之经常接触的金属件腐蚀，橡胶件膨胀、变硬和损坏。

4）良好的润滑作用。

5）吸水性差而溶水性好。

（2）制动液的标准

为保证汽车行驶安全，各国都在不断地制订、修订汽车制动液标准。

1）国外汽车制动液标准：

国外汽车制动液有代表性的标准是美国联邦政府运输安全部（DOT）制订的联邦机动车辆安全标准（FMVSS），具体是 FMVSSNo. 116 DOT3、DOT4、DOT5，这是世界公认的汽车制动液通用标准。

2）我国汽车制动液标准：

我国汽车制动液标准有 GB 10836—1998《机动车制动液使用技术条件》和 GB 12981—1991《HZY2、HZY3、HZY4 合成制动液》。汽车制动液使用技术条件分为 JG3、JG4、JG5 三级。JG 为交通运输部、公安部系列，J 为交通运输部第一个汉字的汉语拼音首字母，G 为公安部第一个汉字的汉语拼音首字母。

（3）制动液的选用

1）制动液的选择：

汽车制动液的选择应坚持两条原则：一是选择合成制动液；二是质量等级以 FMVSS-No. 116DOT 标准为准。

按照 GB 10836—1998《机动车制动液使用技术条件》，捷达、切诺基、奥迪 A6 等汽车采用 DOT4 型制动液。

2）制动液的使用：

制动液的更换以汽车的行驶里程或时间确定，一般行驶里程超过 3 万 km 或时间超过两年需更换。

汽车制动液使用应注意下列事项：不同规格的制动液不能混用；防止水分或矿物油混入；制动缸橡胶皮碗不可长时间暴露放置在空气中；汽车制动液多以有机溶剂制成，易挥发、易燃，因此，管理和使用中要注意防火；避免制动液进入眼睛；避免制动液溢洒到漆膜表面，若出现该种情况立即用冷水冲洗。

4. 双回路液压制动系统

（1）双回路液压制动系统工作原理

为了提高汽车行驶的安全性，并根据道路交通安全法的要求，现代汽车的行车制动系统都采用了双回路制动系统。目前采用双回路液压制动系统的几乎都是伺服制动系统或动力制动系统。但是，在某些微型或轻型汽车上，为使结构简单，仍采用双回路人力液压制动系。

双回路是指利用彼此独立的双腔制动主缸，通过两套独立管路，分别控制两桥或三桥的车轮制动器，其特点是若其中一套管路发生故障而失效时，另一套管路仍能继续起制动作用，从而提高了汽车制动的可靠性和行驶安全性。双管路的布置方案应用较为广泛的有一轴对一轴型（Ⅱ）和交叉型（X）。

不制动时，推杆球头端与活塞之间保留有一定的间隙，以保证活塞在弹簧的作用下完全回复到最右端位置，前、后两工作腔内的活塞头部与皮碗正好位于前、后腔内各自的旁通孔和补偿孔之间。制动时，为了消除推杆球头与活塞之间的间隙所需的踏板行程，称为制动踏板自由行程。

当踩下制动踏板时，踏板传动机构通过推杆推动后腔活塞前移，到皮碗掩盖住旁通孔后，此腔液压升高。在后腔液压和后腔活塞回位弹簧力的作用下，推动前腔缸活塞向前移动，前腔压力也随之升高。当继续下踩制动踏板时，前、后腔的液压继续升高，使前、后轮制动器制动。

解除踏板力后，制动踏板机构、主缸前后腔活塞和轮缸活塞，在各自的回位弹簧作用下回位，管路中的制动液借其压力推开回油阀门流回主缸。于是解除制动。

当迅速放开制动踏板时，由于油液的黏性和管路阻力的影响，油液不能及时流回主缸并填充因活塞右移而让出的空间，因而在旁通孔开启之前，压油腔中产生一定的真空度。此时进油腔液压高于压油腔，因而进油腔的油液便从前、后腔活塞的前密封皮碗的边缘与缸壁间的间隙流入各自的压油腔以填补真空。与此同时储液室中的油液经补偿孔流入各自的进油腔。活塞完全回位后，旁通孔已开放，由制动管路继续流回主缸而显多余的制动液便可经前、后腔的旁通孔流回储液室。液压系统中因密封不良而产生的制动液泄漏及因温度变化而引起的制动液膨胀或收缩，都可以通过补偿孔和旁通孔得到补偿。当制动器间隙过大或液压系统进入空气，致使踏板踩到极限位置仍感到制动力不足时，可迅速放松踏板随即再踩下，如此反复几次，使压入管路中的油液增多，油压升高，以进一步加大制动力。

若与前腔连接的制动管路损坏漏油时，则在踩下制动踏板时只有后腔中能建立液压，前腔中无压力。此时在液压差作用下，前腔活塞迅速前移到前缸活塞前端顶到主缸缸体上。此后，后腔工作腔中液压方能升高到制动所需的值。

若与后腔连接的制动管路损坏漏油时，则在踩下制动踏板时，起先只是后腔活塞前移，而不能推动前腔活塞，因后缸工作腔中不能建立液压。但在后缸活塞直接顶触前缸活塞时，前缸活塞前移，使前缸工作腔建立必要的液压而制动。

由上述可见，双回路液压制动系统中任一回路失效时，主缸仍能工作，只是所需踏板行程加大，将导致汽车的制动距离增长，制动效能降低。

（2）双回路液压制动系统的布置形式

双回路液压制动系统有5种布置形式，如图3所示。

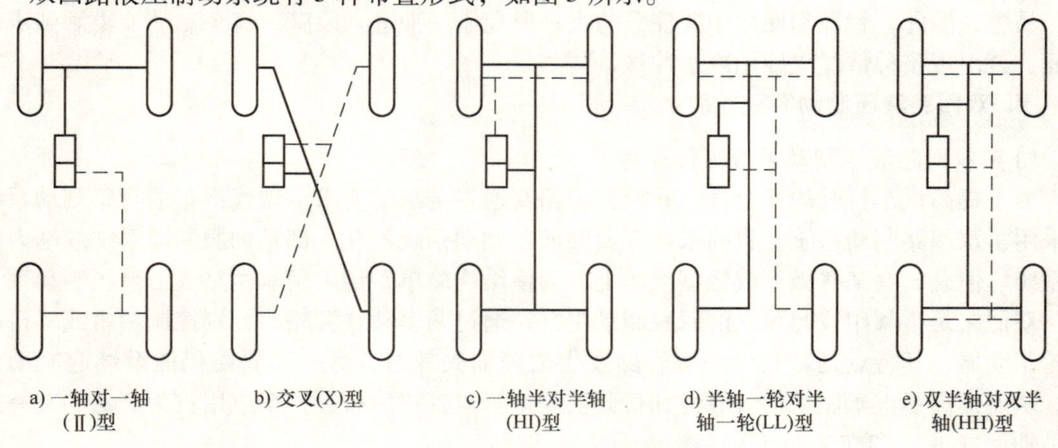

图3 双回路液压制动系统布置形式

1）一轴对一轴（Ⅱ）型，前轴制动器与后桥制动器各用一个回路。

2）交叉（X）型，前轴的一侧车轮制动器与后桥的对侧车轮制动器同属一个回路。

3）一轴半对半轴（HI）型，两侧前制动器的半数轮缸和全部后制动器轮缸属于一个回路，其余的前轮缸则属于另一个回路。

4）半轴一轮对半轴一轮（LL）型，两个回路分别对两侧前轮制动器的半数轮缸和一个后轮制动器起作用。

5）双半轴对双半轴（HH）型，每个回路均只对每个前、后制动器的半数轮缸起作用。

II 型的管路布置较为简单，可与传统的单轮缸（或单制动气室）鼓式制动器配合使用，成本较低，目前在各类汽车特别是商用车上用得最广泛。

对于这种形式，若后制动回路失效，则一旦前轮抱死即极易丧失转弯制动能力。对于采用前轮驱动因而前制动器强于后制动器的乘用车，当前制动回路失效而单用后桥制动时，制动力将严重不足（小于正常情况下的一半），并且，若后桥负荷小于前轴负荷，则踏板力过大时易使后桥车轮抱死而使汽车发生侧滑。

X 型的结构也很简单。直行制动时任一回路失效，剩余的总制动力都能保持正常值得 50%。但是，一旦某一管路损坏造成制动力不对称，此时前轮将朝制动力大的一边绕主销转动，使汽车丧失稳定性。因此，这种方案适用于主销偏移距为负值（达 20mm）的汽车上。这时，不平衡的制动力使车轮反向转动，改善了汽车的稳定性。

HI、HH、LL 型结构都比较复杂。LL 型和 HH 型在任一回路失效时，前、后制动力比值均与正常情况下相同，剩余总制动力可达正常值的 50% 左右。HI 型单用一轴半回路时剩余制动力较大，但此时与 LL 型一样，紧急制动情况下后轮很容易先抱死。

旋转木马法互学

教师活动　教师给学生分成旋转木马小组，提出要求让学生进行旋转木马互相讲述。

学生活动　学生按照教师要求进行旋转木马讲述。（20min）

小组合作整理笔记

教师活动　教师要求学生回到原始学习小组，整理关键内容到笔记本上。

学生活动　学生回到原始学习小组，经过讨论把关键内容整理到笔记本上。（10min）

完成 2. 2. 3. 1　理论测试

教师活动　教师要求学生独立完成 2. 2. 3. 1 理论测试，不允许查阅任何资料。

学生活动　学生安静、独立地在系统上完成 2. 2. 3. 1 理论测试并提交，不能查阅任何资料。（20min）

2. 2. 3. 1　理论测试

2. 2. 3. 1　理论测试

学校名称		任课教师	
班级		学生姓名	
学习领域	L2 机械组件与系统检查拆换		
学习情境	LS2. 2：制动时产生摩擦噪声，制动片磨损指示器亮起		
理论学习内容	制动系统分类、组成及工作原理	学习时间	5h

一、填空题（每空1分，共20分）

1. 一般来说汽车制动系统包括________装置和________装置两套独立的装置。

2. 一般脚制动系统由________和________两个主要部分组成。

3. 制动系统可分为________、________、________及________等。

4. 制动系统可分为________、________和________等。

5. 人力制动系统的制动能源仅仅是驾驶人的肌体。按其传动装置的结构形式，人力制动系统有________和________两种。

6. 动力制动系统有________、________和________三种。

7. 制动系统可分为________、________、________、________等。

二、单选题（每题2分，共16分）

1. 用以使行驶中的汽车降低速度甚至停车的制动系统称为（　　）。

A. 行车制动系统　B. 驻车制动系统　C. 应急制动系统　D. 辅助制动系统

2. 用以使已停驶的汽车驻留原地不动的制动系统则称为（　　）。

A. 行车制动系统　B. 驻车制动系统　C. 应急制动系统　D. 辅助制动系统

3. 在行车制动系统失效的情况下，保证汽车仍能实现减速或停车的制动系统称为（　　）。

A. 行车制动系统　B. 驻车制动系统　C. 应急制动系统　D. 辅助制动系统

4. 在行车过程中，辅助行车制动系统降低车速或保持车速稳定，但不能将车辆紧急制停的制动系统称为（　　）。

A. 行车制动系统　B. 驻车制动系统　C. 应急制动系统　D. 辅助制动系统

5. 目前轿车上主要采用的是（　　），同时采用两种以上传能方式的制动系统称为组合式制动系统。

A. 机械式　B. 液压式　C. 气压式　D. 电磁式

6. 通常情况下，比较老的车型和较小的汽车后轮采用（　　）。

A. 盘式制动器　B. 鼓式制动器

7. 主缸中液压能量所做的功与制动轮缸中是（　　）。

A. 主缸大　B. 制动轮缸大　C. 相同　D. 都不对

8. 为了提高汽车行驶的安全性，并根据道路交通安全法的要求，现代汽车的行车制动系统都采用了（　　）回路制动系统。

A. 单　B. 双　C. 三　D. 四

三、判断题（每题2分，共18分）

1. 制动系统要求具有足够的制动力。（　　）

2. 制动系统作用滞后性应尽可能短。气制动 <1.0s，列车 <0.8s。（　　）

3. 制动系统采用双管路制动系统。其中一套管路失效时，另一条管路的制动能力不低于未失效时的50%。（　　）

4. 制动系统应防止水和污泥进入制动器工作表面。（　　）

5. 驻车制动装置的功用是使正在行驶中的汽车减速或在最短的距离内停车。（　　）

6. 制动系统控制装置。包括将制动能量传输到制动器的各个部件，如制动主缸、轮缸。（　　）

7. 管路液压和制动器产生的制动力矩与踏板力呈线性关系。（ ）

8. 液压系统中若有空气侵入，将严重影响液压的升高，甚至使液压系统完全失效。（ ）

9. 双活塞式，缸体用螺栓固定在制动底板上，缸内有两个活塞，二者之间的内腔由两个皮碗密封。（ ）

教学方法：工作站法

3.3 制动器的结构与工作原理

工作站学习完成工作页

教师活动 教师提供实验车型的维修手册等资料和工作站，提供 2.2.3.3 ~ 2.2.3.4 信息页，要求学生完成工作页 2.2.3.3 ~ 2.2.3.4 和实际操作，教师对各工作站进行巡视和指导。

学生活动 学生根据教师要求，查阅 2.2.3.3 ~ 2.2.3.4 信息页，完成工作站的学习内容和实操内容。(60min)

2.2.3.3 信息页

2.2.3.3 信息页

学校名称		任课教师	
班级		学生姓名	
学习领域	L2 机械组件与系统检查拆换		
学习情境	LS2.2：制动时产生摩擦噪声，制动片磨损指示器亮起	学习时间	50min
工作任务	C：鼓式制动器的结构与工作原理	学习地点	理实一体化教室

1. 基本结构和工作原理

鼓式制动器是最早形式的汽车制动器，在盘式制动器出现之前，它已经广泛应用于各类汽车。典型的鼓式制动器主要由制动底板、制动鼓、制动蹄、制动轮缸、回位弹簧、定位销等零部件组成，如图 1 所示。底板安装在车轴的固定位置上，它是固定不动的，上面装有制动蹄、制动轮缸、回位弹簧、定位销，可承受制动时的旋转扭力。每一个制动鼓内有一对制动蹄，制动蹄上有摩擦衬片。制动鼓安装在轮毂上，并随车轮一起旋转，它由一定份量的铸铁制成，形状似圆鼓状。当制动时，轮缸活塞推动制动蹄压迫制动鼓，制动鼓受到摩擦减速，迫使车轮停止转动。

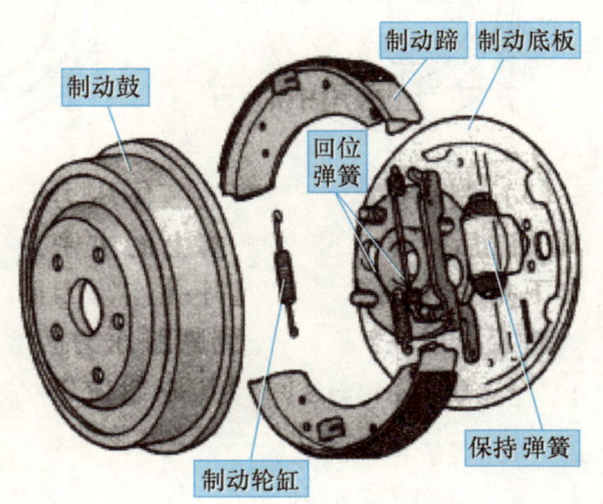

图 1 鼓式制动器的主要部件

鼓式制动器的旋转元件是制动鼓，固定元件是制动蹄。制动时制动蹄在促动装置作用下向外旋转，外表面的摩擦片压靠到制动鼓的内圆柱面上，对制动鼓产生制动摩擦力矩。对制动蹄端加力使制动蹄转动的装置统称为制动蹄促动装置，制动蹄促动装置有轮缸、凸轮和楔块。

以液压制动轮缸作为制动蹄促动装置的制动器称为轮缸式制动器；以凸轮作为促动装置的制动器称为凸轮式制动器；用楔作为促动装置的制动器称为楔式制动器。

鼓式制动器比较复杂的地方在于，许多鼓式制动器都是自作用的。当制动蹄与制动鼓发生接触时，会出现某种楔入动作，其效果是借助更大的制动力将制动蹄压入制动鼓中。楔入动作提供的额外制动力，可让鼓式制动器使用的活塞比盘式制动器所用的还小。但是，由于存在楔入动作，在松开制动器时，必须使制动蹄脱离制动鼓。这就是需要一些弹簧的原因。弹簧有助于将制动蹄固定到位，并在调节臂驱动之后使它返回。

制动鼓紧紧地装在轮毂上。制动蹄和产生制动促动力的部件装在制动底板上。制动底板被固定在车轮悬架上。汽车制动时，制动蹄和制动片由张紧装置压紧在制动鼓上，从而产生制动所需要的摩擦力（图2）。制动促动力可以通过液压传动的方式由制动轮缸传递，也可以通过控制拉索、拉杆和凸轮推杆或制动蹄张开装置（驻车制动器）机械式传递。

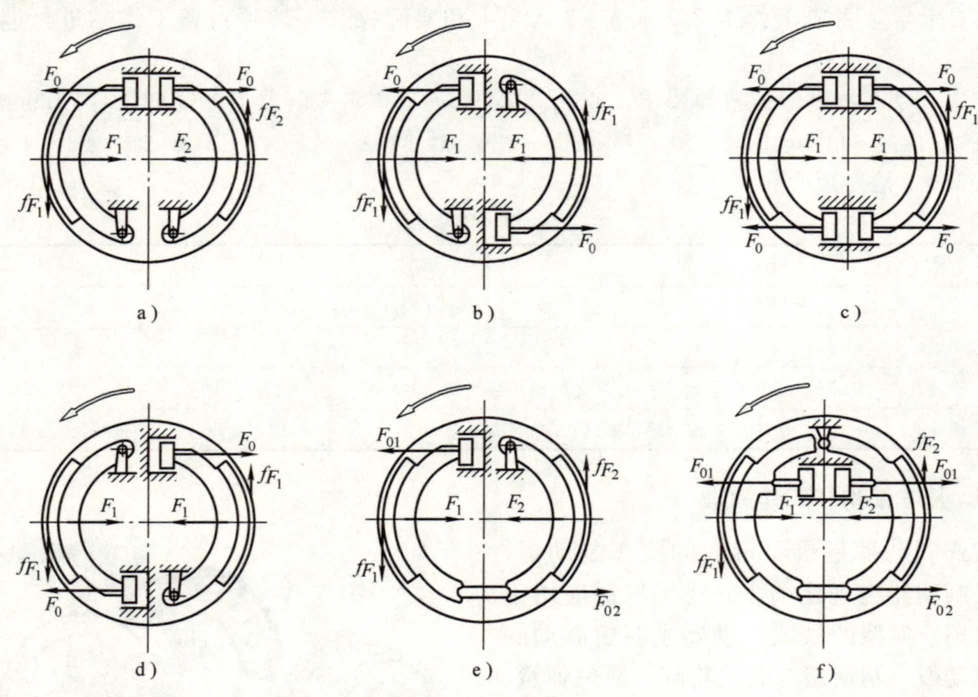

图2　鼓式制动器示意图

2. 主要特点

1）自行增强制动力。

2）具有防尘保护。

3）容易使用驻车制动。

4）较长的制动片闲置时间。

5）制动片更换和维护费用高，工时长。

6）散热不良。

7）有衰减倾向。

3. 鼓式制动器分类

（1）按张开机构不同分类

可分为轮缸式车轮制动器、凸轮式车轮制动器和楔式车轮制动器。

（2）根据制动过程中两个制动蹄产生制动力矩的不同分类

可分为领从蹄式、双领蹄式、双向双领蹄式、双从蹄式、单向自增力式和双向自增力式等。

1）领从蹄式制动器基本组成包括固定部分、旋转部分、张开机构、定位调整机构。

如图3所示，两个制动蹄的支撑点都位于制动蹄的一端，两个支撑点与张开力作用点的布置都是轴对称式，轮缸中两个活塞的直径相等。

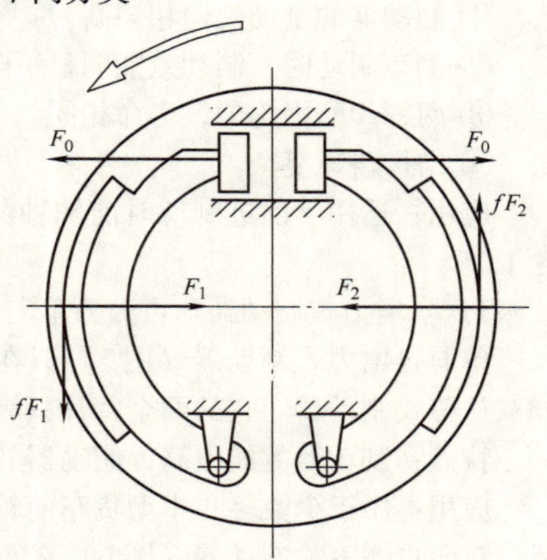

图3 领从蹄式制动器

在制动过程中，领蹄上的切向合力的作用结果使领蹄在制动鼓上压得更紧，表明领蹄具有增势作用，而从蹄具有减势作用。一般情况下，领蹄产生的制动力矩为从蹄制动力矩的2~2.5倍。

倒车制动时，制动鼓旋转方向相反，后蹄变成领蹄，前蹄变成从蹄，但整个制动器的制动效能还是同前进时一样。

领从蹄式制动器存在两个问题：其一是在两蹄摩擦片工作面积相等的情况下，由于领蹄与从蹄所受法向反力不等，领蹄摩擦片上的单位压力较大，因而磨损较严重，两蹄寿命不等；其二是由于制动蹄对制动鼓施加的法向力不相平衡，则两蹄法向力之和只能由车轮轮毂轴承的反力来平衡，这对轮毂轴承造成了附加径向载荷，使其寿命缩短。这种制动器称为非平衡式制动器。

性能特点：

① 制动器的效能和效能稳定性在各式制动器中居中游。

② 前进、倒退行驶时的制动效果不变。

③ 结构简单，成本低。

④ 便于附装驻车制动驱动机构。

⑤ 调整间隙方便。

⑥ 领从蹄式制动器两蹄片上的单位压力不等，故两蹄衬片磨损不均匀，寿命不同。

应用：广泛应用，多用于后轮制动。

2）双领蹄式制动器。汽车前进时，两个制动蹄均为领蹄的制动器称为双领蹄式制动器。如图4所示。

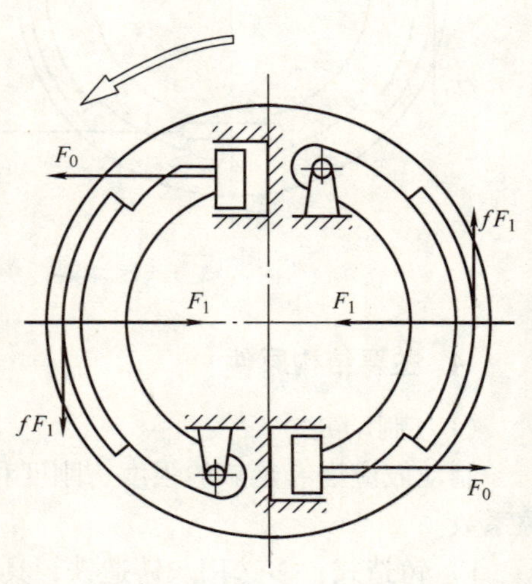

图4 双领蹄式制动器

两个制动蹄各用一个单活塞式轮缸，且两套制动蹄、轮缸、支撑销和调整凸轮等在制动底板上的布置是中心对称的，两个轮缸通过连接油管连通，使其中油压相等。在前进制动时，两蹄都是领蹄，

制动器的效能得到提高，但在倒车制动时，两蹄均是从蹄，制动器的制效能降低。

结构特点：两块蹄片各有自己的固定支点，而且两个固定支点位于两蹄的不同端，每块蹄片有各自独立的张开装置，且位于与固定支点相对应的一方。

性能特点：

① 制动器的制动效能相当高。

② 倒车制动时，制动效能明显下降。

③ 两蹄片磨损均匀，寿命相同。

④ 结构略显复杂。

应用：适用于前进制动时前轴轴荷及附着力大于后轴，而倒车制动时则相反的汽车前轮上。

3）自增力式制动器。可分为单向自增力式制动器和双向自增力式制动器两种。

单向自增力式制动器（图5）只在前进方向起增力作用，而在倒车制动时制动效能还不如双从蹄式制动器。它的两个蹄片只有一个固定支点，两蹄下端经推杆相互连接成一体。

特点：制动器效能很高，制动器效能稳定性相当差。

应用：用于少数轻、中型货车前轮制动器。

双向自增力式制动器（图6）在车轮正向和反向旋转时均能借助制动蹄与制动鼓的摩擦起自动增力作用。它的两个蹄片端部各有一个制动时不同时使用的共用支点，支点下方有张开装置，两蹄片下方经推杆连接成一体。

特点：制动器效能很高，制动器效能稳定性比较差。

应用：不适合于双回路制动系统。

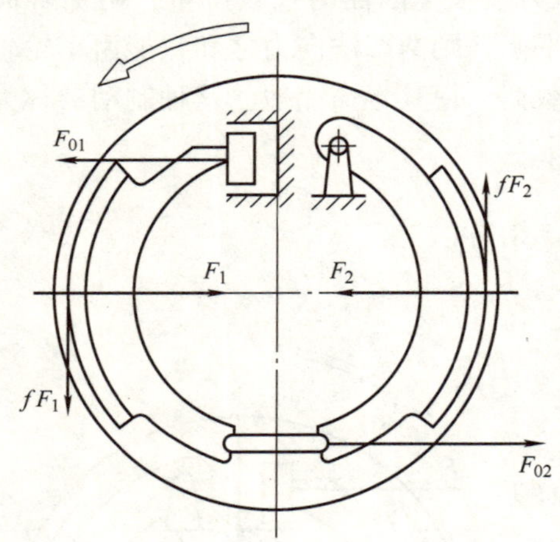

图5 单向自增力式制动器

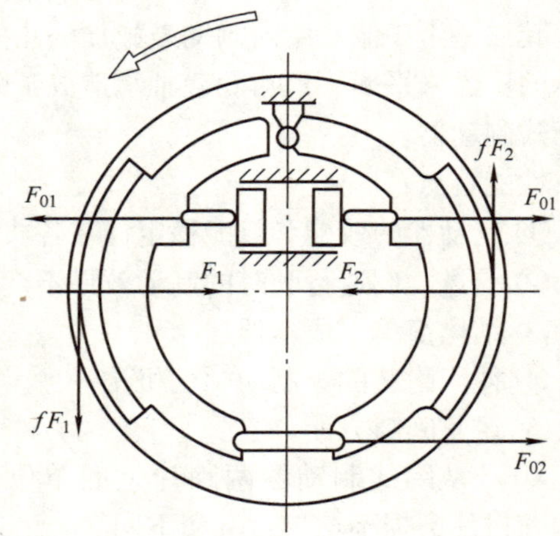

图6 双向自增力式制动器

4. 主要结构原件

（1）制动鼓

制动鼓应当有足够的强度、刚度和热容量，与摩擦衬片材料相配合，又应当有较高的摩擦系数。

1）铸造式：多选用灰铸造铁，具有机械加工容易、耐磨热容量大等优点。为防止制动鼓工作时受载变形，常在制动鼓的外周部分铸有加强肋，用来加强刚度和增加散热效果，如图7a所示。

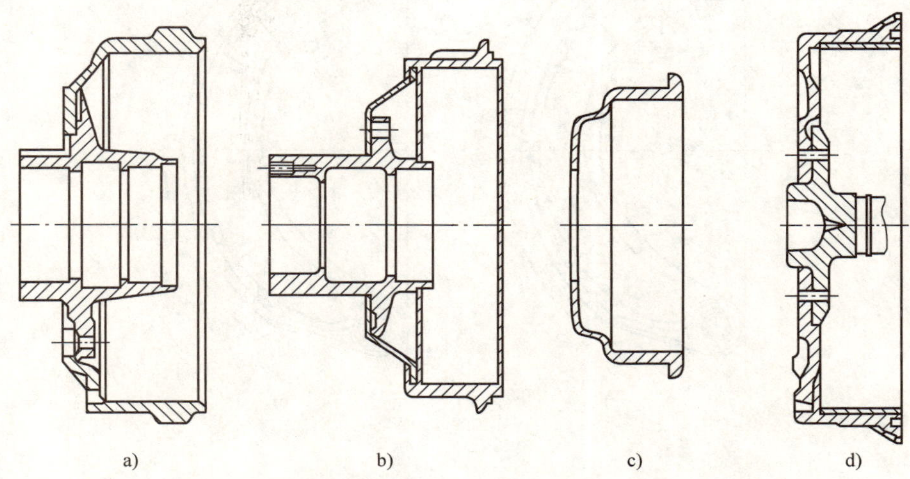

图7 制动鼓

2）组合式：组合式制动鼓的圆柱部分可以用铸铁铸出，腹板部分用钢板冲压成形（图7b）；也可以在钢板冲压的制动鼓内侧装用离心浇铸的合金铸铁，组合构成制动鼓（图7c）；或者主体用铝合金铸成，内镶一层珠光体组成的灰铸铁作为工作面（图7d）。组合式制动鼓的共同特点是质量小，工作面耐磨，并有较高的摩擦系数。

（2）制动蹄

乘用车和总质量较小的商用车的制动蹄，广泛采用T形钢辗压或用钢板焊接制成；总质量较大的商用车，则多用铸铁或铸钢铸成。制动蹄的断面形状和尺寸应保证其刚度。但总质量较小汽车的制动蹄（钢板制成）腹板上往往那个开一条或两条径向槽，使蹄的弯曲刚度小些，其目的是使衬片磨损较为均匀，并减小制动时的尖叫声。总质量较大的商用车的制动蹄断面有工字形、山字形和Ⅱ字形。制动蹄腹板和翼缘的厚度，轿车为3～5mm，货车为5～8mm。

为了提高效率、增加制动蹄的使用寿命，减轻制动蹄磨损，在总质量较大的商用车的铸造制动蹄靠近张开凸轮一端，设置有滚轮或者装有支持张开凸轮的垫片（图8）。

制动蹄和制动片可以铆接，也可以粘接。粘接的优点在于衬片更换前允许磨损的厚度较大，其缺点是工艺复杂，且不易更换衬片。铆接的优点是噪声较小。

（3）制动片

1）具有一定的稳定的摩擦系数。

2）具有良好的耐磨性。

3）要有尽可能小的压缩率和膨胀率。

4）制动时不易产生噪声，对环境无污染。

5）应采用对人体无害的摩擦材料。

6）有较高的耐挤压和抗冲击能力，以及足够的抗剪切能力。

7）摩擦衬块的热传导率应控制在一定范围。

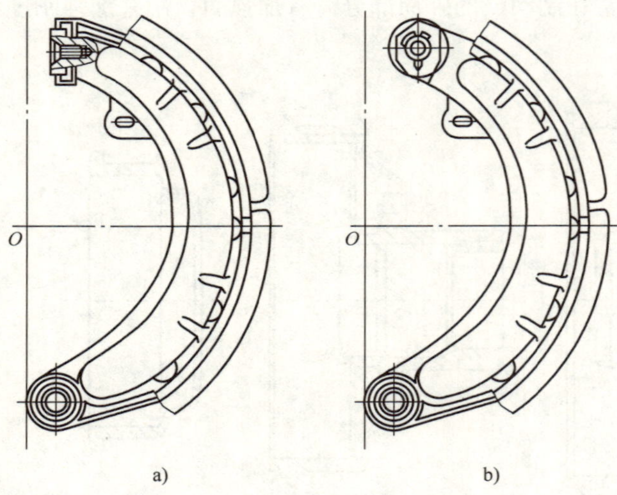

图 8 制动蹄

制动片的材料一般由石棉摩阻材料、半金属摩阻材料和金属摩阻材料组成。石棉摩阻材料由增强材料（石棉及其他纤维）、粘结剂、摩擦性能调节剂组成，制造容易、成本低、不易刮伤对偶；但是耐热性差，随着温度升高而摩擦系数降低、磨耗增高和对环境产生污染。半金属摩阻材料由金属纤维、粘结剂和摩擦性能调节剂组成，有较高的耐热性和耐磨性，没有石棉粉尘公害。金属摩阻材料粉末冶金，无机质粉末冶金无机质，制造工艺复杂、成本高、容易产生噪声和刮伤对偶。

2.2.3.4 信息页

2.2.3.4 信息页

学校名称		任课教师	
班级		学生姓名	
学习领域	L2 机械组件与系统检查拆换		
学习情境	LS2.2：制动时产生摩擦噪声，制动片磨损指示器亮起	学习时间	50min
工作任务	D：盘式制动器的结构与工作原理	学习地点	理实一体化教室

盘式制动器（图 1）被设计成固定钳式制动器或浮钳式制动器。制动轮缸活塞装在制动钳上。汽车制动时，活塞将摩擦块压向制动盘。

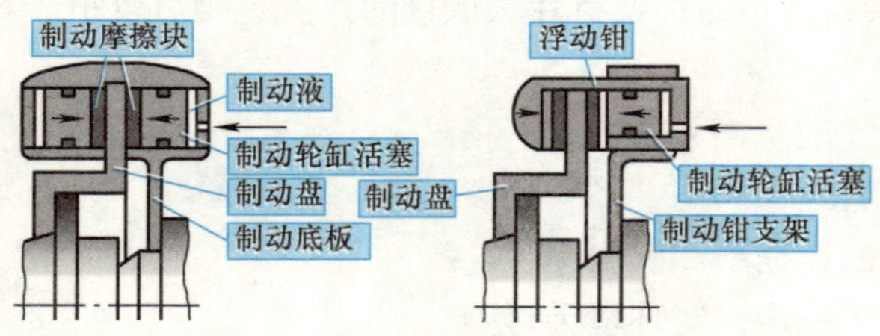

图 1 盘式制动器

1. 主要特点

1）因这种制动器具有均匀的制动摩擦面积，因此，无自增力功能。盘式制动器需要更大的压紧力，因而需要的制动缸直径（40～50mm）大于鼓式制动器的轮缸直径，而且需要采用额外的制动助力器。

2）制动力易于测量，因为没有自行增力，而且摩擦系数变化较小，保证了制动过程中制动力几乎没有任何波动。

3）有效的冷却性能。

4）较低的制动力衰减。

5）较高的制动摩擦块磨损，因为压紧力较大。

6）易于维护和摩擦块的更换。

7）制动盘与摩擦块之间的间隙自动调整。

8）制动液产生的热量较多，因为摩擦块在制动活塞上装得较紧，有产生气泡的危险。

9）驻车制动时需要的力较大。

2. 基本结构

（1）固定钳盘式制动器

汽车通常采用2缸和4缸固定钳盘式制动器（图2），固定式制动轮缸底板（固定钳）用螺栓固定在车轮悬架上。该底板（固定钳）在制动时就像钳子一样夹紧制动盘。底板由一个两件式壳体组成，每一壳体部件都具有制动轮缸，它们相互对置地安装在制动钳上。制动轮缸中装有制动活塞，活塞上具有密封环、保护罩和锁环。各制动轮缸之间通过油道连通。放气阀位于缸体的顶部。

当汽车制动时，制动轮缸活塞压向摩擦块，因此，使摩擦块从制动盘两侧将其夹紧。

1）活塞的复位。用来密封活塞的矩形橡胶密封圈装在制动轮缸的一个槽中。密封圈的内径比活塞直径小一些。因而它以一定的预紧力套装在活塞上。汽车制动时，活塞的制动运动使密封圈因其静摩擦和活塞行程而弹性变形。当制动液的压力下降时，密封圈恢复到其开始的形状和位置这也使活塞撤离出约0.15mm的间隙，并松开了制动盘。这只有在管路系统中压力完全减小，并且活塞和摩擦块自由移动时才是可能的。

2）张开弹簧。该弹簧使制动摩擦块靠紧在活塞上，从而防止摩擦块敲击和颤动。

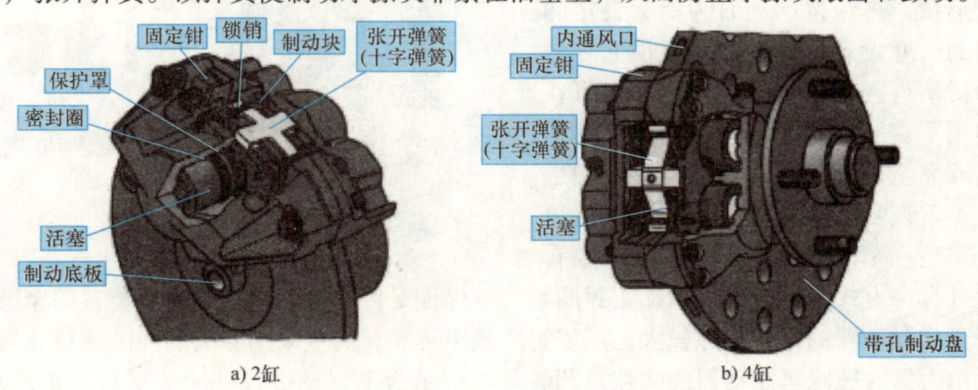

图2　固定钳盘式制动器

（2）浮钳盘式制动器

浮钳盘式制动器（图3）由两个主要部件组成，即制动盘支架和壳体或浮动钳。

汽车制动时，壳体中的活塞在消除间隙后，将内制动摩擦块压紧在制动盘上，反作用力以相反的方向推动壳体。此时，壳体中的活塞在消除额外间隙后也将外摩擦块压紧在制动盘上。两个制动摩擦块以相同大小的力压靠在制动盘上。导向齿直接支撑内制动摩擦块，外摩擦块被切向力顶靠在壳体上。如果使用导向销，两个制动摩擦块都被顶靠在壳体上。当松开制动时，在张开弹簧的帮助下，密封圈的反弹力使摩擦块与制动盘之间的间隙恢复。

3. 利用活塞矩形密封圈的弹性变形实现制动间隙的自动调整

矩形密封圈（图4）嵌在制动钳油缸的矩形槽内，密封圈刃边与活塞外圆配合较紧，制动时刃边在摩擦作用下随活塞移动，使密封圈发生弹性变形，相应于极限摩擦力的密封圈极限变形量应等于制动器间隙为设定值时完全制动所需的活塞行程，解除制动时，密封圈恢复变形，活塞在密封圈弹力作用下退回原位，当制动盘与摩擦衬块磨损后引起的制动间隙超过设定值时，则制动时活塞密封圈变形量达到极限值后，活塞仍可在液压作用下，克服密封圈的摩擦力而继续移动，直到实现完全制动为止。解除制动后，制动器间隙即恢复到设定值，因活塞密封将活塞拉回的距离仍然等于原设定值，活塞密封圈兼起活塞回位弹簧和一次调准式间隙自调装置的作用。

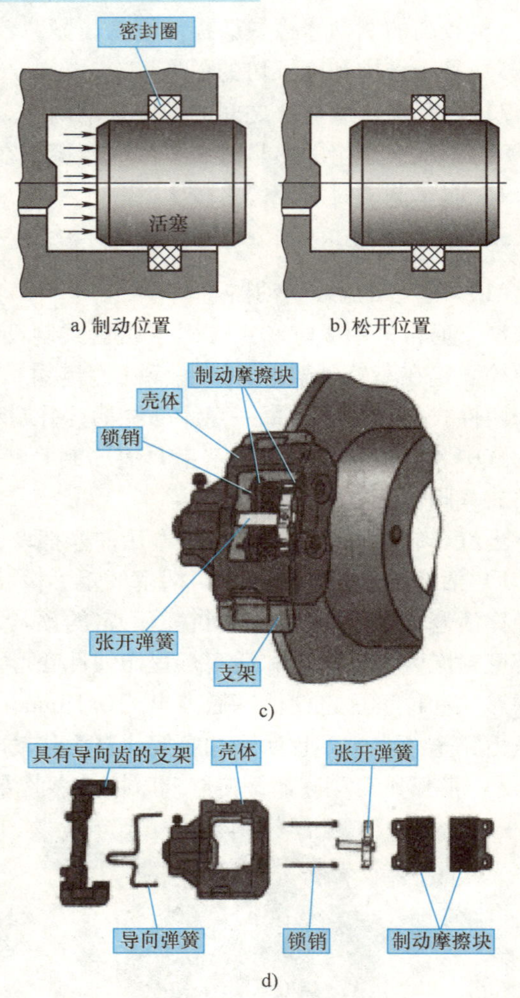

图3　具有导向齿的浮钳盘式制动器

盘式制动器使用最简单的间隙自调方式，是利用制动钳中的橡胶密封圈的极限弹性变形量，来保持制动时为消除设定间隙所需的活塞设定值。当衬块磨损而导致所需的活塞行程大于设定值时，活塞可在液压作用下克服密封圈的摩擦力，继续前移到实现完全制动为止。活塞与密封圈之间这一不可恢复的相对位移便补偿了过量间隙。重型汽车的多片全盘式制动器也有采用这种自调方式的，但必须增加密封圈数，以保证足以保持活塞在不制动位置的摩擦力。

若盘式制动器的设定间隙较大，用密封圈就不可靠，而应采用专门的间隙调整装置。如图5所示为保时捷跑车制动器的间隙自调装置。图示为不制动位置。活塞支靠在止动盘上。止动盘的位置则受限于摩擦环片。止动盘与挡圈之间的间隙即等于设定间隙。制动器间隙超过设定值时，活塞可带动摩擦环片和止动盘相对于摩擦销6左移到完全制动为止。解除制动时，密封圈弹力使活塞回到被止动盘所限制的新的极限位置，过量间隙因而得到补偿。有些这一类自调装置中还有专门为活塞提供回位力的弹性元件，于是对密封圈的弹性要求便可降低。

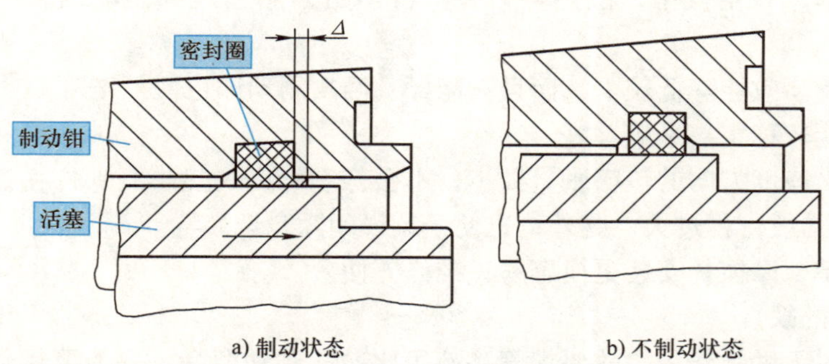

图4　盘式制动器的活塞密封圈

图5所示结构的另一特点是可以补偿由于制动盘或制动钳变形所致的活塞强制内移，使之不致于影响设定间隙。例如，在制动盘拱曲变形或安装斜歪的情况下，有可能碰撞活塞使之与止动盘和弹簧罩一同内移。这时，除非推力大到足以克服摩擦环片和摩擦销之间的摩擦力，摩擦环片不可能移动，因而压缩弹簧便被压缩。上述推力消失时，压缩弹簧又伸张而使活塞回到正常位置。

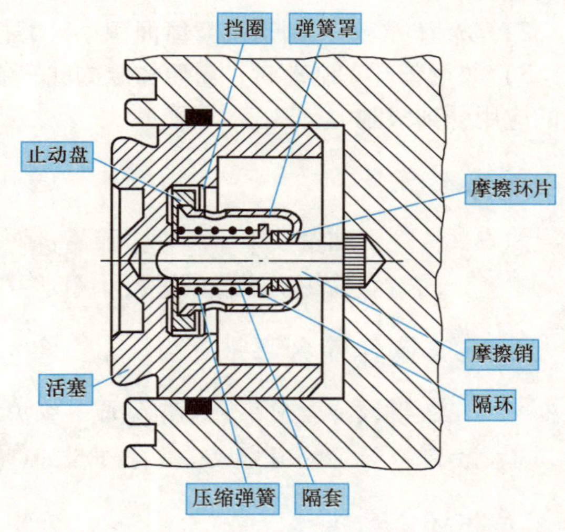

图5　盘式制动器的间隙自调装置

4. 制动片磨损报警装置

许多盘式制动器上装有制动片磨损报警装置，用来提醒驾驶人制动片需要更换。图6所示为应用较广泛的声音式制动片磨损报警装置。

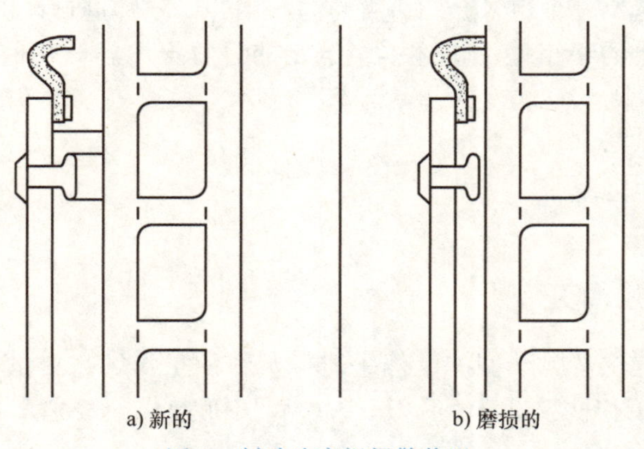

图6　制动片磨损报警装置

在制动片的背板上装有一小弹簧片，其端部到制动盘的距离刚好为制动片的磨损极限，当制动片磨损到需更换时，制动片与制动盘接触发出刺耳的尖叫声，警告驾驶人需要维修制动系统。

5. 盘式制动器的特点

盘式制动器与鼓式制动器相比较，有以下优点：

1）制动盘暴露在空气中，散热能力强。特别是采用通风式制动盘，空气可以流经内部，加强散热。

2）浸水后制动效能降低较少，而且只需经一两次制动即可恢复正常。

3）制动效能较稳定、平顺性好。

4）制动盘沿厚度方向的热膨胀量极小，不会像制动鼓的热膨胀那样使制动器间隙明显增加而导致制动踏板行程过大。此外，也便于装设间隙自调装置。

5）结构简单，摩擦片安装更换容易，维修方便。

盘式制动器的缺点

1）因制动时无助势作用，故要求管路液压比鼓式制动器高，一般要用伺服装置和采用较大直径的油缸。

2）防污性能差，制动块摩擦面积小，磨损较快。

3）兼用于驻车制动时，需要加装的驻车制动传动装置较鼓式制动器复杂，因而在后轮上的应用受到限制。

轮换工作站学习

教师活动　教师组织学生轮换工作站进行小组学习。

学生活动　学生轮换工作站进行小组学习。(240min)

小组合作制作综合海报

教师活动　教师要求每个小组完成一张思维导图的总海报。

学生活动　学生分组完成一张总海报。(60min)

展示讲述综合海报

教师活动　教师选出一个组来介绍讲解总海报内容，教师进行评价。

学生活动　被选出的小组展示讲述本组绘制的总海报内容，其他组学生提出疑问、建议。(30min)

教学方法：工作站法

3.4　制动器的检查与更换

工作站学习完成工作页

教师活动　教师提供实验车型的维修手册等资料和工作站，提供2.2.3.5~2.2.3.6信息页，要求学生完成工作页2.2.3.5~2.2.3.6和实际操作，教师对各工作站进行巡视和指导。

学生活动　学生根据教师要求，查阅2.2.3.5~2.2.3.6信息页，完成工作站的学习内容和实操内容。(60min)

2.2.3.5 信息页

2.2.3.5 信息页

学校名称		任课教师		
班级		学生姓名		
学习领域	L2 机械组件与系统检查拆换			
学习情境	LS2.3：制动时产生摩擦噪声，制动片磨损指示器亮起	学习时间	50min	
工作任务	E：鼓式制动器的检查与更换	学习地点	理实一体化教室	

1. 鼓式制动器的拆卸

1）松开轮毂螺母，拆下防尘罩和开口销，拧松轮毂槽螺母。

2）用千斤顶顶起后桥，并用安全架支好车辆。拆下车轮。

3）拆下开口销、槽螺母和垫圈。

4）检查驻车制动杆是否未拉起。

5）拆下装在制动底板背面的底板塞子。

6）插入一字旋具，直到一字旋具顶端插入支承板和调整杠杆的缝隙内为止。将一字旋具向顺时针方向略转一点，以使制动蹄调整杠杆移动。这样就能增大制动蹄与制动鼓间的间隙。

7）用专用工具拔出制动鼓。

8）转动制动蹄压簧拉杆，取下制动蹄压簧。

9）从驻车制动杠杆上拆下驻车制动拉索，并取下制动蹄。

10）用类似吸管的工具吸出制动液，从制动轮缸拆下制动管喇叭口螺母。

11）拆下制动轮缸安装螺栓，并将车轮制动轮缸排气螺塞盖装在制动管上，以防止制动液流出，取下轮缸。

12）拆下驻车制动拉索紧固卡，从制动底板拆开制动拉索。

13）从后桥拆下制动底板。

2. 鼓式制动器的安装

1）在制动底板和后轴的接触面涂防水密封胶，然后将制动底板装在后轴上。螺栓紧固力矩为 18～28N·m。

2）在制动底板和驻车制动拉索接触处涂防水密封胶，将拉索穿过制动底板，装上固定卡。

3）组装轮缸。在轮缸活塞和密封圈上涂清洁制动液。把密封圈安装在活塞上，并注意密封圈的安装方向。将活塞、弹簧装入轮缸内。将防尘罩装于轮缸壳体上。

4）安装轮缸。更换新的轮缸安装衬垫。用两个螺栓把轮缸安装到制动底板上。

5）把制动油管与轮缸连接起来，将力矩拧紧油管接头螺母。螺母的紧固力矩为 14～18N·m。

6）按拆卸的相反顺序组装制动蹄摩擦片、调整机构、回位弹簧、驻车制动拉索摇臂、压簧、拉杆等制动器零件。

7）将驻车制动拉索与驻车制动摇臂连接起来。

8）用一字旋具调整制动鼓两蹄片之间的距离，使两个蹄片收缩，便于安装制动鼓。

9）检查制动鼓和制动蹄内有无脏物，清洁后装上制动鼓。

10）装垫圈和后轴螺母，并按规定力矩紧固槽螺母，然后装好开口销，并弯折开口销。

槽螺母紧固力矩为 80~120N·m。

11）装后轮，装防尘罩，在几处用锤轻轻地敲防尘罩凸缘，直到凸缘紧紧与制动鼓接触为止，并按规定力矩拧紧车轮螺母。其拧紧力矩为 40~70N·m。

12）排除制动系统内的空气。

13）在完成所有工作后，用约 294N 的力踩动制动踏板 4~5 次，以使制动鼓与蹄片间的间隙正确。

14）调整驻车制动拉索符合要求。

15）检查制动鼓是否无卡滞、制动是否正确。然后降下车辆进行制动试验。

2.2.3.6 信息页

2.2.3.6 信息页

学校名称		任课教师	
班级		学生姓名	
学习领域	L2 机械组件与系统检查拆换		
学习情境	LS2.2：制动时产生摩擦噪声，制动片磨损指示器亮起	学习时间	50min
工作任务	F：盘式制动器的检查与更换	学习地点	理实一体化教室

1. 车轮制动器的拆卸

1）拆卸左前轮。

	拆卸左前车轮，做好记号，安装气管，检查旋转方向，安装套筒，对角分两次拆下车轮螺栓（用风动扳手，注意旋向、连接及拆卸顺序）

2）拆卸盘式制动器制动卡钳总成。

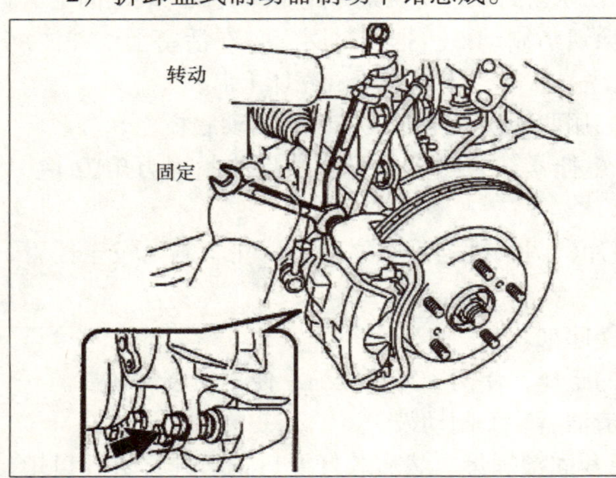	① 固定前盘式制动器制动缸滑销，并拆下 2 个固定螺栓 ② 拆下制动钳并固定好防止制动软管由于拉伸而损坏

3）拆卸前盘式制动器衬块。

<table>
<tr><td></td><td>从前盘式制动器制动缸固定架上拆下2个盘式制动器衬块
</td></tr>
</table>

4）拆卸消声垫片。

<table>
<tr><td>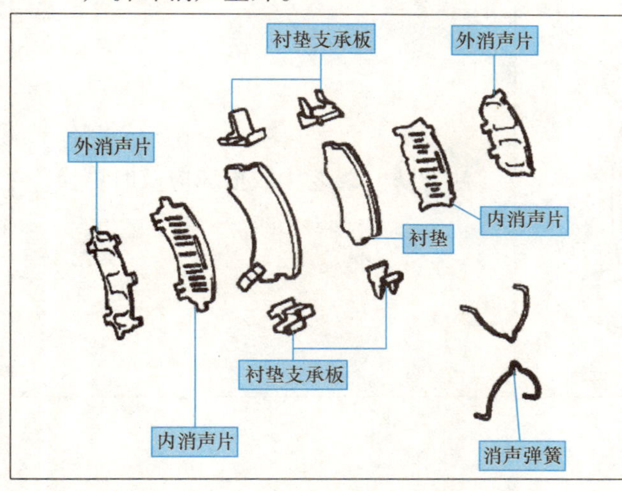
</td><td>从各制动衬块上拆下4个消声垫片</td></tr>
</table>

5）拆卸前盘式制动器衬块支撑板。

<table>
<tr><td>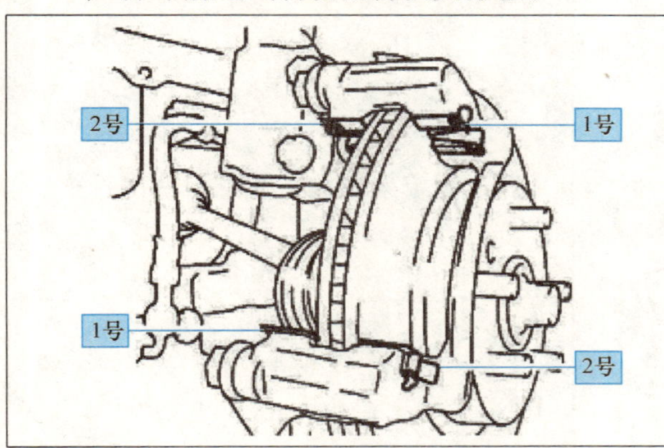
</td><td>从前盘式制动器制动缸固定架上拆下2个盘式制动器衬块1号支撑板和2号支撑板（注意做好识别标志）</td></tr>
</table>

6）拆卸前盘式制动器制动缸滑销。

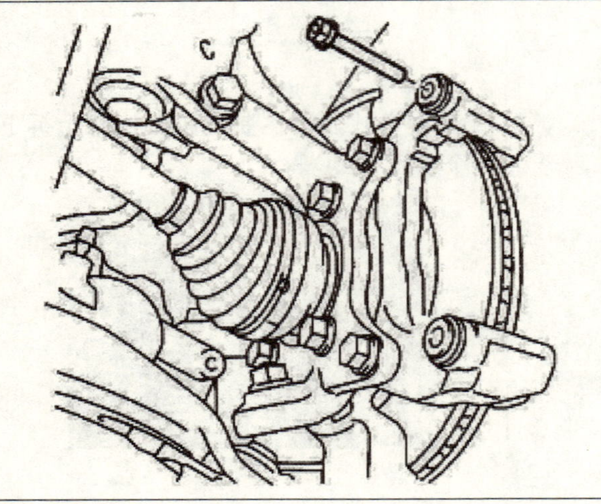	从盘式制动器制动缸固定架上拆下前盘式制动器制动缸滑销

7）拆卸前盘式制动器衬套防尘罩。

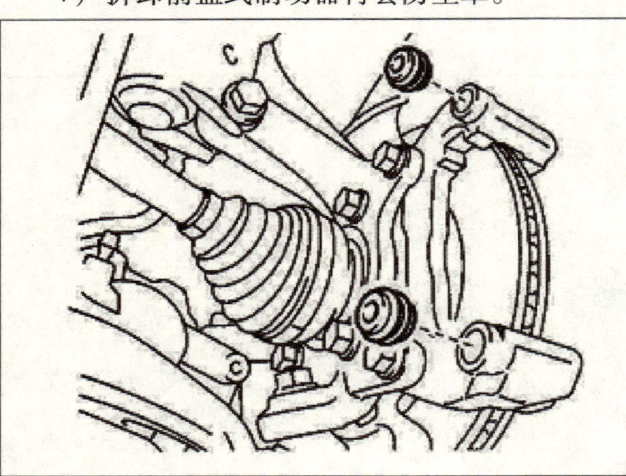	注意防尘罩老化或损坏应及时更换

8）拆卸前盘式制动器制动固定架。

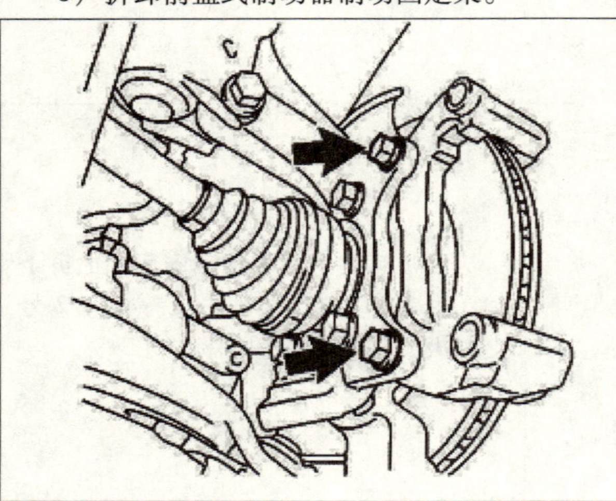	拆下固定架螺栓，注意分两次拧松

9）拆卸前制动盘。

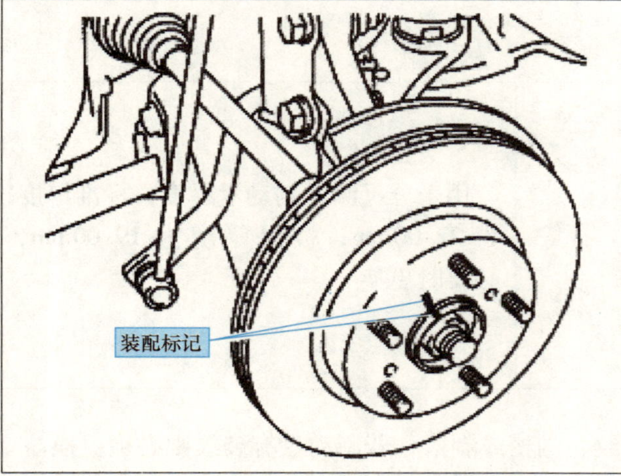 	在制动盘和车桥轮毂上做好装配标记

2. 部件的检查

1）制动缸和活塞的检查。

	检查气缸孔和活塞是否生锈或有划痕，防尘罩是否破裂，有无制动液泄漏等，必要时更换

2）摩擦衬块的检查。

用直尺测量衬块厚度，标准厚度为12.00mm，极限厚度为1.00mm，必要时更换。

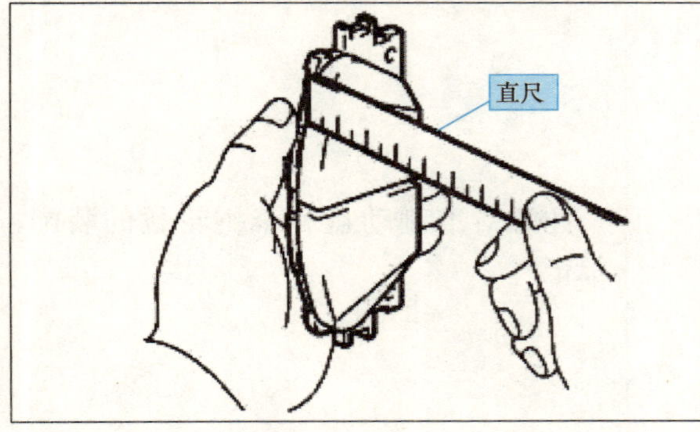 	① 目视检查摩擦片的厚度，如果发现摩擦片上的沟槽几乎磨平，则需要更换 ② 检查摩擦片的磨损量，使用钢尺测量制动摩擦片的厚度 ③ 检查摩擦片的表面质量有无烧蚀、有无异常磨损、沟槽、破裂等

3）检查前盘式制动器衬块支撑板。

确保盘式制动器衬块支撑板有足够的弹性，没有变形、裂纹或磨损，并清除所有的锈迹和污垢，必要时更换。

4）检查制动盘厚度。

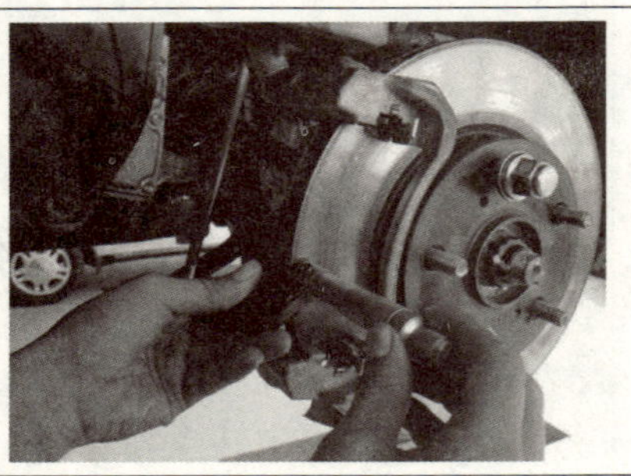	用千分尺测量制动盘厚度，标准厚度为 22.00mm，极限厚度为 19.00mm，必要时更换

① 目视检查制动盘表面是否有粗糙裂纹、沟槽或剥落，若制动盘有裂纹则必须更换。

② 测量制动盘的厚度，使用千分尺测量，至少测量三个点。

③ 检查制动盘的端面圆跳动。

	① 使用 SST 固定制动盘 ② 检查前桥轮毂轴承的松弛度和前桥轮毂的轴向跳动 ③ 使用百分表，在距离前制动盘外缘 10mm 的地方测量制动盘的轴向跳动。制动盘的最大轴向跳动为 0.05mm，必要时研磨制动盘或更换

3. 车轮制动器的装配

1）安装前制动盘总成。

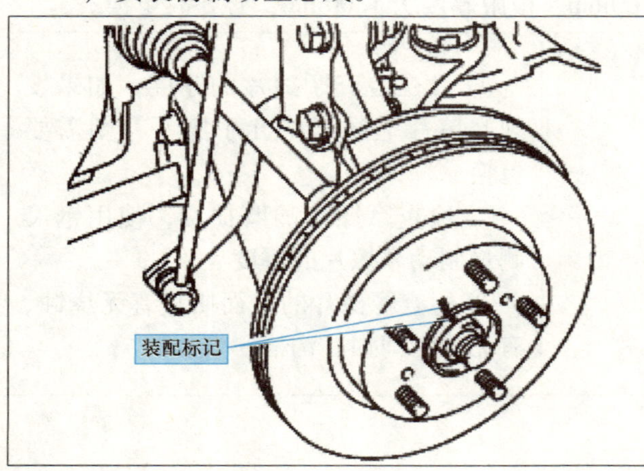	注意对准制动盘和车桥轮毂的装配标记

2）安装前盘式制动器固定架。

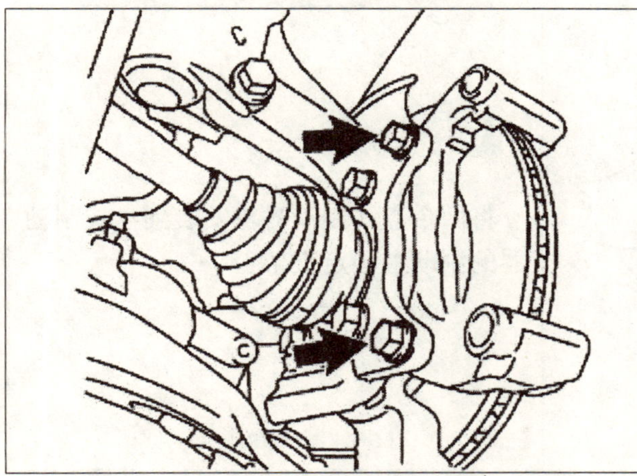	注意螺栓拧紧力矩为 107N·m

3）安装前盘式制动器衬套防尘罩。

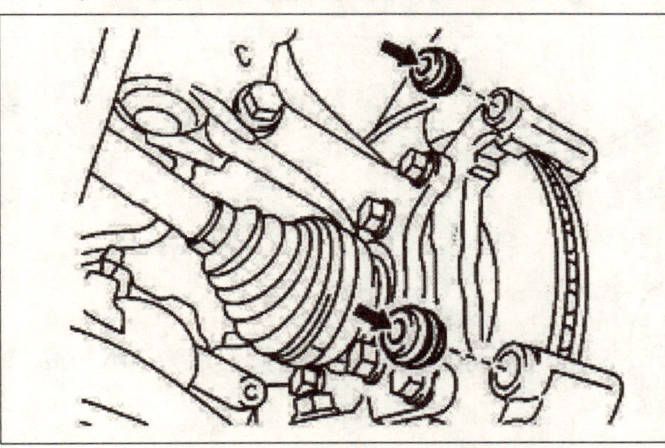	防尘罩必要时更换

4）安装前盘式制动器制动缸滑套。

5）安装前盘式制动器制动缸滑销。

6）安装前盘式制动器衬块支撑板。

7）安装前消声垫片。

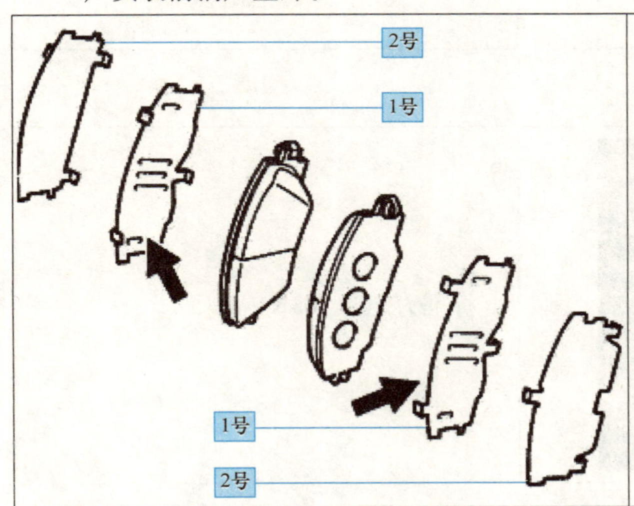	在消声垫片上涂敷指定润滑脂

8）安装前盘式制动器衬块。

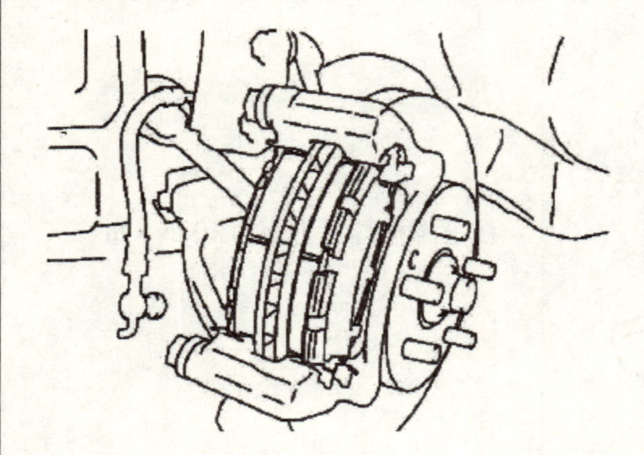	将两个盘式制动衬块安装到盘式制动器的制动缸固定支架上

9）安装盘式制动器卡钳总成。

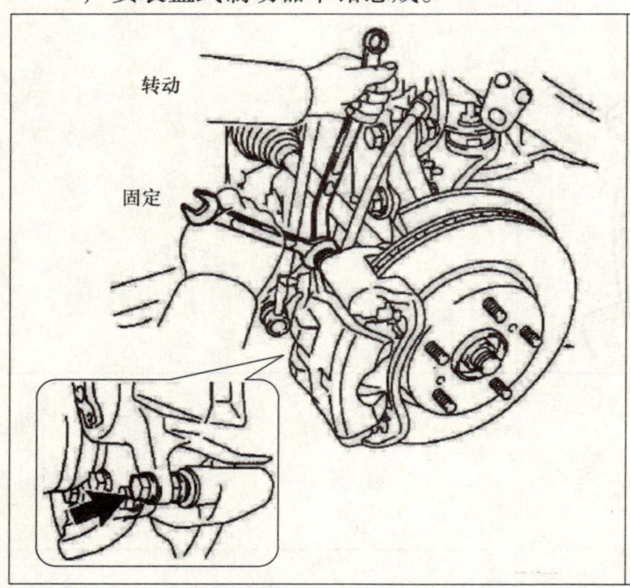	制动器卡钳螺栓拧紧力矩为34N·m

10）安装前轮。

	标准力矩为103N·m

完成 2.2.3.2 理论测试

教师活动 教师要求学生独立完成2.2.3.2理论测试，不允许查阅任何资料。

学生活动 学生安静、独立地在系统上完成2.2.3.2理论测试并提交，不能查阅任何资料。(20min)

2.2.3.2 理论测试

2.2.3.2 理论测试

学校名称		任课教师		
班级		学生姓名		
学习领域	L2 机械组件与系统检查拆换			
学习情境	LS2.2：制动时产生摩擦噪声，制动片磨损指示器亮起			
理论学习内容	制动器的结构、原理及检修	学习时间	5h	

一、填空题（每空1分，共22分）

1. ________是最早形式的汽车制动器，当盘式制动器还没有出现前，它已经广泛用于各类汽车。

2. 以液压制动轮缸作为制动蹄促动装置的制动器称为________。

3. 按张开机构不同，可分为________、________和________。

4. 根据制动过程中两制动蹄产生制动力矩的不同，可分为________、________、________、________、________和________等。

5. 盘式制动器被设计成________或________制动器。

6. 浮钳盘式制动器由两个主要部件组成，即________和________。

7. 检查前盘式制动器衬块支撑板，确保盘式制动器衬块支撑板有足够的________，没有________、________或________，并清除所有的________和________，必要时更换。

8. 安装前消声垫片在消声垫片上涂敷指定________。

二、单选题（每题2分，共14分）

1. 鼓式制动器的旋转元件是（ ），固定元件是（ ）。

A. 制动鼓　　B. 制动蹄

C. 制动片　　D. 制动盘

2. 鼓式制动器的特点有（ ）。

A. 自行增强制动力　　B. 具有防尘保护

C. 摩擦片更换和维护费用高，工时长　　D. 容易使用驻车制动　　E. 以上都对

3. 一般情况下领蹄产生的制动力矩为从蹄制动力矩的（ ）倍。

A. 1~2　　B. 2~2.5

C. 2.5~3　　D. 3~5

4. 制动片中，（ ）由增强材料（石棉及其他纤维）、黏结剂、摩擦性能调节剂组成

A. 石棉摩阻材料　　B. 半金属摩阻材料　　C. 金属摩阻

5. 盘式制动器需要更大的压紧力，因而需要的制动缸直径（40~50mm）（　　）鼓式制动器的轮缸直径，而且需要采用额外的制动助力器。

A. 大于　　B. 小于　　C. 等于

6. 当制动液的压力下降时，密封圈恢复到其开始的形状和位置，这也使活塞撤离出约（　　）mm的间隙，并松开了制动盘。

A. 0.015　　B. 0.15　　C. 1.5　　D. 15

7. 制动盘暴露在空气中，散热能力（　　）。特别是采用通风式制动盘，空气可以流经内部，加强散热。

A. 弱　　B. 强

三、判断题（每题2分，共16分）

1. 一般情况下领蹄产生的制动力矩为从蹄制动力矩的1~2倍。（　　）

2. 后轮制动器的制动间隙是自动调整的，在装配时不需要调整间隙，只需在安装到汽车上后经过一次完全制动，即可以将间隙调整到设定值。（　　）

3. 领从蹄式制动器广泛应用，多用于后轮制动。（　　）

4. 双领蹄式制动器适用于前进制动时前轴轴荷及附着力大于后轴．而倒车制动时则相反的汽车前轮上。（　　）

5. 双向增力式适合于双回路制动系统。（　　）

6. 制动蹄和摩擦片可以铆接，也可以粘接。（　　）

7. 盘式制动器制动力易于测量，因为没有自行增力，而且摩擦系数变化较小，保证了制动过程中制动力几乎没有任何波动。（　　）

8. 制动液产生的热较多，因为摩擦块在制动活塞上装得较紧。（　　）

提交理论学习阶段的评价表

教师活动　教师要求学生对理论学习阶段2.2.3.1评价表进行自我评价。

学生活动　学生按照教师的要求对自己在理论学习阶段的表现进行自评，客观真实。

2.2.3.1　理论学习评价表

参与本项目的教师具体见Moodle系统，未参与本项目的教师可以根据实际情况自行制订。

2.2.4　任务计划：制订制动器的检查和更换工作计划

独立查阅信息

教师活动　教师提供实验车型的维修手册。

学生活动　学生个人独立查阅教师提供的维修手册，提炼整理关键信息。（20min）

小组制作工作计划海报

教师活动 教师要求学生小组合作制作“制动器的检查和更换”工作计划海报，把每一步的细节和注意事项写出来，包括为什么干、怎么干，安全、环保、工具、时间、成本、注意事项、检测标准等。

学生活动 学生分组讨论，小组合作完成工作计划海报。(40min)

2.2.4.1 工作计划海报

见附录。

展示讲述工作计划海报

教师活动 教师选出一个组来介绍讲解海报内容，教师进行评价。

学生活动 被选出的小组展示讲述本组学习成果，其他组学生提出疑问、建议。(40min)

修改工作计划海报

教师活动 教师强调修改工作计划时注意：安全、环保、规范、时间及成本控制意识的训练。

学生活动 每个小组根据教师意见认真改进本组海报。(20min)

提交任务计划阶段的评价表

教师活动 教师提供任务计划阶段的评价表，指定组间评价顺序，保证每个小组都被评价。要求学生将2.2.4.2评价表以小组形式提交到系统。

学生活动 每个小组对老师指定的小组进行评价，合作填写2.2.4.2评价表，小组提交到系统。

2.2.4.2 任务计划评价表

参与本项目的教师具体见Moodle系统，未参与本项目的教师可以根据实际情况自行制订。

2.2.5 任务决策：与师傅和客户沟通工作计划

独立完成任务决策表

教师活动 教师发放2.2.5.1任务决策表要求学生安静地独立完成。

学生活动 学生独立按照任务决策的关键要素完成2.2.5.1任务决策表。(20min)

2.2.5.1 任务决策表

2.2.5.1 任务决策表

决策类型	决策方案
与师傅决策	请站在厂商的角度，和师傅沟通任务计划实施的可能性。（包括：工作任务的时间控制和成本控制，工作步骤的正确性、规范性和合理性，工作过程的安全性和环保性，考虑厂商的经济效益和工作效率等，并记录决策结果与师傅的建议）
与客户决策	请站在客户的角度，和客户沟通任务计划实施的可能性。（包括：是否有几种可能供客户选择？某些项目做或不做？现在做还是未来做？考虑客户的成本控制、时间控制、安全性、环保性、美观性和便利性等，并记录决策结果与客户的意见）

实战演习任务决策

教师活动 教师选出一个学生代表（这个学生是以往决策出现问题较大的）和自己进行任务决策，及时担任师傅和客户双重角色。

学生活动 被选出的学生与教师进行决策对话，其他学生观察，并进行口头评价、补充、改进。(20min)

提交确认任务决策

学生活动 每个学生修改自己的任务决策方案表格，提交到系统。(20min)

教师活动 教师对每个学生制订的任务决策方案进行确认，并将确认信息从系统发给学生。

提交任务决策阶段的评价表

教师活动 教师要求学生对任务决策阶段2.2.5.2评价表进行自我评价。

学生活动 学生按照教师的要求对自己在任务决策阶段的表现进行自评，需客观真实。

2.2.5.2 任务决策评价表

参与本项目的教师具体见 Moodle 系统，未参与本项目的教师可以根据实际情况自行制订。

2.2.6 任务实施：使用设备进行实车拆装检测

示范操作

教师活动 教师亲自示范操作，或者播放相关视频（操作内容是：从接车确认开始，按照诊断思路进行制动器的检查和更换工作）。

学生活动 学生观察教师的示范动作，或观察视频中的示范动作。

操作实施

教师活动 教师将学生分组，并要求每组学生分工明确，严格强调安全和事故预防要求等。实施过程中教师进行巡视指导。

学生活动 学生分为4组，分工操作。每组每次安排2名学生操作，所有学生轮流，每个学生都要完成一次操作。当2名学生进行操作时，另外安排2名学生分别对其进行评价，填写2.2.6.1评价表，1名学生拍视频，1～2名学生监督记录，1～2名学生查阅手册改进计划。(4h)

提交任务实施阶段的评价表和视频

教师活动 教师要求学生对任务实施阶段2.2.6.1评价表进行自我评价，并提交任务实施阶段录制的所有视频资料。

学生活动 学生按照教师的要求对自己在任务实施阶段的表现进行自评，客观真实。

负责拍摄的学生将视频整理提交到系统，负责评价的学生将2.2.6.1评价表提交到系统。

2.2.6.1 任务实施评价表

参与本项目的教师具体见 Moodle 系统，未参与本项目的教师可以根据实际情况自行制订。

2.2.7 任务检查：5S与检查工作结果

任务检查和5S

教师活动 教师提供2.2.7.1任务检查流程。要求学生分组，小组合作完成任务检查及5S，在2.2.7.1任务检查单上标注。教师要求学生小组成员对工作过程和工作计划进行监督和评估，记录优缺点及改进建议，并口头表达。教师要重点引导学生对队友的支持性意见的表达，并训练学生接纳他人建议。

学生活动　学生分组，小组合作完成任务检查及5S，在2.2.7.1任务检查单上标注。(20min)

学生按照教师规定严格监督和控制其他成员的工作过程并友善提出改进建议。(10min)

2.2.7.1　任务检查单

2.2.7.1　任务检查单

1. 请进行必要的最终任务检查，在（　　）里进行标记。

检查任务实施过程（　　），是否有改进或需要说明：

如有，处理意见：

检查测量值与标准值（　　），是否有改进或需要说明：

如有，处理意见：

2. 请进行必要的5S。

5S车辆（　　）

5S工位（　　）

5S场地（　　）

3. 请根据实施的诊断与修理工作，编制工作说明，完善改进工作计划（以另一种颜色的笔在任务计划上标注作答）。

小组合作修改工作计划

教师活动　教师要求学生小组合作修改完善工作计划，修改方式：在原有工作计划上用另一种颜色的笔进行真实、全面地复盘改进，并进行标注。

学生活动　学生小组合作修改完善工作计划，修改方式：在原有工作计划上用另一种颜色的笔进行真实、全面地复盘改进，并进行标注。(10min)

提交任务检查阶段的评价表

教师活动　教师要求学生对自己在任务检查阶段的表现进行自我评价。提醒学生：对于自己没有涉及的条目不评价。

学生活动　学生对自己在任务检查阶段的表现进行自我评价，对于自己没有涉及的条目不评价。

2.2.7.2　任务检查评价表

参与本项目的教师具体见Moodle系统，未参与本项目的教师可以根据实际情况自行制订。

2.2.8　任务交付：交车

任务交付准备

教师活动　在任务交付之前，教师提供2.2.8.1交车剧本给事先安排好的两个学生，一个扮演客户，另一个扮演SA，以便上课时两个学生能在实车上呈现交车过程。

学生活动　两个角色扮演的学生要熟悉练习交车剧本。

2.2.8.1　交车剧本

2.2.8.1　交车剧本

（一）任务完成正常交车

前台：先生，您好！您的车修好了，没有任何问题，您可以放心使用了。这是针对制动系统使用的开车温馨贴士，请您留存！

客户：非常感谢！

前台：不客气！这是费用清单，请您跟我去财务结账。

客户：好的。

前台：这是车钥匙，以后请您放心使用！请您随时观察车况，如果有任何问题，请随时联系我。非常愿意为您服务！

客户：好的！谢谢你！再见！

前台：再见！您慢走！

（二）任务未完成异常交车

前台：先生，您好！非常抱歉，您的车我们前期预估失误，虽然我们已经尽力了，但是还是不能按照约定时间正常交车给您，预计还得2个小时才能完成。您看您是继续在店里等待，还是先去处理其他事情。等这边结束我及时联系您。

客户：好吧！2个小时后一定能取走我的车吗？

前台：真的非常抱歉！不过，您放心！同样的错误我们不会出现第二次。再有2个小时肯定交车给您。

客户：好吧。2个小时后等你电话，我先去处理其他事情。一定要完全修复啊！

前台：请您放心！一定保证您的爱车行驶无忧，我会随时观察进展情况，及时联系您。非常愿意为您服务！

客户：好的！谢谢你！那我先走了，待会儿见！

前台：待会儿见！您慢走！

两人角色扮演

学生活动　学生分组，两人一组。其中，事先安排好的两个学生为一组，一个扮演客户，另一个扮演SA，先交车给师傅，然后交车给客户。(10min)

教师活动　教师提前安排学生两人一组，观察角色扮演学生的表演过程，同时观察其他学生的表现：倾听的认真程度。

全员换位评价

学生活动　学生认真观看角色扮演情境再现过程，理解客户委托，并与本组学生一起对做角色扮演的学生换位思考进行口头评价：角色扮演时的优缺点，如果是自己怎么改进会更好。(5min)

教师活动　教师指出角色扮演的优缺点，提出注意事项进行强调说明。

全员分组练习

教师活动　教师要求所有学生借鉴两个示范学生的表现，进行任务交付练习。

学生活动　学生按照教师的提示与强调，借鉴示范的两个学生的表现，学生分组在实车上进行任务交付的角色扮演练习。互换角色再练习一次。(10min)

提交任务交付阶段的评价表

教师活动 教师要求学生对任务交付阶段自己扮演 SA 时的表现依据 2.2.8.2 评价表进行自我评价。

学生活动 学生按照教师的要求对自己在任务交付阶段扮演 SA 时的表现进行自评，客观真实。

2.2.8.2 任务交付评价表

参与本项目的教师具体见 Moodle 系统，未参与本项目的教师可以根据实际情况自行制订。

2.2.9 反思评价：总结知识点、技能点和素养点

提交反思评价自评表

教师活动 教师归纳整理理论知识体系，以一页 PPT 展示知识点、技能点和素养点。

学生活动 学生认真反思、倾听，构建适合自己学习的知识体系。(10min)

学生认真反思，对照学习目标进行自我反思，填写 2.2.9.1 自评表。(10min)

2.2.9.1 反思评价自评表

参与本项目的教师具体见 Moodle 系统，未参与本项目的教师可以根据实际情况自行制订。

提交反思评价他评表

教师活动 教师把每一位学生的反思阶段的评价表分配给其他同学进行评价。

学生活动 学生按照系统分配的评价对象，每个学生都填写一份对另一个学生的评价表。(10min)

2.2.9.2 反思评价他评表

参与本项目的教师具体见 Moodle 系统，未参与本项目的教师可以根据实际情况自行制订。

提交反思评价阶段的评价表

教师活动 教师参照学生的自评与他评在 2.2.9.3 反思评价表上给出学生反思评价成绩。

学生活动 每个学生将自评表和他评表形成的 2.2.9.3 反思评价表进行对照，帮助学生自我认识。

2.2.9.3 反思评价表

参与本项目的教师具体见 Moodle 系统，未参与本项目的教师可以根据实际情况自行制订。

2.2.10 巩固拓展

迁移新任务

教师活动 教师布置新的客户任务：检测与排除制动不良故障。要求学生小组合作制订工作计划并用 PPT 展示。

学生活动 学生明确拓展任务：小组合作制订工作计划，下次课前用 PPT 展示和评价。做好完成拓展任务的计划（分工与时间安排）。

分工制作工作计划

教师活动 教师要控制学生的制作过程，要求学生分工完成 2.2.10.1 工作计划，把自己负责的部分提交到系统，让教师看到。

学生活动 学生在小组长的带领下，制作过程合理分工，每人完成工作计划的一部分并提交到系统。（课后）

2.2.10.1 工作计划

见附录。

提交过程视频和 PPT

教师活动 教师要求学生制作 PPT 的过程录制视频并把视频提交到系统，同时提交 PPT 结果到系统。

学生活动 小组合作，录制制作 PPT 过程的视频。

巩固拓展阶段的评价表

教师活动 教师要求小组长完成本小组所有成员的 2.2.10.2 评价表，提交到系统。

学生活动 小组长完成小组评价 2.2.10.2 评价表，并把每个组员的评价表提交到系统。

2.2.10.2 巩固拓展评价表

参与本项目的教师具体见 Moodle 系统，未参与本项目的教师可以根据实际情况自行制订。

总体评价

给学生反馈总体评价表

教师活动 教师对每个学生的总体评价表初稿进行补充修改，形成总体评价定稿，作为每个学生本学习情境的最终评价。

学生活动 学生认真对照教师反馈的总体评价表，分析自己的优势和不足，有针对性地制订改进措施，加强培养素养或知识、技能不足的方面。

LS2.3

底板上发出随转速变化的隆隆声或响亮的排气声

教学准备

教学情境准备

教师活动　教师提前提供给所有学生 2. 3. 0. 1 客户任务工单。课前提供 2. 3. 0. 2 接车剧本给事先安排好的两个学生，一个扮演客户，另一个扮演 SA，以便上课时两个学生能在实车上把客户任务真实再现。

学生活动　所有学生在课前熟悉 2. 3. 0. 1 客户任务工单，提前了解客户委托任务。

两个角色扮演的学生要熟悉练习 2. 3. 0. 2 接车剧本。（课前）

2. 3. 0. 1　客户任务工单

2. 3. 0. 1　客户任务工单

<table>
<tr><td>车主姓名</td><td></td><td>日期</td><td></td></tr>
<tr><td>车型</td><td></td><td>车牌号</td><td></td></tr>
<tr><td>发动机号</td><td></td><td>底盘号</td><td></td></tr>
<tr><td>联系电话</td><td colspan="3"></td></tr>
<tr><td>通信地址</td><td colspan="3"></td></tr>
<tr><td colspan="4">故障现象描述：
车主反映，底板上发出随转速变化的隆隆声或响亮的排气声。</td></tr>
<tr><td colspan="4">检查维修建议：</td></tr>
<tr><td colspan="4">故障结论：（更换或维修的零件记录）</td></tr>
<tr><td colspan="2">取车付款：
现金　　　　　　　　银行卡</td><td colspan="2">维修人：
收款人：</td></tr>
</table>

2.3.0.2　接车剧本

2.3.0.2　接车剧本

学习情境描述：

一辆大众速腾轿车，行驶总里程6万km，客户发现底板上发出随转速变化的隆隆声或响亮的排气声。

前台：您好！有什么需要我帮忙的？

客户：您好！发现底板上发出随转速变化的隆隆声或响亮的排气声。您能帮我看看吗？

前台：好的！您给我车钥匙，我先检查一下。

（上车，打开点火开关，试车底板上发出随转速变化的隆隆声或响亮的排气声，询问客户）

前台：您的车底板上发出随转速变化的隆隆声或响亮的排气声。这个毛病以前出现过吗？最近您修理过什么部件吗？

客户：不瞒您说，我的车车况特别好，在这之前什么毛病也没有，这是第一次有故障，只做过正常的维护保养。

前台：我刚才初步诊断了一下：底板上确实发出随转速变化的隆隆声或响亮的排气声，可能是排气管漏气了，也可能是消声器损坏。具体原因需要后台检测后才能确认。

客户：好的！那您尽快维修吧，我还着急用车呢。

前台：那您想什么时间取车？

客户：今天下午4点取车吧。

前台：好的！请您到客户区休息等待，如有需要，我会及时和您联系。

教学目标准备

教师活动　教师以一页PPT简要介绍本情境的教学目标：素养点、知识点、技能点。

学生活动　学生思路清楚、明确目标，在头脑中形成个人学习规划。（课前）

素养点：

① 具有自我主动性。

② 能够准备和作出简单的决定。

③ 能够最大化利用有限的时间。

④ 能够理解环境污染问题。

⑤ 能够独立工作。

⑥ 能够小组合作。

⑦ 能够在小组中与他人高效沟通交流。

⑧ 能够阅读技术信息，检索提炼、建构逻辑关系。

知识点：

① 排气系统作用及分类。

② 了解消声器的工作原理。

③ 判断产生噪声的原因。

④ 排气管各部件的组成及工作原理。

⑤ 排气管的拆装方法。

⑥ 描述旋接、铆接和焊接。

技能点：

① 排气管的拆装。

② 检查排气装置。

③ 焊接方法。

④ 遵守安全条例。

资料设备清单

参与本项目的教师具体见 Moodle 系统，未参与本项目的教师可以根据实际情况自行制订。

2.3.1 任务接受：接车

两人角色扮演

学生活动 学生分组，两人一组。其中，事先安排好的两个学生为一组，一个扮演客户，另一个扮演 SA，在实车上把客户任务真实再现。（10min）

教师活动 教师观察角色扮演学生的表演过程，同时观察其他学生的表现：倾听的认真程度。

全员换位评价

学生活动 学生认真观看角色扮演情境再现过程，理解客户委托，并与本组学生一起对做角色扮演的学生换位思考进行口头评价：角色扮演时的优缺点，如果是自己怎么改进会更好。（10min）

教师活动 教师指出角色扮演的优缺点，提出注意事项进行强调说明。

全员分组练习

教师活动 教师要求所有学生借鉴两个示范学生的表现，进行任务接受练习。

学生活动 学生按照教师的提示与强调，借鉴示范的两个学生的表现，学生分组在实车上进行任务接受的角色扮演练习。互换角色再练习一次。（10min）

提交任务接受阶段的评价表

教师活动 教师要求学生对任务接受阶段自己扮演 SA 时的表现进行自我评价。

学生活动 学生按照教师的要求对自己在扮演 SA 时的表现进行客观真实地自评。

2.3.1.1 任务接受评价表

参与本项目的教师具体见 Moodle 系统，未参与本项目的教师可以根据实际情况自行制订。

2.3.2 任务分析：底板上发出随转速变化的隆隆声或响亮的排气声的原因

教学方法：餐垫法

独立查找原因

教师活动 教师提供2.3.2.1信息页（维修信息、文本资料）和餐垫图纸，指导学生独立查找底板上发出随转速变化的隆隆声或响亮的排气声的原因，并书写在餐垫上周边对应位置。

学生活动 学生分组，首先个人独立阅读教师提供的2.3.2.1信息页，在信息页上划出关于底板上发出随转速变化的隆隆声或响亮的排气声的原因，形成个人的结论，工整地书写在餐垫上自己的对应位置。(30min)

2.3.2.1 信息页

2.3.2.1 信息页

<table>
<tr><td>学校名称</td><td colspan="2"></td><td>任课教师</td><td colspan="2"></td></tr>
<tr><td>班级</td><td colspan="2"></td><td>学生姓名</td><td colspan="2"></td></tr>
<tr><td>学习领域</td><td colspan="5">L2 机械组件与系统检查拆换</td></tr>
<tr><td>学习情境</td><td colspan="2">LS2.3：底板上发出随转速变化的隆隆声或响亮的排气声</td><td>学习时间</td><td colspan="2">1h</td></tr>
</table>

1. 汽车噪声

实际上，汽车噪声的大小已经反映出这辆车的质量和技术性能的高低了。汽车越高级，越是要让汽车的噪声和振动尽量少地传递到乘员舱内，即术语中常说的要匹配好整车的NVH性能，NVH是指Noise（噪声）、Vibration（振动）和Harshness（声振粗糙度），由于以上三者在汽车等机械振动中是同时出现且密不可分，因此常把它们放在一起进行研究，统称为车辆的NVH问题。NVH是衡量汽车制造质量的一个综合性问题，它给汽车用户的感受也最为直观，是汽车设计制造中的重要一环。

汽车噪声的来源有很多，例如发动机、变速器、驱动桥、传动轴、车厢、玻璃窗、轮胎、继电器、喇叭、音响等，这些零件在工作时都会产生噪声。

为了防止发动机噪声和轮胎噪声传入乘员舱，除了尽量减少噪声源外，也在车厢的密封结构上下功夫，尤其是前围板和地板的密封隔声性能。

其实工程上进行汽车隔声隔振的思路，跟电路里面减小电流的方法类似。声音要进入到人的耳朵，需要靠介质进行传播，就像电流的传递需要导电体（电线）一样。声音传播介质的阻力越大（类似的电阻越大），传递过去的声音也就越小，这样的“电阻”通常称之为隔声材（通常为橡胶材料），能够减少噪声的入射；还有另外一种，就是像电容一样的，把电流的储藏起来，在内部进行耗散，而不是让电流在回路中流通，这样的零件就是常说的吸声材（通常是吸音棉、海绵材）。

车身上和NVH有关的各类吸声隔声部件有很多，如前围隔声隔热垫、顶棚、地毯等。

2. 声级规定

排气门开启时，气缸中的废气仍然会受到0.3～0.5MPa压力的作用。如果没有消声器，这些废气在排出到大气时就会发出巨大的爆炸声。声级就是一个噪声声强的度量参数。声级以分贝［dB（A）］为单位。字母A表示测量方法。声级为0dB（A）对应着人类的闻阈。增加3dB（A）就等于响度即音量增加一倍。噪声超过120dB（A），人类就会感到痛苦。超过130dB（A）的持续噪声会致命（表1）。

表1 声级 （单位：dB（A））

气锤	130	乘用车的允许行驶噪声	74
痛阈	120	谈话	70
大型交响乐	110	起居室	50
无消声器的发动机	100	卧室	30
机械车间	90	极轻的落叶沙沙声	10
繁忙的道路或街道	80	闻阈	0

排气噪声是机动车行驶/乘车噪声的重要构成部分。其他的噪声包括发动机与变速器总成噪声、滚动噪声、车身噪声和气流噪声等。行驶/乘车噪声不得超过容许测量值。在德国国家道路交通许可和欧盟指令中，均规定了各类机动车产生的噪声限值（表2）。最近几年，这些限值已经多次降低。

表2 机动车噪声限值 （单位：dB（A））

机动自行车		70
机动脚踏两用车		72
轻型摩托车		75
摩托车	≤75mL	75
	75～175mL	77
	>175mL	80
乘用车	点燃式或压燃式发动机	74
	直接喷射柴油机	75
公共汽车/长途客车、重型货车	≤1.5t	76
	直接喷射柴油机	77
重型货车	≤75kW	77
公共汽车/长途客车、重型货车	≤150kW	78
	>150kW	80

3. 排气系统的噪声源

声音的三大要素是：声源、传播和接收。传播靠的是介质，例如空气、水和钢管等物质，声源是激发介质振动的物体，例如排气声浪是发动机排出尾气，尾气在排气管内振动而产生的，而人耳是一种接收装置。介质振动会产生分子的稀疏区和稠密区，这就是常说的声波（和水波类似）。相邻的分子稠密区（或稀疏区）距离的长短决定了声波的频率，此距离越长，声音频率越低（低音），此距离越短，声音频率越高（高音）。排气声浪中和发动机相关的声波频率一般不超过1000Hz，其中低于100Hz的部分可认为是低音，100～300Hz可认为是中音，高于300Hz属于高音，这和正常的音乐低、中、高音划分是不一样的。声音的大小用dB（A）来表示，正常讲话的声音为60～70dB（A），F1赛车的声音为100～110dB（A）。

常见的4冲程发动机有4个工作环节："1－进气""2－压缩""3－点火""4－排气"，相邻的两次排气过程中间间隔着另外3个工作环节，所以排气管内的气体压力是不连续的，而不连续的气体压力产生导致了气体分子的稀疏区和稠密区，这和前面讲到的声音产生机理一样，排气声浪就是这样由发动机尾气周期性排出产生的。

排气声浪分为两部分，一部分是和发动机周期性旋转相关的，称为阶次声，另一部分是尾气流动然后排放到空气中产生的嗞嗞声，称为气流声，改装排气追求的迷人声浪均为阶次声。为了突出阶次声，需要降低气流声，通常采取的办法是使用吸音棉吸声和将排气尾管加粗，降低尾气的流动速度，从而降低气流声。

阶次声又可分为很多部分，根据发动机缸数的不同，阶次声名称也不同，如4缸机对应的为2阶、4阶和6阶等，6缸机分为3阶、6阶和9阶等。专业的排气声浪设计通常会将排气声通过专业设备录下来并进行分析，得到彩色频谱图。通常来讲，声音低沉有力的排气声浪，其能量集中在前两阶（即2阶和4阶）。声音高亢清脆的排气声浪则集中在更高阶次（6、8、10、12阶甚至更高）。

排气声浪的调节主要靠消声器来完成。按工作原理来划分，消声器可分为阻性、抗性和复合型。阻性消声器的工作原理为利用吸音棉吸收声音，常见于中段消声器和尾段直排消声器，阻性消声器主要工作于中高频。抗性消声器利用管路打孔和管路断开等方式造成结构不连续，声音在这些不连续的结构处被反射回去，从而达到降低声音的目的，抗性消声器主要工作于中低频。复合型消声器为阻性和抗性消声器的结合体，可实现全频率段降噪。在消声器设计过程中，工程师可根据发动机排气未安装消声器之前的声音特点，利用专业软件设计消声器内部结构来降低不需要的声音频段，从而实现对排气声浪的调节。大多数人常把气流和声音混为一谈，认为改变气流走向就能改变声音，这是不完全正确的。举个最简单的例子，对于阻性消声器，气流由于吸音棉的阻挡作用，大部分沿着内管流动，而一部分声音则可以轻松地通过内管上的孔穿透至吸音棉被吸收。如果将阻性消声器的外壳直径加大到足够大，此时气流走向依然保持沿内管流动，但是基本上所有声音会被吸音棉吸收掉，所以即使是直排，也不会产生炸街一样的响声。

图1所示为排气系统的噪声源。噪声源包括空气动力噪声、冲击噪声、辐射噪声和气流摩擦噪声。

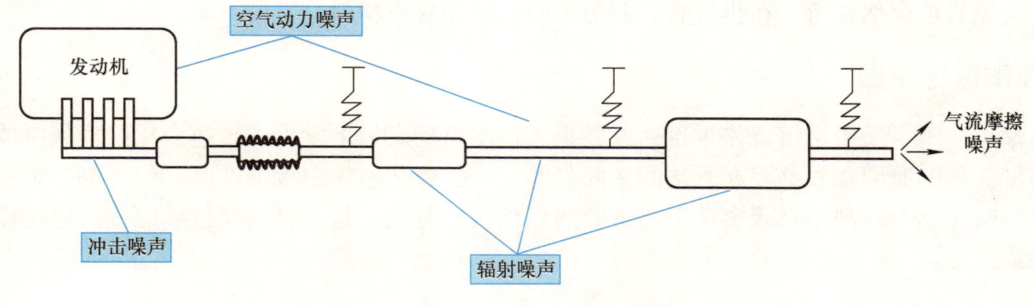

图1 排气噪声源

（1）空气动力噪声

发动机在运转的时候会产生声音，声音在排气管道中传播而形成空气动力噪声。在管道中的这股气流是稳定流动的。空气动力噪声取决于排气管道的直径。在气流量一定时，直径越大，空气动力噪声就越稳定。空气动力噪声的大小取决于排气系统的结构。在排气系统中，纯粹的声学设计就是针对这类噪声的。

（2）冲击噪声

排气管道中不稳定的气流会对管道产生冲击，从而形成冲击噪声。比如，排气歧管弯曲段的弧度太小，发动机出来的气流会对它产生强烈的冲击，从而发出“砰、砰”的冲击噪声。在管道截面积突然变化的时候，也会产生冲击噪声。加大管道的过渡圆弧和渐进地改变结构的截面积是减小冲击噪声的途径。

（3）辐射噪声

当一个振动体与流体接触的时候，就会推动流体运动而产生声音。麦克风传声就是这样。排气系统的管道和消声元件被机械振动激励或者受内部流体压力波动引起振动，这些被激励的结构对外将声音辐射出去，形成了辐射噪声。在排气系统中，辐射噪声源来自三个方面：

1）机械振动。发动机会带动整个排气系统振动，车体振动也会通过挂钩传递给排气系统。排气系统中有很多薄板，如消声器的外壳、三元催化转化器的外壳、管道的外壳等。一旦这些薄板被激起振动，就会对外辐射噪声。

2）稳定的气流。这种稳定的气流会对薄板结构施加稳定脉动力，从而激起薄板的振动，并辐射噪声。

3）不稳定的气流。当管道中的气流速度非常高时，在管壁附近就会形成紊流。这股紊流不断冲击薄板产生辐射噪声。

辐射噪声的大小取决于这些薄板结构的几何尺寸、结构形状、刚度等。辐射噪声的频率与薄板结构振动的频率是一致的。消声元件辐射的声音频率一般比较低，而管道辐射的频率一般比较高，因为管道的刚度比消声元件的刚度高。解决辐射噪声的途径有两个：一是减少流体声波的扰动；二是改变结构的特征，如质量、刚度和阻尼等。

（4）气流摩擦噪声

当管道中气体流动速度非常高时，流体与管壁之间产生摩擦，一方面形成紊流，扰动板振动并产生辐射噪声，另一方面当气流传到尾管时对外发出巨大的噪声，这就是气流摩擦噪声。降低摩擦噪声的办法有：降低气体的流动速度；加大管道的截面积；使管壁尽可能地光滑；避免管道突然转弯；在排气管口避免障碍；使用吸声材料。

合作讨论原因

学生活动 学生小组合作讨论达成共识，把本组的底板上发出随转速变化的隆隆声或响亮的排气声的原因工整书写在餐垫的中间位置上，把餐垫贴在白板上展示。（30min）

教师活动 教师重点观察学生讨论时的表现：所有成员是否可以经过妥协或协商快速达成一致意见。

师生确定原因

教师活动 教师带领学生一起逐条对每组的结果进行分析评价，判断对错，总结原因。

学生活动 学生领会理解，修改本组餐垫并把最终结果工整记录在笔记本上。(10min)

填写客户工单

教师活动 教师提供行驶证等资料，指导学生填写 2.3.0.1 客户工单（车辆检验内容，确定维修范围，是否修理车辆建议）。

学生活动 学生小组合作填写完整客户任务工单。(20min)

提交任务分析阶段的评价表

教师活动 教师要求学生对任务分析阶段自己的表现依据 2.3.2.3 评价表进行自我评价。

学生活动 学生按照教师的要求对自己在任务分析阶段的表现对照每一条进行客观真实地自评。

2.3.2.2 任务分析评价表

参与本项目的教师具体见 Moodle 系统，未参与本项目的教师可以根据实际情况自行制订。

2.3.3 理论学习：排气系统的组成及工作原理

教学方法：概念地图法

3.1 排气系统的作用及分类

关键词法独立学习

教师活动 教师提供 2.3.3.1 信息页和写有关键概念的若干卡片，让学生独立阅读，划出关键词，完成 2.3.3.1 工作页，并在分到的每一个卡片后面写出关键概念的解释。

学生活动 学生在小组内安静、独立地阅读 2.3.3.1 信息页，划出关键词，完成 2.3.3.1 工作页，并在分到的每一个卡片后面写出关键概念的解释。(60min)

2.3.3.1 信息页

2.3.3.1 信息页

学校名称		任课教师	
班级		学生姓名	
学习领域	L2 机械组件与系统检查拆换		
学习情境	LS2.3：底板上发出随转速变化的隆隆声或响亮的排气声	学习时间	50min
工作任务	A：排气系统的作用及分类	学习地点	理实一体化教室

排气系统是控制汽车排放和噪声的系统，它布置于汽车底盘下，与发动机排气歧管相

连，悬挂于车身底板之下。因此，其形状走向一般比较复杂，同时又是影响整车振动、噪声的关键部件。排气系统按国家环保排放要求可分：国Ⅰ、国Ⅱ、国Ⅲ、国Ⅳ、国Ⅴ和国Ⅵ等系统。这些都是根据不同时期，国家对汽车排放要求程度不同而设计出不同的排气系统。

1. 作用

1）裹住从燃烧室排出的具有强烈脉动的废气，并释放这些气体的压力，从而使排气噪声不会超过特定的噪声级。

2）使废气安全地改变排出方向，从而防止它们进入车内。

3）利用催化剂，将废气中所含的污染物含量降低到规定的限值之内。

4）消声过程中对废气流动造成干扰而产生的发动机功率损失应尽可能小。

5）产生对所涉及的汽车适当的噪声（声音设计）。

2. 工作条件

1）排气系统的上游部分要承受高温和温度的明显变化。

2）由于暴露在外面会受到气候的影响，在冬天还会受到融雪剂的作用，在整个排气系统上会出现外部腐蚀。

3）特别是在排气系统下游温度较低的部分上，燃烧气体的冷凝（水、亚硫酸）会导致排气系统内部腐蚀。

4）石块的打击、车身的运动和发动机的振动，这些都会使排气系统内出现很大的机械应力。

为了能够承受住这些工作条件，排气系统的各个部件由各种不同的材料制成。排气系统的上游零部件由于要经受高温工作条件，所以主要用变形小、不结垢并且耐高温腐蚀的不锈钢制成。消声器通常采用三层结构。考虑到燃烧气体的不断冷凝，内层由不锈钢制成，而外层用非合金钢制成，但表面镀铝，以防外表腐蚀。排气系统下游的排气管也镀铝。

3. 分类

排气系统按结构要求又可分：单级催化转化器形式的系统、双级催化转化器形式的系统和紧耦合催化转化器形式的系统。

按照设计不同可分为四类

(1) 一般原厂管

(2) 回压管（和原厂一样比较环保）

排气系统的作用就是把废气从发动机燃烧室排出，其实通常人们都认为排气越畅顺越好，其实不是。发动机排气由于发动机的工作原理，气浪是一波一波地排出的，大家把手放在排气管后就可以感觉到。如果排气管的直径较小，那么排出气浪的每一波都会在排气管内部形式较大的压力，当这一波气浪在排气管中开始向外排放时，对后一波气浪就会形成一个负压力，也就是大家所说的回压。

回压的大小决定了发动机的最佳排气效果，如果回压越大，发动机在低转速的气浪由于受前一波气浪的影响，就会越快被前一波气浪的负压力吸出，也就是说排气效果越好，但是当发动机到达高转速时，由于排气管的直径较小，造成的就是排气管内的压力不但不能尽快吸出下一波气浪，反而对每一波浪的排出造成了相当的阻力，而且每一波气浪之间互相影响，造成排气不畅顺，从而降低了发动机的性能，这个时候，选用直径较大的排气管就会起到较好的效果。

回压管借由隔板、消声器和管内的容积变化，产生返回气缸的压力，当发动机点火爆燃，将活塞往下推动接着排气门开启时，从排气管返回的压力便会挡住废气冲出，使燃烧夜里可以持续将活塞推往下止点。反之，回压过高的话，则会造成废气无法排出气缸导致进气效率低下，因而降低燃烧效率，影响发动机动力输出。结构如图 1 所示。

优点：噪声小，低速转矩佳。

缺点：高速时废气无法快速排出，影响发动机动力输出。

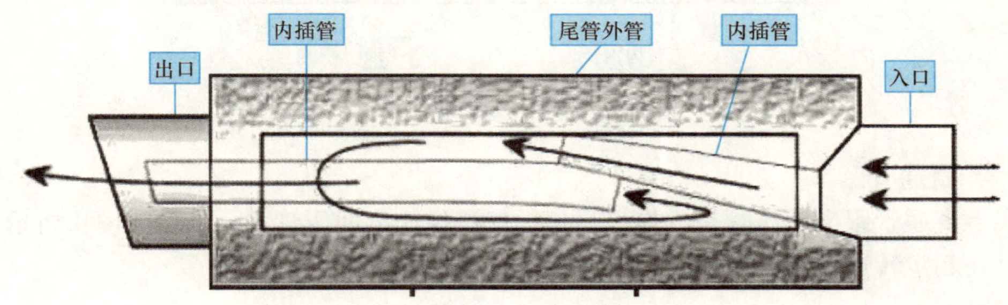

图 1 回压管

（3）半回压管

这种管道回压的力量较低，排气顺度比回压管好。简单地说，它介于回压管与直通管之间，有适度的回压来取得起步转矩，排气顺度比回压管佳，当然中高转速转矩也比回压管大。结构如图 2 所示。

优点：起步中高转速转矩表现不错。

缺点：噪声偏大。

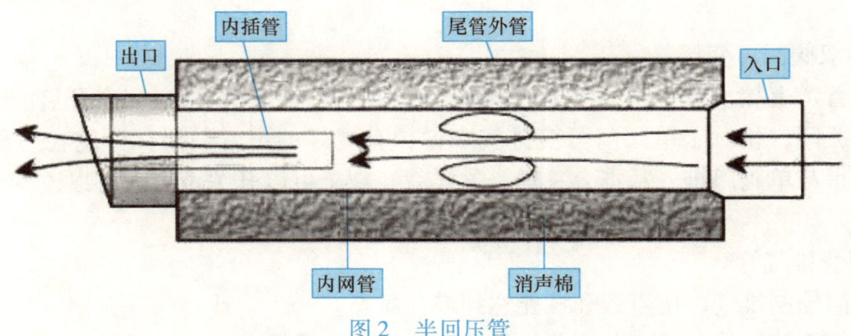

图 2 半回压管

（4）直通管

直通管内部没有设置隔板等设施，只是在外面包裹消音棉阻隔部分噪声，废气在毫无阻挡的状态下直接排出，剧烈膨胀下发出爆炸声，俗称噪声。此外低转速进排气门重叠时间较长的关系，会让燃烧室的混合气流出，直径管径大、直通的设计，低转速时废气流速自然变慢，因此造成低速无力的情形。反观在高速状态下，大量排出的废气不受阻挡，自然可以完全发挥出动力。结构如图 3 所示。

优点：排气顺畅，高转速转矩强。

缺点：低转速乏力，噪声大。

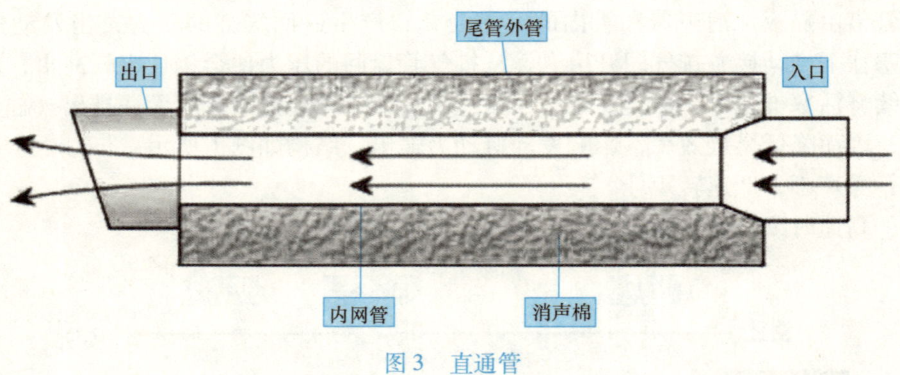

图3 直通管

(5) 半直通管

其实半直通管跟半回压管是一样，只是排气口径比半回压管大。结构如图4所示。

优点：起步转矩较半回压低，但中高转速转矩大。

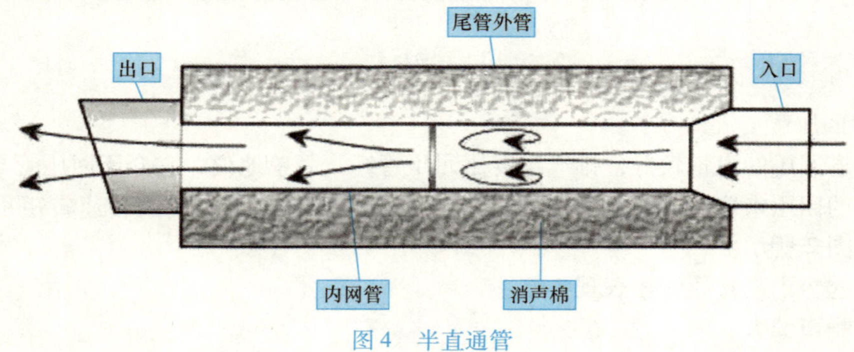

图4 半直通管

(6) 半双阀门可变排气

在排气管道上接上可变排气系统，增加了一根侧管。在一根管道完全开启的时候，另一根管道完全关闭，相对于单阀门可变排气来说，有更好的声音效果，开度在三分之一的时候，声音效果与单阀门排气基本上一样。这样就实现了可以开关声音、可以改变声音大小的排气效果。

(7) 可变排气管

通过阀门控制排气，使声音和性能达到最佳状态。

根据排气管路的数量又可分为单排气系统、双排气系统和多排气系统。

有的发动机有两根排气支管，两根排气支管通过一根叉形管将两根排气支管连接到一根排气管上，共用一个三元催化转化器、一个消声器、一根排气尾管，这就叫单排气系统。

有的发动机有两根排气支管，各用一套三元催化转化器、一个消声器、一根排气尾管的，就叫双排气系统。

根据排气管的布置形式不同，可谓是多种多样，可分为单边单出、单边双出、双边单出、双边双出。排气管的形式是最终根据发动机的排量、形式所决定的。单出口和双出口在四缸发动机和V型发动机上都有应用，最后一个独立的双排气系统，则是用在V型发动机上。单入双入应该很好理解，直列发动机只需要一个排气通道，而V型发动机有点像把直

列的气缸折成两半，每边有一个排气通道。

互相讲述关键概念

教师活动 教师要求学生对照卡片在小组内彼此互相讲述关键概念。

学生活动 学生按照教师要求对照卡片在小组内彼此互相讲述关键概念。(20min)

组内合作逻辑思维导图

教师活动 教师要求学生小组合作，用关键词卡片在A0图纸上构建概念地图的思维导图。

学生活动 学生按照教师要求小组内分工合作，用关键词卡片在A0图纸上构建概念地图的思维导图。(30min)

展示讲述小组成果

教师活动 教师要求小组展示概念地图的思维导图，一个组讲，其他组听、提出疑问和改进建议。

学生活动 学生小组按照教师要求选出代表展示概念地图的思维导图，其他组听、提出疑问和改进建议。(10min)

小组合作整理笔记

教师活动 教师要求学生合作讨论后修改工作页，并整理关键内容到笔记本上。

学生活动 学生经过讨论修改工作页，把工作页提交到系统，并把关键内容整理到笔记本上。(10min)

教学方法：旋转木马法

3.2 排气系统的组成及工作原理

关键词法独立学习

教师活动 教师提供2.3.3.2信息页，让学生独立阅读，划出关键词，完成2.3.3.2工作页，并整理出逻辑关系思维导图。

学生活动 学生安静独立地阅读2.3.3.2信息页，划出关键词，完成2.3.3.2工作页，并整理出逻辑关系的思维导图。(30min)

2.3.3.2 信息页

2.3.3.2 信息页

学校名称		任课教师	
班级		学生姓名	
学习领域	L2 机械组件与系统检查拆换		
学习情境	LS2.3：底板上发出随转速变化的隆隆声或响亮的排气声	学习时间	50min
工作任务	B：排气系统的组成及工作原理	学习地点	理实一体化教室

排气系统由排气管、三元催化转化器（简称催化器）和消声器组成。前排气管通过凸缘连接到排气歧管上，后面通往催化器。催化器通过连接管与消声器相连。废气经过消声器后，再经过排气尾管即可排入大气中（图1）。

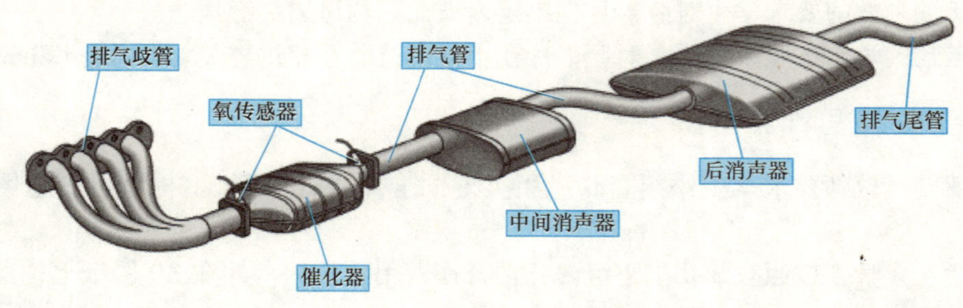

图1 排气系统的组成

排气系统在其全长上必须是密封的，这样燃烧气体才不会进入车内，消声过程才不会受到影响。

1. 消声器

发动机在工作时会发出很大的噪声，对社会环境有很大影响，对人的听觉系统会造成很大的伤害。因此，在汽车上安装消声器的主要目的就是降低汽车的噪声，减少噪声对环境的污染。

消声器是具有吸声衬里或特殊的气流管道，可有效地降低气流噪声的装置。消声器一般包括从消声器进气口开始的整个消声器部件，不包括发动机排气歧管和排气管。

消声器一般有抗性消声器、阻性消声器及阻抗复合型消声器。

1）抗性消声器。又称为反射式消声器，它为绝大多数原装车所用，无需担心吸声棉会随时间变化而失效，因而更加耐用。抗性消声器是在内部通过管道、隔板等部件组成扩张室、共振室等各种消声单元时，声波在传播时发生反射和干涉，降低声能量达到消声目的。抗性消声器消声频带有限，通常对低、中频带消声效果好，高频消声效果差，货车多采用抗性消声器。

2）阻性消声器。是在内部排气通过的管道周围填充吸声材料来吸收声能量达到消声目的的消声器。对中、高频消声效果好，单纯用作汽车排气消声器较少，通常与抗性消声器组合起来使用。它是有多孔管、吸声纤维，当废气通过多孔管与纤维接触时，后者产生振动并因为摩擦、粘滞而产生热能，噪声就是在这个过程中被转化的，因此也叫吸声过程。阻形消声器体积小，因而大多数原装车的中鼓都喜欢使用阻形，想充分发挥其消声功能的话，安装位置一般较靠近发动机方向。大量试验表明，阻性消声器对发动机中、高频噪声的抑制效果要好于其对中低频的。同样一种情况，抗性排气的表现与阻性正好相反。

3）阻抗复合型消声器。其特点是既有膨胀室，又有吸声纤维，分别用抗性消声单元和吸声材料组合构成的消声器，它合并了前两种消声器的特点，对应范围广，体积更灵活，但造价也相对较高。

2. 催化转化器

催化转化器是靠内部的多种贵重金属加快内部气体化学成分的化学反应速度，从而达到

转化有害气体的一种装置。

汽车尾气污染控制可以分为机内和机外两种技术。机内转化主要是提高燃油质量和改善燃料在发动机中的燃烧条件，尽可能减少污染物的生成；机外转化的主要方式是安装催化转化器，对有害气体进行处理是机外尾气转化最有效的方法，催化转化剂又是转化效果的关键。因此开发实用高效的汽车尾气催化转化剂是控制汽车尾气排放的最佳措施之一。

汽车尾气催化转化的目的就是将有害的 CO 和 HC 氧化为 CO_2 和 H_2O，将 NO_x 还原成 N_2。由于汽车尾气的化学成分很复杂，其转化率除和催化转化剂的活性有关外，还和反应气是氧化气还是还原气有关，因此催化转化剂在功能上分为氧化型和还原型两部分。

因两种反应要求的化学环境不同，故早期的催化转化剂将两者分立。后来由于发动机的改进，实现了可使两种功能兼容的化学环境；由于催化转化剂制备技术的改进，使氧化与还原两种活性中心共存于同一个催化转化剂上，最终出现了三元催化转化剂。

催化转化器可分为氧化型、还原型和三效型即三元催化转化器。汽油发动机主要是采用的是三元催化转化器，它可以同时氧化 CO、HC 和还原 NO_x。使 CO、HC、NO_x、O_2 相互之间发生氧化或还原化学反应，生成 N_2、CO_2、H_2O 等无害气体。这种催化转化器一般都采用贵金属作为催化剂，比如 Pt、Pa、Rh，但由于 Pt 的造价太贵，所以采用与其等效的 Pa 替代其氧化 CO、HC 两种有害气体，但 Pa 的抗中毒能力较 Pt 差很多。

许多研究表明，贵金属催化剂对汽车尾气虽有较高的催化活性，但也有许多不足，如易中毒、催化活性受空燃比的影响比较大，高温性能不太理想以及成本高等缺点。因此，要充分发挥三元催化转化器效率，汽车在安装三元催化转化器时的前提就必须要有：好的燃油品质，即铅、硫、磷、砷、硅、镁、铁的含量低。过量的含铅汽油会导致催化转化器中毒，对排气系统中的催化转化器和氧传感器造成损坏，而且还会对人体健康和社会环境造成危害。燃油中含硫量较高，会降低催化转化剂的效能，同时也会导致发动机点火时间延迟，提高排气温度，降低了发动机效率。

现在，控制废气污染物最有效的方法是用催化转化器进行后处理。催化转化剂用化学的方法将污染物转变成无毒的物质，而催化转化剂本身并没有消耗。

催化转化器的主要组成有：陶瓷载体（铝 - 镁 - 硅）或金属载体、中间涂层（罩面层）和催化活性涂层，如图 2 所示。

载体上有数千个让废气通过的细小孔道。陶瓷载体或金属载体的这些通道内壁上涂有空隙率极高的中间涂层，从而使催化转化剂的实际表面积增加了约 7000 倍。催化活性涂层附着在中间层上。催化活性涂层的材料取决于形成的污染物的成分。污染物的成分随发动机的原理和有关的混合气组分而变化。

3. 排气管

排气管安装于发动机排气歧管和消声器之间，使整个排气系统呈挠性连接，从而起到减振降噪、方便安装和延长排气消声系统寿命的作用。排气管制作的材料也由最初铁材料、镀锌材料，慢慢地过渡到现在使用的不锈钢材料。目前市场上出售的排气管大多数是由不锈钢制成的。

4. 排气系统共振和回压

（1）共振

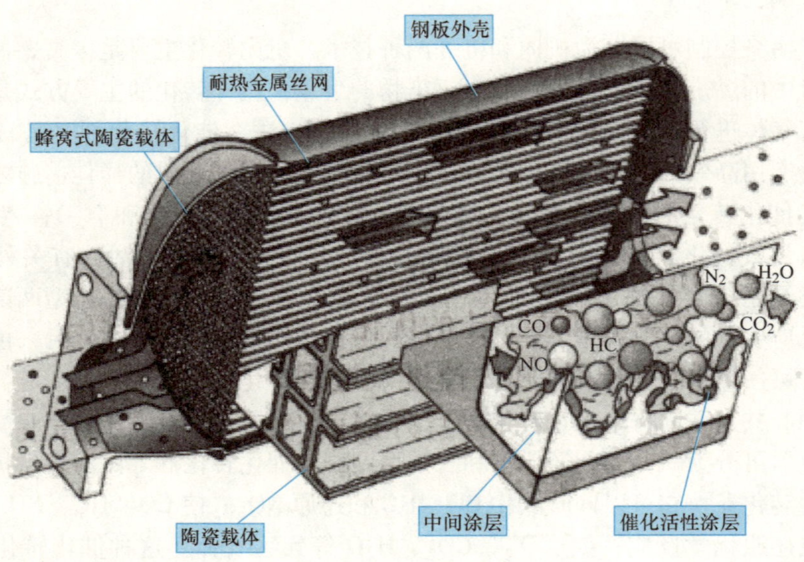

图2 陶瓷载体催化转化器的结构与原理

排气系统共振分为两种，一种是声音上的共振（也叫共鸣）；另一种是振动上的共振。首先来讲振动上的共振，排气系统的振动是由发动机运转产生的振动引起的，通常在三元催化转化器之后和排气中段之前安装波纹管（图3）来降低传递到中尾段的振动，这种波纹管相当于一个弹簧减振系统。经过合理设计的波纹管可以衰减大部分沿排气管传播的振动，但仍有部分剩余的振动将继续沿排气管传播。

3 波纹管

任何物体都有固定的振动频率，排气系统也不例外。除此之外，物体每个部位的振动大小也是有规律的，有些地方振动量始终很小，有些地方振动量始终很大。如果将排气挂钩安装在这些振动量始终很大的地方，如果经波纹管衰减后振动的频率和排气管的固有频率也正好吻合，那么振动将被放大且通过挂钩带动底板振动，车内人员将感觉到明显的底板振动，同时底板振动也会产生声音，这将加剧车内人员的不舒适感（图4）。排气改装中常采用原厂挂钩位置进行安装，这样是不是就可以避免振动量始终很大的地方呢？不一定，因为原厂的连接管管径、消声器大小和尾管在改装过程中都发生了变化，整个排气系统的固有频率和振动量大小的位置也发生了变化，选择原厂位安装挂钩只是为安装提供了便利。为了避免排气管的振动共振，最有效的办法是对挂钩结构、位置和波纹管进行优化，以尽可能降低发动机传递的振动和避开振动量大的地方。

振动分布图

振动传播的介质是固体结构，振动共振是发动机的振动和排气管的结构固有特性相吻合导致的。类似地，排气声浪传播的介质是空气，那么声音的共振就是发动机的排气声浪与排气系统中的空气固有特性相吻合导致的。排气声浪在传播过程中会在排气系统内形成驻波，与振动在排气系统不同位置振动量大小存在差别一样，因为驻波的存在，声音在排气系统内的大小也因位置不同而存在差异，通常在消声器内部管路断开处都是声音的最低点，声音最高点的个数和位置则因声音频率的不同而不同。如驻波 1 的声音最高点在两个消声器的中间，而驻波 2 存在两个声音最高点，说明驻波 2 的频率是驻波 1 的两倍。当发动机的排气声浪频率和连接管驻波的频率吻合时，就产生了声音的共振（图 5）。共振声从排气尾管传播出来进入车厢，如果和车厢的固有频率也正好吻合，那么共振声会被再次放大，这将影响汽车的舒适性。

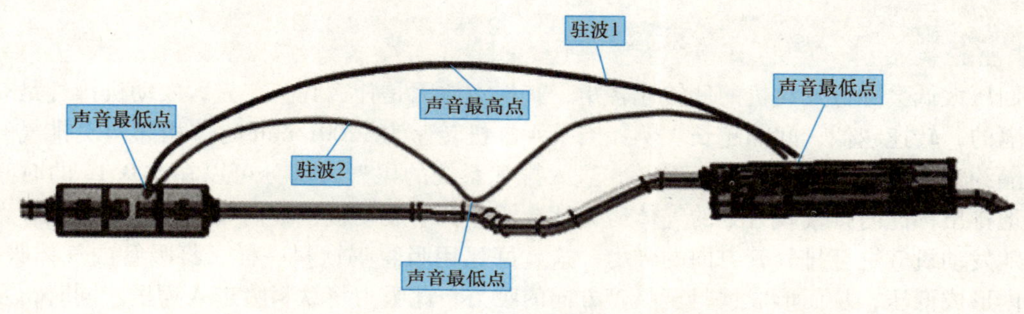

图 5 排气共振

对于幅度较小的声音共振，通常不需要采取特殊的措施，而对于幅度较大的声音共振，则需要通过专业软件进行计算来设计共振器以降低声音共振。

（2）回压

回压就是用来衡量尾气排出阻力的指标。与水流在水管中流动会受到阻力的道理相同，由于排气系统歧管、连接管、消声器等壁面并不是完全光滑，存在微小的凹凸，因此尾气在排气系统高速流动（180~200m/s）的过程中会与这些微小的凹凸产生摩擦，也即对尾气排出产生了阻力。同时，连接管弯曲、连接管与消声器、三元催化转化器截面不连续等原因也会对高速流动的尾气产生阻力。所有这些阻力的衡量指标，统称为回压（或称背压、压力损失），回压的常用单位为 kPa（表 1）。排气温度越高或连接管管径越小，尾气的流速就会越高，这些阻力也会越大，因而回压也越大。

表 1 排气管形状与回压

尾气	结构	形状	回压/kPa
流量：600kg/h 温度：500°C	管径50mm，1m长直管		2.9
	管径70mm，1m长直管		0.6
	管径50mm，包含1个90°弯管，管路总长1m		3.9
	管径50mm，包含1个管径为200mm，长度为500mm的粗管，管路总长1m		13.1
流量：600kg/h 温度：800°C	管径50mm，1m长直管		4.2

回压太低会降低发动机的低转速转矩，其根本原因是什么呢？首先，发动机排气是有时间间隔的，转速越低，间隔越长。例如当某4缸机转速为1200r/min时，相邻两次排气的时间间隔约为0.1s。如果排气回压过小，进入排气系统的尾气大部分可以在这0.1s的时间内顺畅地排出，此时排气歧管处的气体压力就会明显低于发动机气缸内气压，而气压差导致产生了从发动机气缸至排气管方向的吸力。这就好比用吸管喝饮料一样，将吸管内气体吸掉，吸管内形成低压，从而形成饮料至吸管方向的吸力，此吸力将饮料吸进入嘴里。同时，发动机的进排气过程在时间上是有重叠的，也就是排气门还未关闭，进气门已经打开，部分进入发动机气缸的燃油混合气被气压差吸力从排气门随尾气一起进入排气系统排掉，这部分燃油损耗直接导致了发动机低速转矩降低。

被动阀门和主动阀门控制回压，低转速高，高转速回压低（图6）。被动阀阀门不需要额外的电源进行驱动，一般安装在消声器内部或中尾端的连接管上，它主要由一个弹簧和一个挡片组成。当发动机转速低时，排气气流较小，不足以克服弹簧的拉力将挡片吹起来，排气系统被挡片堵住，所以回压变大。当发动机转速高时，排气气流很大，足以将挡片吹起来，这时排气管完全打开，回压较低，因此保证了发动机的功率输出。主动阀门需要额外的电源进行驱动，一般安装在尾管上，按驱动方式不同分为电动阀和气动阀。电动阀由电动机驱动，气动阀由真空泵驱动。和被动阀类似，在发动机转速低时，阀门关闭以提高回压，在发动机转速高时，阀门被打开以降低回压。相对被动阀，主动阀在发动机高转速时回压更低，因为阀门的打开能量由蓄电池提供，不会造成发动机功率损耗，而被动阀需要发动机提供一部分能量来克服弹簧的拉力，但是这部分能量非常小，可以忽略不计。

旋转木马法互学

教师活动 教师给学生分成旋转木马小组，提出要求让学生进行旋转木马互相讲述。

学生活动 学生按照教师要求进行旋转木马讲述。（20min）

小组合作整理笔记

教师活动 教师要求学生回到原始学习小组，整理关键内容到笔记本上。

学生活动 学生回到原始学习小组，经过讨论把关键内容整理到笔记本上。（10min）

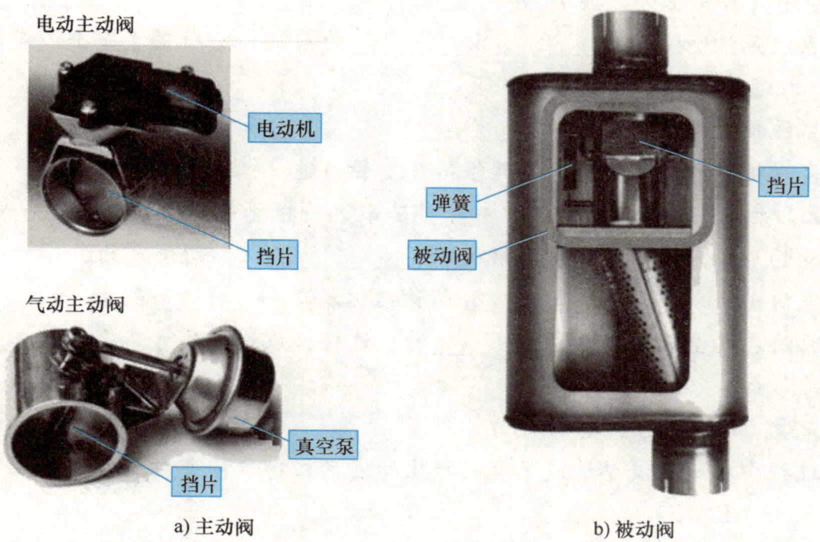

a) 主动阀 b) 被动阀

图 6 主动阀和被动阀

完成 2.3.3.1 理论测试

教师活动 教师要求学生独立完成 2.3.3.1 理论测试，不允许查阅任何资料。

学生活动 学生安静独立地在系统上完成 2.3.3.1 理论测试并提交，不能查阅任何资料。(20min)

2.3.3.1 理论测试

2.3.3.1 理论测试

学校名称		任课教师	
班级		学生姓名	
学习领域	L2 机械组件与系统检查拆换		
学习情境	LS2.3：底板上发出随转速变化的隆隆声或响亮的排气声		
理论学习内容	排气系统的作用、组成及工作原理	学习时间	5h

一、填空题（每空 1 分，共 13 分）

1. 排气系统是控制汽车的________和________的系统，它布置于整个汽车之下，与发动机________相连，悬挂于车身地板之下。

2. 排气系统按结构要求又可分：________、________和________。

3. 有的发动机有两根排气支管，两根排气支管通过一根叉型管将两根排气支管连接到一根排气管上，共用一个催化转化器、一个消声器、一根排气尾管，所以还是叫________。

4. 排气管的形式是最终根据发动机的________、________所决定的。

5. 排气系统由________、________（简称催化器）和________组成。

6. 排气系统在其全长上必须是________的，这样，燃烧气体才不会进入车内，消声过程才不会受到影响。

二、单选题（每题 2 分，共 10 分）

1. 消声过程中对废气流动造成干扰而产生的发动机功率损失应尽可能（　　）。

A. 大　　　B. 小

2. 由于暴露在外面会受到气候的影响，在冬天还会受到融雪剂的作用，在整个排气系统上会出现外部（　　）。

A. 裂纹　　　B. 腐蚀　　　C. 鼓包　　　D. 断裂

3. 通常，消声器采用（　　）层结构。

A. 1　　　B. 2　　　C. 3　　　D. 4

4. 下列不属于催化转化器类型的是（　　）。

A. 氧化型　　　B. 还原型　　　C. 催化型　　　D. 三元型

5. 排气管制作的材料也由最初的铁的、镀锌的，慢慢地过渡到今天使用的（　　）。

A. 铜　　　B. 铝合金　　　C. 不锈钢　　　D. 银

三、判断题（每题 2 分，共 16 分）

1. 国家对汽车排放要求程度不同而设计出不同的排气系统，越到后面排气系统对排放控制越严格，系统也就越复杂。（　　）

2. 在排气系统上游温度较高的部位，燃烧气体冷凝（水、亚硫酸）会导致排气系统内部腐蚀。（　　）

3. 排气系统的上游零部件由于要处于高温工作条件，所以主要用变形小、不结垢，并且耐高温腐蚀的不锈钢制成。（　　）

4. 一般排量大的汽车排气管也就多。（　　）

5. 制造厂对消声器的结构与布置以及连接管的长度和横截面都要相互匹配。（　　）

6. 波动是振动产生的根源，振动是波动的传播过程。（　　）

7. 噪声的主观评价是通过人耳的听觉感受来对声音进行描述。（　　）

8. 消声器一般包括从消声器进气口开始的整个消声器部件，包括发动机排气歧管和排气管。

（　　）

教学方法：工作站法

3.3　排气管总成的检修及拆装

工作站学习完成工作页

教师活动　教师提供实验车型的维修手册等资料和工作站，提供2.3.3.3～2.3.3.4信息页，要求学生完成工作页2.3.3.3～2.3.3.4和实际操作，教师对各工作站进行巡视和指导。

学生活动　学生根据教师要求，查阅2.3.3.3～2.3.3.4信息页，完成工作站的学习内容和实操内容。(60min)

2.3.3.3　信息页

2.3.3.3　信息页

学校名称		任课教师		
班级		学生姓名		
学习领域	L2 机械组件与系统检查拆换			
学习情境	LS2.3：底板上发出随转速变化的隆隆声或响亮的排气声	学习时间	50min	
工作任务	C：排气管总成的连接方式及焊接技术	学习地点	理实一体化教室	

连接就是将两个或更多的工件相互连在一起，在接合处形成了结合强度。根据要求的性能，诸如焊接连接、胶粘连接、铆钉连接、螺纹连接、花键连接和涂覆这样的连接在汽车上都得到了应用。

1. 螺纹连接

螺纹连接通常是可拆卸的摩擦连接，然而，其中有些又属于键销连接。螺纹连接所用的螺栓和螺钉其头部和螺栓体的外形有很大不同。螺纹连接件的最小旋入深度必须考虑能确保传递连接作用力。

螺栓、螺母的主要类型如图1～图3所示。

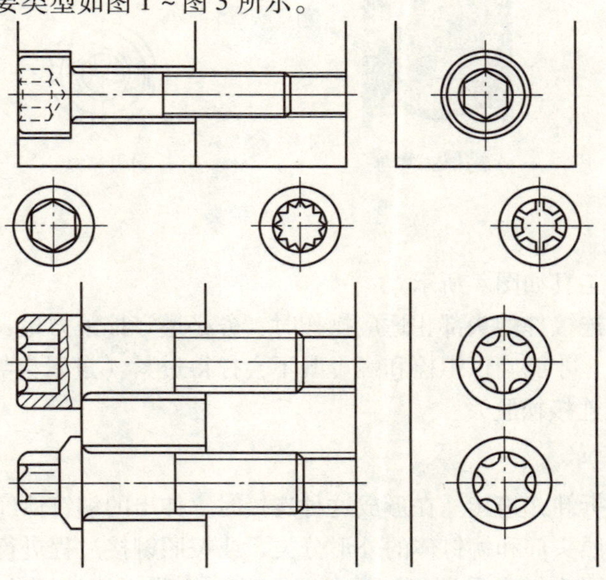

图1　螺栓头带有凹坑的螺栓和TORX头螺栓

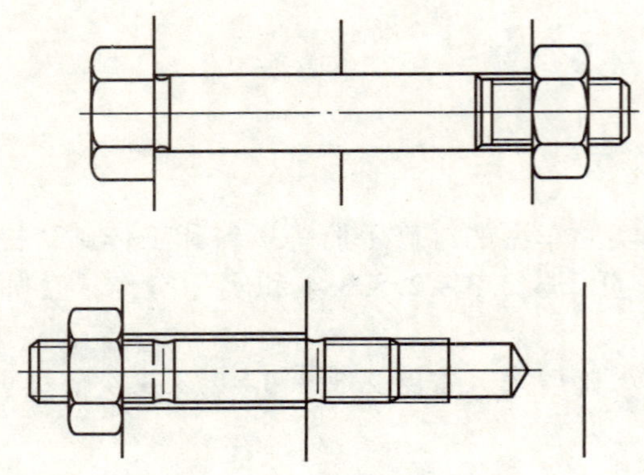

图 2 六角头贯穿螺栓和拉近螺栓的六角头螺栓

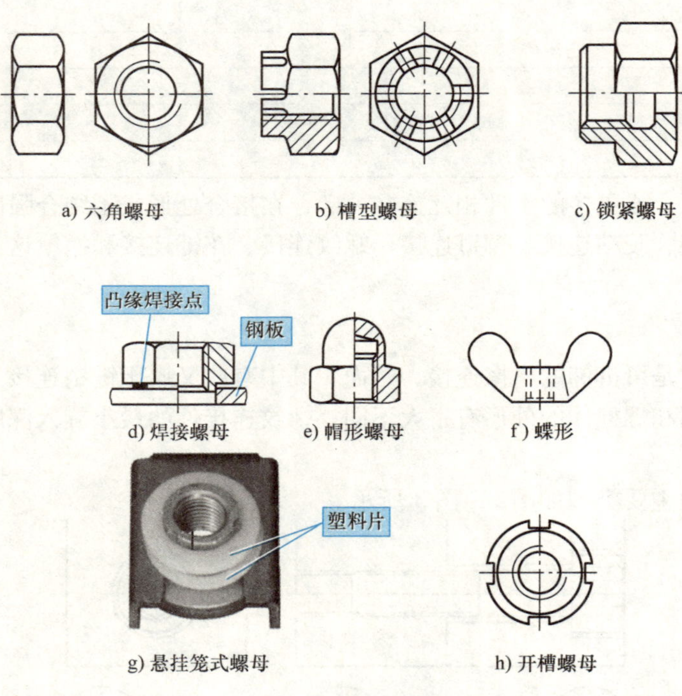

图 3 螺母的种类

螺纹连接件拆装工具如图 4 所示。

扳手必须与螺纹连接件的头部相适应操作时，务必遵守拧紧力矩表或制造商说明书中所列的拧紧力矩。这样，才能确保螺栓和螺母既不会拧得过紧（过紧会导致损坏），又不会过松（没有拧紧会导致连接松脱）。

2. 铆钉连接

铆钉连接是不可拆卸式连接。在形成这种连接时，伸出的铆钉体经过墩粗，即形成铆钉头而成形铆钉可以按照头部和铆钉体的外形分类，或按照铆接过程进行分类。铆钉连接适用于轻合金结构，这是因为如果采用焊接连接的方法，会降低沉淀硬化铝合金的强度。奥迪

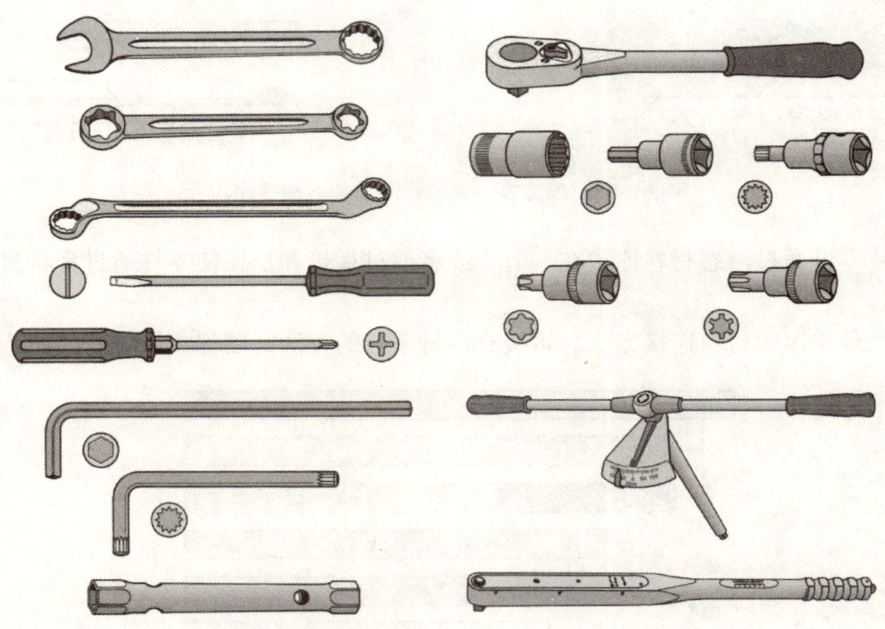

图 4　螺纹连接拆装工具

A2 轿车的铝合金车身上使用了多达 1800 个铆钉。

铆接过程将所用铆钉的铆钉头放在固定撑条上。用铆钉安装：先将零件压到一起铆钉体被墩粗并被修整成锥形，然后用铆接模来成形铆钉上头。为了形成铆钉头，伸出的铆钉端必须具有一定的长度，例如，对于铆钉体直径为 4mm 的空心铆钉，该长度为 3mm。铆接完成后的铆钉由铆钉头、铆钉体和铆钉上头组成。如图 5 所示。

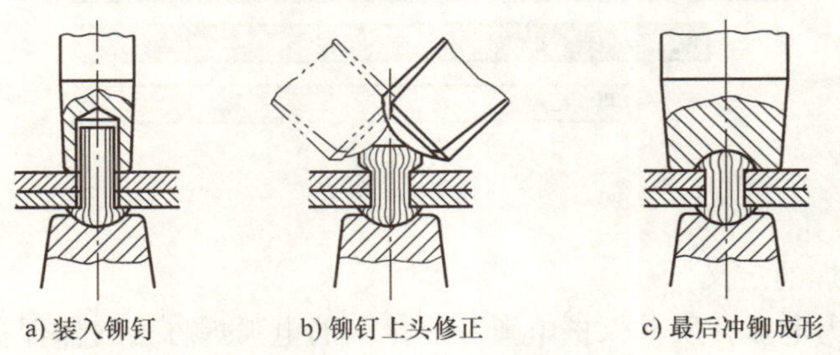

图 5　铆接过程

3. 焊接

钎焊是利用熔化的填充金属（钎料）对金属零件进行的材料连接。零件保持固态，钎料的熔化温度低于被焊接的零件的熔化温度。将焊接表面加热到焊接温度，焊接表面施加的钎料熔化。在焊接过程中，钎料应该摊开并在较大的面积上润湿焊接表面。这样，钎料才会渗入边界层，并与焊接表面材料融合成合金。为此，焊接表面必须清洁，无氧化层，并且焊接表面间隙要小。如图 6 所示。

熔接是一种不可拆的、通常采用与母材相同材料的材料连接方法通过在连接处进行加

图 6　润湿焊接表面和焊接间隙的毛细管作用

热，从而使零件通过液态材料连接在一起，或者通过加热和加压使零件通过膏状材料连接到一起。

熔接是最常用的材料连接方法。熔接有两种不同的方法：熔焊和压焊，如图 7 所示。

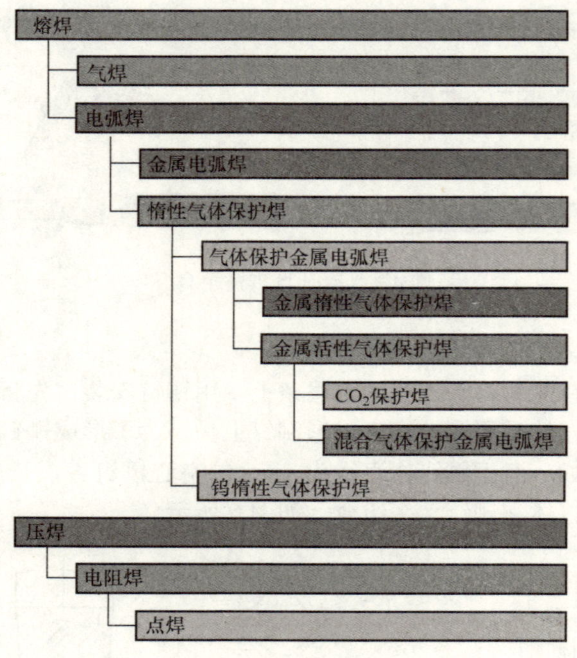

图 7　熔接方法的分类

（1）气体保护焊的定义

用外加气体作为电弧介质并保护电弧和焊接区的电弧焊称为气体保护电弧焊，简称气体保护焊。

常用的保护气体：二氧化碳 CO_2、氩 Ar、氦（He）。

（2）CO_2 气体保护焊的原理

CO_2 气体保护电弧焊是使用焊丝来代替焊条，经送丝轮通过送丝软管送到焊枪，经导电嘴导电，在 CO_2 气氛中，与母材之间产生电弧，靠电弧热量进行焊接。

CO_2 气体在工作时通过焊枪喷嘴，沿焊丝周围喷射出来，在电弧周围造成局部的气体保护层使熔滴、熔池与空气机械地隔离开来，从而保护焊接过程稳定持续地进行，并获得优质的焊缝。

（3）CO_2 气体保护焊的特点

1）优点：

① 生产效率高，节省电能。CO_2 气体保护焊的电流密度大，一般为 100～300A/mm^2，因此电弧热量集中，焊丝的熔化效率高，母材的熔透厚度大，焊接速度快，同时焊后不需要清渣，所以能够显著提高效率，节省电能。

② 焊接成本低。由于 CO_2 气体和焊丝的价格低廉，对于焊前的生产准备要求不高，焊后清理和校正工时少，所以成本低。

③ 焊接变形小。由于电弧热量集中、线能量低和 CO_2 气体具有较强的冷却作用，使焊件受热面积小。特别是焊接薄板时，变形很小。

④ 对油、锈产生气孔的敏感性较低。

⑤ 焊缝中含氢量少，所以提高了焊接低合金高钢抗冷裂纹的能力。

⑥ 熔滴采用短路过渡时用于立焊、仰焊和全位置焊接。

⑦ 电弧可见性好，有利于观察，焊丝能准确对准焊接线，尤其是在半自动焊时可以较容易地实现短焊缝和曲线焊缝的焊接工作。

⑧ 操作简单，容易掌握。

⑨ 绿色环保，CO_2 来自可再生资源。

2）缺点：

① 与手弧焊相比设备较复杂，易出现故障，要求具有较高的维护设备的技术能力。

② 抗风能力差，给室外焊接作业带来一定困难。

③ 弧光较强，必须注意劳动保护。

④ 与手弧焊和埋弧焊相比，焊缝成形不够美观，焊接飞溅较大。

（4）CO_2 气体保护焊参数的调节

1）焊接电源的极性。在惰性气体保护焊接中，电源的极性对于确定工件的熔深起着重要作用。用于惰性气体保护焊的直流电源一般为直流反向极性，即焊丝为正极，工件为负极采用这种连接时，焊接熔深最大。

2）焊接电流。焊接电流的大小会影响母材的焊接熔深、焊丝的熔化速度、电弧的稳定性和焊接溅出物的数量。电流强度增加，焊接熔深，剩余金属的高度和焊缝的宽度也会增大。

3）焊接电压。高质量的焊接有赖于适当的电弧长度，而电弧长度是由电弧电压决定的，当电弧电压调整到适当的数值时，在焊接部位将连续发出轻微的嘶嘶声。

焊接电压过高，电弧长度增大，焊接熔深减少，焊缝呈扁平状。

焊接电压过低，电弧长度减少，焊接熔深增加，焊缝呈狭窄的圆拱状。

4）导电嘴到工件的距离。导电嘴到工件的距离是获得高质量焊接的一项重要因素。标准的距离为 7～15mm。

如果导电嘴到工件的距离过大，从焊枪端部伸出的焊丝长度增加而产生预热，就加快了焊丝熔化的速度，保护气体所起的作用也会减少。如果导电嘴到工件的距离过小，将难以进行焊接，并会烧毁导电嘴。

（5）基本的焊接方法有以下六种。

1）对接焊：是将两个相邻的金属板边缘安装在一起，沿着两个金属板相互配合或对接的边缘进行焊接的一种方法（图 8）。

在进行对接焊时（尤其是焊薄板），注意每次焊接的长度不要超过20mm，要密切注意金属般的熔化、焊丝和焊缝的连续性，同时要注意焊丝的端部不可偏离金属般的对接处。

如果焊缝较长，最好在金属板上若干处进行定位焊，以防止金属板变形。

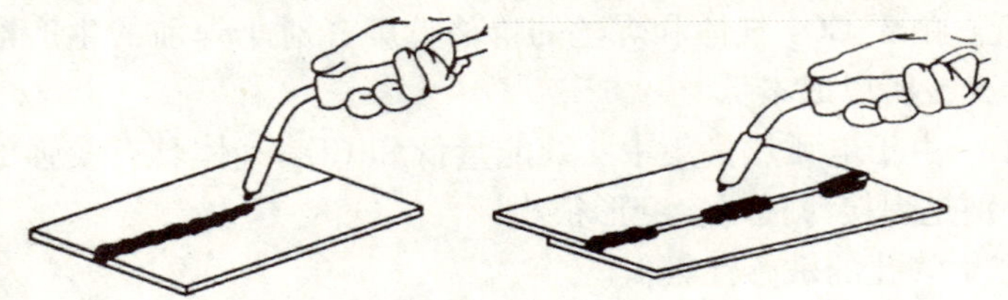

图8 对接焊和分段焊接

2）分段焊接：焊接时，应当使某一段区域的对接焊能够自然冷却，然后再进行下一区域的焊接。

在焊接金属薄板时，如果薄板厚度为0.8mm或更薄，必须采用不连续的焊接，以防止板件烧穿。适当保持焊炬角度，并按照正确的顺序操作，可获得高质量的焊缝。

当焊炬移动过快或过慢时，焊接质量都会下降。焊接速度过慢，将会造成熔穿；焊接速度过快，会使熔深变浅而降低焊接强度。从金属的边缘处或靠近边缘处的地方开始焊接，金属板件仍会产生弯曲变形。因此，为了防止金属板弯曲，应从母材中心处开始焊接，并经常改变焊接的位置，以便热量均匀地扩散到母材金属中去。

3）搭接焊或凸缘焊：搭接焊或凸缘焊所采用的方法相同，都是在需要连续的几个相互重叠的金属板上表面的棱边处将两个表面熔化，这与对接焊相类似，所不同的是其上表面有一个棱边。

搭接焊或凸缘焊只能用于修理原先在制造厂进行过这种焊接的地方，或用于修理外板和非结构性金属板。当金属板多于两层，不可采用这种焊接。

焊接时不能进行连续焊接，应按照能使焊接部位自然冷却并防止温度上升的顺序进行焊接。

4）塞焊：在修理厂，一般使用塞焊代替电阻电焊。因为塞焊可在车身原电阻电焊处进行焊接，它的应用不受限制。

塞焊具有足够的强度来承受各种结构的焊接载荷，还可应用于装饰性物体的外壳和其他金属薄板。

5）点焊：现在大多数用于汽车修理的气体保护焊机有内部定时器，在经过一次点焊所需时间后，便切断送丝装置并关闭电弧（图9）。

图9 连续焊、塞焊、点焊

在焊接各种薄型的非结构类金属板和外壳上的搭接缝合凸缘时，气体保护点焊是一种最常用的快速有效的方法。

6）连续电焊：气体保护连续电焊使用一般的喷嘴。进行电焊时，要将点焊的方法与连续焊的焊炬操作和运行方法结合起来。

（6）焊接检验

1）对接焊焊疤的目测标准。

焊疤最短长度为 25mm；焊疤最长长度为 38mm；焊疤最小宽度为 5mm；焊疤最大宽度为 10mm；金属穿透宽度为 0 ~5mm；对接焊焊片夹缝是金属板厚度的 2 ~3 倍。

2）塞焊焊疤的目测标准。

焊疤最小直径为 9mm；焊疤最大直径为 12mm；金属穿透宽度为 0 ~9mm；不得有超过 3mm 的焊接缺陷或焊渣。

3）所有焊件焊接缺陷的目测标准。

焊件正面焊接最大宽度为 3mm；金属最大穿透宽度为 1 ~1. 5mm。

4）焊接和对接焊和焊疤破坏性试验检测标准。

搭焊被撕裂的一片金属上必须有与焊疤长度相等的一个孔；对接焊上面一片金属必须有与焊疤长度相等的一个孔。

2. 3. 3. 4 信息页

2. 3. 3. 4 信息页

学校名称			任课教师	
班级			学生姓名	
学习领域	L2 机械组件与系统检查拆换			
学习情境	LS2. 3：底板上发出随转速变化的隆隆声或响亮的排气声	学习时间		50min
工作任务	D：排气管总成的检修及拆装	学习地点		理实一体化教室

1. 拆卸排气管总成：

1）打开发动机舱盖。

2）分离前氧传感器连接器。

3）拆卸前消声器和支架（图 1）。

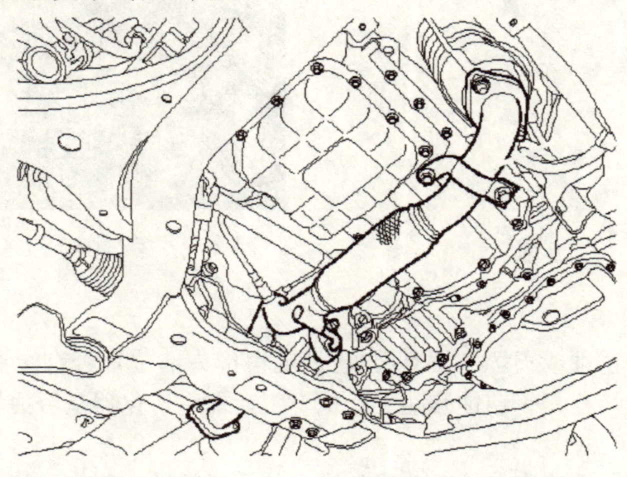

图 1 拆卸前消声器和支架

4）拆卸中央消声器（图2）。

5）拆卸主消声器（图3）。

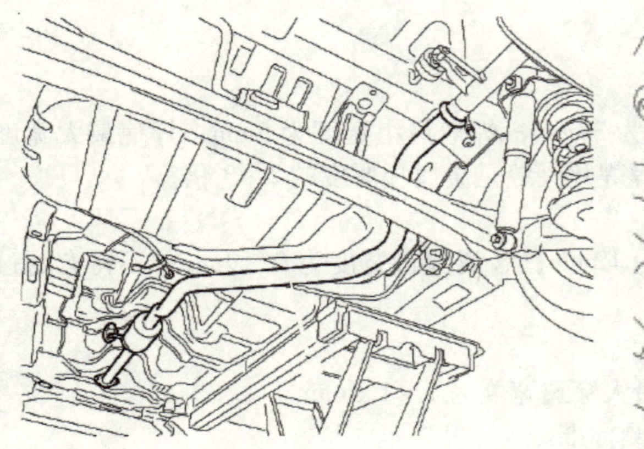

图2 拆卸中央消声器

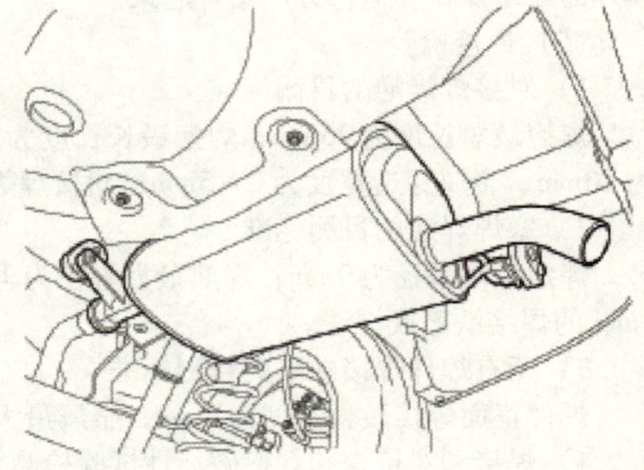

图3 拆卸主消声器

6）在中间消声器和主消声器之间安装卡子。

① 对正中间消声器和主消声器上的标记（图4）。

② 安装位置 A 必须高于两标记实际标记的高度线。

2. 排气系统检查

（1）检查安装情况

检查排气管连接处是否损坏检查其支架上的橡胶吊耳是否脱落或损坏（图5）。

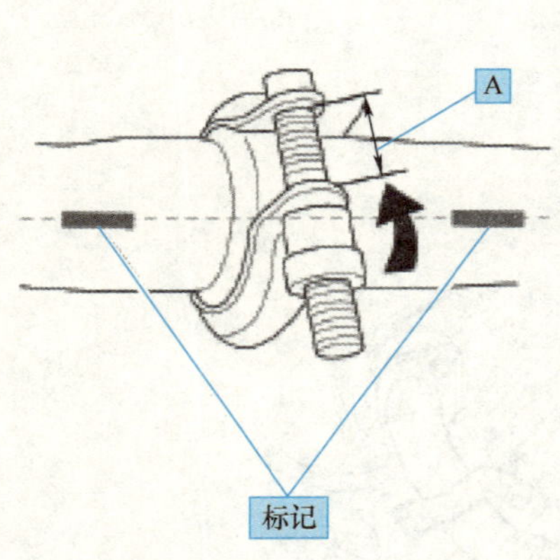

图4 对正标记

图5 排气管安装检查

（2）外观检查

检查排气管是否锈蚀或损坏（图6），通过观察接头部位是否有炭黑，检查排气管连接处是否漏气，检查消声器是否锈蚀和漏气，检查三元催化转化器是否损坏。

（3）静态检查

发动机运转前排气管检查，检查并确认排气歧管衬垫处、前排气管总成及衬垫、前氧传感器连接处等各点（排气管连接部分和传感器安装位置）是否有废气泄漏痕迹。检查并确认前排气管总成、后氧传感器连接处等各点、中央排气管总成及前后衬垫、排气尾管总成是否有排气泄漏痕迹。

在检查排气系统泄漏状况时，必须戴手套和护目镜。

（4）动态检查

发动机运转时检查排气泄漏状态，检查并确认排气歧管衬垫处、前排气管总成及衬垫、前氧传感器连接处等各点（排气管连接部分和传感器安装位置）是否有废气泄漏痕迹。检查并确认前排气管总成、后氧传感器连接处等各点、中央排气管总成及前后衬垫、排气尾管总成是否有排气泄漏痕迹。

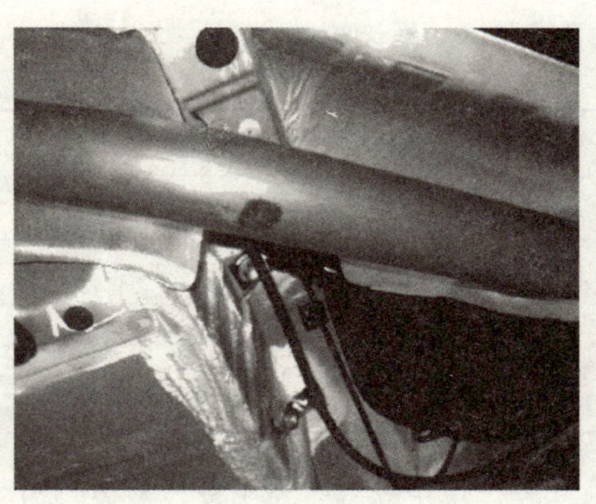

图 6　排气管外观检查

采用仔细倾听和手感检查相结合的方法，对排气系统接合密封部位进行检查，如果存在泄漏则进行标记。

在检查排气系统泄漏状况时，必须戴手套和护目镜。

检查时双手应与排气系统保持一定距离，防止烫伤和触及旋转部件。

如果存在排气泄漏，佩戴的保护手套将明显感到冲击，此部位应是泄漏点。

轮换工作站学习

教师活动　教师组织学生轮换工作站进行小组学习。

学生活动　学生轮换工作站进行小组学习。（240min）

小组合作制作综合海报

教师活动　教师要求每个小组完成一张思维导图的总海报。

学生活动　学生分组完成一张总海报。（60min）

展示讲述综合海报

教师活动　教师选出一个小组来介绍讲解总海报内容，教师进行评价。

学生活动　被选出的小组展示讲述本组绘制的总海报内容，其他组学生提出疑问、建议。（30min）

完成 2. 3. 3. 2　理论测试

教师活动　教师要求学生独立完成 2. 3. 3. 2 理论测试，不允许查阅任何资料。

学生活动　学生安静独立地在系统上完成 2. 3. 3. 2 理论测试并提交，不能查阅任何资料。（20min）

2.3.3.2　理论测试

2.3.3.2　理论测试

学校名称		任课教师	
班级		学生姓名	
学习领域	L2 机械组件与系统检查拆换		
学习情境	LS2.3：底板上发出随转速变化的隆隆声或响亮的排气声		
理论学习内容	排气管总成的检修及拆装	学习时间	5h

一、填空题（每空1分，共20分）

1. 连接就是将两个或更多的工件相互连在一起，这样在接合处形成了结合强度。根据要求的性能，诸如________、________、________、________、________和________这样的连接在汽车上都得到了应用。

2. 螺纹连接通常是________的________，然而，其中有些又属于________。

3. 铆钉连接是________式连接。

4. 钎焊是利用________的填充金属（钎料）对金属零件进行的材料连接。

5. 熔接是最常用的材料连接方法。熔接有两种不同的方法：________和________。

6. 用外加气体作为电弧介质并保护电弧和焊接区的电弧焊称为气体保护电弧焊，简称________。

7. 检查安装情况，检查排气管________处是否有损坏；检查其支架上的________是否有脱落或损坏。

8. 检查排气管是否锈蚀或损坏，通过观察接头部位是否有________，检查排气管连接处是否________；检查消声器是否________和________；检查三元催化转化器是否损坏。

二、单选题（每题2分，共10分）

1. 扳手必须与螺纹连接件的头部相适应，操作时务必依据拧紧力矩表或制造商说明书中所列的（　　）。

A. 拧紧力矩　　B. 拧紧角度　　C. 拧紧工具　　D. 拧紧步骤

2. 熔接是一种（　　）的、通常采用与母材相同材料的材料连接方法通过在连接处进行加热，从而使零件通过液态材料连接在一起，或者通过加热和加压使零件通过膏状材料连接到一起。

A. 不可拆卸　　B. 可拆卸

3. 下列不属于气体保护焊的常用气体（　　）。

A. 二氧化碳（CO_2）　B. 氩（Ar）　　C. 氦（He）　　D. 氧（O_2）

4. 对接焊焊疤最短长度为（　　）mm，焊疤最长长度为38mm。

A. 20　　B. 25　　C. 30　　D. 35

5. 焊疤最小直径为（　　）mm，焊疤最大直径为12mm。

A. 7　　B. 8　　C. 9　　D. 10

三、判断题（每题2分，共16分）

1. 螺纹连接件的最小旋入深度必须考虑能确保传递连接作用力。（ ）

2. 在焊接过程中，钎料应该摊开并在较大的面积上润湿焊接表面。（ ）

3. 分段焊接焊接时，应当使某一段区域的对接焊能够自然冷却，然后再进行下一区域的焊接。（ ）

4. 塞焊具有足够的强度来承受各种结构的焊接载荷，不可用于装饰性物体的外壳和其他金属薄板上。（ ）

5. 焊接和对接焊，金属穿透宽度为0～5mm，对接焊焊片夹缝是金属板厚度的3～4倍。（ ）

6. 焊件正面焊接最大宽度为3mm，金属最大穿透宽度为1～1.5mm。（ ）

7. 在检查排气系统泄漏状况时，必须戴手套和护目镜。（ ）

8. 采用仔细倾听和手感检查相结合的方法，对排气系统接合密封部位进行检查，如果存在泄漏则进行标记。（ ）

9. 检查排气系统时，双手应接触排气系统。（ ）

10. 如果存在排气泄漏，佩戴的保护手套将明显感到冲击，此部位应是泄漏点。（ ）

提交理论学习阶段的评价表

教师活动 教师要求学生对理论学习阶段2.3.3.1评价表进行自我评价。

学生活动 学生按照教师的要求对自己在理论学习阶段的表现进行自评，客观真实。

2.3.3.1 理论学习评价表

参与本项目的教师具体见Moodle系统，未参与本项目的教师可以根据实际情况自行制订。

2.3.4 任务计划：制订排气系统总成检修和更换工作计划

独立查阅信息

教师活动 教师提供实验车型的维修手册。

学生活动 学生独立查阅教师提供的维修手册，提炼整理关键信息。(20min)

小组制作工作计划海报

教师活动 教师要求学生小组合作制作“排气管总成检修和更换”工作计划海报，把每一步的细节和注意事项写出来，包括为什么干、怎么干、安全、环保、工具、时间、成本、注意事项、检测标准等。

学生活动 学生分组讨论，小组合作完成工作计划海报。(40min)

2.3.4.1 工作计划海报

见附录。

展示讲述工作计划海报

教师活动 教师选出一个组来介绍讲解海报内容，教师进行评价。

学生活动 被选出的小组展示讲述本组学习成果，其他组学生提出疑问、建议。(40min)

修改工作计划海报

教师活动 教师强调修改工作计划时注意：安全、环保、规范、时间及成本控制意识的训练。

学生活动 每个小组根据教师意见认真改进本组海报。(20min)

提交任务计划阶段的评价表

教师活动 教师提供任务计划阶段的评价表，指定组间评价顺序，保证每个小组都被评价。要求学生将2.3.4.2评价表以小组形式提交到系统。

学生活动 每个组对老师指定的小组进行评价，合作填写2.3.4.2评价表，小组提交到系统。

2.3.4.2 任务计划评价表

参与本项目的教师具体见Moodle系统，未参与本项目的教师可以根据实际情况自行制订。

2.3.5 任务决策：与师傅和客户沟通工作计划

独立完成任务决策表

教师活动 教师发放2.3.5.1任务决策表要求学生安静地独立完成。

学生活动 学生独立按照任务决策的关键要素完成2.3.5.1任务决策表。(20min)

2.3.5.1 任务决策表

2.3.5.1 任务决策表

决策类型	决策方案
与师傅决策	请站在厂商的角度，和师傅沟通任务计划实施的可能性。(包括：工作任务的时间控制和成本控制，工作步骤的正确性、规范性和合理性，工作过程的安全性和环保性，考虑厂商的经济效益和工作效率等，并记录决策结果与师傅的建议)

（续）

决策类型	决策方案
与客户决策	请站在客户的角度，和客户沟通任务计划实施的可能性。（包括：是否有几种可能供客户选择？某些项目做或不做？现在做还是未来做？考虑客户的成本控制、时间控制、安全性、环保性、美观性和便利性等，并记录决策结果与客户的意见）

实战演习任务决策

教师活动 教师选出一个学生代表（这个学生是以往决策出现问题较大的）和自己进行任务决策，及时担任师傅和客户双重角色。

学生活动 被选出的学生与教师进行决策对话，其他学生观察，并进行口头评价、补充、改进。（20min）

提交确认任务决策

学生活动 每个学生修改自己的任务决策方案表格，提交到系统。（20min）

教师活动 教师对每个学生制订的任务决策方案进行确认，并将确认信息从系统发给学生。

提交任务决策阶段的评价表

教师活动 教师要求学生对任务决策阶段 2.3.5.2 评价表进行自我评价。

学生活动 学生按照教师的要求对自己在任务决策阶段的表现进行自评，客观真实。

2.3.5.2 任务决策评价表

参与本项目的教师具体见 Moodle 系统，未参与本项目的教师可以根据实际情况自行制订。

2.3.6 任务实施：使用设备进行实车拆装检测

示范操作

教师活动 教师亲自示范操作，或者播放相关视频（操作内容是：从接车确认开始，按照诊断思路进行排气管总成检修和更换工作）。

学生活动 学生观察教师的示范动作，或观察视频中的示范动作。

操作实施

教师活动 教师将学生分组，并要求每组学生分工明确，严格强调安全和事故预防要求等。实施过程中教师进行巡视指导。

学生活动 学生分为4组，分工操作。每组每次安排2名学生操作，所有学生轮流，每个学生都要完成一次操作。当2名学生进行操作时，另外安排2名学生分别对其进行评价，填写2.3.6.1评价表，1名学生拍视频，1~2名学生监督记录，1~2名学生查阅手册改进计划。(4h)

提交任务实施阶段的评价表和视频

教师活动 教师要求学生对任务实施阶段2.3.6.1评价表进行自我评价，并提交任务实施阶段录制的所有视频资料。

学生活动 学生按照教师的要求对自己在任务实施阶段的表现进行自评，需客观真实。

负责拍摄的学生将视频整理提交到系统，负责评价的学生将2.3.6.1评价表提交到系统。

2.3.6.1 任务实施评价表

参与本项目的教师具体见 Moodle 系统，未参与本项目的教师可以根据实际情况自行制订。

2.3.7 任务检查：5S 与检查工作结果

任务检查和5S

教师活动 教师提供2.3.7.1任务检查流程。要求学生分组，小组合作完成任务检查及5S，在2.3.7.1任务检查单上标注。教师要求学生小组成员对工作过程和工作计划进行监督和评估，记录优缺点及改进建议，并口头表达。教师要重点引导学生对队友的支持性意见的表达，并训练学生接纳他人建议。

学生活动 学生分组，小组合作完成任务检查及5S，在2.3.7.1任务检查单上标注。(20min)

学生按照教师规定严格监督和控制其他成员的工作过程并友善提出改进建议。(10min)

2.3.7.1　任务检查单

2.3.7.1　任务检查单

1. 请进行必要的最终任务检查，在（　　）里进行标记。

检查任务实施过程（　　），是否有改进或需要说明：

如有，处理意见：

检查测量值与标准值（　　），是否有改进或需要说明：

如有，处理意见：

2. 请进行必要的5S。

5S 车辆（　　）

5S 工位（　　）

5S 场地（　　）

3. 请根据实施的诊断与修理工作，编制工作说明，完善改进工作计划（以另一种颜色的笔在任务计划上标注作答）。

小组合作修改工作计划

教师活动　教师要求学生小组合作修改完善工作计划，修改方式：在原有工作计划上用另一种颜色的笔进行真实、全面地复盘改进，并进行标注。

学生活动　学生小组合作修改完善工作计划，修改方式：在原有工作计划上用另一种颜色的笔进行真实、全面地复盘改进，并进行标注。(10min)

提交任务检查阶段的评价表

教师活动　教师要求学生对自己在任务检查阶段的表现进行自我评价。提醒学生：对于自己没有涉及的条目不评价。

学生活动　学生对自己在任务检查阶段的表现进行自我评价，对于自己没有涉及的条目不评价。

2.3.7.2　任务检查评价表

参与本项目的教师具体见 Moodle 系统，未参与本项目的教师可以根据实际情况自行制订。

2.3.8　任务交付：交车

任务交付准备

教师活动　在任务交付之前，教师提供2.3.8.1交车剧本给事先安排好的两个学生，一个扮演客户，另一个扮演SA，以便上课时两个学生能在实车上呈现交车过程。

学生活动　两个角色扮演的学生要熟悉练习交车剧本。

2.3.8.1　交车剧本

2.3.8.1　交车剧本

（一）任务完成正常交车

前台：先生，您好！您的车修好了，没有任何问题，您可以放心使用了。这是针对排气系统使用的开车温馨贴士，请您留存！

客户：非常感谢！

前台：不客气！这是费用清单，请您跟我去财务结账。

客户：好的。

前台：这是车钥匙，以后请您放心使用！请您随时观察车况，如果有任何问题，请随时联系我。非常愿意为您服务！

客户：好的！谢谢你！再见！

前台：再见！您慢走！

（二）任务未完成异常交车

前台：先生，您好！非常抱歉，您的车我们前期预估失误，虽然我们已经尽力了，但是还是不能按照约定时间正常交车给您，预计还得2个小时才能完成。您看您是继续在店里等待，还是先去处理其他事情。等这边结束我及时联系您。

客户：好吧！2个小时后一定能取走我的车吗？

前台：真的非常抱歉！不过，您放心！同样的错误我们不会出现第二次。再有2个小时肯定交车给您。

客户：好吧。2个小时后等你电话，我先去处理其他事情。一定要完全修复啊！

前台：请您放心！一定保证您的爱车行驶无忧，我会随时观察进展情况，及时联系您。非常愿意为您服务！

客户：好的！谢谢你！那我先走了，待会儿见！

前台：待会儿见！您慢走！

两人角色扮演

学生活动　学生分组，两人一组。其中，事先安排好的两个学生为一组，一个扮演客户，另一个扮演SA，先交车给师傅，然后交车给客户。（10min）

教师活动　教师提前安排学生两人一组，观察角色扮演学生的表演过程，同时观察其他学生的表现：倾听的认真程度。

全员换位评价

学生活动　学生认真观看角色扮演情境再现过程，理解客户委托，并与本组学生一起对做角色扮演的学生换位思考进行口头评价：角色扮演时的优缺点，如果是自己怎么改进会更好。（5min）

教师活动　教师指出角色扮演的优缺点，提出注意事项进行强调说明。

全员分组练习

教师活动　教师要求所有学生借鉴两个示范学生的表现，进行任务交付练习。

学生活动　学生按照教师的提示与强调，借鉴示范的两个学生的表现，学生分组在实车上进行任务交付的角色扮演练习。互换角色再练习一次。（10min）

提交任务交付阶段的评价表

教师活动 教师要求学生对任务交付阶段自己扮演 SA 时的表现依据 2.3.8.2 评价表进行自我评价。

学生活动 学生按照教师的要求对自己在任务交付阶段扮演 SA 时的表现进行自评，客观真实。

2.3.8.2 任务交付评价表

参与本项目的教师具体见 Moodle 系统，未参与本项目的教师可以根据实际情况自行制订。

2.3.9 反思评价：总结知识点、技能点和素养点

提交反思评价自评表

教师活动 教师归纳整理理论知识体系，以一页 PPT 展示知识点、技能点和素养点。

学生活动 学生认真反思、倾听，构建适合自己学习的知识体系。(10min)

学生认真反思，对照学习目标进行自我反思，填写 2.3.9.1 自评表。(10min)

2.3.9.1 反思评价自评表

参与本项目的教师具体见 Moodle 系统，未参与本项目的教师可以根据实际情况自行制订。

提交反思评价他评表

教师活动 教师把每一个学生的反思阶段的评价表分配给其他同学进行评价。

学生活动 学生按照系统分配的评价对象，每个学生都填写一份对另一个学生的评价表。(10min)

2.3.9.2 反思评价他评表

参与本项目的教师具体见 Moodle 系统，未参与本项目的教师可以根据实际情况自行制订。

提交反思评价阶段的评价表

教师活动 教师参照学生的自评与他评在 2.3.9.3 反思评价表上给出学生反思评价成绩。

学生活动 每个学生将自评表和他评表形成的 2.3.9.3 反思评价表进行对照，帮助学生自我认识。

2.3.9.3 反思评价表

参与本项目的教师具体见 Moodle 系统，未参与本项目的教师可以根据实际情况自行制订。

2.3.10 巩固拓展

迁移新任务

教师活动 教师布置新的客户任务：排气管泄漏。要求学生小组合作制订工作计划并用PPT展示。

学生活动 学生明确拓展任务：小组合作制订工作计划，下次课前用PPT展示和评价。做好完成拓展任务的计划（分工与时间安排）。

分工制作工作计划

教师活动 教师要控制学生的制作过程，要求学生分工完成2.3.10.1工作计划，把自己负责的部分提交到系统，让教师看到。

学生活动 学生在小组长的带领下，制作过程合理分工，每人完成工作计划的一部分并提交到系统。（课后）

2.3.10.1 工作计划海报

见附录。

提交过程视频和PPT

教师活动 教师要求学生制作PPT的过程录制视频并把视频提交到系统，同时提交PPT结果到系统。

学生活动 小组合作，录制制作PPT过程的视频。

巩固拓展阶段的评价表

教师活动 教师要求小组长完成本小组所有成员的2.3.10.2评价表，提交到系统。

学生活动 小组长完成小组评价2.3.10.2评价表，并把每个组员的评价表提交到系统。

2.3.10.2 巩固拓展评价表

参与本项目的教师具体见Moodle系统，未参与本项目的教师可以根据实际情况自行制订。

总体评价

给学生反馈总体评价表

教师活动 教师对每个学生的总体评价表初稿进行补充修改，形成总体评价定稿，作为每个学生本学习情境的最终评价。

学生活动 学生认真对照教师反馈的总体评价表，分析自己的优势和不足，有针对性地制订改进措施，加强培养素养或知识、技能不足的方面。

LS2.4

发动机运行不平稳且功率不足

教学准备

教学情境准备

教师活动 教师提前给所有学生提供2.4.0.1客户任务工单。课前提供2.4.0.2接车剧本给事先安排好的两个学生，一个扮演客户，另一个扮演SA，以便上课时两个学生能在实车上把客户任务真实再现。

学生活动 所有学生在课前熟悉2.4.0.1客户任务工单，提前了解客户委托任务。

两个角色扮演的学生要熟悉练习2.4.0.2接车剧本。(课前)

2.4.0.1 客户任务工单

2.4.0.1 客户任务工单

<table>
<tr><td>车主姓名</td><td></td><td>日期</td><td></td></tr>
<tr><td>车型</td><td></td><td>车牌号</td><td></td></tr>
<tr><td>发动机号</td><td></td><td>底盘号</td><td></td></tr>
<tr><td>联系电话</td><td colspan="3"></td></tr>
<tr><td>通信地址</td><td colspan="3"></td></tr>
<tr><td colspan="4">故障现象描述：
车主反映，发动机运行不平稳且功率不足。</td></tr>
<tr><td colspan="4">检查维修建议：</td></tr>
<tr><td colspan="4">故障结论：(更换或维修的零件记录)</td></tr>
<tr><td colspan="2">取车付款：
现金　　银行卡</td><td colspan="2">维修人：
收款人：</td></tr>
</table>

2.4.0.2 接车剧本

2.4.0.2 接车剧本

学习情境描述：

一辆大众速腾轿车，行驶总里程6万km，客户发现发动机运行不平稳且功率不足。

前台：您好！有什么需要我帮忙的？

客户：您好！发现发动机运行不平稳且功率不足。您能帮我看看吗？

前台：好的！您给我车钥匙，我先检查一下。

（上车，打开点火开关，试车发现发动机运行不平稳且功率不足，询问客户）

前台：您的车发动机运行不平稳且功率不足。这个毛病以前出现过吗？最近您修理过什么部件吗？

客户：不瞒您说，我的车车况特别好，在这之前什么毛病也没有，这是第一次有故障，只做过正常的维护保养。

前台：我刚才初步诊断了一下：发动机确实运行不平稳且功率不足，可能是发动机机械部件损坏，也可能是电路原因。具体原因需要在后台检测后才能确认。

客户：好的！那您尽快维修吧，我还着急用车呢。

前台：那您想什么时间取车？

客户：今天下午4点取车吧。

前台：好的！请您到客户区休息等待，如有需要，我会及时和您联系。

教学目标准备

教师活动　教师以一页PPT简介本情境的教学目标：素养点、知识点、技能点。

学生活动　学生思路清楚、明确目标，在头脑中形成个人学习规划。（课前）

素养点：

① 能够自行收集、分析简单的工作任务单并从中引出目标。

② 能够制作清晰明了的笔记。

③ 能够独立工作。

④ 能够小组合作。

⑤ 能够在小组中与他人高效沟通交流。

⑥ 能够阅读技术信息，检索提炼、建构逻辑关系。

知识点：

① 发动机的分类。

② 四冲程发动机的结构。

③ 四冲程发动机的工作原理。

④ 发动机漏气分析。

⑤ 缸压测试方法。

⑥ 发动机测漏仪的使用方法。

技能点：

① 规划并执行压缩压力检测和压力损失检测。

② 记录并评估测量结果。

③ 判断故障原因。

④ 拆解发动机机械机构部件。

⑤ 遵守安全条例。

资料设备清单

参与本项目的教师具体见 Moodle 系统，未参与本项目的教师可以根据实际情况自行制订。

2.4.1 任务接受：接车

两人角色扮演

学生活动 学生分组，两人一组。其中，事先安排好的两个学生为一组，一个扮演客户，另一个扮演 SA，在实车上把客户任务真实再现。(10min)

教师活动 教师观察角色扮演学生的表演过程，同时观察其他学生的表现：倾听的认真程度。

全员换位评价

学生活动 学生认真观看角色扮演情境再现过程，理解客户委托，并与本组学生一起对做角色扮演的学生换位思考进行口头评价：角色扮演时的优缺点，如果是自己怎么改进会更好。(10min)

教师活动 教师指出角色扮演的优缺点，提出注意事项进行强调说明。

全员分组练习

教师活动 教师要求所有学生借鉴两个示范学生的表现，进行任务接受练习。

学生活动 学生按照教师的提示与强调，借鉴示范的两个学生的表现，学生分组在实车上进行任务接受的角色扮演练习。互换角色再练习一次。(10min)

提交任务接受阶段的评价表

教师活动 教师要求学生对任务接受阶段自己扮演 SA 时的表现进行自我评价。

学生活动 学生按照教师的要求对自己在扮演 SA 时的表现进行客观真实地自评。

2.4.1.1 任务接受评价表

参与本项目的教师具体见 Moodle 系统，未参与本项目的教师可以根据实际情况自行制订。

2.4.2 任务分析：发动机运行不平稳且功率不足的原因

教学方法：餐垫法

独立查找原因

教师活动 教师提供 2.4.2.1 信息页（维修信息、文本资料）和餐垫图纸，指导学生独立查找发动机运行不平稳且功率不足的原因，并书写在餐垫上周边对应位置。

学生活动　学生分组，首先个人独立阅读教师提供的2.4.2.1信息页，在信息页上划出关于发动机运行不平稳且功率不足的原因，形成个人的结论，工整地书写在餐垫上自己的对应位置。(30min)

2.4.2.1　信息页

2.4.2.1　信息页

学校名称		任课教师	
班级		学生姓名	
学习领域	L2 机械组件与系统检查拆换		
学习情境	LS2.4：发动机运行不平稳且功率不足	学习时间	1h

1. 发动机运行不稳的分类

(1) 如何观察运行不稳

观察发动机缸体抖动的程度，也可以观看机油尺把晃动的程度，发动机运行平稳时机油尺把不会振动，发动机抖动时机油尺把是处于振动的状态；从发动机转速表或读取数据流观察，转速以怠速期望值为中心跳动，或在期望值一侧剧烈跳动，程序中的怠速期望值包括标准怠速值、负荷（打开灯光，自动变速器处于D位等）怠速值、空调怠速值、暖车怠速值；原地起动发动机，在座椅上会感觉到车身在剧烈地抖动。

(2) 按出现规律分类

冷车（冷却液温度低于50℃）有节奏的不稳；热车（冷却液温度高于50℃）有节奏的不稳；无规律的剧烈抖动一两次。

(3) 按抖动程度分类

正常，以怠速期望值±10r/min抖动；一般不稳，以怠速期望值±20r/min抖动；严重不稳，超过怠速期望值±20r/min抖动；在怠速期望值的一侧剧烈抖动。

(4) 按原因关联分类

直接原因，指机械零件脏污、磨损、安装不正确等，导致个别气缸功率变化，从而造成各气缸功率不平衡，致使发动机出现怠速不稳；间接原因，指发动机电控系统不正常，导致混合气燃烧不良，造成各气缸功率难以平衡，使发动机出现怠速不稳。

(5) 按故障系统分类

进气系统、燃油系统、点火系统、发动机机械系统。

(6) 运转不平稳的机理

气缸内气体作用力的变化（一个气缸气体作用力变化或几个气缸气体作用力变化），引起各气缸功率不平衡，导致各活塞在做功行程时的水平方向分力不一致，出现对发动机横向摇倒的力矩不平衡，从而产生发动机抖动。也可以说，凡是引起发动机气缸内气体作用力变化的故障都有可能导致发动机抖动。

2. 发动机运行不稳的原因

(1) 进气系统

1) 进气歧管或各种阀泄漏。当不该进入的空气、汽油蒸汽、燃烧废气进入到进气歧管，造成混合气过浓或过稀，会使发动机燃烧不正常。当漏气位置只影响个别气缸时，发动机会出现较剧烈的抖动，对冷车怠速影响更大。常见原因有：进气总管卡子松动或胶管破裂；进气歧管衬垫漏气；进气歧管破损或其他机件将进气歧管磨出孔洞；喷油器 O 形密封圈漏气；真空管插头脱落、破裂；曲轴箱强制通风（PCV）阀开度大；活性炭罐阀常开；废气再循环（EGR）阀关闭不严等。

2）节气门和进气道积垢过多。节气门和周围进气道的积炭、污垢过多，空气通道截面积发生变化，使控制单元无法精确控制怠速进气量，造成混合气过浓或过稀，使燃烧不正常。常见原因有：节气门有油污或积炭；节气门周围的进气道有油污、积炭；怠速步进电动机、占空比电磁阀、旋转电磁阀有油污、积炭。

3）怠速空气执行元件故障。怠速空气执行元件故障导致怠速空气控制不准确。常见原因有：节气门电动机损坏或发卡；怠速步进电动机、占空比电磁阀、旋转电磁阀损坏或发卡。

4）进气量失准。控制单元接收错误信号后发出错误的指令，引起发动机怠速进气量控制失准，使发动机燃烧不正常，属于怠速不稳的间接原因。常见原因有：空气流量计或其线路故障；进气压力传感器或其线路故障；发动机控制单元插头因进水接触不良或电脑内部有故障。

（2）燃油系统

1）喷油器故障。喷油器的喷油量不均衡、雾化不好，造成各气缸输出的功率不平衡。常见原因有：喷油器堵塞、密封不良、喷出的燃油呈线状等。

2）燃油压力故障。油压过低，从喷油器喷出的燃油雾化状态不良或者喷出的燃油呈线状，严重时只喷出油滴，喷油量减少使混合气过稀；油压过高，实际喷油量增加，使混合气过浓。常见原因有：燃油滤清器堵塞；燃油泵滤网堵塞；燃油泵的泵油能力不足；燃油泵安全阀弹簧弹力过小；进油管变形；燃油压力调节器有故障；回油管压瘪堵塞。

3）喷油量失准。各传感器或线路故障，导致控制单元发出错误指令，使喷油量不正确，造成混合气过浓或过稀，这些都属于怠速不稳的间接原因。具体原因有：空气流量计（或进气歧管压力传感器）故障；节气门位置传感器故障；节气门怠速开关故障；冷却液温度传感器故障；进气温度传感器故障；氧传感器失效；以上传感器的线路有断路、短路、接地故障；发动机控制单元插头因进水接触不良或电脑内部故障。

（3）点火系统

1）点火模块与点火线圈。近些年各车型多将点火模块与点火线圈制成一体，点火模块或点火线圈有故障，主要表现为高压火花弱或火花塞不点火。常见原因有：点火触发信号缺失；点火模块有故障；点火模块供电或接地线连接松动、接触不良；初级线圈或次级线圈有故障等。

2）火花塞与高压线。火花塞、高压线故障导致火花能量下降或失火。常见原因有：火花塞间隙不正确；火花塞电极烧蚀或损坏；火花塞电极有积炭；火花塞瓷绝缘体有裂纹；高压线电阻过大；高压线绝缘外皮或插头漏电；分火头电极烧蚀或绝缘不良。

3）点火提前角失准。由于传感器及线路故障属于引起怠速不稳的间接原因，控制单元发出错误指令，使点火提前角不正确，或造成点火提前角大范围波动。常见原因有：空气流量计或进气压力信号故障；霍尔传感器故障；冷却液温度传感器故障；进气温度传感器故障；爆燃传感器故障；传感器线路有断路、短路、接地故障；发动机控制单元因进水引起插头接触不良或内部电路损坏。

4）其他原因。三元催化转化器堵塞引起怠速不稳，这种故障在高速行驶时最易发现。自动变速器、空调、助力转向器有故障会增加怠速负荷，引起怠速不稳。发动机控制单元与空调、自动变速器控制单元之间的怠速提升信号中断，安装CAN总线的车辆存在总线系统故障。

（4）机械结构

1）配气机构。配气机构故障导致个别气缸的功率下降过多，从而使各气缸功率不平衡。常见原因有：正时带安装位置错误，使各缸气门的开闭时间发生变化，导致配气相位失准，各气缸燃烧不正常。气门工作面与气门座圈积炭过多，气门密封不严，使各气缸压缩压力不一致。凸轮轴的凸轮磨损，各缸凸轮的磨损不一致导致各气缸进入空气量不一致。气门相关件有故障，如气门推杆磨损或弯曲、摇臂磨损、气门卡住或漏气、气门弹簧折断等。

2）发动机体、活塞连杆机构。这些故障都会使个别气缸功率下降过多，从而使各气缸功率不平衡。常见原因有：气缸衬垫烧蚀或损坏，造成单缸漏气或两缸之间漏气；活塞环端隙过大、对口或断裂，活塞环失去弹性；活塞环槽内积炭过多；活塞与气缸磨损，气缸圆度、圆柱度超差；因气缸进水后导致的连杆弯曲，压缩比改变；燃烧室积炭也会改变压缩比，积炭严重将导致怠速不稳。

3）其他原因。曲轴、飞轮、曲轴传动带轮等转动部件动平衡不合格，发动机支脚垫断裂损坏，发动机底部护板因变形与油底壳相撞击等，这些原因只会造成发动机振动而不会影响转速。

3. 由于漏气造成的运转不平稳原因分析

气缸的密封性好坏直接影响到压缩终了时燃烧室内的压力大小，气缸良好的密封性保证发动机可靠工作的重要条件之一。密封性越好的发动机，气缸内的气体压力就越高，发动机工作行程产生的瞬时有效气体压力就越大，混合气燃烧越迅速，冷却液及废气的热损失就越少，其动力性和经济性就会越好。

进气歧管垫、气缸衬垫以及气门、气缸等任何部位漏气，均会导致气缸压力降低，功率不足，机油、燃油消耗量上升，甚至造成发动机起动困难。

气缸的密封性包括气门密封性、活塞环的密封性、气缸盖与气缸体之间的密封性。

导致发动机漏气的主要部位有气门漏气、气缸盖与气缸体之间漏气、活塞环漏气、缸体漏气。

引起发动机漏气的原因

（1）气门漏气

原因：

1）气门烧蚀导致气门和气门座的密封性下降；气门间隙调整过小，导致气门关闭不严。

2）气门及气门座锥面积炭；气门装入气门座时有杂物卡滞造成密封不良。

3）气门工作面有点蚀、刻痕、斑痕、烧伤、凹陷；维修时，气门密封环研磨得不好。

4）气门与气门杆跳动量超标。

5）气门导管孔与座孔同轴度超标等。

（2）气缸盖与气缸体之间漏气

原因：气缸盖与气缸体的结合面翘曲不平、有划道、气缸垫损坏（平时的维修保养中，要注意结合面的平整、清洁，观察气缸垫有无损坏，同时在拆装气缸盖时，要严格按维修手册所规定的顺序和力矩拆装气缸盖螺栓）。

（3）活塞环漏气

原因：

1）活塞环严重磨损（引起活塞环的背隙、端隙变大）、活塞环弹力不足或密封面烧蚀、磨损后其开口移到同一方向而窜气。

2）活塞环开口的位置装配不当，造成对口而引起漏气。

3）气缸套内壁及活塞外表面拉毛，活塞偏缸。

（4）缸体漏气

原因：缸体的裂纹、缸体的质量缺陷、缸体螺纹孔的磨损等。

合作讨论原因

学生活动　学生小组合作讨论达成共识，把本组的发动机运行不平稳且功率不足的原因工整书写在餐垫的中间位置上，把餐垫贴在白板上展示。(30min)

教师活动　教师重点观察学生讨论时的表现：所有成员是否可以经过妥协或协商快速达成一致意见。

师生确定原因

教师活动　教师带领学生一起逐条对每组的结果进行分析评价，判断对错，总结原因。

学生活动　学生领会理解，修改本组餐垫并把最终结果工整记录在笔记本上。(10min)

填写客户工单

教师活动　教师提供行驶证等资料，指导学生填写 2.4.0.1 客户工单（车辆检验内容，确定维修范围，是否修理车辆建议）。

学生活动　学生小组合作填写完整客户任务工单。(20min)

提交任务分析阶段的评价表

教师活动　教师要求学生对任务分析阶段自己的表现依据 2.4.2.4 评价表进行自我评价。

学生活动　学生按照教师的要求对自己在任务分析阶段的表现对照每一条进行客观真实地自评。

2.4.2.2　任务分析评价表

参与本项目的教师具体见 Moodle 系统，未参与本项目的教师可以根据实际情况自行制订。

2.4.3　理论学习：发动机的组成及工作原理

教学方法：概念地图法

3.1 发动机的分类

关键词法独立学习

教师活动 教师提供2.4.3.1信息页和写有关键概念的若干卡片，让学生独立阅读，划出关键词，完成2.4.3.1工作页，并在分到的每一个卡片后面写出关键概念的解释。

学生活动 学生在小组内，安静独立地阅读2.4.3.1信息页，划出关键词，完成2.4.3.1工作页，并在分到的每一个卡片后面写出关键概念的解释。(60min)

2.4.3.1 信息页

2.4.3.1 信息页

学校名称		任课教师	
班级		学生姓名	
学习领域	L2 机械组件与系统检查拆换		
学习情境	LS2.4：发动机运行不平稳且功率不足	学习时间	50min
工作任务	A：发动机的分类	学习地点	理实一体化教室

发动机是将某一种形式的能量转换为机械能的机器。其功用是将液体或气体的化学能通过燃烧后转化为热能，通过膨胀再将热能转化为机械能并对外做功、输出动力。汽车的动力来自发动机。根据所用的燃料不同，常见的发动机可分为汽油发动机（简称汽油机）和柴油发动机（简称柴油机）两种。汽油机以汽油为燃料，柴油机以柴油为燃料。近年来，由于世界能源紧缺和对环保要求的不断提高，人们十分重视发动机替代燃料的研究，甲醇、乙醇、液化石油气等在发动机上得到应用，故又有甲醇、乙醇、液化石油气发动机。在一些汽车发动机上，同时以汽油和液化石油气作为燃料，称之为双燃料发动机。

1. 按混合气的形成和点火进行分类

（1）点燃式发动机

这种发动机最好使用汽油，混合气在气缸外或气缸内形成，需要用外部提供能量的点火系统（火花塞）来点燃混合气，才能使混合气燃烧。

优点：汽油机转速高（目前载货车用汽油机转速一般为3000~4000r/min，轿车用汽油机最高转速为5000~6000r/min)，适应性好，工作平稳、柔和，操作方便省力，质量轻，噪声小，成本低，容易起动等，故在轿车、中小型货车及军用越野车上得到广泛的应用。

缺点：燃料消耗率较高，经济性较差，排气净化指标低。由于汽油机车辆经常在市内行驶，又因道路拥堵常处于停停走走状态，发动机经常处于怠速运转状态，温度较低，即使在正常运转条件下汽油机的温度和压力都比柴油机低，因此在汽油机的工作条件下，发动机润滑油容易产生低温油泥，所以要求汽油机润滑油具有良好的低温油泥分散性。

（2）柴油机

发动机的混合气在气缸内形成，以柴油为燃料。气缸内的混合气靠压缩自燃来实现燃料的燃烧。

优点：热效率高；单位功率的重量低；广泛采用废气涡轮增压并提高增压度；柴油机没有点火系统，所以故障较少，保养容易，工作可靠。

缺点：转速比汽油机低（一般转速为 1800～3000r/min），质量大，制造和维修费用高，噪声大，起动困难等；柴油机车辆经常在公路上行驶，车辆长时间运行，发动机温度和压力都较高，气缸内产生较多的烟灰和积炭，发动机润滑油也容易氧化产生胶质，因此柴油机润滑油要求具有良好的高温清净性。但柴油机的缺点正在得到克服，随着柴油机的转速指标、质量指标、噪声指标等方面的改进，加之柴油机排出的有害气体比汽油机少得多（尤其是 CO 少），因而在中小型汽车上装用柴油机的趋势越来越明显。

2. 按工作原理进行分类

如图 1 所示，可分成四冲程发动机和二冲程发动机。

（1）四冲程发动机

对于一个做功循环，这些发动机均有一个封闭的气体交换过程，并且每个循环需要活塞运动四个行程，即曲轴转两圈。

（2）二冲程发动机

对于一个做功循环，这些发动机具有一个开放式的气体交换过程，并且每个循环只需要活塞运动两个行程，即曲轴转一圈。由于二冲程发动机的换气，有一部分可燃混合气随废气一同排出，因而燃油和润滑油消耗量都大。由于二冲程发动机的换气时间短促，换气不完善，因而缸内残余废气较多，低速失火率高，燃烧情况差，加上换气过程中部分可燃混合气未参与燃烧就随废气排出去了，因此，排放污染严重，污染物中的 HC 值远高于四冲程发动机。由于二冲程发动机做功冲程频率高，故工作比较平稳。由于二冲程发动机做功冲程频繁，曲轴每转一圈需燃烧一次，因此发动机各零部件受热程度比四冲程发动机高得多，特别是活塞。二冲程汽油机最大的优点是体积小，质量轻，在同排量情况下发动机的动力性好，结构简单，且成本较低。

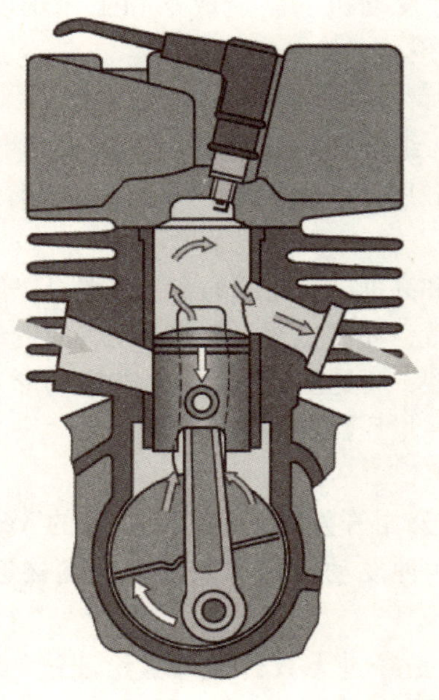

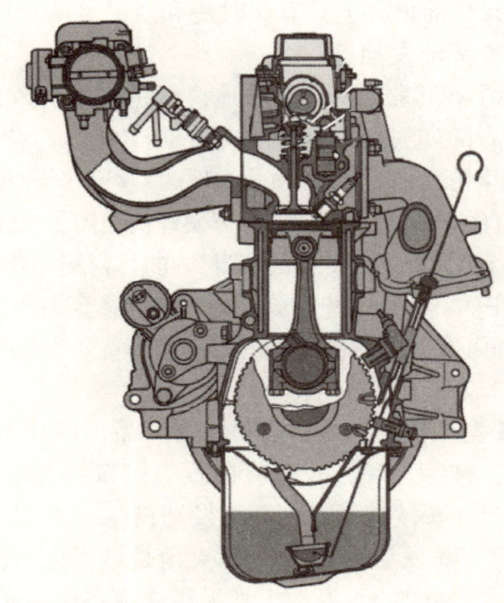

图 1　二冲程发动机和四冲程发动机

3. 按气缸布置形成进行分类

如图 2 所示，可以分为如下几类。

（1）直列式发动机

直列发动机一般缩写为 L，比如 L4 就代表着直列 4 缸的意思。直列布局是如今使用最为广泛的气缸排列形式，尤其是在 2.5L 以下排量的发动机上。这种布局的发动机所有气缸均是按同一角度并排成一个平面，并且只使用了一个气缸盖，同时其缸体和曲轴的结构也要相对简单，好比气缸排成了一列纵队。

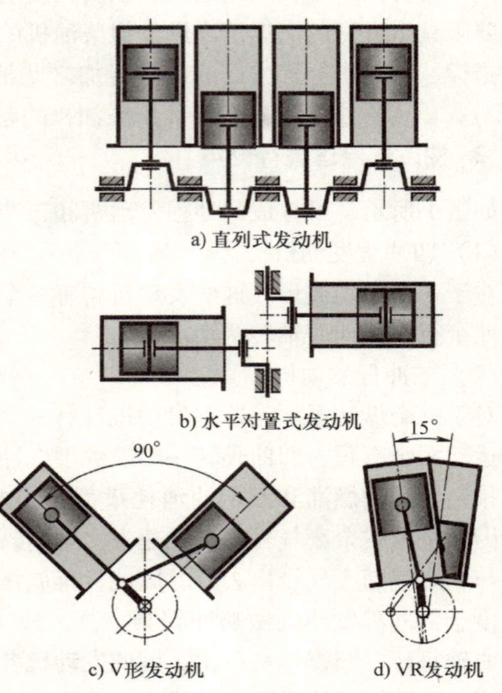

图 2 按气缸布置形式进行分类

具体来说，我们常见的大致有 L3、L4、L5、L6 型四款（数字代表气缸数量）。这种布局的发动机优势在于尺寸紧凑，稳定性高，低速转矩特性好并且燃料消耗也较少，当然也意味着制造成本更低。同时，直列式发动机体积也比较紧凑，可以适应更灵活的布局，也方便于布置增压器。但其主要缺点在于发动机本身的输出功率较低，并不适合配备 6 缸以上的车型。

（2）水平对置式发动机

水平对置发动机的气缸夹角为 180°。但是水平对置发动机的制造成本和工艺难度相当高，所以目前世界上只有保时捷和斯巴鲁两个厂商在使用。

（3）V 形发动机

所谓 V 形发动机，简单地说就是将所有气缸分成两组，把相邻气缸以一定夹角布置一起（左右两列气缸中心线的夹角 $\gamma < 180°$），使两组气缸形成一个夹角的平面，从侧面看气缸呈 V 字形（通常的夹角为 60°），故称 V 形发动机。

与直列布局形式相比，V 形发动机缩短了机体的长度和高度，而更低的安装位置可以便于设计师设计出风阻系数更低的车身，同时得益于汽缸对向布置，还可抵消一部分振动，使发动机运转更为平顺。比如一些追求舒适平顺驾乘感受的中高级车型，还是在坚持使用大排量 V 形布局发动机，而不使用技术更先进的“小排量直列型布局发动机 + 增压器”的动力组合。

（4）VR 发动机

VR 发动机是大众公司的专属产品，1991 年，大众公司开发了一种 15°夹角的 V6 2.8L 发动机，称为 VR6，并安装在第三代高尔夫车型上。这种发动机结构紧凑，宽度接近于直列发动机，长度接近直列 4 缸发动机。

对于 V6 发动机而言，60°夹角是最优化的设计，这是经过无数科学试验论证过的结果。因而绝大多数的 V6 发动机都采用这种布局形式。但为了能在更小的空间内放下 V6 发动机，大众集团另辟蹊径地研发出了夹角为 15°、体积更小的 VR6 发动机。从动力参数来看，它并不逊色于普通的 V6 发动机，但在研发之初就暴露了明显的抖动问题。通过一系列的平衡稳定手段虽使问题得以明显改善，但这依然无法超越改变其本身结构上的特性，就像普通直列发动机的振动通常都会大于V形发动机一样，夹角更小的VR6从结构本身就决定了它的振动会大于V6。诸如大众旗下的高尔夫R32、EOS等车型都曾装配过这款发动机。

VR发动机的气缸夹角非常小，两列气缸接近平行，气缸盖上火花塞的孔几乎并在一条直线上。VR发动机的特点就是体积特别小，所以非常适用于大众车系的前置发动机平台，因为大众的前置发动机前轮驱动底盘都是纵置式设计，而且发动机在前轴之前，所以发动机不能过长，否则难以布置前悬架。这款发动机非常紧凑，虽然是V形机，但由于两列气缸相离很近，所以只需要一个气缸盖就可以搞定，比90°和60°夹角的V6成本低很多（因为普通V形机必须加工两个气缸盖，如果是DOHC的V形机还需要加工4根凸轮轴，所以成本很高）。

（5）W形发动机

许多人以为就像V形发动机的气缸呈V形排列那样，发动机W形发动机的气缸排列形式也一定是呈W形，其实不然，它只是近似W形排列，严格说来还是属于V形发动机，至少是V形发动机的一个变种，如图3所示。

W形发动机是德国大众专属发动机技术。将V形发动机的每侧气缸再进行小角度地错开，就成了W形发动机。或者说W形发动机的气缸排列形式是由两个小V形组成一个大V形，两组V形发动机共用一根曲轴。

W形与V形发动机相比，可将发动机做得更短一些，曲轴也可短些，这样就能节省发动机所占的空间，同时重量也可轻些，但它的宽度更大，使得发动机舱更满。W形发动机最大的问题是发动机由一个整体被分割为两个部分，在运作时必然会引起很大的振动。针对这一问题，大众在W形发动机上设计了两个反向转动的平衡轴，让两个部分的振动在内部相互抵消。

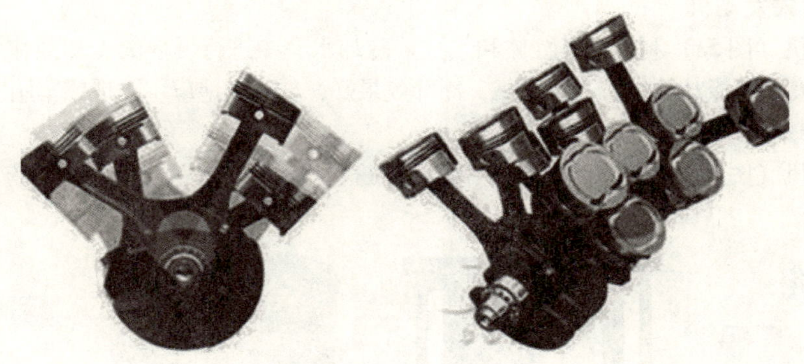

图3 W形发动机

4. 按活塞行程进行分类

如图4所示，可分成活塞往复式发动机和转子式发动机。

（1）活塞往复式发动机

工作时活塞在气缸里做往复直线运动，而为了把活塞的直线运动转化为旋转运动，必须使用曲柄连杆机构。

（2）转子式发动机

转子发动机又称为米勒循环发动机，由德国人汪克尔发明，之后这项技术由马自达公司

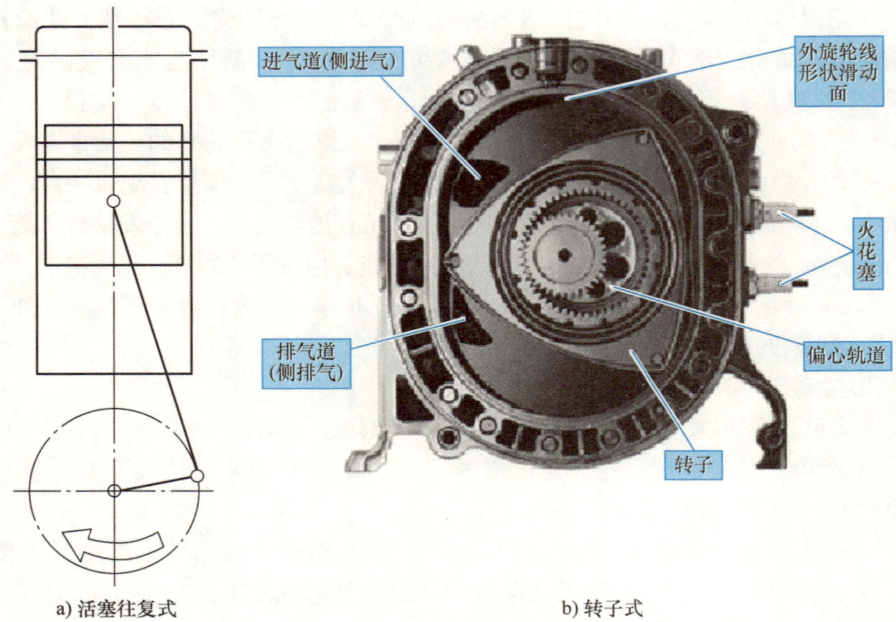

a) 活塞往复式　　b) 转子式

图4 活塞往复式和转子式发动机

收购。转子发动机是直接将可燃气的燃烧膨胀力转化为驱动转矩。与往复式发动机相比，转子发动机取消了无用的直线运动，因而同样功率的转子发动机尺寸较小，重量较轻，而且振动和噪声较低，具有较大优势。

5. 按冷却系统进行分类

（1）水冷式发动机

水冷发动机（图5a）利用在气缸体和气缸盖冷却水套中进行循环的冷却液作为冷却介质进行冷却，水冷发动机冷却均匀，工作可靠，冷却效果好，被广泛地应用于现代车用发动机。

（2）风冷式发动机

风冷发动机（图5b）利用流动于气缸体与气缸盖外表面散热片之间的空气作为冷却介质进行冷却。

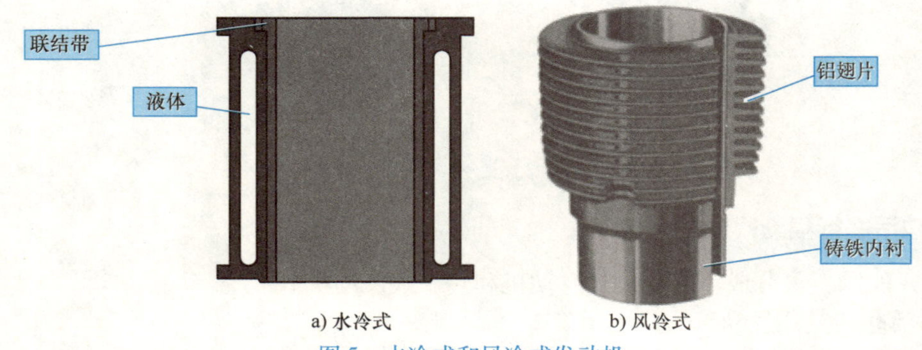

a) 水冷式　　b) 风冷式

图5 水冷式和风冷式发动机

6. 按照布置位置进行分类

对于轿车来说，发动机的布置位置可以简单地分为前置、中置和后置三种。目前市面上大多数车型采用的都是前置发动机，中置和后置发动机只在少数的高性能跑车上使用。当然根据发动机布置形式，也可分为横置、纵置发动机。

（1）前置发动机

前置发动机，即发动机位于前轴之前。前置发动机的优点是简化了变速器与驱动桥的结构，特别是对于目前占绝对主流的前轮驱动车型而言，发动机将动力直接输送到前轮上，省略了很长的传动轴，不但减少了功率传递损耗，也大大降低了动力传动机构的复杂性和故障率。

另外，将发动机置驾驶人的前方，在正面撞车时，发动机可以保护驾驶人免受冲击，从而提高了汽车的安全性。

（2）中置发动机

中置发动机，即发动机位于车辆的前后轴之间，一般驾驶舱位于发动机之前或之后。中置发动机的汽车肯定是后轮驱动或者四轮驱动。

在转弯时，汽车各个部分因为惯性都会向弯外移动，发动机是质量最大的部分，所以发动机因惯性而对车体的作用力对汽车转向有至关重要的影响。中置发动机的特点就是将车辆中惯性最大的发动机置于车体的中央，这样可以使车身重量分布接近理想平衡状态。一般来说，只有那些超级跑车或者讲究驾驶乐趣的跑车才采用中置发动机。

（3）后置发动机

一般来说，后置发动机就是将发动机布置在后轴之后，最有代表性的就是大型客车，而后置发动机的乘用车屈指可数，其中最有代表性的就是保时捷 911，smart 也是后置发动机。经典车型大众甲壳虫和菲亚特 126P 也是后置发动机。

（4）横置发动机

横置发动机是指发动机和汽车前桥平行。简单地讲就是你站在车头前面向发动机，如果发动机横着放在你面前，就是横置发动机。

前驱紧凑型轿车、大多数中级轿车和少数高级轿车都采用了横置发动机的布置方式。

（5）纵置发动机

纵置发动机是指发动机与汽车的前桥垂直，简单地讲就是你站在车头前面向发动机，如果发动机竖着放在你面前，那就是纵置式发动机。

后驱车都采用了纵置发动机，因为动力要传递到后桥上，在传动距离无法缩短的情况下，就要尽可能减少动力的方向转换。如果采用横置的话，因为曲轴和传动轴的方向垂直，所以先要转换一次方向，以通过传动轴传输动力，但是传动轴的方向和后桥的方向也是垂直的，所以在后桥需要再将旋转方向转换过来，这无疑降低了传动效率。而使用纵置发动机就可以使得曲轴与传动轴平行，减少了一次传动方向的转换，无疑是降低了能量的损失。

（6）反置发动机

“反置”是横置发动机的一种特殊布置方式，通常的横置发动机排气歧管在前，进气歧管在后的布置方式，简单地说就是“前出后进”，如果将进排气的位置调换，将进气歧管置于前端，排气歧管置于后部，变成“前进后出”，就是所谓的“反置”了。只有横置发动机才有“正反置”之说，纵置发动机进排气歧管在左右两端，互换并没有什么差别，所以没有“正反置”这样的说法。

7. 按照气缸数目进行分类

内燃机按照气缸数目不同，可以分为单缸发动机和多缸发动机。仅有一个气缸的发动机称为单缸发动机；有两个以上气缸的发动机称为多缸发动机。如双缸、三缸、四缸、五缸、六缸、八缸、十二缸等都是多缸发动机。现代车用发动机多采用四缸、六缸、八缸发动机。

8. 按照进气系统是否采用增压方式进行分类

内燃机按照进气系统是否采用增压方式，可以分为自然吸气式（非增压）发动机和强制进气式（增压）发动机。汽油机常采用自然吸气式；柴油机为了提高功率有采用增压的。

互相讲述关键概念

教师活动　教师要求学生对照卡片在小组内彼此互相讲述关键概念。

学生活动　学生按照教师要求对照卡片在小组内彼此互相讲述关键概念。(20min)

组内合作逻辑思维导图

教师活动　教师要求学生小组合作，用关键词卡片在A0图纸上构建概念地图的思维导图。

学生活动　学生按照教师要求小组内分工合作，用关键词卡片在A0图纸上构建概念地图的思维导图。(30min)

展示讲述小组成果

教师活动　教师要求小组展示概念地图的思维导图，一个组讲，其他组听、提出疑问和改进建议。

学生活动　学生小组按照教师要求选出代表展示概念地图的思维导图，其他组听、提出疑问和改进建议。(10min)

小组合作整理笔记

教师活动　教师要求学生合作讨论后修改工作页，并整理关键内容到笔记本上。

学生活动　学生经过讨论修改工作页，把工作页提交到系统，并把关键内容整理到笔记本上。(10min)

教学方法：旋转木马法

3.2　发动机的组成及工作原理

关键词法独立学习

教师活动　教师提供2.4.3.2信息页，让学生独立阅读，划出关键词，完成2.4.3.2工作页，并整理出逻辑关系思维导图。

学生活动　学生安静独立地阅读2.4.3.2信息页，划出关键词，完成2.4.3.2工作页，并整理出逻辑关系的思维导图。(30min)

2.4.3.2 信息页

2.4.3.2 信息页

学校名称		任课教师		
班级		学生姓名		
学习领域	L2 机械组件与系统检查拆换			
学习情境	LS2.4：发动机运行不平稳且功率不足	学习时间	50min	
工作任务	B. 发动机的组成和工作原理	学习地点	理实一体化教室	

1. 四冲程发动机结构

汽油机由两大机构和五大系统组成，即曲柄连杆机构、配气机构、燃料供给系统、润滑系统、冷却系统、点火系统和起动系统组成；柴油机由两大机构和四大系统组成，即曲柄连杆机构、配气机构、燃料供给系统、润滑系统、冷却系统和起动系统组成，由于柴油机采用压燃点火，所以无需点火系统。

点燃式发动机的主要组成部分见表1。

表1 点燃式发动机的主要组成部分

组成部分	各部分构成
发动机机体	气缸盖、气缸盖罩、气缸套、曲轴箱、油底壳
曲柄连杆机构	活塞、连杆、曲轴
发动机配气机构	气门、气门弹簧、摇臂、摇臂轴、凸轮轴、正时齿轮、正时链条或齿形带
混合气形成系统	燃油喷射系统、进气管
辅助装置	点火系统、润滑系统、冷却系统、排气系统、增压系统（只在增压车型上配备）

四冲程点燃式发动机的构造如图1所示。

（1）曲柄连杆机构

曲柄连杆机构是发动机实现工作循环完成能量转换的主要运动机构。它由机体组、活塞连杆组和曲轴飞轮组等组成（图2）。在做功行程中，活塞承受燃气压力在气缸内做直线运动，通过连杆转换成曲轴的旋转运动，并从曲轴对外输出动力。而在进气、压缩和排气行程中，飞轮释放能量又把曲轴的旋转运动转化成活塞的直线运动。

1）机体组。机体组主要由气缸盖、气缸盖罩、气缸衬垫、气缸体、主轴承盖和油底壳等组成。镶气缸套的发动机，机体组还分为干式或湿式气缸套。机体组是发动机的支架，是曲柄连杆机构、配气机构和发动机各系统主要零部件的装配机体。气缸盖是用来封闭气缸顶部，并与活塞顶和气缸壁一起形成燃烧室。另外，气缸盖和机体内的水套和油道以及油底壳又分别是冷却系统和润滑系统的组成部分，各运动部件的润滑和受热部件也都要通过机体组来实现。机体组把发动机的各个机构和系统组成为一个整体。

2）活塞连杆组。活塞连杆组将活塞的往复运动转变为曲轴的旋转运动，同时将作用于活塞上的力转变为曲轴对外输出转矩，以驱动驱动轮转动。它是发动机的传动件，它把燃烧气体的压力传给曲轴，使曲轴旋转并输出动力。活塞连杆组主要由活塞、活塞环、活塞销、连杆及连杆轴瓦等组成。

3）曲轴飞轮组。曲轴飞轮组的作用是把活塞的往复运动转变为曲轴的旋转运动，为汽

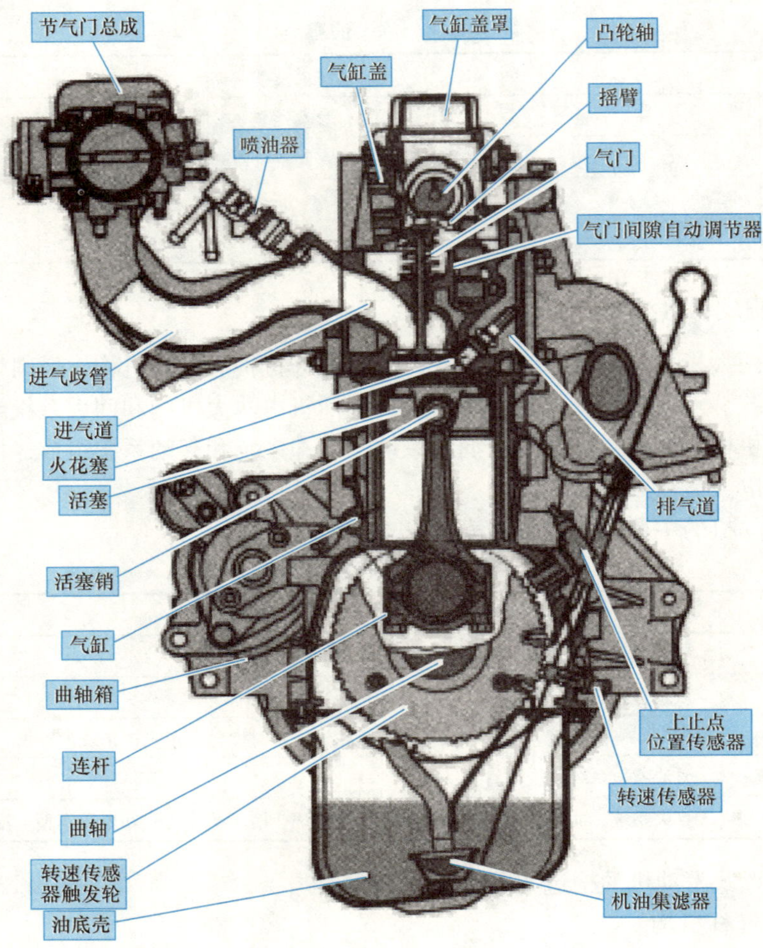

图 1 四冲程点燃式发动机的构造

车行驶和其他需要动力的机构输出转矩，同时储存能量，用以克服非做功行程的阻力，使发动机运转平稳。

曲轴是发动机的主要旋转机构，它担负着将活塞的上下往复运动转变为自身的圆周运动，通常所说的发动机转速就是指曲轴转速。曲轴会因润滑油脏污以及轴颈受力不均匀造成连杆大头与轴颈接触面的磨损，若润滑油中有颗粒较大的坚硬杂质，也存在划伤轴颈表面的危险。如果磨损严重，很可能会影响活塞上下运动的行程长短，降低燃烧效率，自然动力输出也会变小。此外曲轴还可能因为润滑不足或润滑油过稀，造成轴颈表面的烧伤，严重情况下会影响活塞的往复运动。因此一定要用黏度合适的润滑油，且要保证润滑油的清洁度。

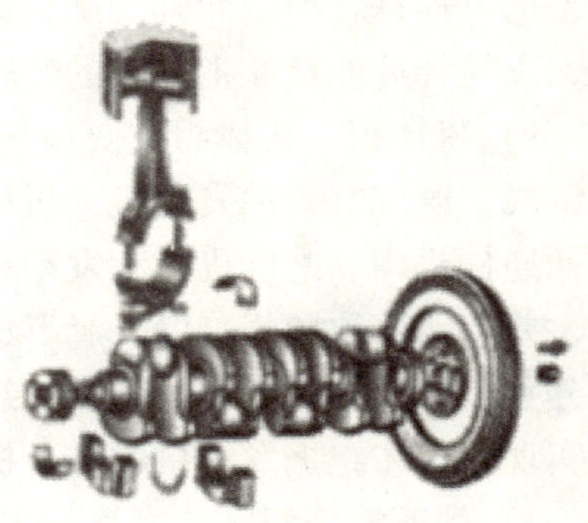

图 2 曲柄连杆机构

（2）配气机构

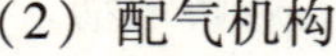

配气机构的功用是根据发动机的工作顺序和工作过程，定时开启或关闭进气门、排气门，使可燃混合气或空气进入气缸，并使废气从气缸内排出，实现换气过程。配气机构大多采用顶置气门式配气机构，一般由气门组、气门传动组和气门驱动组组成（图3）。

1）气门组。气门组的结构主要由气门、气门弹簧、气门锁夹等组成，通常情况下，进气口的直径要大于排气口，主要是为了增加进气量以提高燃烧效率，从而获得更好的动力输出。

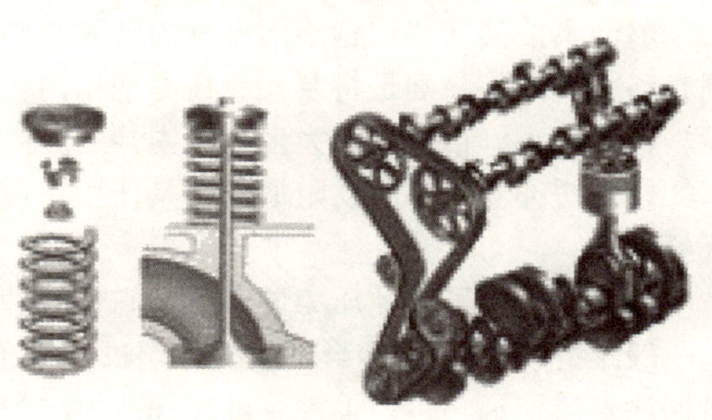

图3　配气机构

气门个数有2、3、4、5四种情况，其中目前主流的为4气门，原因：其一，相比2、3个气门，4气门的气门直径小、同材料的情况质量会更轻，由于物体的惯性与质量成正比，因此4气门的运动惯性相对较小，从而会更加灵活、开启或关闭的角度也更精准；其二，5气门的结构制造上会更复杂，对应的生产成本和维修保养费用也会增加，且气门越多，各气门孔之间的厚度会相应变薄，从而降低了缸盖强度，因此4气门的应用较广泛。

气门的作用是专门负责向发动机内输入燃料并排出废气，传统发动机每个气缸只有一个进气门和一个排气门，这种设计结构相对简单，成本较低，维修方便，低速性能较好，缺点是功率很难提高，尤其是高转速时充气效率低、性能较弱。为了提高进排气效率，现在多采用多气门技术，常见的是每个气缸布置有4个气门（也有单缸3或5个气门的设计，原理一样，如奥迪A6车型），4气缸一共就是16个气门，在汽车资料上经常看到的“16V”就表示发动机有16个气门。这种多气门结构容易形成紧凑型燃烧室，喷油器布置在中央，这样可以使混合气燃烧更迅速、更均匀，各气门的重量和开度适当地减小，使气门开启或闭合的速度更快。

2）气门传动组。驱动控制气门的开闭。气门传动组主要包括凸轮轴、正时齿轮、挺柱及其导杆，推杆、摇臂和摇臂轴等，其作用是使进排气门按配气相位规定的时刻进行开闭，并保证有足够的开度。

3）气门驱动组。气门驱动组的主要机件有凸轮轴及其驱动装置，包括挺柱、推杆、摇臂及摇臂轴等。作用是定时驱动气门开闭，并保证气门有足够的开度和适当的气门间隙。

（3）燃料供给系统

汽油机燃料供给系统的功用是根据发动机的要求，配制出一定数量和浓度的混合气，供入气缸，并将燃烧后的废气从气缸内排到大气中；柴油机燃料供给系统的功用是把柴油和空气分别供入气缸，在燃烧室内形成混合气并燃烧，最后将燃烧后的废气排出，如图4所示。

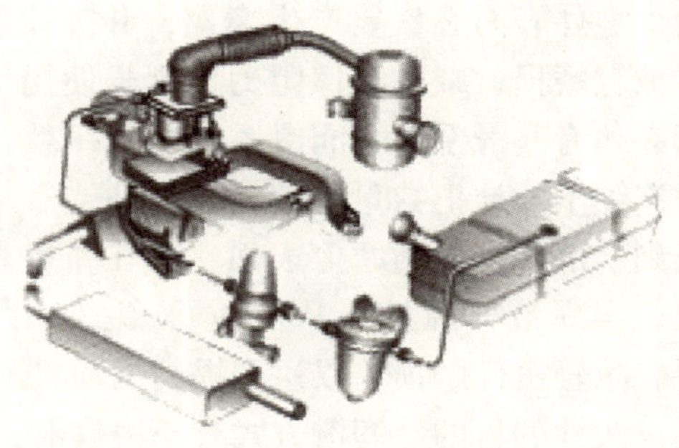

图4　燃料供给系统

燃油供给系统包括燃油箱、燃油泵、燃油缓冲器、燃油压力调节器、燃油滤清器、喷油器等部件。

燃油箱的作用是储存燃油。

燃油泵的作用是将燃油从燃油箱中泵入燃油管路，并使燃油保持一定的压力，经过滤清器输送到燃油喷油器和冷起动阀。

燃油泵按其安装位置不同可分为外装泵和内装泵两种。外装泵即将泵装在油箱之外的输油管路中，内装泵则是将泵安装在燃油箱内。与外装泵比较，内装泵不易产生气阻和燃油泄漏，且噪声小。目前汽车大多采用内装泵。

燃油缓冲器也称脉动阻尼器。其作用是使燃油泵泵出的油压变得平稳，减少抽压波动和降低噪声。

油路中安装了燃油压力调节器，它使喷油压力与喷油环境压力的差值保持恒定。此压力差一般维持在250kPa，当供油压力超过规定值时，压力调节器内的减压阀打开，汽油便经过回油管流回油箱，使输油管油压保持恒定。

燃油滤清器装于燃油缓冲器与喷油器之间的油路中，其作用是滤除燃油中的水分和杂质等，以防堵塞喷油器计量阀。

喷油器安装在节气门体空气入口处（SPI 系统）或进气歧管靠近各缸进气门附近（MPI 系统），受电子控制器喷油信号的控制，其喷油量由喷油器通电时间的长短决定，从而将适量的燃油成雾状喷入进气歧管。

喷油嘴其实就是个简单的电磁阀，当电磁线圈通电时，产生吸力，针阀被吸起，打开喷孔，燃油经针阀头部的轴针与喷孔之间的环形间隙高速喷出，形成雾状，利于燃烧充分。

喷油嘴本身是一个常闭阀，当 ECU 下达喷油指令时，其电压信号会使电流流经喷油嘴内的线圈，产生磁场来把阀针吸起，让阀门开启好使燃油能从喷油孔喷出。喷射供油的最大优点就是燃油供给控制十分精确，让发动机在任何状态下都能有正确的空燃比，不仅让发动机保持运转顺畅，其废气也能合乎环保法规的规范。

（4）润滑系统

润滑系统的功用是向做相对运动的零件表面输送定量的润滑油，以实现液体摩擦，减小摩擦阻力，减轻机件的磨损，并对零件表面进行清洗和冷却。润滑系统通常由润滑油道、机油泵、机油滤清器和一些阀门等组成（图5）。

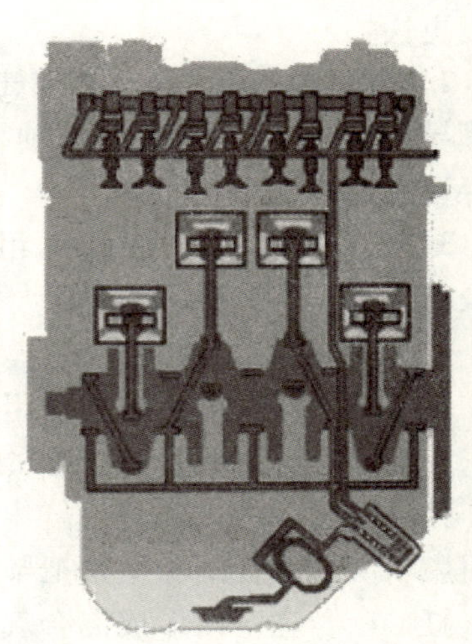

图5 润滑系统

发动机工作时，各运动零件均以一定的力作用在另一个零件上，并且发生高速的相对运动，有了相对运动，零件表面必然要产生摩擦，并加速磨损。因此，为了减轻磨损，减小摩擦阻力，延长使用寿命，发动机上都必须有润滑系统。润滑系统的功用就是在发动机工作时连续不断地把数量足够、温度适当、洁净的润滑油输送到全部传动件的摩擦表面，并在摩擦表面之间形成油膜，实现液体摩擦，从而减小摩擦阻力、降低功率消耗、减轻机件磨损，以达到提高发动机工作可靠性和耐久性的目的。润滑方式有压力润滑、飞溅润滑、润滑脂润滑三种方式。

（5）冷却系统

冷却系统的功用是将受热零件吸收的部分热量及时散发出去，保证发动机在最适宜的温度状态下工作。水冷发动机冷却系统通常由冷却水套、水泵、风扇、散热器、节温器等组成（图6）。

1）节温器。节温器是根据冷却液温度的高低自动调节进入散热器的水量，改变水的循环范围，以调节冷却系统的散热能力，保证发动机在合适的温度范围内工作。节温器必须保持良好的技术状态，否则会严重影响发动机的正常工作。如节温器主阀门开启过迟，就会引起发动机过热；主阀门开启过早，则使发动机预热时间延长，使发动机温度过低。

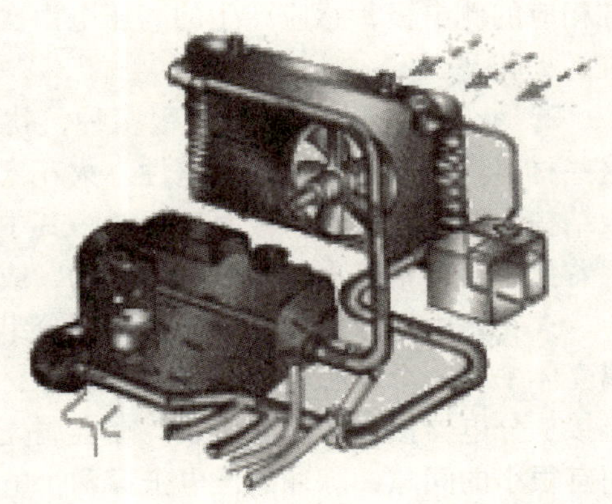

图6　冷却系统

2）水泵。水泵的作用是对冷却液加压，保证其在冷却系统中循环流动。水泵的故障通常为水封的损坏造成漏液，轴承出现问题使转动不正常或出声。在发动机出现过热现象时，最先应该注意的是水泵传动带，检查传动带是否断裂或松动。

3）散热器。发动机工作时，冷却液在散热器芯内流动，空气在散热器芯外通过，热的冷却液由于向空气散热而变冷。散热器上还有一个重要的小零件，就是散热器盖，这小零件很容易被忽略。随着温度变化，冷却液会“热胀冷缩”，散热器器因冷却液的膨胀而内压增大，内压到一定时，散热器盖开启，冷却液流到储液罐；当温度降低，冷却液回流入散热器。如果蓄液罐中的冷却液不见减少，散热器液面却有降低，那么，说明散热器盖就没有工作。

4）散热风扇。正常行驶中，高速气流已足以散热，风扇一般不会在此时工作；但在慢速和原地运行时，风扇就可能转动来帮助散热器散热。风扇的起动由冷却液温度传感器控制。

5）冷却液温度传感器。冷却液温度传感器其实是一个温度开关，当发动机进水温度超过90℃，冷却液温度传感器将接通风扇电路。如果循环正常，而温度升高时，风扇不转，冷却液温度传感器和风扇本身就需要检查。

（6）点火系统

在汽油机中，气缸内的可燃混合气是靠电火花点燃的，为此在汽油机的气缸盖上装有火花塞，火花塞头部伸入燃烧室，能够按时在火花塞电极间产生电火花的设备称为点火系统，点火系统通常由蓄电池、发电机、分电器、点火线圈和火花塞等组成（图7）。

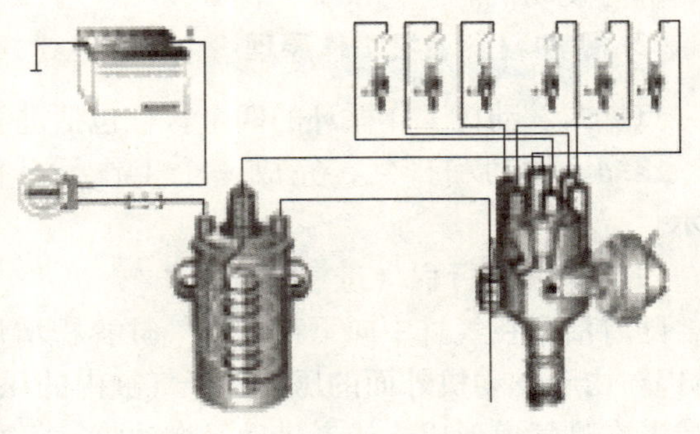

图7　点火系统

1）分电器。汽油发动机点火系统中按气缸点火次序定时地将高压电流传至各气缸火花塞的部件。在蓄电池点火系统中，通常将分电器和点火器安装在同一轴上，并由凸轮轴驱动，同时它还带有点火提前角调整装置和电容器等。

点火器的断电臂用弹簧片使触点闭合，凸轮轴带动断电凸轮使触点开启，开启间隙约为0.30～0.45mm。断电凸轮的凸起数与气缸数相同。当触点开启时，分电器的分电臂正好对准相应的侧电极，感应产生的高压电由次级线圈经过分电臂、侧电极、高压导线传至相应气缸的火花塞。

2）火花塞。火花塞分为很多种，就其材料而言主要有镍合金火花塞、铂金火花塞等，这些材料本身都有良好的导电性。火花塞散热形式有冷型火花塞和热型火花塞，火花塞的电极结构主要有单极、双极、四极等。其中出于想提升车辆点火性能方面的考虑，很多人都会想着把自己的单极火花塞改为多极的，或者将自己的镍合金火花塞改为铂金火花塞。

火花塞由绝缘体和金属壳体两部分组成，金属壳体带有螺纹，拧在发动机气缸上，在金属壳体中有一个中心电极，它通过绝缘材料与金属壳体绝缘，在中心电极上端有接线螺母，连接从分电器接过来的高压线，在金属壳体下面还焊有接地电极，在中心电极与接地电极之间有很小的间隙，脉冲高压电击穿两个电极之间的空气，产生电火花点燃可燃混合气做功，由于火花塞工作在高温高压的恶劣环境，对它的材料和制造工艺都要求十分高，但在大多经济型车多采用镍合金火花塞，只有中高档车才会使用铂金火花塞或白金火花塞。

3）缸线。缸线是传统点火系中必不可少的一部分，是点火线圈把能量传给火花塞的介质。缸线大体上分为四部分。一是导电材料，二是绝缘胶皮，三是点火线圈接头，四是火花塞接头（还有一些缸线外面再包裹一层隔热材料，防止缸线被烧坏）。

缸线数目与发动机缸数相同。现在很多车辆已经没有了缸线，因为缸线和点火线圈做到了一起，每缸一个点火线圈，所以体积大大减小，为每缸独立点火提供了更加便利的条件。

（7）起动系统

要使发动机从静止状态过渡到工作状态，必须先用外力转动发动机的曲轴，使活塞做往复运动，气缸内的可燃混合气燃烧膨胀做功，推动活塞向下运动使曲轴旋转。发动机才能自行运转，工作循环才能自动进行。因此，曲轴在外力作用下开始转动到发动机开始自动地怠速运转的全过程，称为发动机的起动。完成起动过程所需的装置，称为发动机的起动系统（图8）。

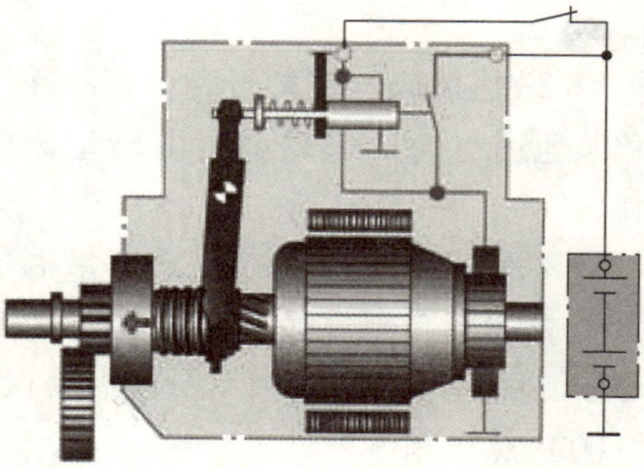

图8 起动系统

2. 四冲程发动机工作原理

点燃式发动机工作循环的四个行程包括进气、压缩、做功和排气，完成一个工作循环需要曲轴转两圈（720°曲轴转角）。如图9所示。

（1）第一个行程（进气行程）

随着活塞在气缸中向下移动，气缸容积增加，从而使气缸内的压力比外部压力低10～30kPa。由于发动机外面的压力高于气缸内的压力，所以空气被迫进入进气系统。可燃混合气或者在进气道形成，或者借助于燃油喷射，在气缸内直接形成。为了让尽可能多的空气或空气与燃油的混合气进入气缸，进气门（IV）在上止点（TDC）前最多可达45°曲轴转角

（CA）时就已经开启，而在下止点（BDC）后35°~90°才能关闭（图9）。

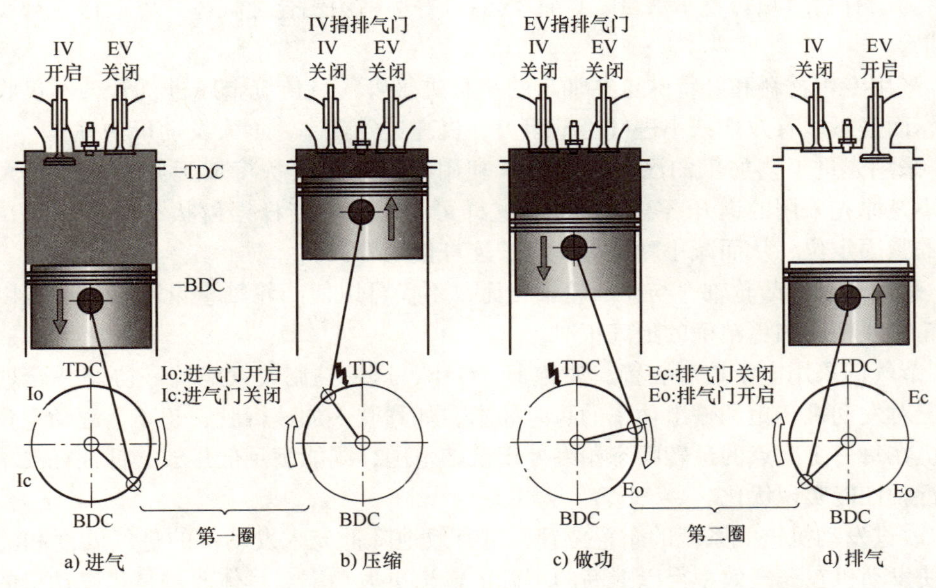

图9 四个行程

（2）第二个行程（压缩行程）

随着活塞在气缸中向上移动，气缸内的混合气被压缩为原来气缸容积的1/12~1/7。在直接喷射的情况下，空气得到压缩，并在TDC之前不远处开始喷油。缸内的气体温度升高到400~500℃。由于在此高温下气体得不到膨胀，因而最后压力将升高到1.8MPa。此高压促进了燃油的进一步汽化，以及燃油蒸气与空气的进一步混合，从而使燃烧在第三个行程中能够快速而彻底地进行。在压缩行程期间，进气门、排气门均处于关闭状态。

（3）第三个行程（做功行程）

点燃混合气的火花跳过火花塞电极，从而开始了燃烧过程。在燃烧速度为20m/s时，从跳火到火焰前锋的完全形成，所需时间约为1/1000s。为此，根据发动机转速的不同，必须在TDC之前0°~40°时进行跳火，这样才能在TDC之后的很短时间内（40~100°曲轴转角）获得需要的3~6MPa的最高燃烧压力。温度高达2500℃的燃气的膨胀迫使活塞向下移向BDC。热能转变成机械能。

（4）第四个行程（排气行程）

在BDC之前40°~90°时，排气门开启。这将有利于废气的排出和减小加在曲轴上的负荷。在做功行程终了时，气缸内仍有300~500kPa的压力，这就导致温度高达900℃的废气以声速从气缸向外排出。随着活塞向上运动，剩余废气就以20kPa左右的动态压力排出。为使排气彻底，排气门只能在TDC之后关闭，而此时进气门已经开启。这种气门开启时间的重叠现象有利于减少燃烧室内的残余废气，并有利于燃烧室的冷却，从而提高了充气效率。

3. 技术特点

1）发动机气门驱动机构采用液压支承滚珠摇臂式结构，与现在一般汽油机上普遍采用的液压挺杆式气门驱动机构相比，这种新颖的气门驱动机构具有摩擦扭矩相对较小的优点，因此所需的驱动力亦小，从而可以有效地减小发动机功耗，降低油耗。

2）为了有效地减轻整车重量，1.4L 汽油机普遍采用铝合金缸体，可取得十分明显的轻量化效果。

3）采用专用材料和经特殊工艺加工的塑料进气管代替传统金属进气管，不仅收到轻量化效果，而且可以有效地减小进气管壁阻力，提高进气效率，增大发动机功率。

4）采用先进工艺加工的涨断式连杆，利用专用涨断设备将加工完毕的连杆大头孔涨断，而不是原先采用的锯开、磨削工艺。这样可利用涨断连杆锯齿状“哈夫”面，确保绝对准确的紧固定位，从而减小摩擦力，延长连杆使用寿命。

5）采用热套式凸轮轴，与原凸轮轴相比，不仅可以使凸轮轴重量减轻，还可以达到更高的凸轮型线精度和更精确的配气正时。

6）节气门采用电子控制装置，亦称 E－GAS，这种控制装置能统一协调并合理管理汽车各工况对发动机转矩和输出功率的瞬时要求，如驾驶人加速行驶、超车、起动空调等，可使发动机在每一工况点的运转状态始终处于最佳范围，既能满足低排放、低油耗要求，又可使整车行驶性能实现优化。

7）改进发动机进气系统的布置位置，可有效地降低充入发动机的进气温度和提高进气密度，使发动机在充气效率得以提高的基础上输出更大功率。具体改进是将发动机的进气管路布置在发动机前端模块左侧，散热器之上。

8）为提高散热器的防腐能力，延长散热器的使用寿命，布置在发动机前端模块中的散热器散热片均包覆塑料。

9）为防止发动机油底壳底部与高低不平路面发生碰撞、摩擦而损伤发动机，专门在油底壳下面可选装一块金属防护板。

10）为有效地隔热、隔声、隔振，使其不传入乘员厢内影响乘坐舒适性，大众 POLO 轿车在排气管部位加装了一块隔热屏蔽板。

旋转木马法互学

教师活动 教师给学生分成旋转木马小组，提出要求让学生进行旋转木马互相讲述。
学生活动 学生按照教师要求进行旋转木马讲述。（20min）

小组合作整理笔记

教师活动 教师要求学生回到原始学习小组，整理关键内容到笔记本上。
学生活动 学生回到原始学习小组，经过讨论把关键内容整理到笔记本上。（10min）

完成 2.4.3.1 理论测试

教师活动 教师要求学生独立完成 2.4.3.1 理论测试，不允许查阅任何资料。
学生活动 学生安静独立地在系统上完成 2.4.3.1 理论测试并提交，不能查阅任何资料。（20min）

2.4.3.1 理论测试

2.4.3.1 理论测试

学校名称		任课教师	
班级		学生姓名	
学习领域	L2 机械组件与系统检查拆换		
学习情境	LS2.4：发动机运行不平稳且功率不足	学习时间	50min
理论学习内容	发动机的分类、组成和工作原理	学习地点	理实一体化教室

一、填空题（每空1分，共40分）

1. 发动机是将某一种形式的能量转换为机械能的机器。其功用是将液体或气体的________通过燃烧后转化为________，再把热能通过膨胀转化为________并对外输出动力。

2. 点燃式发动机最好使用汽油，混合气在________或________形成。

3. 柴油机的混合气在________形成，以________为燃料。

4. 四冲程发动机对于一个做功循环，这些发动机均有一个封闭的气体交换过程，并每循环需要活塞运动________个行程，即曲轴转________圈。

5. 二冲程发动机对于一个做功循环，这些发动机具有一个开式气体交换过程，并每循环只需要活塞运动________个行程，即曲轴转________圈。

6. 按活塞形成进行分类，可分为________和________。

7. 按冷却系统进行分类，可分为________和________。

8. 汽油机由________大机构和________大系统组成，即由________、________、________、________、________、________和________组成。

9. 曲柄连杆机构是发动机实现工作循环，完成能量转换的主要运动零件。它由________、________和________等组成。

10. 配气机构大多采用顶置气门式配气机构，一般由________、________和________组成。

11. 燃油供给系统包括________、________、________、________、________、________等部件。

12. 润滑系统通常由________、________、________和________等组成。

二、单选题（每题2分，共10分）

1. 由于二冲程发动机做功行程频繁，每转需燃烧一次，因此发动机各零部件受热程度比四冲程发动机（　　）。

A. 高　　B. 低　　C. 相同

2. 发动机，比如L4就代表着（　　）4缸的意思。

A. 水平对置　　B. 直列　　C. V形　　D. 转子式

3. V形发动机，使两组气缸形成一个夹角的平面，从侧面看气缸呈V字形，通常的夹角为（　　），故称V形发动机。

A. 30°　　B. 45°　　C. 60°　　D. 90°

4. 机体组是发动机的（　　），是曲柄连杆机构、配气机构和发动机各系统主要零部件的装配机体。

A. 核心　　B. 支架　　C. 外壳　　D. 附属部件

5. 活塞连杆组将活塞的往复运动转变为（　　）的旋转运动。

A. 机体组　　B. 连杆　　C. 曲轴　　D. 飞轮

三、判断题（每题2分，共12分）

1. 点燃式发动机在轿车、中小型货车及军用越野车上得到广泛的应用。（　　）
2. 由于二冲程发动机做功行程频率大，故工作不平稳。（　　）
3. 直列发动机的缺点在于发动机本身的功率较低，并不适合配备6缸以上的车型。（　　）
4. VR发动机的气缸夹角非常小，两列气缸接近平行，气缸盖上火花塞的孔几乎并在一条直线上。（　　）
5. 通常情况下，进气口的直径要小于于排气口。（　　）
6. 燃油缓冲器也称脉动阻尼器。其作用是使燃油泵泵出的油压变得平稳，减少抽压波动和降低噪声。（　　）

教学方法：工作站法

3.3 发动机缸压及压力损失检测

工作站学习完成工作页

教师活动　教师提供实验车型的维修手册等资料和工作站，提供2.4.3.3～2.4.3.4信息页，要求学生完成工作页2.4.3.3～2.4.3.4和实际操作，教师对各工作站进行巡视和指导。

学生活动　学生根据教师要求，查阅2.4.3.3～2.4.3.4信息页，完成工作站的学习内容和实操内容。(60min)

2.4.3.3 信息页

2.4.3.3 信息页

学校名称			任课教师	
班级			学生姓名	
学习领域	L2 机械组件与系统检查拆换			
学习情境	LS2.4：发动机运行不平稳且功率不足	学习时间	50min	
工作任务	C：发动机气缸压力检测	学习地点	理实一体化教室	

1. 发动机机械系统故障的表现及影响

汽车发动机是由各总成和零部件组成的。随着行驶里程的增加，机械磨损和化学腐蚀使零部件原有的尺寸、几何形状发生改变，配合间隙增大；长期承受交变载荷的作用会产生疲劳损坏；零件受到外载荷、高温、残余应力作用会变形；橡胶及塑料非金属制品和电器元件因长时间工作会老化，严重时产生裂纹和损伤，其强度、硬度和弹性将变差。这些都会导致汽车发动机技术状况变差，动力性、经济性下降，可靠性降低，甚至发动机产生各种机械故障。

现代汽车发动机结构复杂，出现的机械系统故障也多种多样，对其归纳分类，有助于故障成因的分析和故障部位的判断。

（1）工况异常

工况异常是指汽车发动机的工作状况突然出现了不正常现象，这是比较常见的工作症状。例如：发动机突然熄火后再起动困难，甚至无法起动；发动机在行驶中动力突然下降、行驶无力等。这些故障的现象明显，容易察觉，但其原因复杂，涉及较多的系统，而且往往是由渐变到突变。如：起动困难的故障原因涉及发动机起动系统、点火系统、燃油供给系统及机械部分。因此，在诊断发动机故障时应认真分析追溯突变前有无可疑症状，去伪存真，判明故障的存在。

（2）声响异常及振抖

有些故障可引起汽车发动机出现不正常的响声。出现异响预示着配合零件可能装配不当、零件变形、配合副磨损造成配合副间隙不合适。异响故障症状明显，容易发现。但若不及时处理就可能酿成机件出现大事故，因此要认真对待。事实证明，凡响声沉重，并伴有明显振抖现象的机械故障多为恶性故障，应立即停机，查明原因。一般情况下，异响原因不同而响声特征和规律也不同，在判断时，应正确分辨、仔细查听。

（3）温度异常

在正常情况下，无论汽车工作多长时间，发动机各系统和机构应保持一定的工作温度，超过这个温度，称为温度异常。如轿车发动机冷却系统的正常温度为95～105℃，超过此温度范围则为发动机过热。

（4）排气烟色异常

发动机在运转过程中，正常的燃烧生成物应表现为无明显颜色的烟雾。若燃烧不正常，烟雾的颜色将发生改变，将会排出黑烟、蓝烟或白烟。排黑烟主要是燃料燃烧不完全，烟雾中含有大量的炭粒；排蓝烟主要是因为机油进入燃烧室被燃烧所致；排白烟是因为燃油中有水或水进入发动机气缸。排气烟色已成为诊断发动机故障的重要依据。

（5）燃润料消耗异常

燃料、润滑油消耗异常也是一种故障现象。润滑油消耗增加，原因通常是渗漏。渗漏有向外渗漏和向内渗漏之分。内漏是指润滑油进入燃烧室，常伴有冒蓝烟现象。外漏是润滑油漏出发动机体外的故障现象，很容易被发现。渗漏易造成发动机润滑油量不足，从而引起发动机过热和运动件表面的拉伤甚至烧毁。因此，燃润料消耗异常是诊断发动机故障的一个重要参数。

（6）气味异常

燃油渗漏会发出明显的气味。发动机润滑油和防冻液的外漏，遇高温会散发出特殊气味。润滑油内漏参与燃烧时，在排气管会有难闻的气味。一旦发现气味异常，应立即停车检查。

2. 发动机机械系统故障的成因

发动机机械系统故障种类很多，原因复杂，所以维修工作难度较大。只有明确故障现象、分清故障类型，查明故障原因，才能使发动机机械系统维修工作顺利进行。

造成发动机机械系统故障的原因是多方面的，有设计、制造方面的原因，有使用不当的原因，也有维修不当的原因，但大部分是由于发动机长期运行后的正常磨损引起的。

（1）设计与制造缺陷

汽车设计和制造存在缺陷会给机件带来先天不良，以致使用不久就出现故障。如：有的发动机与底盘匹配不当，会造成换档耸车；有的发动机散热性能差，经常出现过热；有的气缸体存在铸造气孔和沙眼，会造成漏气或漏水；有的曲轴材料缺陷、制造工艺不良，出现早期的变形或断裂；有的发动机曲轴动平衡不好，会造成剧烈振动。

（2）使用与管理因素

正确选用燃油、润滑油是保证汽车正常行驶、减少故障和延长使用寿命的重要因素。如汽油牌号选用不正确，发动机会发生爆燃，易发生冲坏气缸垫或烧毁活塞顶，并使动力性下降；润滑油过稀或过稠、质量等级低，都会使零件因润滑不良而磨损加快。

驾驶人的驾驶技术和驾驶习惯直接影响汽车的技术状况，如长期低速档高速行驶，将使机件磨损加快，长期起步过猛将使离合器过度磨损等。汽车在使用中经常超载，各系统、零部件长时间超负荷工作，会出现早期损伤，导致故障的发生。

对汽车进行定期检测、强制维护、视情修理是保证汽车技术状况完好、减少事故发生的重要技术措施。汽车使用中不重视日常维护，新车或大修后车辆不注意磨合，不执行出车前、行驶中和收车后的“三检”制度等，均会使发动机随机故障增多。

（3）维修与配件因素

不按标准、不按工艺对汽车进行维护和修理，汽车维修人员技术水平低，检测维修设备不齐全，配件质量差等，都是引起发动机机械系统故障产生的重要因素。

3. 压缩压力测试

发动机动力不足的原因很多：如空气滤清器堵塞、活塞环折断或卡住、气门密封不良、点火时刻过迟、进气管道漏气、个别气缸工作不好或不工作等。但是发动机动力不足的故障中有一些是可以通过使用工具来排除的。如：气缸的一般磨损等。当用户反映发动机动力不足、烧机油时，应当首先判断一下动力不足的原因，在排除了空滤器堵塞、节气门无法全开、点火正时不对、进气管道各密封垫破损、个别缸不工作或工作不好等原因之后，再根据发动机油耗是否过高来判断，如果油耗过高，排气冒黑烟很浓，很可能存在其他机械故障。最后我们需要判断发动机气缸磨损的情况。发动机磨损情况直接影响气缸的密封性，因此检查气缸的密封性能在很大程度上反映出气缸的磨损程度。

在不解体发动机的条件下，检测气缸密封性的常用方法有：测量气缸压缩压力；测量曲轴箱窜气量；测量气缸漏气量或气缸漏气率；测量进气管负压等。在就车检测时，只要进行其中的一项或两项，就能确定气缸密封性的好坏。气缸压缩压力的检测，检测活塞到达压缩终了上止点时气缸压缩压力的大小可以说明气缸的密封性。检测方法有用气缸压力表检测和用气缸压力测试仪检测，用气缸压力表检测由于用气缸压力表检测气缸压缩压力（以下简称气缸压力）具有价格低廉、仪表轻巧、实用性强和检测方便等优点，因而在汽车维修企业中应用十分广泛。

检测气缸压力时，将气缸压力表安装到发动机上，然后接通起动开关，搭起动机、供发动机运转（但不工作），等压力表指针达到最大稳定值后，读取气缸压力值。按下逆止阀按钮，进行排气降压。每缸测 2 次，取其平均值为宜。气缸压力过低的诊断：可由火花塞孔注入少许发动机润滑油（20～30ml），再测气缸压力。若气缸压力与之前相同，则为气门漏气；若测得数值与之前有所增加，则为缸壁、活塞、活塞环等机件磨损严重。

压缩试验仪用于完成各个燃烧室内压力状况的比较测量（图1）。

1）起动发动机达到正常温度（图2）。

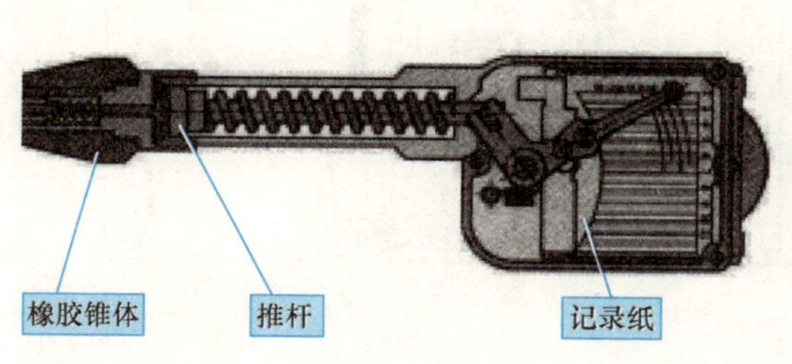

图1 压缩试验仪

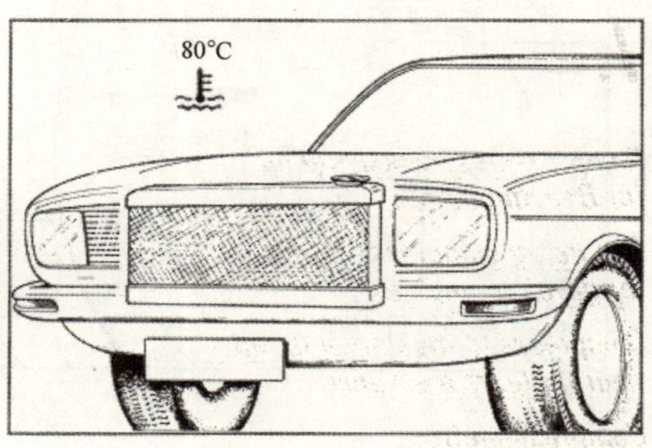

图2 起动发动机

2）拆下空气滤清器，用压缩空气吹净火花塞周围的脏物；拔下各缸高压线（图3），拔下点火线圈插头或拔下曲轴位置传感器线束插头，防止各缸点火；拔下所有喷油器插头。

3）使用汽油机火花塞专用工具拧下全部火花塞（图4）。

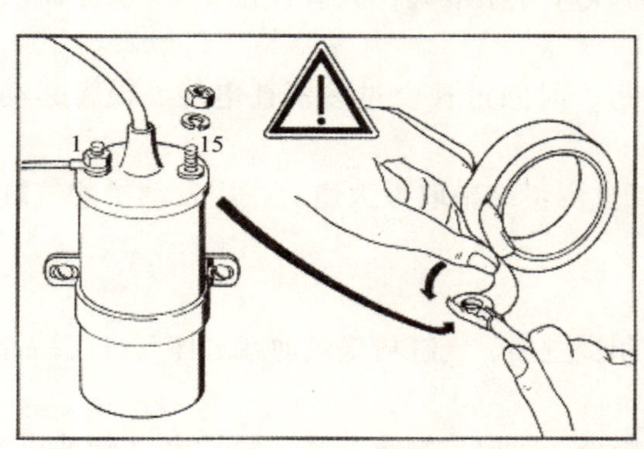

图3 拔下高压线

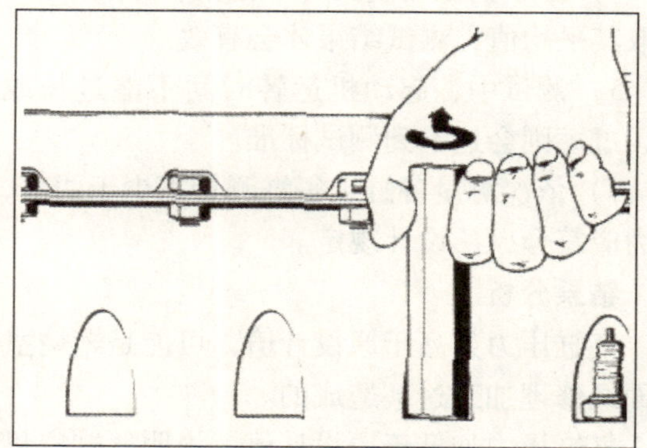

图4 拆卸火花塞

4）将气缸压力表的橡胶接头插在被测气缸的火花塞孔内，扶正压紧或将压力表的螺纹接头拧紧在被测气缸的火花塞孔螺纹上（图5）。

5）将节气门置于全开位置；用起动机转动曲轴，待压力表头指针指示并保持最大压力后停止转动；取下压力表，记录读数，按下单向阀使指针归零（图6）。

检测气缸压力的注意事项

1）不能在凉车时测缸压。由于温度和大气压等因素的影响，只有在发动机达到正

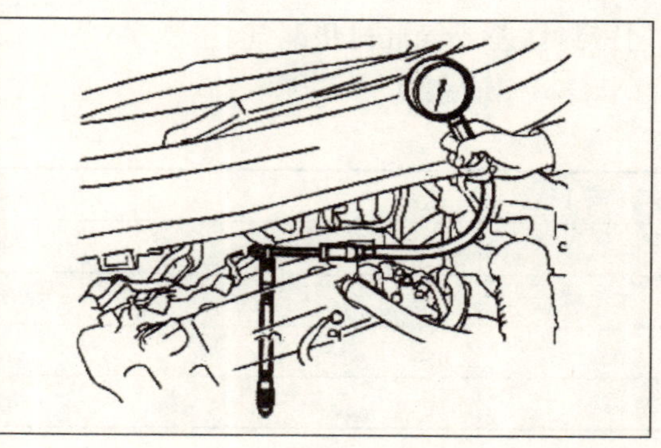

图5 安装压力表

常的工作温度时测得的缸压才具有实质性的参考价值。

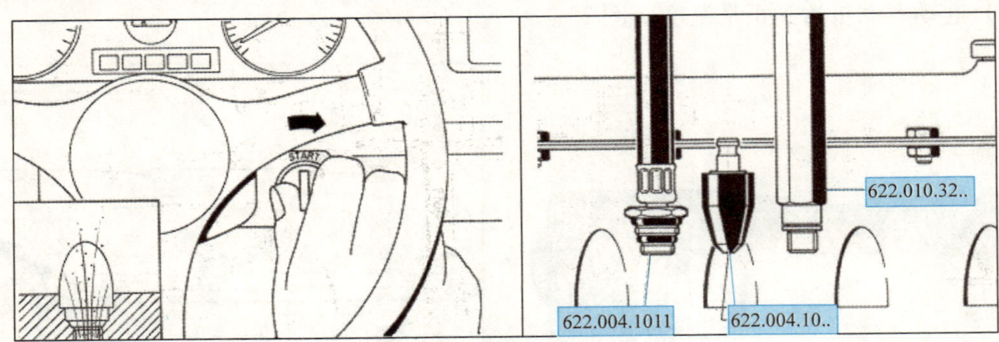

图 6 起动车辆并记录数值

2）对于电喷车在测试中必须拆下燃油泵熔丝或其他继电器、熔丝再测量，否则往往会导致“淹缸”以及缸压偏低的情况。

3）测试过程中，必须将节气门全部打开，否则会由于燃烧室内进气量不足，从而导致缸压偏低。

4）由于缸压测量具有一定的偶然性，只测一次往往不准确，只有经过 2 ~ 3 次测试然后取其平均值，测试结果才会有效。

5）测试中，起动机运转时间不能过长或过短。时间过长会过多消耗电能、损害起动机，过短则会达不到测试标准。

6）依次测量各缸，每缸测量不少于两次，每缸测量结果取最大值。在用发动机的气缸压力应符合原厂设计规定。

结果分析

气缸压力如高于原设计值，可能是燃烧室内积炭过多、气缸衬垫过薄或缸体与缸盖结合平面经修理加工过甚造成的。

气缸压力如低于原设计值，说明气缸密封性降低，可向该缸火花塞或喷油器（柴油机）孔内注入少量润滑油再进行测试（湿式缸压检测），以便区别气缸密封性差还是气门密封差。若气缸压力值有所提高，则表明气缸、活塞、活塞环磨损过大；若气缸压力不变，则为气门密封性差或气缸衬垫漏气。

2.4.3.4 信息页

2.4.3.4 信息页

学校名称		任课教师	
班级		学生姓名	
学习领域	L2 机械组件与系统检查拆换		
学习情境	LS2.4：发动机运行不平稳且功率不足	学习时间	50min
工作任务	D：发动机压力损失检测	学习地点	理实一体化教室

1. 发动机机械系统故障的诊断方法

汽车故障诊断的基本原则可概括为：搞清现象、结合原理、区别情况、周密分析，从简到繁、由表及里，诊断准确、少拆为益。诊断发动机机械系统故障更需要抓住故障现象的特征，分析造成故障原因的实质，尽量避免盲目拆卸，更要防止因拆装不正确而造成新的故障。

汽车故障诊断方法有：直观诊断法、经验诊断法和仪器诊断法。

（1）直观诊断法

有问、看、听、嗅、摸和试等六种方法。

“问”就是调查；“看”就是观察；“听”就是通过辨听声音来判断发动机运转以及汽车运行状况；“嗅”就是凭借嗅觉感知发动机在运行中有无异常气味；“摸”就是用手接触可能发生故障的机件的工作温度及其振动情况；“试”是通过试车来找出故障的部位。故障的直观诊断需要根据具体情况灵活运用，一般机械故障通过“问、看、听、嗅、摸、试”得到故障信息，经进一步综合分析，都能准确、迅速地查出故障。

（2）经验诊断法

有隔离法、试探法、比较法等。

隔离法就是部分地隔离或隔断某些系统或某些部件的工作，通过观察故障现象的变化来确定故障范围或部位的方法。当隔离或隔断某部位后，若故障现象立即消失，则说明故障发生在此部位或与此部位相关的系统；若故障现象依然存在，说明故障在其他部位。如对发动机采用单缸断火法（或单缸断油法）来判断故障缸。又如将变速器操纵杆放在空档位置，断续地接合、分离离合器，根据声音变化判断响声是发生在变速器还是离合器。

试探法是指对故障可能产生的部位通过试探性的排除或调整来判断其是否正常。如当怀疑是气门间隙过大（或液压挺柱故障）引起气门异响，可用塞尺塞入气门杆与气门摇臂端（或气门杆与液压挺柱端），若异响消失或减轻，则故障原因即为气门间隙过大（或液压挺柱故障）；若异响声不变，再查其他部位。

比较法常用于在不能准确判断部件技术状况时，将怀疑有故障的零部件与工作正常的相同件对换，根据换件后故障现象的变化来判断所换部件是否有故障。如：当某缸不工作，怀疑火花塞工作不正常时，可将一个正常的火花塞换上，若故障消失，说明该火花塞工作不正常。

（3）仪器诊断法

使用仪器设备测量发动机总成、机构的诊断参数，可实现对发动机的不解体检测诊断。仪器诊断法具有安全、快速、准确、预见性好等特点，是诊断汽车故障的发展方向。如在就车检测时，只要测量气缸压缩压力、进气歧管真空度、气缸漏气量或气缸漏气率、曲轴箱窜气量等其中的一项或几项，就能确定气缸密封性不良产生的部位及可能原因。

又如使用发动机综合检测仪通过传感器采集信号，经计算机处理后，可以直观、方便地对发动机进行检测、分析与诊断。包括：点火提前角、气缸压力、充电测试、进气管真空度波形、温度测量、废气分析、转速稳定性分析等。对汽油喷射式发动机还可以检测传感器和执行器的工作状况。

2. 气缸泄漏试验

压缩压力检查后，如果怀疑气缸泄漏，就应进行此试验（图 1）。

检查相关气缸时，应遵守下列操作程序：

1）使活塞位于压缩行程的上止点位置。

2）将压力降测试仪连接到压缩空气系统上（压力为0.5～1.0MPa），并使用滚花螺钉加以调校。

3）通过气缸的火花塞螺纹孔连接测试仪。

4）泄漏产生的压力下降的程度在压力表上用百分值指示出来，不得超过试验设备制造厂家的规定值（表1）。

5）如果泄漏严重，通过查找空气泄漏出口，即可确定故障根源。

有关故障原因的结论：

1）在进气歧管或排气歧管内有漏气响声，表明进气门或排气门泄漏。

2）在机油加注管口或油尺口处听到漏气声，表明活塞、活塞环和气缸磨损，气缸垫损坏。

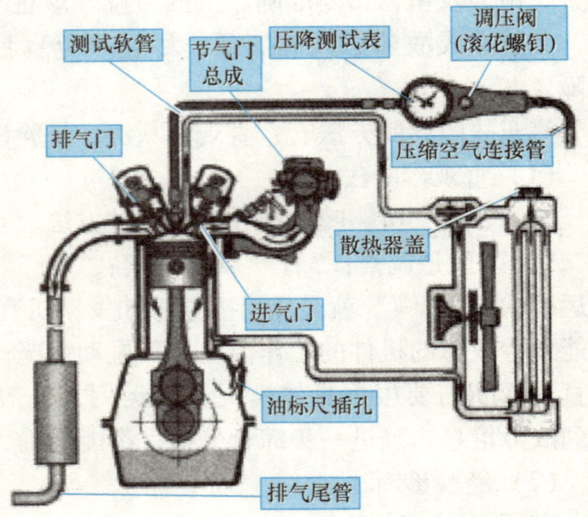

图1 气缸泄漏试验

3）冷却系统散热器加注口里冒气泡，或相邻气缸的火花塞孔内有响声，表明气缸垫泄漏，或气缸盖上有裂纹。

表1 漏气损失标准

编号	名称	漏气要求率（%）
BE01.00－P－1001－02Z	气缸漏损：允许泄漏总读数	≤25
BE01.00－P－1002－02Z	气缸密封性：气门和气缸盖衬垫处的允许损失	≤10
BE01.00－P－1003－02Z	气缸密封性：活塞和活塞环处的允许损失	≤20

轮换工作站学习

教师活动 教师组织学生轮换工作站进行小组学习。
学生活动 学生轮换工作站进行小组学习。（240min）

小组合作制作综合海报

教师活动 教师要求每个小组完成一张思维导图的总海报。
学生活动 学生分组完成一张总海报。（60min）

展示讲述综合海报

教师活动 教师选出一个组来介绍讲解总海报内容，教师进行评价。
学生活动 被选出的小组展示讲述本组绘制的总海报内容，其他组学生提出疑问、建议。（30min）

完成2.4.3.2 理论测试

教师活动 教师要求学生独立完成2.4.3.2理论测试，不允许查阅任何资料。

学生活动 学生安静地、独立地在系统上完成 2.4.3.2 理论测试并提交，不能查阅任何资料。(20min)

2.4.3.2 理论测试

2.4.3.2 理论测试

学校名称		任课教师	
班级		学生姓名	
学习领域	L2 机械组件与系统检查拆换		
学习情境	LS2.4：发动机运行不平稳且功率不足		
理论学习内容	发动机缸压及压力损失检测	学习时间	5h

一、填空题（每空 1 分，共 13 分）

1. 工况异常是指汽车发动机的工作状况突然出现了________现象，这是比较常见的工作症状。

2. 在正常情况下，无论汽车工作多长时间，发动机各系统和机构应保持一定的工作温度，超过这个温度，称为________。

3. 发动机在运转过程中，正常的燃烧生成物应表现为________颜色的烟雾。

4. 燃料、润滑油消耗异常也是一种故障现象。润滑油消耗增加，原因通常是________。

5. 造成发动机机械系统故障的原因是多方面的，有________的原因，有________不当的原因，也有________不当的原因，但大部分是由于长期运行后的正常________引起的。

6. 汽车故障诊断方法有：________、________和________。

7. ________就是部分地隔离或隔断某些系统或某些部件的工作，通过观察故障现象的变化来确定故障范围或部位的方法。

8. ________是指对故障可能产生的部位通过试探性的排除或调整来判断其是否正常。

二、单选题（每题 2 分，共 10 分）

1. 排（ ）主要是燃料燃烧不完全，烟雾中含有大量的炭粒。

A. 白烟 B. 黑烟 C. 蓝烟 D. 红烟

2. 排（ ）主要是因为机油进入燃烧室被燃烧所致。

A. 白烟 B. 黑烟 C. 蓝烟 D. 红烟

3. 排（ ）是因为燃油中有水或水进入发动机气缸。

A. 白烟 B. 黑烟 C. 蓝烟 D. 红烟

4. 气缸漏损，允许泄漏总读数（ ）。

A. ≤25% B. ≤10% C. ≤20%

5. 气缸密封性：气门和气缸盖衬垫处的允许泄漏总读数（ ）。

A. ≤25% B. ≤10% C. ≤20%

三、判断题（每题 2 分，共 14 分）

1. 事实证明，凡响声沉重，并伴有明显振抖现象的机械故障多为恶性故障，应立即停机，查明原因。 （ ）

2. 轿车发动机冷却系统的正常温度为70～105℃，超过此温度范围则为发动机过热。（ ）

3. 排白烟是因为燃油中有水或水进入发动机气缸。（ ）

4. 气缸的密封性与气缸的磨损程度无关。（ ）

5. 发动机各气缸压力应不小于原设计规定值的80%。（ ）

6. 当隔离或隔断某部位后，若故障现象立即消失，则说明故障发生在此部位或与此部位相关的系统；若故障现象依然存在，说明故障在其他部位。（ ）

7. 当某缸不工作，怀疑火花塞工作不正常时，可将一个正常的火花塞换上，若故障消失，说明该火花塞工作不正常。（ ）

提交理论学习阶段的评价表

教师活动 教师要求学生对理论学习阶段2.4.3.1评价表进行自我评价。

学生活动 学生按照教师的要求对自己在理论学习阶段的表现进行自评，客观真实。

2.4.3.1 理论学习评价表

参与本项目的教师具体见Moodle系统，未参与本项目的教师可以根据实际情况自行制订。

2.4.4 任务计划：制订发动机运行不平稳且功率不足故障诊断与排除工作计划

独立查阅信息

教师活动 教师提供试验车型的维修手册。

学生活动 学生独立查阅教师提供的维修手册，提炼整理关键信息。（20min）

小组制作工作计划海报

教师活动 教师要求学生小组合作制作“发动机运行不平稳且功率不足故障诊断与排除”工作计划海报，把每一步的细节和注意事项写出来，包括为什么干、怎么干、安全、环保、工具、时间、成本、注意事项、检测标准等。

学生活动 学生分组讨论，小组合作完成工作计划海报。（40min）

2.4.4.1 工作计划海报

见附录。

展示讲述工作计划海报

教师活动 教师选出一个组来介绍讲解海报内容，教师进行评价。

学生活动 被选出的小组展示讲述本组学习成果，其他组学生提出疑问、建议。（40min）

修改工作计划海报

教师活动　教师强调修改工作计划时注意：安全、环保、规范、时间及成本控制意识的训练。

学生活动　每个组根据教师意见认真改进本组海报。(20min)

提交任务计划阶段的评价表

教师活动　教师提供任务计划阶段的评价表，指定组间评价顺序，保证每个组都被评价。要求学生将2.4.4.2评价表以小组形式提交到系统。

学生活动　每个组对老师指定的小组进行评价，合作填写2.4.4.2评价表，小组提交到系统。

2.4.4.2　任务计划评价表

参与本项目的教师具体见Moodle系统，未参与本项目的教师可以根据实际情况自行制订。

2.4.5　任务决策：与师傅和客户沟通工作计划

独立完成任务决策表

教师活动　教师发放2.4.5.1任务决策表要求学生安静地独立完成。

学生活动　学生独立按照任务决策的关键要素完成2.4.5.1任务决策表。(20min)

2.4.5.1　任务决策表

2.4.5.1　任务决策表

决策类型	决策方案
与师傅决策	请站在厂商的角度，和师傅沟通任务计划实施的可能性。(包括：工作任务的时间控制和成本控制，工作步骤的正确性、规范性和合理性，工作过程的安全性和环保性，考虑厂商的经济效益和工作效率等，并记录决策结果与师傅的建议)
与客户决策	请站在客户的角度，和客户沟通任务计划实施的可能性。(包括：是否有几种可能供客户选择？某些项目做或不做？现在做还是未来做？考虑客户的成本控制、时间控制、安全性、环保性、美观性和便利性等，并记录决策结果与客户的意见)

实战演习任务决策

教师活动 教师选出一个学生代表（这个学生是以往决策出现问题较大的）和自己进行任务决策，及时担任师傅和客户双重角色。

学生活动 被选出的学生与教师进行决策对话，其他学生观察，并进行口头评价、补充、改进。(20min)

提交确认任务决策

学生活动 每个学生修改自己的任务决策方案表格，提交到系统。(20min)

教师活动 教师对每个学生制订的任务决策方案进行确认，并将确认信息从系统发给学生。

提交任务决策阶段的评价表

教师活动 教师要求学生对任务决策阶段2.4.5.2评价表进行自我评价。

学生活动 学生按照教师的要求对自己在任务决策阶段的表现进行自评，需客观真实。

2.4.5.2 任务决策评价表

参与本项目的教师具体见 Moodle 系统，未参与本项目的教师可以根据实际情况自行制订。

2.4.6 任务实施：使用设备进行实车拆装检测

示范操作

教师活动 教师亲自示范操作，或者播放相关视频（操作内容是：从接车确认开始，按照诊断思路进行发动机运行不平稳且功率不足故障诊断与排除工作）。

学生活动 学生观察教师的示范动作，或观察视频中的示范动作。

操作实施

教师活动 教师将学生分组，并要求每组学生分工明确，严格强调安全和事故预防要求等。实施过程中教师进行巡视指导。

学生活动 学生分为4组，分工操作。每组每次安排2名学生操作，所有学生轮流，每个学生都要完成1次操作。当2名学生进行操作时，另外安排2名学生分别对其进行评价，填写2.4.6.1评价表，1名学生拍视频，1~2名学生监督记录，1~2名学生查阅手册改进计划。(4h)

提交任务实施阶段的评价表和视频

教师活动 教师要求学生对任务实施阶段2.4.6.1评价表进行自我评价，并提交任务实施阶段录制的所有视频资料。

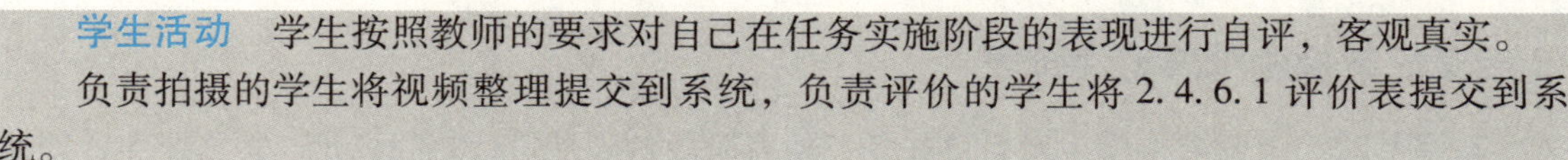

学生活动　学生按照教师的要求对自己在任务实施阶段的表现进行自评，客观真实。

负责拍摄的学生将视频整理提交到系统，负责评价的学生将 2.4.6.1 评价表提交到系统。

2.4.6.1　任务实施评价表

参与本项目的教师具体见 Moodle 系统，未参与本项目的教师可以根据实际情况自行制订。

2.4.7　任务检查：5S 与检查工作结果

任务检查和 5S

教师活动　教师提供 2.4.7.1 任务检查流程。要求学生分组，小组合作完成任务检查及 5S，在 2.4.7.1 任务检查单上标注。教师要求学生小组成员对工作过程和工作计划进行监督和评估，记录优缺点及改进建议，并口头表达。教师要重点引导学生对队友的支持性意见的表达，并训练学生接纳他人建议。

学生活动　学生分组，小组合作完成任务检查及 5S，在 2.4.7.1 任务检查单上标注。(20min)

学生按照教师规定严格监督和控制其他成员的工作过程并友善提出改进建议。(10min)

2.4.7.1　任务检查单

2.4.7.1　任务检查单

1. 请进行必要的最终任务检查，在（　　）里进行标记。

检查任务实施过程（　　），是否有改进或需要说明：

如有，处理意见：

检查测量值与标准值（　　），是否有改进或需要说明：

如有，处理意见：

2. 请进行必要的 5S。

5S 车辆（　　）

5S 工位（　　）

5S 场地（　　）

3. 请根据实施的诊断与修理工作，编制工作说明，完善改进工作计划（用另一种颜色的笔在任务计划上标注作答）。

小组合作修改工作计划

教师活动　教师要求学生小组合作修改完善工作计划，修改方式：在原有工作计划上用另一种颜色的笔进行真实、全面地复盘改进，并进行标注。

学生活动　学生小组合作修改完善工作计划，修改方式：在原有工作计划上用另一种颜色的笔进行真实、全面地复盘改进，并进行标注。(10min)

提交任务检查阶段的评价表

教师活动 教师要求学生对自己在任务检查阶段的表现进行自我评价。提醒学生：对于自己没有涉及的条目不评价。

学生活动 学生对自己在任务检查阶段的表现进行自我评价，对于自己没有涉及的条目不评价。

2.4.7.2 任务检查评价表

参与本项目的教师具体见 Moodle 系统，未参与本项目的教师可以根据实际情况自行制订。

2.4.8 任务交付：交车

任务交付准备

教师活动 在任务交付之前，教师提供2.4.8.1交车剧本给事先安排好的两个学生，一个扮演客户，另一个扮演SA，以便上课时两个学生能在实车上呈现交车过程。

学生活动 两个角色扮演的学生要熟悉练习交车剧本。

2.4.8.1 交车剧本

2.4.8.1 交车剧本

（一）任务完成正常交车

前台：先生，您好！您的车修好了，没有任何问题，您可以放心使用了。这是针对发动机使用的开车温馨贴士，请您留存！

客户：非常感谢！

前台：不客气！这是费用清单，请您跟我去财务结账。

客户：好的。

前台：这是车钥匙，以后请您放心使用！请您随时观察车况，如果有任何问题，请随时联系我。非常愿意为您服务！

客户：好的！谢谢你！再见！

前台：再见！您慢走！

（二）任务未完成异常交车

前台：先生，您好！非常抱歉，您的车我们前期预估失误，虽然我们已经尽力了，但是还是不能按照约定时间正常交车给您，预计还得2个小时才能完成。您看您是继续在店里等待，还是先去处理其他事情。等这边结束我及时联系您。

客户：好吧！2个小时后一定能取走我的车吗？

前台：真的非常抱歉！不过，您放心！同样的错误我们不会出现第二次。再有2个小时肯定交车给您。

客户：好吧。2个小时后等你电话，我先去处理其他事情。一定要完全修复啊！

前台：请您放心！一定保证您的爱车行驶无忧，我会随时观察进展情况，及时联系您。非常愿意为您服务！

客户：好的！谢谢你！那我先走了，待会儿见！

前台：待会儿见！您慢走！

两人角色扮演

学生活动 学生分组，两人一组。其中，事先安排好的两个学生为一组，一个扮演客户，另一个扮演 SA，先交车给师傅，然后交车给客户。(10min)

教师活动 教师提前安排学生两人一组，观察角色扮演学生的表演过程，同时观察其他学生的表现：倾听的认真程度。

全员换位评价

学生活动 学生认真观看角色扮演情境再现过程，理解客户委托，并与本组学生一起对做角色扮演的学生换位思考进行口头评价：角色扮演时的优缺点，如果是自己怎么改进会更好。(5min)

教师活动 教师指出角色扮演的优缺点，提出注意事项进行强调说明。

全员分组练习

教师活动 教师要求所有学生借鉴两个示范学生的表现，进行任务交付练习。

学生活动 学生按照教师的提示与强调，借鉴示范的两个学生的表现，学生分组在实车上进行任务交付的角色扮演练习。互换角色再练习一次。(10min)

提交任务交付阶段的评价表

教师活动 教师要求学生对任务交付阶段自己扮演 SA 时的表现依据 2.4.8.2 评价表进行自我评价。

学生活动 学生按照教师的要求对自己在任务交付阶段扮演 SA 时的表现进行自评，需客观真实。

2.4.8.2 任务交付评价表

参与本项目的教师具体见 Moodle 系统，未参与本项目的教师可以根据实际情况自行制订。

2.4.9 反思评价：总结知识点、技能点和素养点

提交反思评价自评表

教师活动 教师归纳整理理论知识体系，以一页 PPT 展示知识点、技能点和素养点。

学生活动 学生认真反思，倾听，构建适合自己学习的知识体系。(10min)

学生认真反思，对照学习目标进行自我反思，填写 2.4.9.1 自评表。(10min)

2.4.9.1 反思评价自评表

参与本项目的教师具体见 Moodle 系统，未参与本项目的教师可以根据实际情况自行制订。

提交反思评价他评表

教师活动 教师把每一位学生的反思阶段的评价表分配给其他同学进行评价。

学生活动 学生按照系统分配的评价对象，每个学生都填写一份对另一个学生的评价表。(10min)

2.4.9.2 反思评价他评表

参与本项目的教师具体见 Moodle 系统，未参与本项目的教师可以根据实际情况自行制订。

提交反思评价阶段的评价表

教师活动 教师参照学生的自评与他评在 2.4.9.3 反思评价表上给出学生反思评价成绩。

学生活动 每个学生将自评表和他评表形成的 2.4.9.3 反思评价表进行对照，帮助学生自我认识。

2.4.9.3 反思评价表

参与本项目的教师具体见 Moodle 系统，未参与本项目的教师可以根据实际情况自行制订。

2.4.10 巩固拓展

迁移新任务

教师活动 教师布置新的客户任务：排气管泄漏。要求学生小组合作制订工作计划并用 PPT 展示。

学生活动 学生明确拓展任务：小组合作制订工作计划，下次课前用 PPT 展示和评价。做好完成拓展任务的计划（分工与时间安排）。

分工制作工作计划

教师活动 教师要控制学生的制作过程，要求学生分工完成 2.4.10.1 工作计划，把自己负责的部分提交到系统，让教师看到。

学生活动 学生在小组长的带领下，制作过程合理分工，每人完成工作计划的一部分并提交到系统。(课后)

2.4.10.1 工作计划海报

见附录。

提交过程视频和 PPT

教师活动 教师要求学生制作 PPT 的过程录制视频并把视频提交到系统，同时提交 PPT 结果到系统。

学生活动 小组合作，录制制作 PPT 过程的视频。

巩固拓展阶段的评价表

教师活动 教师要求小组长完成本小组所有成员的 2. 4. 10. 2 评价表，提交到系统。

学生活动 小组长完成小组评价 2. 4. 10. 2 评价表，并把每个组员的评价表提交到系统。

2. 4. 10. 2 巩固拓展评价表

参与本项目的教师具体见 Moodle 系统，未参与本项目的教师可以根据实际情况自行制订。

总体评价

给学生反馈总体评价表

教师活动 教师对每个学生的总体评价表初稿进行补充修改，形成总体评价定稿，作为每个学生本学习情境的最终评价。

学生活动 学生认真对照教师反馈的总体评价表，分析自己的优势和不足，有针对性地制订改进措施，加强培养素养或知识、技能不足的方面。

LS2.5

冷却液损失且排气管冒白烟

教学准备

教学情境准备

教师活动 教师提前提供给所有学生 2.5.0.1 客户任务工单。课前提供 2.5.0.2 接车剧本给事先安排好的两个学生，一个扮演客户，另一个扮演 SA，以便上课时两个学生能在实车上把客户任务真实再现。

学生活动 所有学生在课前熟悉 2.5.0.1 客户任务工单，提前了解客户委托任务。

两个角色扮演的学生要熟悉练习 2.5.0.2 接车剧本。（课前）

2.5.0.1 客户任务工单

2.5.0.1 客户任务工单

<table>
<tr><td>车主姓名</td><td></td><td>日期</td><td></td></tr>
<tr><td>车型</td><td></td><td>车牌号</td><td></td></tr>
<tr><td>发动机号</td><td></td><td>底盘号</td><td></td></tr>
<tr><td>联系电话</td><td colspan="3"></td></tr>
<tr><td>通信地址</td><td colspan="3"></td></tr>
<tr><td colspan="4">故障现象描述：
车主反映，冷却液损失且排气管冒白烟。</td></tr>
<tr><td colspan="4">检查维修建议：</td></tr>
<tr><td colspan="4">故障结论：（更换或维修的零件记录）</td></tr>
<tr><td colspan="2">取车付款：
现金　　　　　　银行卡</td><td colspan="2">维修人：
收款人：</td></tr>
</table>

2.5.0.2 接车剧本

2.5.0.2 接车剧本

学习情境描述：

一辆大众速腾轿车，行驶总里程6万km，客户发现冷却液损失且排气管冒白烟。

前台：您好！有什么需要我帮忙的？

客户：您好！发现冷却液损失且排气管冒白烟。您能帮我看看吗？

前台：好的！您给我车钥匙，我先检查一下。

（上车，打开点火开关，试车发现冷却液损失且排气管冒白烟，询问客户）

前台：您的车冷却液损失且排气管冒白烟。这个毛病以前出现过吗？最近您修理过什么部件吗？

客户：不瞒您说，我的车车况特别好，在这之前什么毛病也没有，这是第一次有故障，只做过正常的维护保养。

前台：我刚才初步诊断了一下：冷却液损失且排气管冒白烟，可能是发动机机械部件损坏，如气缸垫损坏、气缸盖磨损等。具体原因需要后台检测后才能确认。

客户：好的！那您尽快维修吧，我还着急用车呢。

前台：那您想什么时间取车？

客户：今天下午4点取车吧。

前台：好的！请您到客户区休息等待，如有需要，我会及时和您联系。

教学目标准备

教师活动 教师以一页PPT简介本情境的教学目标：素养点、知识点、技能点。

学生活动 学生思路清楚、明确目标，在头脑中形成个人学习规划。（课前）

素养点：

① 能够接受新知识。

② 能够清晰明确地向他人口头转述信息。

③ 能够遵守诺言。

④ 能够独立工作。

⑤ 能够小组合作。

⑥ 能够在小组中与他人高效沟通交流。

⑦ 能够阅读技术信息，检索提炼、建构逻辑关系。

知识点：

① 简单描述发动机控制系统的结构和工作原理。

② 了解曲轴、凸轮轴。

③ 描述气缸盖的结构，知道气缸盖衬垫。

④ 分析螺栓连接，认识膨胀螺栓，确定拧紧力矩，知道强度，注意拧紧时的摩擦。

⑤ 描述螺纹类型，知道螺栓强度。

技能点：

① 规划和执行气缸盖及其衬垫的检测。

② 拆装气缸盖。

③ 更换正时传动带。

④ 更换气缸垫。

⑤ 遵守安全条例。

资料设备清单

参与本项目的教师具体见 Moodle 系统，未参与本项目的教师可以根据实际情况自行制订。

2.5.1 任务接受：接车

两人角色扮演

学生活动 学生分组，两人一组。其中，事先安排好的两个学生为一组，一个扮演客户，另一个扮演 SA，在实车上把客户任务真实再现。(10min)

教师活动 教师观察角色扮演学生的表演过程，同时观察其他学生的表现：倾听的认真程度。

全员换位评价

学生活动 学生认真观看角色扮演情境再现过程，理解客户委托，并与本组学生一起对做角色扮演的学生换位思考进行口头评价：角色扮演时的优缺点，如果是自己怎么改进会更好。(10min)

教师活动 教师指出角色扮演的优缺点，提出注意事项进行强调说明。

全员分组练习

教师活动 教师要求所有学生借鉴两个示范学生的表现，进行任务接受练习。

学生活动 学生按照教师的提示与强调，借鉴示范的两个学生的表现，学生分组在实车上进行任务接受的角色扮演练习。互换角色再练习一次。(10min)

提交任务接受阶段的评价表

教师活动 教师要求学生对任务接受阶段自己扮演 SA 时的表现进行自我评价。

学生活动 学生按照教师的要求对自己在扮演 SA 时的表现进行客观真实地自评。

2.5.1.1 任务接受评价表

参与本项目的教师具体见 Moodle 系统，未参与本项目的教师可以根据实际情况自行制订。

2.5.2 任务分析：冷却液损失且排气管冒白烟的原因

教学方法：餐垫法

独立查找原因

教师活动 教师提供 2.5.2.1 信息页（维修信息、文本资料）和餐垫图纸，指导学生独立查找冷却液损失且排气管冒白烟的原因，并书写在餐垫上周边对应位置。

学生活动 学生分组，首先个人独立阅读教师提供的 2.5.2.1 信息页，在信息页上划出关于发动机运行不平稳且功率不足的原因，形成个人的结论，工整地书写在餐垫上自己的对应位置。（30min）

2.5.2.1 信息页

2.5.2.1 信息页

学校名称		任课教师		
班级		学生姓名		
学习领域	L2 机械组件与系统检查拆换			
学习情境	LS2.5：冷却液损失且排气管冒白烟		学习时间	1h

汽车尾气正常时应为无色、无怪味的气体，如果汽车尾气变成了不同颜色、不同气味，那么表明汽车本身存在一些故障。车主应该及时处理，以免发生意外。常见的有黑、白、蓝色汽车尾气，那么汽车尾气出现黑、白、蓝色分别代表发动机什么故障？

1. 排气冒黑烟

1）尾气中的黑烟主要是燃料不完全的炭粒。因此，燃油供给系统燃料供给过量，进气系统空气量减少，缸体、缸盖与活塞构成的燃烧室的密封性差，喷油器喷射质量差等因素都会使燃料燃烧不完全，从而使排气冒黑烟。

2）喷油量过大，造成的原因主要有喷油器卡在打开位置，喷油器泄漏，冷却液温度传感器信号失准，空气流量计脏污，进气歧管绝对压力传感器信号失准，燃油压力调节器损坏等。

3）点火系统工作不良，如火花塞不工作、高压线损坏、点火线圈故障等。

4）气缸压缩不足，进入气缸的燃油不能完全燃烧。

原因：

1）高压油泵供油量过大或各缸供油量不均匀。

2）气门密封不严造成漏气，气缸压缩压力低。

3）空气滤清器进气道阻塞、进气阻力大，使进气量不足。

4）缸套、活塞、活塞环严重磨损。

5）喷油器工作不良。

6）发动机超负荷运转。

7）喷油泵供油提前角过小，燃烧过程后移到排气过程进行。

8）汽油电喷系统失效故障。

2. 排气冒白烟

排气中的白烟主要是未充分雾化和燃烧的燃油颗粒或水蒸气，因此，凡是导致燃油无法雾化或水进入气缸内都会使排气冒白烟，可通过喷系统故障诊断等工作予以检查和排除。

1）气温低且气缸压力不足，燃油雾化不好，特别是冷起动初期排气冒白烟。

2）缸垫损坏，冷却液渗入气缸内。

3）缸体开裂，冷却液渗入气缸内。

4）燃油中含水量大，冷起动时排气冒白烟，发动机暖机后白烟消失应视为正常。若车辆正常运行时仍冒白烟则为故障，应通过观察散热器冷却液是否不正常消耗，各缸工作是否正常，油水分离器是否水量过多等进行检查和分析，进而排除故障部位。

原因：

着车时，有大量白色水蒸气冒出并伴有发动机运转不平稳，即使发动机预热达到正常工作温度仍有大量水蒸气冒出（冬季除外）。

导致冒白烟可能是由于发动机气缸垫有烧蚀，或者进气歧管水道泄漏导致散热系统的水进入燃烧室。水无法燃烧，受热后变成水蒸气，直接从排气管排出。冬春季节、潮湿低温天气热车时也会有少量白色尾气冒出，这是冷热交换的正常现象，热车后白烟自然消失。

发动机运转时排气管排出大量白烟，应检查油箱内是否有积水，检查气缸垫是否破损、缸体是否有裂纹、缸套密封圈是否良好等。

冬季或雨季停放的汽车初次发动时，常常可以看到白烟。这不要紧，一旦发动机温度升高，白烟就会消失，此状况不必检修。若发动机温度升高后排气管开始排黑烟，则表明气缸压力过低或个别缸不工作，应予检查和排除。

气缸套与活塞，主轴轴承、连杆轴承与曲轴轴颈运动摩擦副，因缺机油，运动副表面温度高，使运动副表面被拉毛、擦伤（拉缸、拉瓦）而产生白烟。

冷却液消耗过快，大多数原因是冷却系统产生渗漏，主要有以下两种原因：

1）散热器损坏，上下水室密封不良造成冷却液渗漏。

2）溢水罐、水泵结合面及冷却系统各管路的管接件松动、密封不良造成冷却液渗漏。

除了渗漏原因外，还有一些原因就是气缸垫损坏、气缸盖与气缸体结合面平面度超差、翘曲以及气缸盖紧固螺栓松动等导致气缸内的高温高压气体进入冷却系统，最终导致冷却液消耗过快。

定期对各密封处及其连接处进行检查，该拧紧的地方一定要拧紧，但一定不要超过规定的拧紧力矩，说明书上会有个力矩表可以查阅。防漏垫圈、胶带等一定不要二次使用，这样不仅可以避免冷却液消耗过快现象，连油液管路渗漏、变速器漏油现象都可以很有效地预防。

3. 排气冒白烟

初期发动机动力莫名其妙增大，一段时间后车辆爆发力下降，感觉加速无力，噪声变大，排气管有蓝烟排出，并伴随有机油燃烧所产生的焦煳味道。通过检查机油尺还发现机油消耗量大，在正常情况下每次保养完，即行驶5000km后，机油的消耗量应在正常范围内，无需中途补充。

排气中的蓝烟主要是机油过量后窜入燃烧室参与燃烧的结果。因此，机油窜入燃烧室都会使排气冒蓝烟。

1）活塞环断裂。

2）油环上回油孔被积炭堵塞，失去刮油作用。

3）活塞环开口转到一起，造成机油从活塞环开口上窜。

4）活塞环磨损严重或被积炭卡滞在环槽内，失去密封作用。

5）气环上下方向装反，把机油刮入气缸内烧掉。

6）活塞环弹力不够，质量不合格。

7）气门导管油封装配不当或老化失效、失去密封作用。

8）活塞、缸筒严重磨损。

9）机油加入量过多，使机油飞溅过多，油环来不及刮下缸壁上多余的机油等。排气冒蓝烟必然伴随机油消耗增多，俗称“烧机油”。机油、燃油消耗比一般为0.5%～0.8%，机油消耗超过此值时，排气中将有蓝烟产生。

合作讨论原因

学生活动　学生小组合作讨论达成共识，把本组的冷却液损失且排气管冒白烟的原因工整书写在餐垫的中间位置上，把餐垫贴在白板上展示。(30min)

教师活动　教师重点观察学生讨论时的表现：所有成员是否可以经过妥协或协商快速达成一致意见。

师生确定原因

教师活动　教师带领学生一起逐条对每组的结果进行分析评价，判断对错，总结原因。

学生活动　学生领会理解，修改本组餐垫并把最终结果工整记录在笔记本上。(10min)

填写客户工单

教师活动　教师提供行驶证等资料，指导学生填写2.5.0.1客户工单（车辆检验内容，确定维修范围，是否修理车辆建议）。

学生活动　学生小组合作填写完整客户任务工单。(20min)

提交任务分析阶段的评价表

教师活动　教师要求学生对任务分析阶段自己的表现依据2.5.2.5评价表进行自我评价。

学生活动　学生按照教师的要求对自己在任务分析阶段的表现对照每一条进行客观真实地自评。

2.5.2.2　任务分析评价表

参与本项目的教师具体见Moodle系统，未参与本项目的教师可以根据实际情况自行制订。

2.5.3　理论学习：发动机气缸盖、气缸垫及螺栓连接

教学方法：概念地图法

3.1　发动机控制系统组成及原理

关键词法独立学习

教师活动　教师提供2.5.3.1信息页和写有关键概念的若干卡片，让学生独立阅读，划出关键词，完成2.5.3.1工作页，并在分到的每一个卡片后面写出关键概念的解释。

学生活动　学生在小组内安静独立地阅读 2.5.3.1 信息页，划出关键词，完成 2.5.3.1 工作页，并在分到的每一个卡片后面写出关键概念的解释。(60min)

2.5.3.1　信息页

2.5.3.1　信息页

学校名称		任课教师		
班级		学生姓名		
学习领域	L2 机械组件与系统检查拆换			
学习情境	LS2.5：冷却液损失且排气管冒白烟		学习时间	50min
工作任务	A：发动机控制系统组成及原理		学习地点	理实一体化教室

1. 发动机控制系统结构和原理

电子控制汽油喷射系统的组成至少包括三个子系统，具体如图 1 所示。

1）空气供给系统。组成包括：空气滤清器、进气歧管、节气门和各个进气管（支管）。

2）燃油供给系统。组成包括：燃油箱、燃油泵、燃油滤清器、压力调节器和喷油器。

3）开、闭环电子控制系统。组成包括：传感器（如温度传感器）、ECU 和执行器（如燃油泵继电器）。

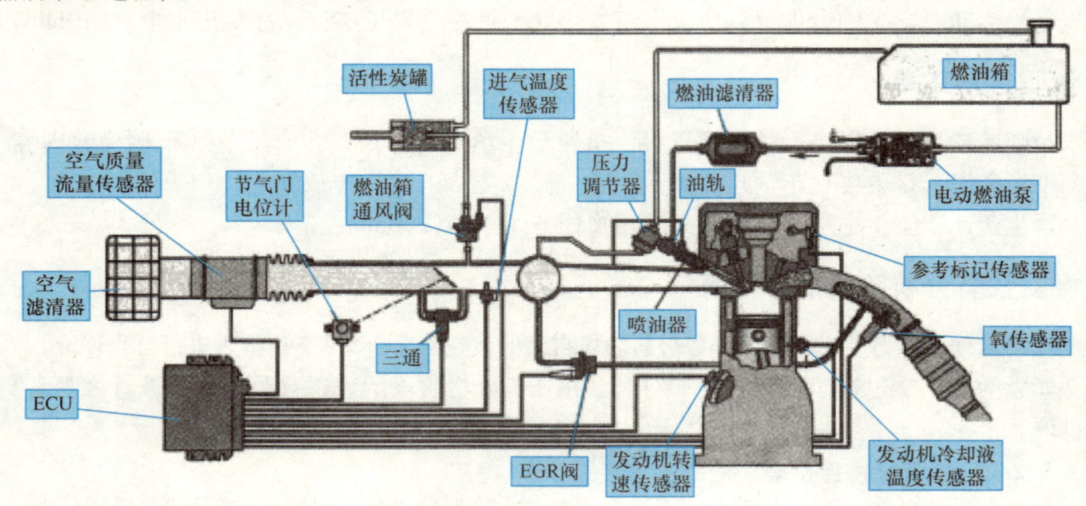

图 1　电子控制汽油喷射系统的组成

输入——传感器以电压信号的形式记录和传送信息给 ECU。

处理——ECU 对这些包含在电压信号里的信息进行处理，并对实测值与通常存储在程序脉谱图中的预定值进行比较，计算出相应执行器的操作值。

输出——ECU 给相关执行器（如喷油器）通电，实现所希望的系统工作状态。

对于形成均质混合气的系统来说，发动机将大量的经过空气滤清器过滤并经过节气门控制的空气吸入气缸。这些空气的流量经过一个传感器记录下来。

ECU 根据发动机转速和空气量（主控参数），利用存储的程序脉谱图计算基本喷油量。

如果需要混合气的成分与特定工况（如冷起动）相匹配，那么就必须通过另外的传感器将这些工况以电信号的形式记录下来，并将这些信号传送给 ECU。ECU 将喷油器的喷油持续时间按照变化的工况进行调整，并给喷油器按照计算的通电时间进行通电。

发动机控制系统原理如图 2 所示。

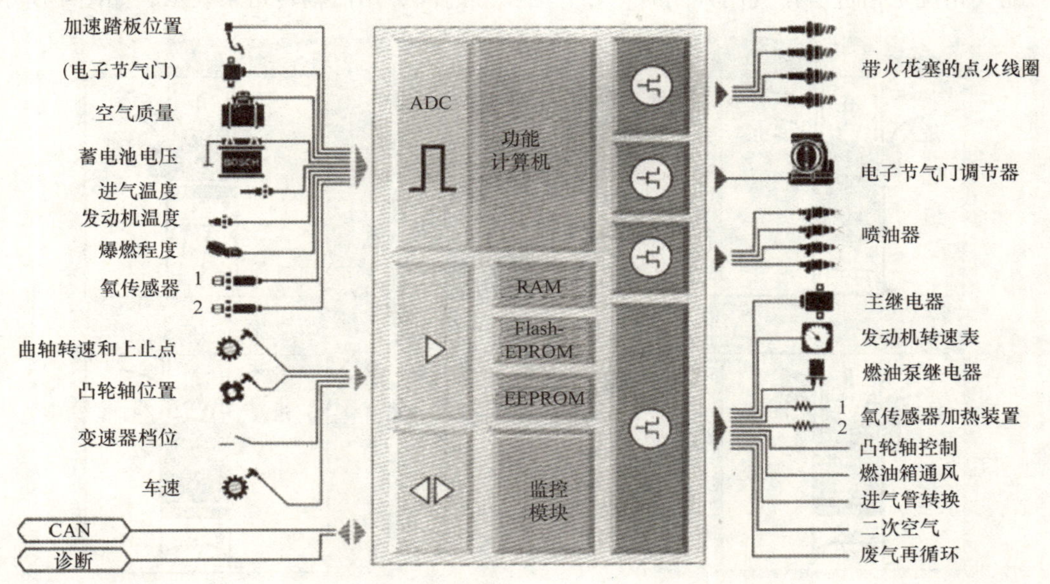

图 2　发动机控制系统原理

2. 曲轴和凸轮轴分配

发动机正常工作依赖于各部件之间精密的时间配合，这个时间配合比如每个气门的开闭时间和火花塞的点火时间是由发动机的正时系统来保证的。正时系统其实很简单，在四冲程发动机中曲轴每转 2 圈完成一个完整的气缸循环，所以正时系统最基本的就是在驱动气门的凸轮轴和曲轴上各有一个齿轮，两者的齿数比是 2∶1，这样曲轴每转两圈凸轮轴就会转一圈，各气门就正好动作一次。当然除了这两个齿轮的齿数比之外，它们的角度相对位置也必须是非常严格的，这样才能保证气门不仅是曲轴每转两圈开闭一次，而且要在合适的时间即活塞运动到适当的位置才能开闭。曲轴的齿轮和凸轮轴的齿轮要通过一定的机械方式来连接，最常用的就是通过传动带或者链条，这就是所谓的正时传动带和正时链条。由于曲轴和凸轮轴的机械连接必须是精确的，相互位置不能有任何变动，所以正时传动带都是带有凸齿的，这样就不会在工作中打滑了。

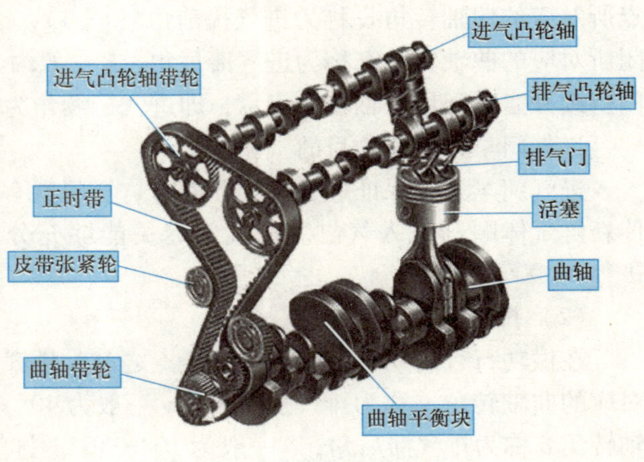

图 3　配气机构示意图

由于一个做功循环包括四个行程，即曲轴转两圈，并且在此过程中，气门只能被操纵一次，所以凸轮轴必须以曲轴一半的转速来旋转。因此，曲轴正时齿轮的齿数为凸轮轴正时齿轮齿数的一半。曲轴与凸轮轴的转速之比为 2∶1。图 3 所示为配气机构示意图。

3. 配气相位

配气相位是指进、排气门开闭时刻和开启持续时间，用曲轴转角来表示，如图 4 所示。

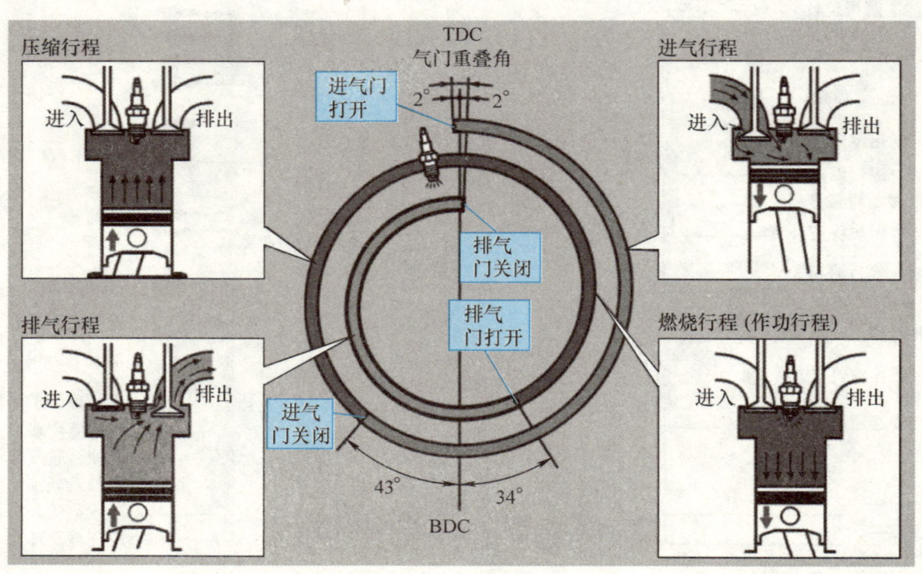

图 4　配气相位图

在介绍四冲程发动机工作原理时，为了便于理论分析和阐述，简单地把进、排气行程看作是在活塞一个行程内即曲轴转动 180°内完成的，即进、排气门的开闭时刻正好在活塞的上、下止点处。但实际情况并非如此，由于现代汽车发动机的转速都很高，为了保证气缸进气充分、排气彻底，气门实际开启和关闭时刻不会设定在活塞的上、下止点，而采用提前打开和滞后关闭的办法来延长进、排气时间，使实际气门开启过程中曲轴转角都大于 180°。

（1）进气相位

在排气行程接近终了，活塞到达上止点之前，进气门便开始开启，从进气门开启到上止点所对应的曲轴转角 α 称为进气提前角（图 5），α 一般为 10°～30°。从下止点到进气门关闭所对应的曲轴转角 β 称为进气滞后角，β 一般为 40°～80°。可见，整个进气过程中，进气门持续开启时间用曲轴转角表示，即进气持续角为 $\alpha+180°+\beta$。

进气门早开迟关的目的：

进气门早开，保证进气行程开始时，气门就有较大的开度，获得较大的进气通道截面，使新鲜气体顺利充入气缸。进气门迟关能够充分利用气流的惯性和缸内外的压力差继续进气。

（2）排气相位

在做功行程后期，活塞到达下止点之前，排气门已开启。从排气门开始开启到下止点所对应的曲轴转角 γ 称为排气提前角，γ 一般为 40°～80°。从上止点到排气门关闭所对应的曲轴转角 δ 称为排气滞后角，δ 一般为 10°～30°。排气持续角为 $\gamma+180°+\delta$。

排气门早开迟关的目的：

排气门早开，利用缸内的压力将废气迅速自由排出，还可以防止发动机过热，减小活塞上行时的排气阻力。排气门迟关，利用废气压力和排气气流的惯性作用，可以使废气排放更

彻底。

（3）气门重叠与气门重叠角

由于进气门早开和排气门晚关，出现了在上止点附近，在同一段时间内，进、排气门同时开启的现象，通常称为气门重叠。对应的曲轴转角（$\alpha+\delta$）称为气门重叠角。由于进气气流和排气气流的惯性较大，在短时间内不会改变流向，因此只要气门重叠角选择适当，就不会出现废气倒流入进气管和新鲜气体随同废气排出的问题。

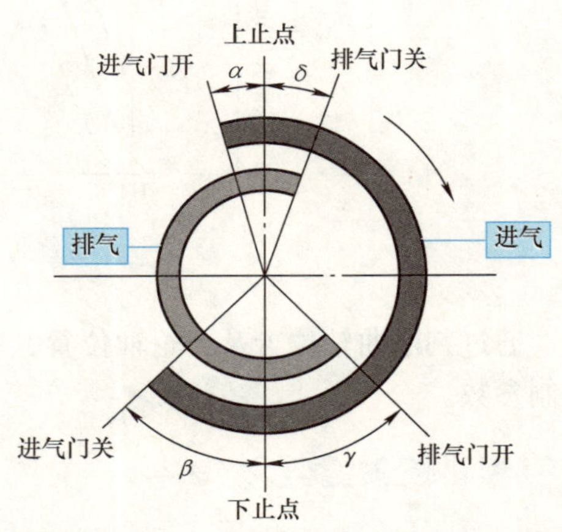

图 5 配气相位

4. 发动机正时系统

发动机正时系统主要由 ECU（电子控制单元）和传感器等组成。发动机曲轴位置传感器用于采集曲轴转动角度和发动机转速信号，并输入 ECU 以确定喷油时刻和点火时刻。凸轮轴位置传感器用于采集进排气凸轮轴的位置信号，并与曲轴位置传感器一同确认发动机一缸上止点，用于燃油喷射控制、点火时刻控制等。奔驰 C200、E300 发动机采用的是磁感应式曲轴与凸轮轴位置传感器。

发动机飞轮齿圈周围有一圈齿盘作为信号转子，齿圈圆周均匀分布有 58 个窄齿和 1 个宽齿。宽齿输出基准信号，对应发动机一缸或四缸压缩上止点前一定角度。宽齿所占的弧度相当于两个窄齿所占的弧度。如图 6 所示，因为信号转子随曲轴一同旋转，所有信号转子圆周上的宽齿和窄齿所占的曲轴转角为 360°，每个窄齿所占的曲轴转角均为 6°，58 个窄齿对应 348°，宽齿所占的曲轴转角为 12°。

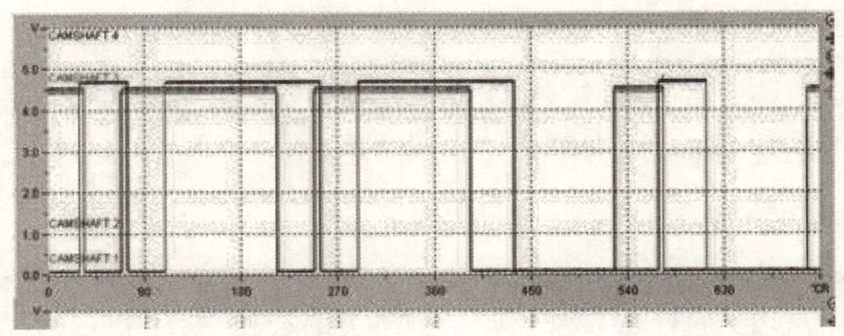

图 6 曲轴位置及凸轮轴位置检测曲线

当曲轴转动时，磁感应式曲轴位置传感器会周期性地产生交变电压，输出交变电压信号。ECU 通过接收脉冲信号来判断上止点的到达时刻。由于信号转子上有 58 个凸齿，因此信号转子每转一圈（发动机曲轴转一圈），传感线圈就会产生 58 个交变电压信号输入 ECU，因此，ECU 每接收到曲轴位置传感器 58 个信号，就可知道发动机曲轴旋转了一圈。

如图 7 所示，通过检测曲轴位置传感器的信号，ECU 可以精确计算出发动机的转速。同样，ECU 可以通过凸轮轴位置传感器信号获取凸轮轴电压信号。

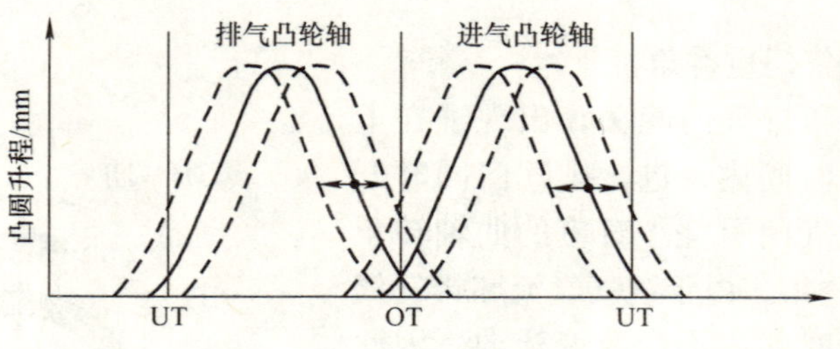

图7 可变气门正时角度

通过判断曲轴位置及凸轮轴位置，ECU便可以确定发动机喷油时刻及点火时刻等基本控制参数。

互相讲述关键概念

教师活动 教师要求学生对照卡片在小组内彼此互相讲述关键概念。

学生活动 学生按照教师要求对照卡片在小组内彼此互相讲述关键概念。(20min)

组内合作逻辑思维导图

教师活动 教师要求学生小组合作，用关键词卡片在A0图纸上构建概念地图的思维导图。

学生活动 学生按照教师要求小组内分工合作，用关键词卡片在A0图纸上构建概念地图的思维导图。(30min)

展示讲述小组成果

教师活动 教师要求小组展示概念地图的思维导图，一个组讲，其他组听、提出疑问和改进建议。

学生活动 学生小组按照教师要求选出代表展示概念地图的思维导图，其他组听、提出疑问和改进建议。(10min)

小组合作整理笔记

教师活动 教师要求学生合作讨论后修改工作页，并整理关键内容到笔记本上。

学生活动 学生经过讨论修改工作页，把工作页提交到系统，并把关键内容整理到笔记本上（10min）

教学方法：旋转木马法

3.2 气缸盖、气缸垫及螺栓连接

关键词法独立学习

教师活动 教师提供2.5.3.2信息页，让学生独立阅读、划出关键词，完成2.5.3.2工作页，并整理出逻辑关系思维导图。

学生活动 学生安静独立地阅读 2.5.3.2 信息页，划出关键词，完成 2.5.3.2 工作页，并整理出逻辑关系的思维导图。(30min)

2.5.3.2 信息页

2.5.3.2 信息页

学校名称		任课教师		
班级		学生姓名		
学习领域	L2 机械组件与系统检查拆换			
学习情境	LS2.5：冷却液损失且排气管冒白烟		学习时间	50min
工作任务	B：气缸盖、气缸垫及螺栓连接		学习地点	理实一体化教室

1. 气缸盖

气缸盖从顶部封闭燃烧室，气缸盖与气缸体上平面之间有气缸垫，气缸盖用缸盖螺栓固定（图 1）。

（1）结构

气缸盖上有进气道、排气道以及气门座，通常还有压缩室。压缩室内容纳火花塞和喷油器（直接喷射发动机），还容纳发动机配气机构部件（如气门）。凸轮轴常常安装在气缸盖上。气缸盖需要承受高负荷（高的燃烧压力和温度），因而必须对稳定性、良好的传热性和低的热膨胀量进行检验。

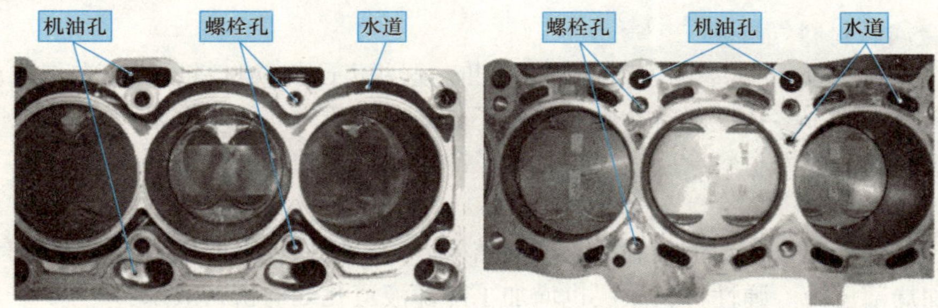

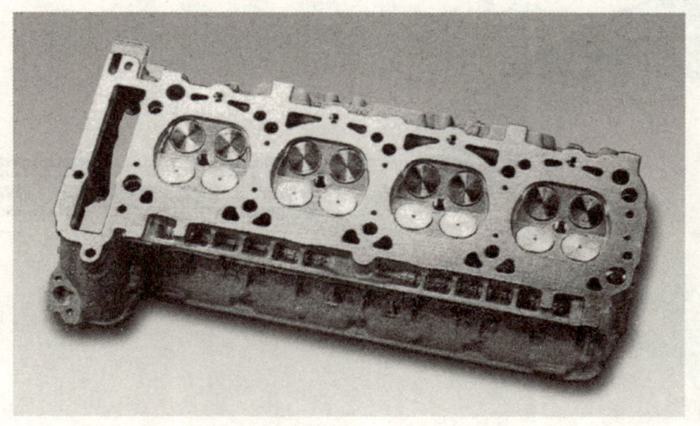

图 1 气缸盖孔结构

（2）水冷式气缸盖

这种气缸盖主要为独立布置的单个气缸和整体式气缸体而铸造，材料为铝合金。冷却液通过水道口从气缸体流到气缸盖。

（3）风冷式气缸盖

这种气缸盖由铝合金制成，并制有散热片。由于热量向空气传递的效率低于向冷却液的传递，所以必须通过散热片来加大冷却表面积。

2. 气缸垫

气缸垫的作用是密封燃烧室，并防止冷却液或机油从流体通过的孔道泄漏掉，为了获得良好的密封性，气缸体和气缸盖上必须有平整的表面。

（1）环境条件

燃油、冷却液、机油和废气以液态或气态的形式在低温或过热的条件下在高压或低压并混合有化学活性剂的环境下，与气缸垫接触。因此，气缸垫必须满足下列要求：

1）在所有工作状态下，密封表面具有弹性适应能力。

2）塌陷的倾向小，从而允许气缸盖伸长，无需重新拧紧。

3）为方便拆卸，应不存在黏附到密封表面上的现象。

在汽油机和柴油机上，通过下述方法使这些各不相同的要求得到满足：

1）采用金属软材料气缸垫，这种气缸垫使用最多。

2）对高性能柴油机、商用车柴油机并且越来越多地对点燃式发动机，采用金属气缸垫。

（2）金属软材料气缸垫

在约0.3mm厚的金属基板上制有夹持齿凸。这些齿凸将软材料层固定在承载板的两侧。这些软材料上有一个多孔性塑料涂层，改善了与周围介质之间的摩擦阻力。例如，燃烧室孔用镀铝钢板包边。弹性材料涂层进一步改善了冷却液道孔的密封效果（图2）。

（3）金属气缸垫

通常，这种气缸垫为用钢板制成的多层结构。为了提供可靠的密封性，需要有弯折或镶边，以增加局部压力。弹性材料涂层也增加了冷却液道孔处的密封效果。

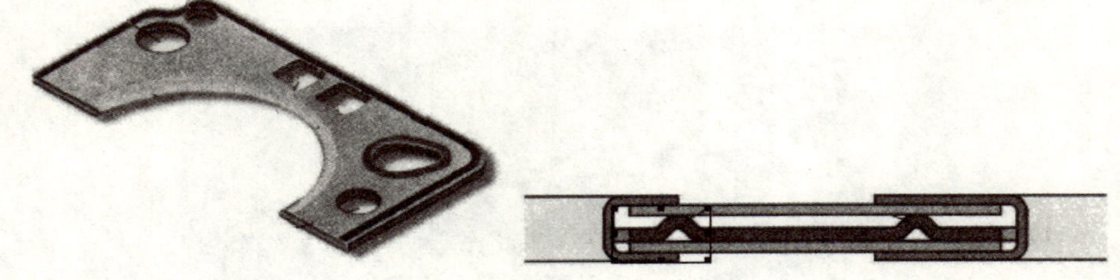

图2 金属软材料气缸垫

3. 螺栓连接

（1）螺栓的种类

六角螺栓用于当工件上有过孔时，作为贯穿螺栓和螺母一起应用（图3）。

当工件上加工了螺母的内螺纹时，六角螺栓作为无需螺母的栽入螺栓来应用（图4）。

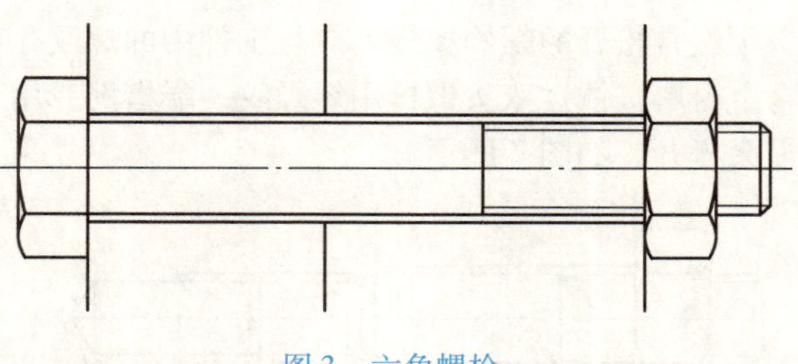

图 3 六角螺栓

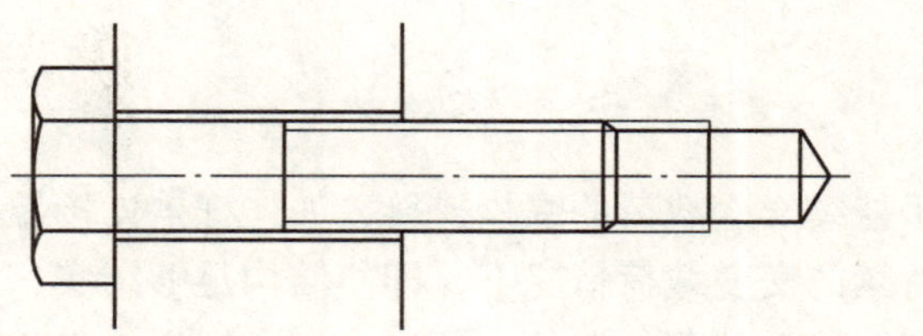

图 4 带内六角的圆柱头螺栓

带内六角的圆柱头螺栓（内六角螺栓）由于螺栓头是圆柱形而节省空间，可以实现较小螺栓间距。通常螺栓头沉入工件。作为圆柱头螺栓的特殊形式，也采用多内齿轮廓和内楔轮廓，如图 5 所示。

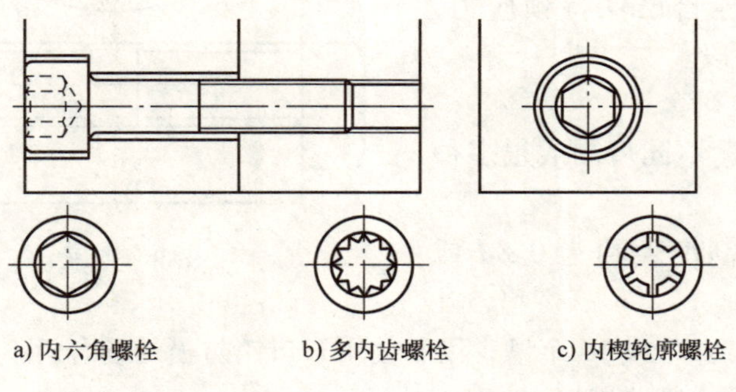

a) 内六角螺栓　b) 多内齿螺栓　c) 内楔轮廓螺栓

图 5 螺栓

梅花螺栓头部带有六齿星形的下沉（内梅花）或者相应的凸起（外梅花），用于套接螺栓扳手。螺栓头轮廓和扳手靠面之间有圆滑过渡，使得较大力矩可以可靠传递，而不会造成螺栓头和螺栓扳手的损伤，如图 6 所示。

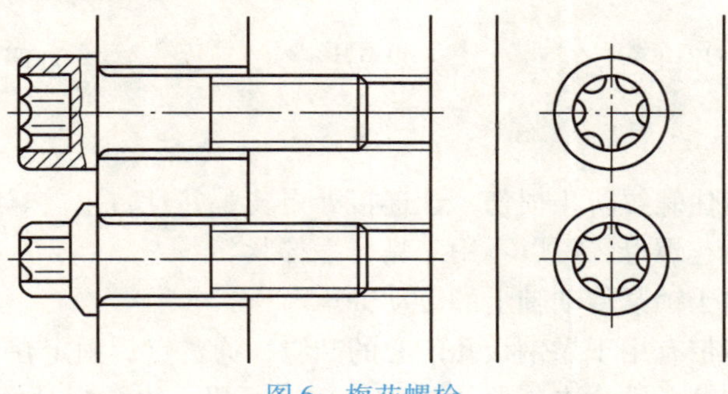

图 6 梅花螺栓

双头螺栓应用于必须经常松开的螺栓连接，并且工件中的螺纹孔会由于经常松开而损坏的情况，比如用于轻合金材料缸体。双头螺栓用短螺纹一端借助专用工具牢固地拧紧，在松开连接时只有六方螺母会松开，如图 7 所示。

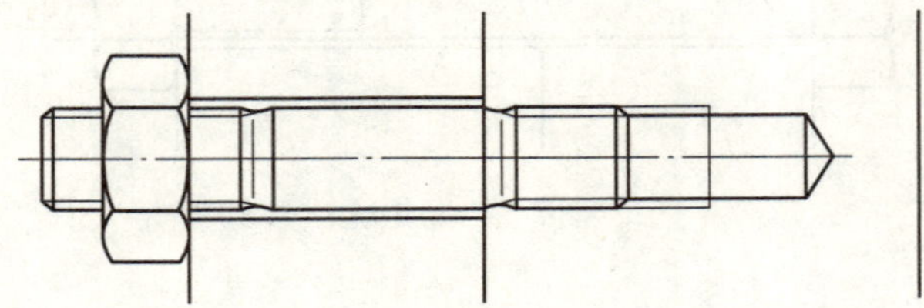

图 7 双头螺栓

预应力配合螺栓用于持续交变载荷的螺栓连接，如连杆盖连接螺栓，如图 8 所示。

常规的长杆螺栓在持续的交变载荷情况下，即使结构足够结实，经过一定时间后也会疲劳松动或断裂。除需要和孔接触的部位以外，预应力配合螺栓的光杆部位直径只有螺纹直径的 90%，较细的杆部使应力螺栓具有弹性。

用扭力扳手拧紧的应力螺栓形成预紧力，这个力超过疲劳极限，使螺栓产生塑性变形，因此不能重新使用。

预应力配合螺栓自己保持预应力，因此可不使用防松手段。

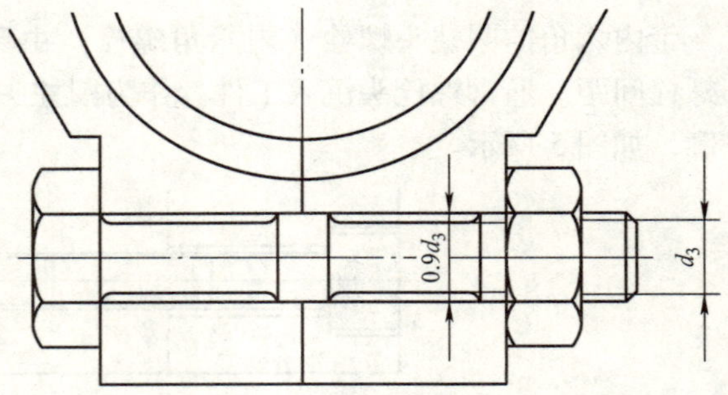

图 8 预应力配合螺栓

（2）螺母和螺纹衬套

1）螺母根据用途不同可制成很多种形状，如图 9 所示。

① 六角螺母，高度大约为 $0.8d$ 或 $0.5d$（扁螺母）。

② 槽型螺母，带 6 个或 10 个槽，用于使用开口销防松的场合。

③ 锁紧螺母，用于管路连接。

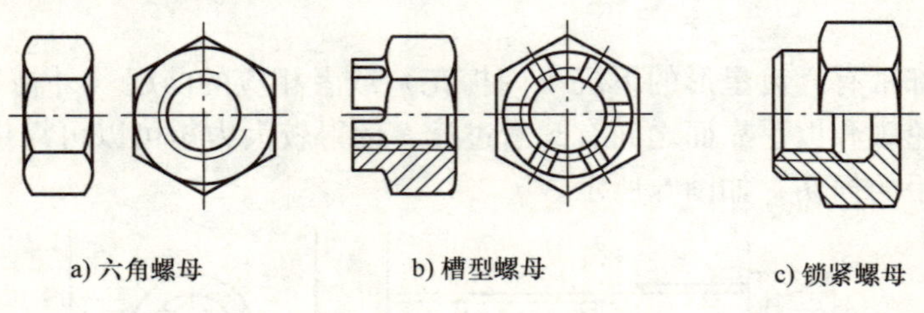

a) 六角螺母　b) 槽型螺母　c) 锁紧螺母

图 9 螺母

④ 帽形螺母，盖住螺纹防止损伤，让连接处更美观并且防止被螺纹刮伤。

⑤ 蝶形螺母和滚花螺母，可以不用工具徒手拧紧。

⑥ 开槽螺母，用于锁紧传动轴上的滚动轴承。

⑦ 焊接螺母大多带有用于靠钢板孔定心的凸缘，通过点焊固定在车身薄钢板上。

⑧ 笼式螺母放在笼形铁片内，要么松动地放入，要么由塑料片活动地挂住，塑料片防

止螺母有电荷，进而防止了螺栓在电泳时挂上色漆涂层。笼形铁片和车体钢板焊接在一起。

2）螺纹衬套的使用场合为：必须在软材料上攻螺纹并且连接螺栓需要反复松开，或者工件上螺孔的螺纹损坏，比如轻合金气缸盖上的火花塞螺孔。

这些螺纹衬套兼具内外螺纹并且做了硬化热处理，在它的旋入端有可切削开口或孔（图10），借助它们，在螺纹套旋入工件时可自行攻出螺纹。

螺纹衬套的另一构造形式是菱形断面的钢丝绕成螺旋线状，形成内外螺纹。在工件的底孔上攻出螺纹，再把螺纹衬套用专用工具在预应力下旋入。

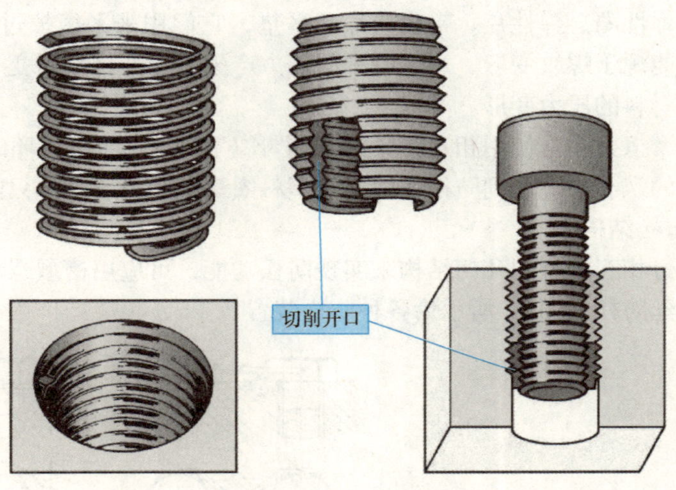

图10 切削开口示意图

标准螺纹圆柱螺栓的拧紧力矩见表1。

表1 拧紧力矩表

螺纹	拧紧力矩 M_a/N·m				
	4.6	5.6	8.8	10.9	12.9
M4	1.0	1.37	3.0	4.4	5.1
M5	2.0	2.7	5.9	8.7	10.0
M6	3.5	4	10	15	18
M8	8.4	11	25	36	43
M10	17	22	49	72	84
M12	29	39	85	125	145
M16	71	95	210	310	365
M20	138	184	425	610	710
M24	235	315	730	1050	1220
M30	475	635	1450	2100	2450

拧紧力矩 M_a 是圆柱螺栓的标准值，这些螺栓的螺栓头接触面有标准规定，如 DIN EN 24014。该力矩值给出了在摩擦系数 $\mu=0.14$（新螺栓、无附加处理、无润滑）的情况下，使用螺栓最低屈服强度 R_e 的 90%。

螺纹旋入深度必须最少为 0.8d（螺栓直径）。

（3）螺栓防松

对于静态载荷的螺栓防松，螺纹的自锁作用已经足够。

工作中的交变载荷如振颤、振动使连接部位产生动态应力，大多数这类的螺栓连接必须针对意外松动而采取防松措施。

防松措施分为：

作用力防松，通过在螺栓头或螺母下加入弹性零件或通过增加螺纹摩擦力来实现防松作用。

弹性零件包括弹性圈、弹性片、带齿垫片和平垫，它们用来平衡掉过大的预紧力下降。这种预紧力下降可能源于螺纹变形、过大的平面压力产生的工件材料蠕变、工件表面粗糙度的压力变形或密封材料的压力变形。

为了提高螺纹摩擦力，常使用相互锁紧的双螺母（背母）、加塑料环的螺母、挤压和带豁口的螺母，很大的螺纹摩擦起到防松作用。带塑料圈螺母和挤压螺母只能一次性使用，如图 11 所示为各种防松结构。

形状防松，通过相互配合的几何结构来实现防松功能，可应用槽型螺母、保险片、锁齿式螺钉或螺母、铁丝防松。图 12 所示为各种防松装置。

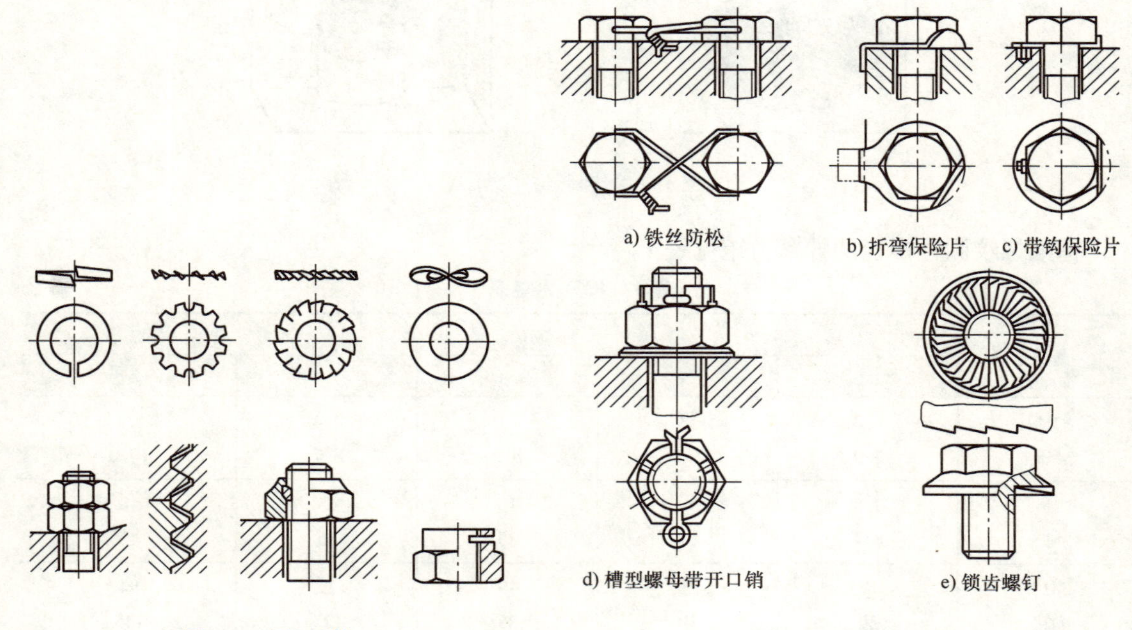

图 11　防松结构

图 12　防松装置

材料防松，通过把螺纹黏起来实现防松。用单组份黏接剂以两种方法实施。

第一种方法，把液态黏接剂涂到螺纹上然后把螺钉拧入。

第二种方法，螺钉上已经由制造商涂上黏接剂携带材料，这种材料里面含所谓微胶囊，当螺钉拧入时微胶囊破裂，浸湿黏接剂携带材料。两种方法的黏接剂均在金属接触部位隔绝空气的情况下硬化，从而防松。

（4）螺栓螺母的强度等级

钢制螺栓上会标有制造商和强度等级的标识。强度等级是通过两个数字中间加一点来标识的，如 10.9，第一个数字表示螺栓材料最低拉伸强度的百分之一，两个数的乘积相当于螺栓材料最低屈服极限的十分之一。对于标准螺栓，不允许超过最低屈服极限，因此应该注意厂家允许的拧紧力矩。

汽车的螺栓大多数具有 8.8～12.9 的强度。

钢制螺母上会标有制造商和强度等级的标识。强度标识是检测应力（N/mm^2）的百分之一。例如，如果螺母可以承受 $1000N/mm^2$ 的检测应力，则标识数为 10。

在螺栓和螺母配对时必须保证螺母和螺栓的强度等级相互匹配。

例如：螺栓 10.9 配螺母 10（图 13）。

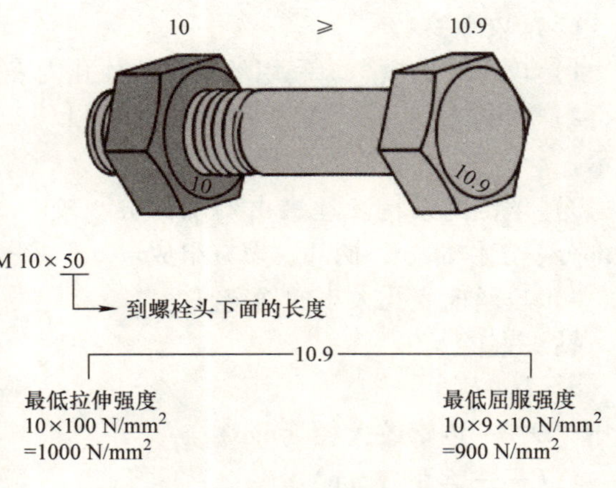

图 13　螺母标识

只有使用扭力扳手才能保证螺栓以正确的预紧力拧紧，它在刻度上显示出螺栓拧紧所用的力矩，或者是使用可以调定力矩的扳手，一旦拧紧时达到设定的力矩，就能听到、感觉到扳手松开。

可调扭力扳手在使用后应调到最小力矩，这样可以在更长的时间内维持调定精度。

扭力扳手使用如图 14 所示。

设定力矩时，将设定轮边旋转边适当用力向后拉出，使定位销卡入设定轮的相应槽中，同时设定轮上隐藏的副标尺露出来。

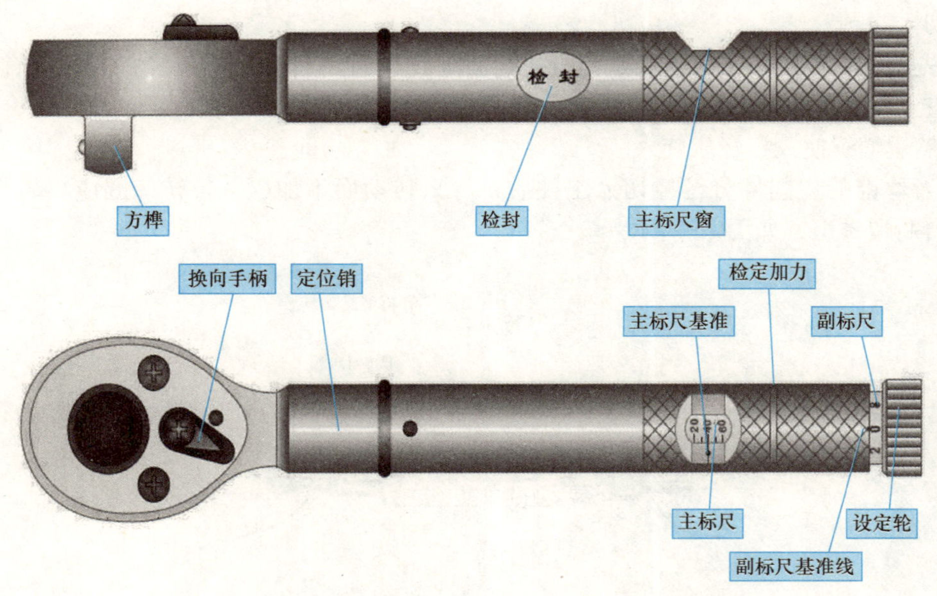

图 14　扭力扳手

顺时针（示值增大）或逆时针（示值减小）旋转设定轮，使标尺窗内的主标尺示值与设定轮上的副标尺示值分别对准主、副标尺的基准线，主、副标尺示值相加之和即为所需要设定的力矩值。

力矩值确定后，将设定轮推入原位置，力矩值设定工作完毕。

使用时，先将扳手方榫套入相应尺寸规格的套筒，然后再将套筒套入螺母或螺栓帽上，按顺时针（右旋）方向均匀施力。当听到“咔嗒”声或感到扳手上有卸力感时，即已达到所设定的力矩值。

当拧长螺栓或油管一类的螺母，套筒无法工作时，需更换开口头或其他专用头。更换方法为：压下定位销，沿脱力方向施力，即可取下棘轮头。将选好的相应尺寸开口头插入连接孔中并使定位销弹入小孔内即可。

（5）攻螺纹

1）攻螺纹的概念。利用丝锥在圆柱孔内表面上加工出内螺纹的操作。

2）攻螺纹工具。铰手和丝锥如图15所示。

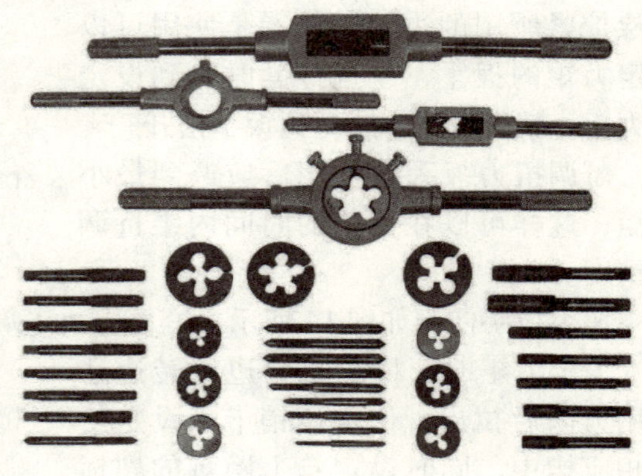

图15 攻螺纹工具

3）丝锥的结构。丝锥由切削部分、校正部分、工作部分、柄部、端方组成。

4）攻丝前底孔大小的确定。

钻头直径

$$d = D - P$$

式中 D——内螺纹大径（mm）；

P——螺距（mm）。

5）攻螺纹的操作方法与步骤。

① 先将螺纹钻孔端面孔口倒角，以利于丝锥切入。

② 先旋入一两圈，检查丝锥是否与孔端面垂直（可用目测或直角尺在互相垂直的两个方向检查）。

③ 然后继续使铰杠轻压旋入。

④ 当丝锥的切削部分已经切入工件后，可只转动而不加压，每转一圈应反转1/4圈，以便切屑断裂排出，如图16所示。

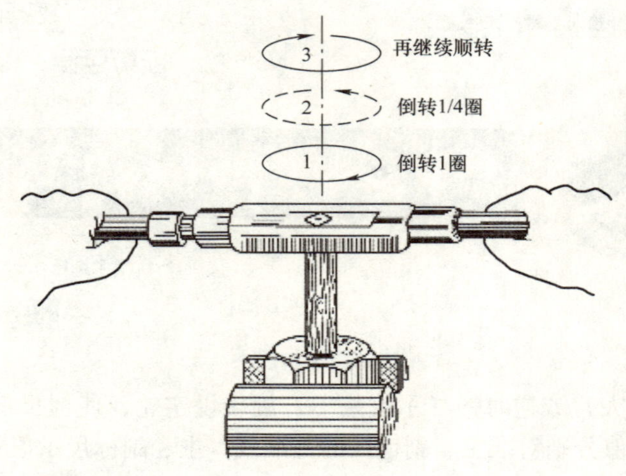

图16 攻螺纹方法

⑤ 攻完头锥后，逆向退出再继续攻二锥。

⑥ 每更换一锥，先要旋入一两圈，扶正定位，再用铰杠，以防乱扣。

⑦ 攻钢料工件时，加机油润滑可使螺纹光洁，并能延长丝锥使用寿命；对铸铁件，可加煤油润滑。

6）攻螺纹操作时的注意事项。

① 孔后孔口倒角（90°）（如果是通孔则两面孔口都应倒角）。

② 攻丝时丝锥垂直于孔的中心线的垂直面。

③ 当丝锥切入 1 ~ 2 圈时，用目测或直角尺前后、左右两个方向检查丝锥是否垂直，并校正，攻丝时，每扳铰杠 1/2 ~ 1 圈时，要倒转约 1/2 圈，使切屑断裂易于排出，攻螺纹时应顺时针旋转，若感到吃力时即逆时针旋转 180°。再吃力时适当加一点冷却液（根据被攻工件的材质而定）。

④ 据螺孔和材料的要求，头锥和二锥、三锥按顺序使用。

攻螺纹如图 17 所示。

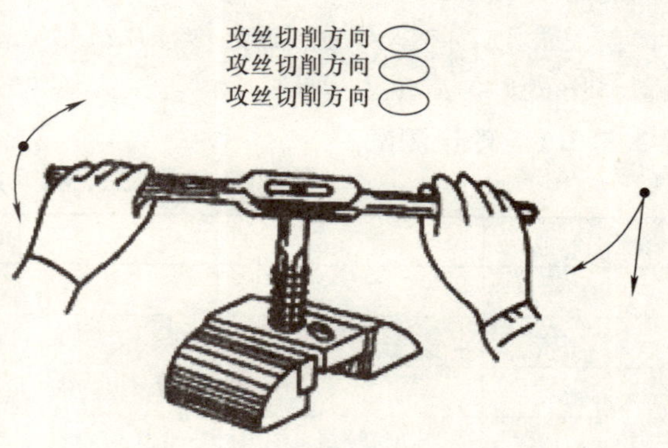

图 17 攻螺纹示意图

（6）套螺纹

1）套螺纹的定义。利用原板牙在圆柱体的外表面上加工出外螺纹的操作称为套螺纹。

2）套螺纹工具。套螺纹工具有板牙和板牙架。

3）板牙结构。板牙由切削部分、校准部分和排屑孔组成。

4）套螺纹前圆柱杆直径的确定。

圆柱杆直径

$d_0 = d - 0.13P$

式中 d_0——圆柱杆直径（mm）；

d——外螺纹大径（mm）；

P——螺距（mm）。

5）套螺纹操作时的注意事项。

① 套螺纹前需把圆柱杆的端头（2 ~ 3mm）倒角成 150° ~ 200°的圆锥体。

② 套螺纹时应保持板牙端面与圆柱杆轴线垂直。

③ 套螺纹开始时双手顺时针均匀旋转板牙，并施加轴向压力，当板牙切入后取消压力。

④ 为了断屑，板牙要经常逆时针旋转，为了提高螺纹表面质量和板牙使用寿命，要加切削液。

旋转木马法互学

教师活动 教师给学生分成旋转木马小组，提出要求让学生进行旋转木马互相讲述。

学生活动 学生按照教师要求进行旋转木马讲述。（20min）

小组合作整理笔记

教师活动 教师要求学生回到原始学习小组，整理关键内容到笔记本上。

学生活动 学生回到原始学习小组，经过讨论把关键内容整理到笔记本上。(10min)

完成 2.5.3.1 理论测试

教师活动 教师要求学生独立完成 2.5.3.1 理论测试，不允许查阅任何资料。

学生活动 学生安静、独立地在系统上完成 2.5.3.1 理论测试并提交，不能查阅任何资料。(20min)

2.5.3.1 理论测试

2.5.3.1 理论测试

学校名称		任课教师	
班级		学生姓名	
学习领域	L2 机械组件与系统检查拆换		
学习情境	LS2.5：冷却液损失且排气管冒白烟	学习时间	50min
理论学习内容	发动机控制系统组成及原理，气缸盖、气缸垫及螺栓连接	学习地点	理实一体化教室

一、填空题（每空1分，共23分）

1. 电子控制汽油喷射系统的组成至少包括三个子系统：________、________和________。

2. 空气供给系统的组成包括：________、________、________和________（支管）。

3. 燃油供给系统的组成包括：________、________、________、________和________。

4. ECU 根据发动机________和________（主控参数），利用存储的程序脉谱图计算基本喷油量。

5. 在四冲程发动机中，曲轴每转2圈完成一个完整的气缸循环，所以正时系统最基本的就是在驱动气门的凸轮轴上和曲轴上各有一个齿轮，两者的齿数比是____：____。

6. 气缸盖从顶部封闭燃烧室，气缸盖与气缸体上平面之间插入气缸垫，气缸盖用________固定。

7. 气缸盖要承受高负荷（高的燃烧压力和温度），因而必须对________、________和________进行检验。

8. 水冷式气缸盖主要为独立布置的________和________而铸造，材料为________。冷却液通过水道口从气缸体流到气缸盖。

二、单选题（每题2分，共14分）

1. 曲轴正时齿轮的齿数为凸轮轴正时齿轮齿数的一半。曲轴与凸轮轴的转速之比为（ ）。

A. 1∶1　　B. 1∶2　　C. 2∶1　　D. 3∶1

2. 气门实际开启和关闭时刻不设定在活塞的上、下止点，而采用提前打开和迟后关闭的办法来延长进、排气时间，使实际气门开启过程中曲轴转角都（ ）180°。

A. 大于　　B. 小于　　C. 等于

3. 从进气门开启到上止点所对应的曲轴转角 α 称为进气提前角，α 一般为（　　）。

A. 10°~30°　　B. 15°~30°　　C. 20°~30°　　D. 10°~20°

4. 从下止点到进气门关闭所对应的曲轴转角 β 称为进气滞后角，β 一般为（　　）。

A. 40°~80°　　B. 50°~80°　　C. 60°~70°　　D. 40°~60°

5. 金属软材料气缸垫在约（　　）mm 厚的金属基板上制有夹持齿凸。

A. 0.1　　B. 0.2　　C. 0.3　　D. 0.4

6. 钢制螺栓上会标有制造商和强度等级的标识。强度等级是通过两个数字中间加一点来标识的，如 10.9 第一个数字表示螺栓材料最低拉伸强度的（　　）。

A. 十分之一　　B. 百分之一　　C. 千分之一　　D. 万分之一

7. 例如，如果螺母可以承受 1000N/mm^2 的检测应力，则标识数为（　　）。

A. 1　　B. 10　　C. 100　　D. 0.1

三、判断题（每题 2 分，共 12 分）

1. 由于一个做功循环包括四个活塞行程，即曲轴转两圈，并且在此过程中，气门只能被操纵一次，所以凸轮轴必须以曲轴一半的转速来旋转。（　　）

2. 进气门早开，保证进气行程开始时，气门就有较大的开度，获得较大的进气通道截面，使新鲜气体顺利充入气缸。（　　）

3. 从排气门开始开启到下止点所对应的曲轴转角 γ 称为排气提前角，γ 一般为 60°~80°。（　　）

4. 风冷式气缸盖全用铝合金制成，并制有散热片。由于热量向空气传递的效率低于向冷却液的传递，所以必须通过散热片来加大冷却表面积。（　　）

5. 螺栓头轮廓和扳手靠面之间有圆滑过渡，使得较大力矩可以可靠传递，而不会造成螺栓头和螺栓扳手的损伤。（　　）

6. 应力螺栓自己保持预应力，因此可不使用防松手段。（　　）

教学方法：工作站法

3.3　气缸盖、气缸垫及正时传动带的检测及更换

工作站学习完成工作页

教师活动　教师提供实验车型的维修手册等资料和工作站，提供 2.5.3.3 ~2.5.3.4 信息页，要求学生完成工作页 2.5.3.3 ~ 2.5.3.4 和实际操作，教师对各工作站进行巡视和指导。

学生活动　学生根据教师要求，查阅 2.5.3.3 ~2.5.3.4 信息页，完成工作站的学习内容和实操内容。(60min)

2.5.3.3 信息页

2.5.3.3 信息页

学校名称		任课教师		
班级		学生姓名		
学习领域	L2 机械组件与系统检查拆换			
学习情境	LS2.5：冷却液损失且排气管冒白烟		学习时间	50min
工作任务	C：气缸盖、气缸垫的检测及更换		学习地点	理实一体化教室

1. 气缸体和气缸盖产生裂纹的原因

气缸体产生裂纹的原因主要有：曲轴在高速转动时产生的振动使气缸体的薄弱部位产生裂纹；发动机高温状态时突然加入大量冷水、水垢积聚过多而散热不良或由于穴蚀使水道壁产生裂纹；镶换气缸套时，过盈量选择过大或压装工艺不当造成气缸局部裂纹；装配螺栓时拧紧力矩过大产生螺纹孔裂纹等。

2. 气缸体和气缸盖的变形位置及产生变形的原因

（1）气缸体和气缸盖接合平面的翘曲变形

此类变形通常是：气缸盖工作时受热不均匀（如个别缸不工作）；拆装气缸盖时操作不当，未按气缸盖螺栓规定的拆装顺序和力矩进行操作；高温下拆卸气缸盖、气缸垫、气缸体所造成的。

（2）气缸体上、下平面螺纹口周围凸起

此类变形通常是：装配时拧紧力矩过大；螺纹孔未清理干净。

（3）气缸体和气缸盖接合平面翘曲变形产生的危害

气缸体和气缸盖平面发生变形，会造成气缸密封不严：漏气、漏水，甚至燃气冲坏气缸垫：

1）冷却液或机油渗进气缸，影响混合气的正常燃烧，积炭增多，对气缸壁、活塞、活塞环、气门等零件产生腐蚀作用。

2）发动机工作时高压高温气体窜进冷却系统，造成水压升高，出现水沸现象，大量的蒸汽往外泄漏，其结果不但造成发动机无法正常工作，还导致气缸垫损坏。这种现象称为“冲床”。

（4）如何使用刀口尺

刀口尺可用来测量直线度和平面度误差，需配合塞尺来使用。

测量时，使刀口尺的刀口垂直于被测平面，塞尺塞在刀口下的缝隙，从而测量出平面度误差。

（5）如何使用塞尺

根据缝隙的大小，选择厚度合适的塞尺，如果顺利地塞入，换厚一些的，如果不能塞入，换薄一些的。当塞尺恰好塞入，松紧适度，塞尺厚度数值，就是缝隙的数值。

3. 气缸体和气缸盖平面变形检测

1）检查被测物体和准备工量具（图1～图3）。

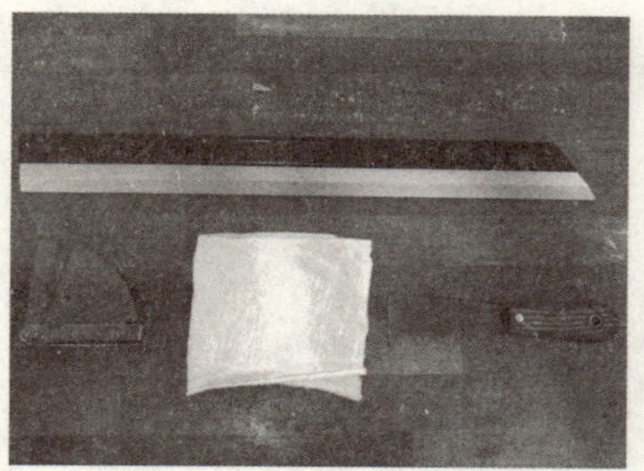

图1　工量具

图2　气缸盖

图3　气缸体

2）清洁工量具（图4、图5）。

图4　清洁刀口尺

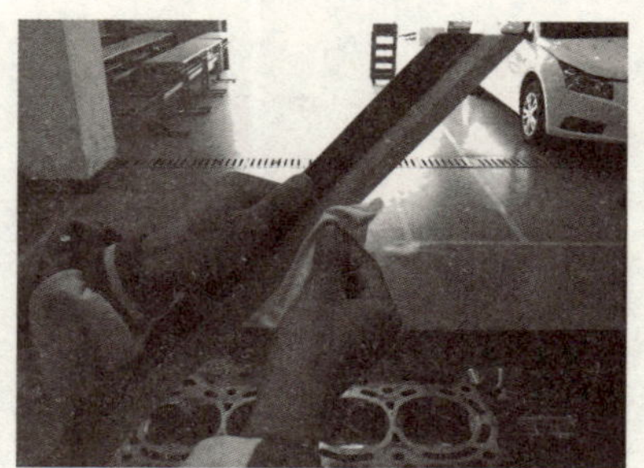

图5　清洁塞尺

3）气缸体和气缸盖平面变形检测。

① 气缸盖平面变形测量如图6～图9所示。

图6　清洁气缸盖（抹布）

图7　清洁气缸盖（铲刀）

图 8 测量气缸盖

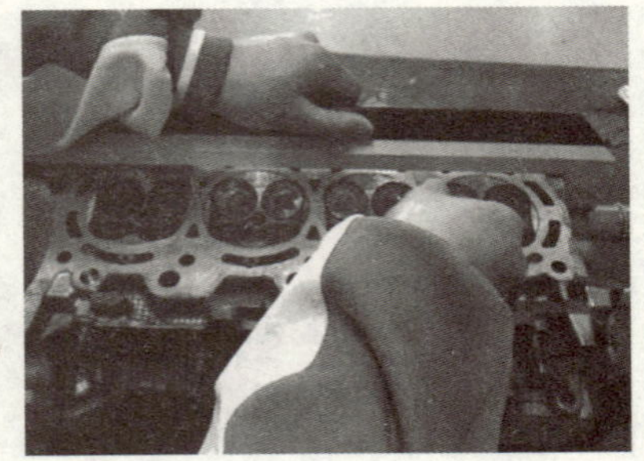
图 9 气缸盖测量位置

② 进气歧管平面变形测量如图 10 ~ 图 13 所示。

图 10 清洁进气歧管（抹布）

图 11 清洁进气歧管（铲刀）

图 12 测量进气歧管

图 13 进气歧管测量位置

③ 排气歧管平面变形测量如图 14 ~ 图 17 所示。

图 14 清洁排气歧管（抹布）

图 15 清洁排气歧管（铲刀）

图 16　测量排气歧管

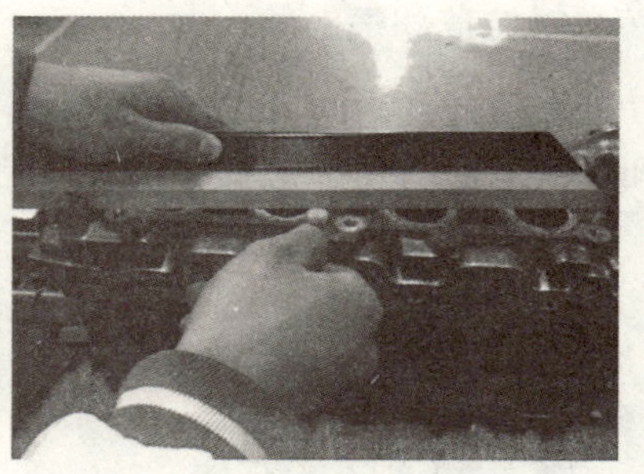

图 17　排气歧管测量位置

④ 气缸体平面度变形测量如图 18 ~ 图 21 所示。

图 18　清洁气缸体（抹布）

图 19　清洁气缸体（铲刀）

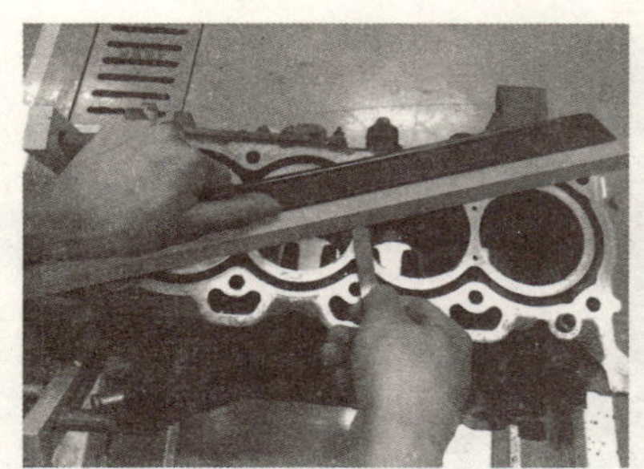

图 20　测量气缸体

图 21　气缸体测量位置

如果翘曲度大于最大值，则更换气缸盖或气缸体。

4）气缸体和气缸盖接合平面的修整

当检测气缸体或气缸盖的平面度超过技术要求，但又小于允许的修正量时，可对平面进行修磨，部分发动机气缸体和气缸盖的平面度超过技术要求时需要更换，是否修复要依据车型维修手册的规定。

在一定的变形范围内，可采用磨削修复的方法来修复，如果修整气缸体平面后引起活塞头部凸出，需要通过加厚发动机气缸垫来解决。如果修整气缸盖后引起燃烧室容积变化较大，也可通过加厚气缸垫来解决或在燃烧室非重要的位置去除部分的材料来解决。

4. 拆装更换缸盖和气缸垫

1）从气缸盖两边到中间，按对角的顺序，用10mm双六角套筒、接杆、指针式扭力扳手分步均匀地松开10个气缸盖螺栓（图22），用棘轮扳手拆下螺栓，用磁棒吸取10个平垫圈。

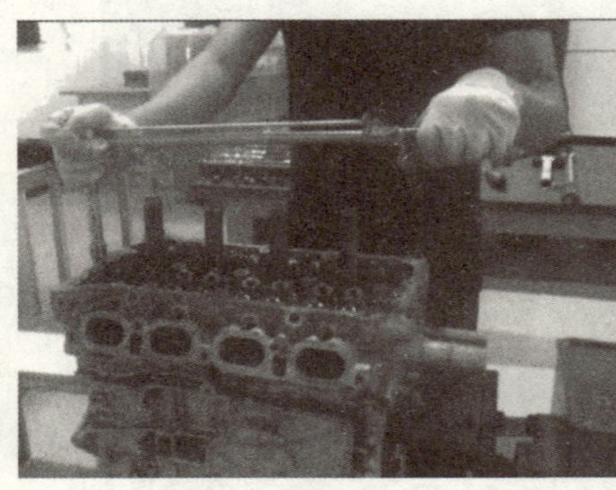
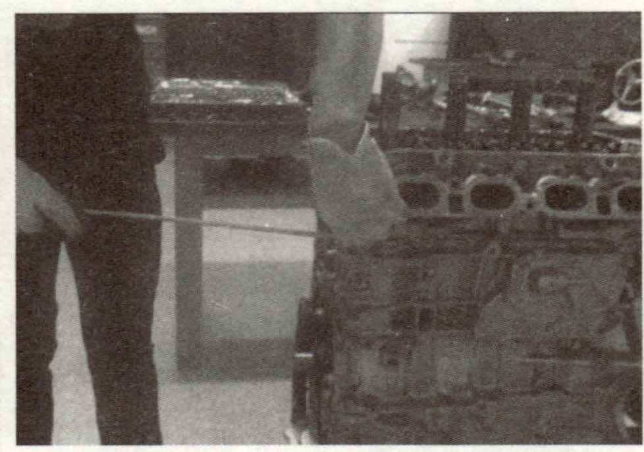

图22 拆气缸盖

2）使用头部缠有胶带的一字螺丝刀，撬动气缸盖和气缸体之间的部位，拆下气缸盖。

3）用铲刀将气缸垫从气缸体上铲下，并取下气缸垫。

4）清洁气缸体表面后，涂抹密封胶，并将衬垫放在气缸体表面上，并使印有批号的一面朝上（图23）。

图23 安装气缸盖

5）对准定位销，将气缸盖平稳放到气缸体上。

6）在螺栓的螺纹和与垫圈相接触的螺栓头下的部位涂抹一层机油。

7）将螺栓和平垫圈安装至气缸盖。

8）从气缸盖中间到两边按对角线的顺序，用10mm双六角套筒、接杆、棘轮扳手分步均匀地对10个气缸盖固定螺栓和平垫圈进行预紧。再选用扭力扳手进行紧固，将螺栓紧固至49 N·m（图24）。

9）用油漆在气缸盖螺栓前端做标记。

10）将气缸盖螺栓再次用指针式扭力扳手旋紧紧固90°，然后再旋转紧固45°。

图 24 紧固气缸盖

更换气缸垫时，必须遵守下列 7 点：

1）在旋松气缸盖螺栓之前，应让发动机冷却下来，以防气缸盖变形。

2）除去黏附的气缸垫残留物。

3）气缸盖与气缸体密封表面必须平整，在表面光磨机上除去表面的不规则处。

4）气缸垫的厚度必须均匀并达到制造厂家的规定。

5）冷却液和机油的通道必须对正。

6）如果气缸盖和气缸体都已经磨损，应采用加厚的气缸垫，否则，压缩比就会变化。

7）燃烧室的翻边不得伸入燃烧室，否则会导致早燃。

气缸盖螺栓的拧紧

这些螺栓应按照特定的顺序拧紧，拧紧顺序的规定在维修手册中可以查到。不按照这个顺序拧紧，会导致气缸盖的变形和泄漏。一般来说，气缸盖螺栓的拧紧顺序是：

1）从里向外，盘旋推进。

2）从里向外，交叉推进。

当螺栓将要拧紧时，再将螺栓拧紧到规定的力矩，必要时，必须遵守制造厂家规定的转角拧紧法。通常，必须采用一套新螺栓。拧紧顺序与拧松顺序相反（图 25）。

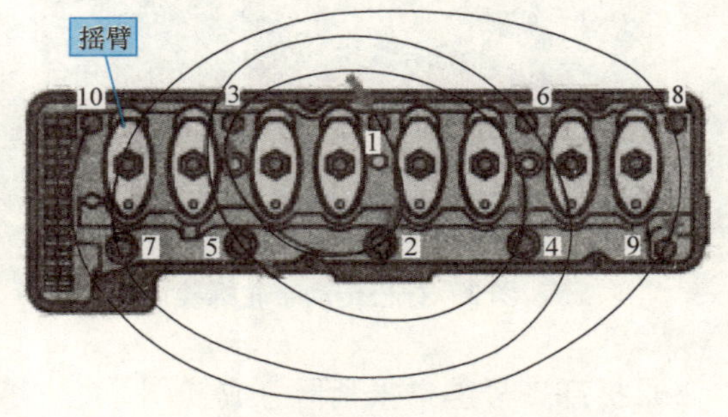

图 25 气缸盖螺栓拧紧顺序

2.5.3.4 信息页

2.5.3.4 信息页

学校名称		任课教师	
班级		学生姓名	
学习领域	L2 机械组件与系统检查拆换		
学习情境	LS2.5：冷却液损失且排气管冒白烟	学习时间	50min
工作任务	D：检测和更换正时传动带	学习地点	理实一体化教室

1. 正时链条拆装

（1）拆卸工艺步骤

1）拆卸气缸盖罩分总成（图1）。

2）转动曲轴传动带轮，对准正时标记（图2）。

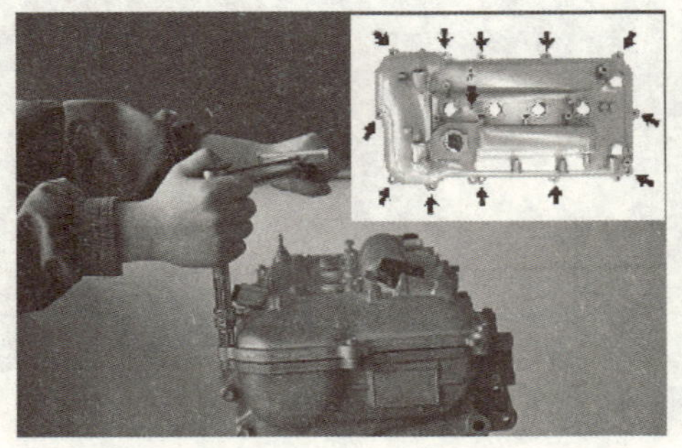

图1 拆卸气缸盖罩分总成

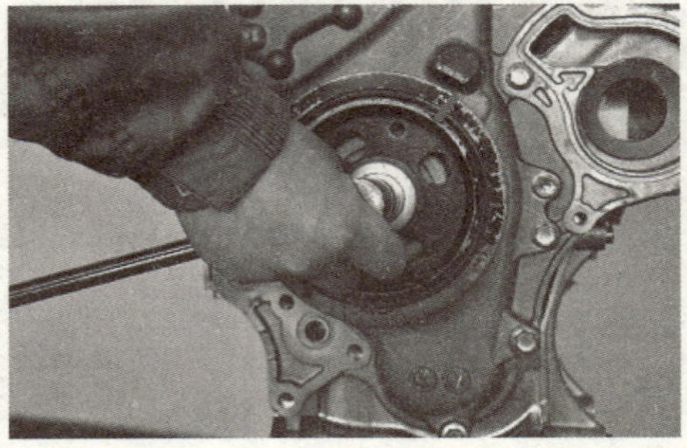

图2 对准正时标记

3）拆卸曲轴传动带轮。

① 用 SST 固定传动带轮，并松开传动带轮螺栓（图3）。

② 用 SST 拆下曲轴传动带轮（图4）。

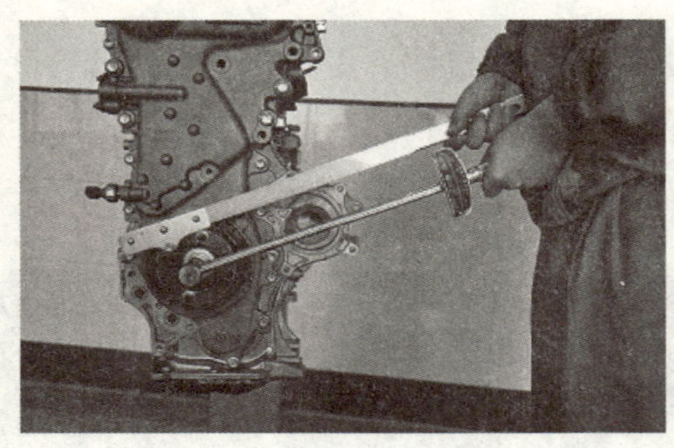

图3 拧松传动带轮螺栓

图4 拆卸曲轴传动带轮

4）拆卸1号链条张紧器总成（图5）。

5）拆卸正时链条盖分总成（图6）。

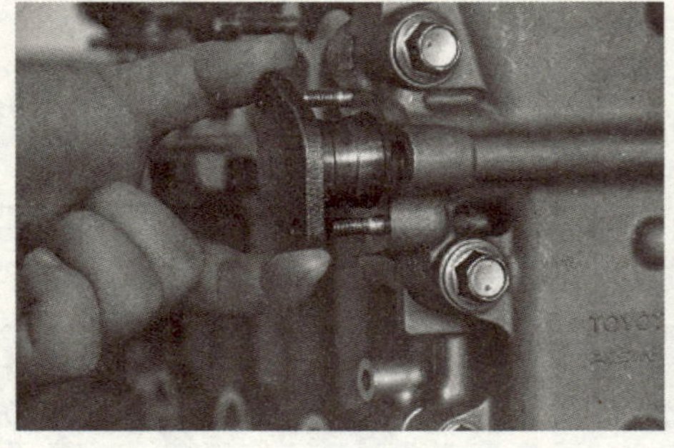

图5 拆卸1号链条张紧器总成

图6 拆卸正时链条盖分总成

6）拆卸链条张紧器导板（图7）。

7）拆卸1号链条振动阻尼器（图8）。

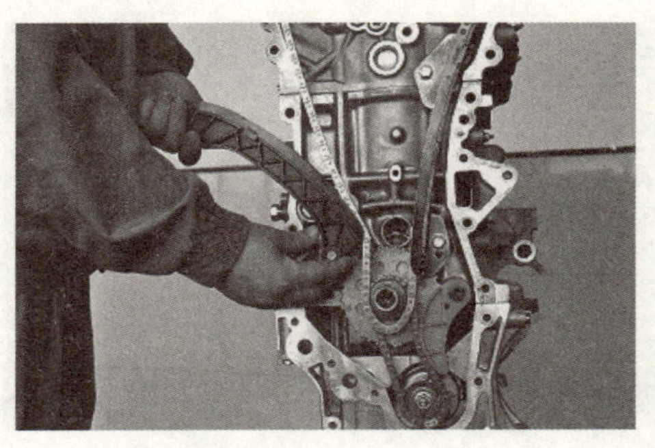

图 7 拆卸链条张紧器导板

图 8 拆卸 1 号链条振动阻尼器

8）逆时针转动进气凸轮轴，松开链条（图 9），将其放置在进气凸轮轴正时齿轮总成上。

9）顺时针转动凸轮轴，使其回到原来位置，取下链条（图 10）。

图 9 松开链条

图 10 拆卸链条

10）拆卸 2 号链条振动阻尼器（图 11）。

11）拆卸曲轴正时链轮（图 12）。

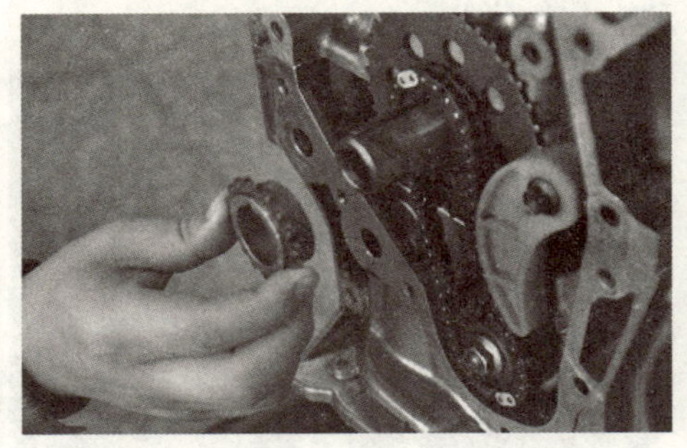

图 11 拆卸 2 号链条振动阻尼器

图 12 拆卸曲轴正时链轮

（2）安装工艺步骤

1）安装曲轴正时链轮（图 13）。

2）安装 2 号链条振动阻尼器（图 14）。

螺栓拧紧力矩：10N · m。

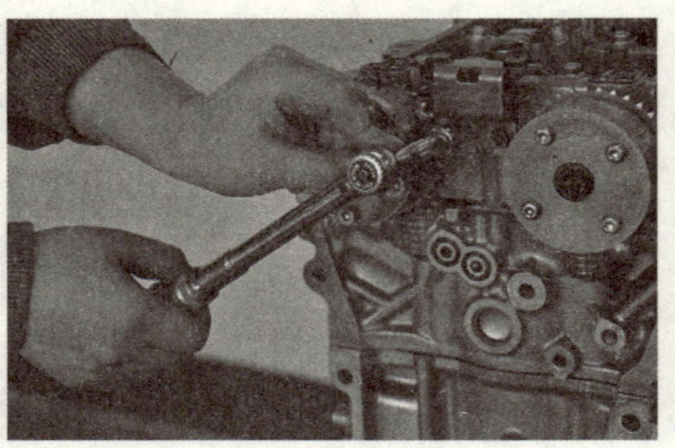

图 13 安装曲轴正时链轮

图 14 安装 2 号链条振动阻尼器

3）安装 1 号链条振动阻尼器（图 15）。

螺栓拧紧力矩：21N · m。

4）安装链条分总成。

① 暂时紧固曲轴传动带轮螺栓，转动曲轴（图 16）。

图 15 安装 1 号链条振动阻尼器

图 16 转动曲轴

② 拆下曲轴传动带轮之后，使正时齿轮键位于顶部（图 17）。

③ 检查进、排气凸轮轴正时齿轮上的正时标记（图 18）。

图 17 检查正时齿轮键位置

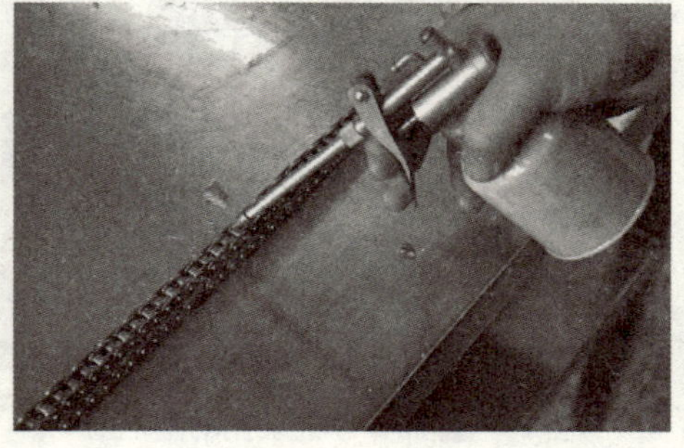

图 18 检查进、排气凸轮轴正时标记

④ 清洁润滑链条分总成（图 19）。

⑤ 将标记板（橙色）和正时标记对准并安装链条（图 20）。链条下端放在曲轴上，不要缠绕在曲轴周围。

图 19 清洁润滑

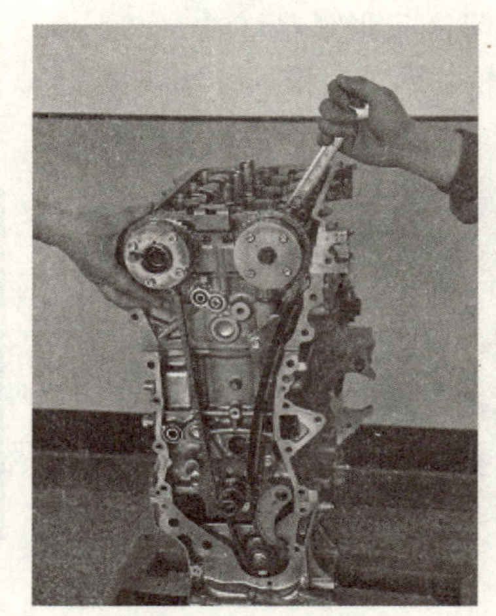

图 20 对准链条与凸轮轴的正时标记

⑥ 用扳手固定凸轮轴的六角头部分，逆时针旋转进气凸轮轴，将链条安装至曲轴正时齿轮上（图 21），并缓慢顺时针旋转凸轮轴。

⑦ 标记板（黄色）和正时标记对准（图 22）。

图 21 安装链条

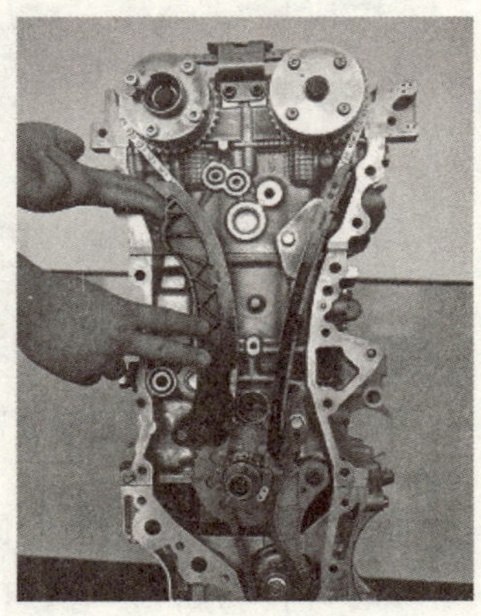

图 22 对准链条与曲轴链轮的正时标记

⑧ 安装链条张紧器导板（图 23）。

5）安装正时链条盖分总成（图 24）。

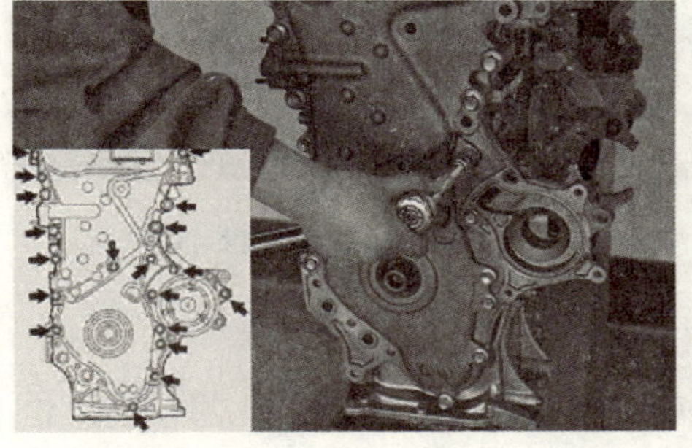

图 23 安装链条张紧器导板

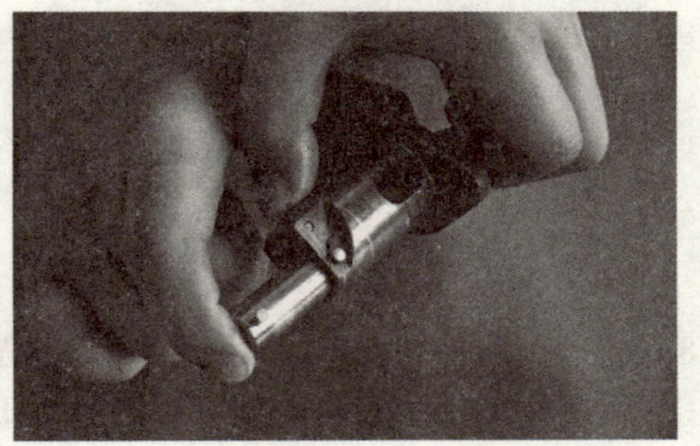

图 24 安装正时链条盖分总成

6）安装 1 号链条张紧器总成

① 松开棘轮、棘爪，推入柱塞（图 25）。

② 将挂钩固定在销上（图 26）。

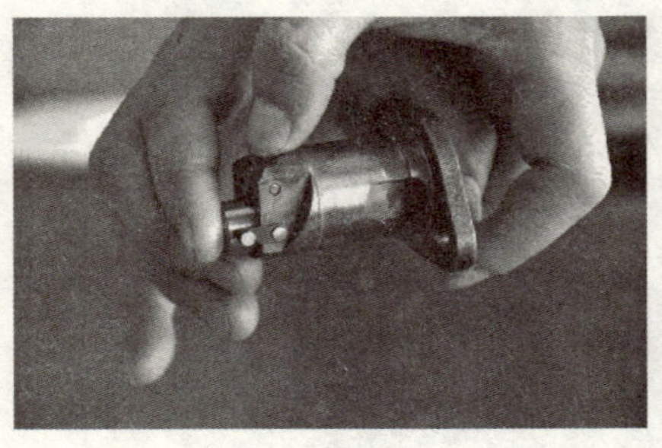

图 25 推入柱塞

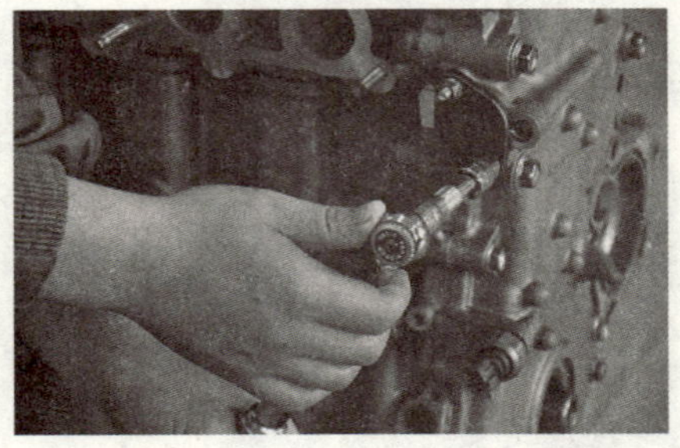

图 26 锁止柱塞

③ 螺栓拧紧力矩：10N · m（图 27）。

7）安装曲轴传动带轮。

① 螺栓拧紧力矩：190N · m（图 28）。

图 27 安装 1 号链条张紧器总成

图 28 安装曲轴传动带轮

② 逆时针转动曲轴 90°，使挂钩断开柱塞锁销（图 29）。

③ 顺时针转动曲轴 90°，检查确认柱塞伸出（图 30）。

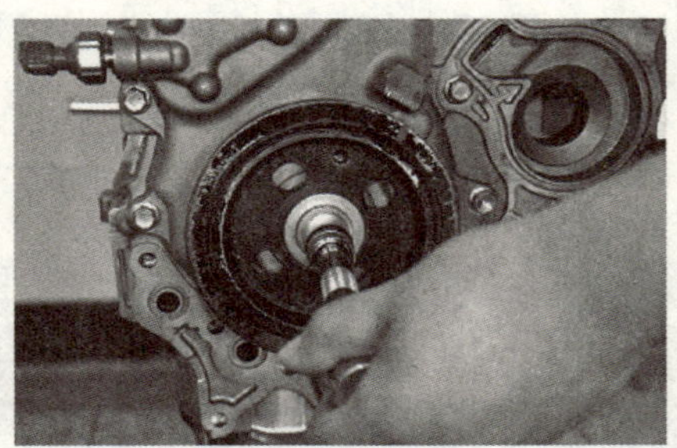

图 29 逆时针转动曲轴 90°

图 30 顺时针转动曲轴 90°

8）检查确认一缸 TDC（压缩位置）（图 31）。

① 顺时针转动曲轴两圈，直到凹槽与正时链条盖上的正时标记“0”对准。

② 检查确认凸轮轴正时齿轮和链轮上各正时标记（图 32）。

图 31 检查确认一缸 TDC（压缩位置）

图 32 检查确认链条与凸轮轴正时标记

9）安装气缸盖罩分总成（图 33）。

螺栓拧紧力矩：10N · m。

10）清洁、整理工具。

2. 正时传动带

1）拆卸周围附件。

2）拆卸 4 个螺栓（B）和正时传动带上盖（A）（图 34）。

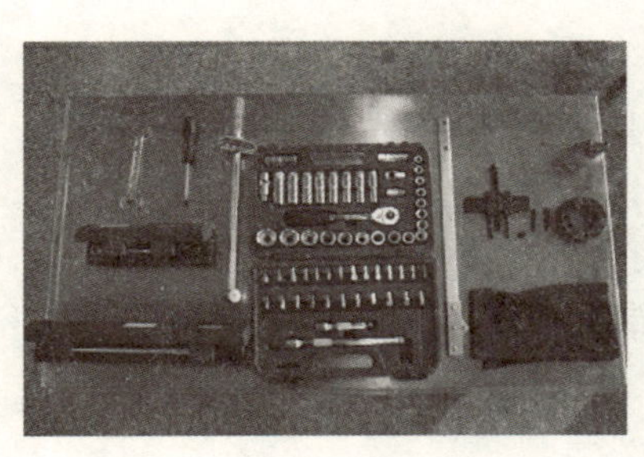

图 33 安装气缸盖罩分总成

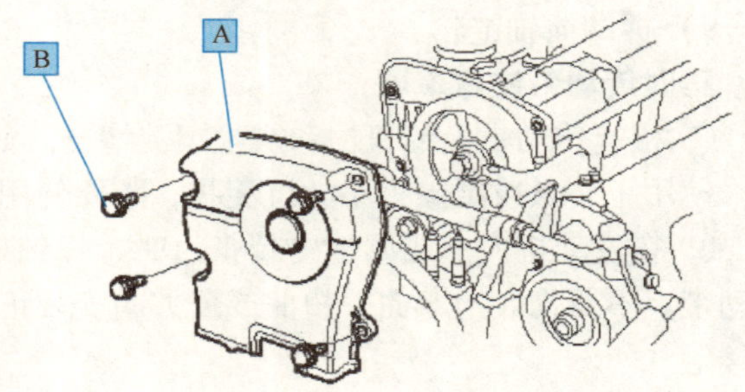

图 34 上盖

3）转动曲轴传动带轮，将它的槽对准正时传动带盖的正时标记“T”（图 35）。

4）拆卸曲轴传动带轮螺栓（B）和曲轴传动带轮（A）（图 36）。

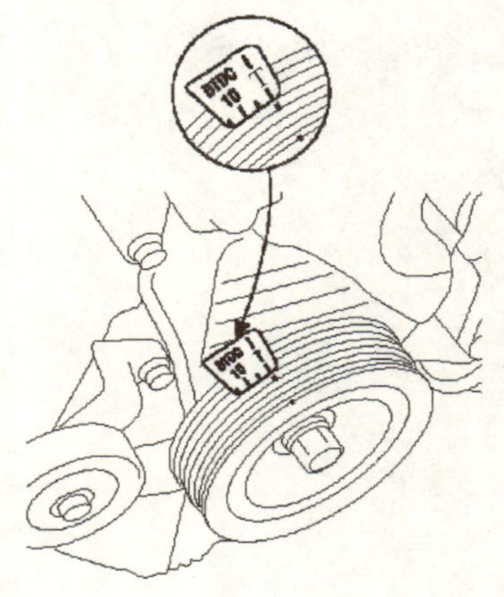

图 35 正时标记

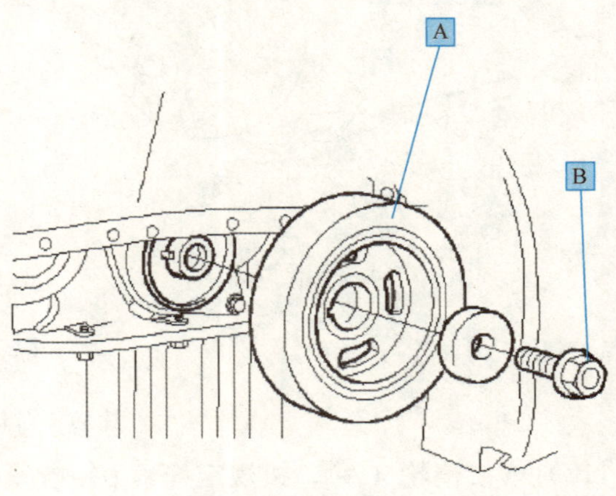

图 36 拆卸螺栓和传动带轮

拆卸传动带轮时，拆卸起动机并固定 SST（图 37）。

5）拆卸曲轴凸缘（A）（图 38）。

图 37　专用工具固定　　图 38　凸缘

6）拆卸 5 个螺栓（B）和正时传动带下部盖（A）（图 39）。

7）拆卸正时传动带拉紧器（A）和正时传动带（B）。

8）拆卸螺栓（B）和正时传动带轮（A）。

9）拆卸曲轴链轮。

正时传动带注意事项：

① 检查传动带上的机油和灰尘沉淀情况。如果必要应更换传动带。

使用干布条或纸擦去小的沉淀物，不要使用溶剂清洗。

② 在发动机大修或调整皮带张力时，仔细检查传动带。如果有明显的任何缺陷，更换传动带。不要彻底地弯曲、扭曲或反方向安装正时传动带。不要让正时传动带与油、水和蒸汽接触。

10）安装曲轴链轮（A）。

11）在一缸活塞位于上止点和其压缩行程处，对正凸轮轴链轮（A）和曲轴链轮（B）的正时标记（图 39）。

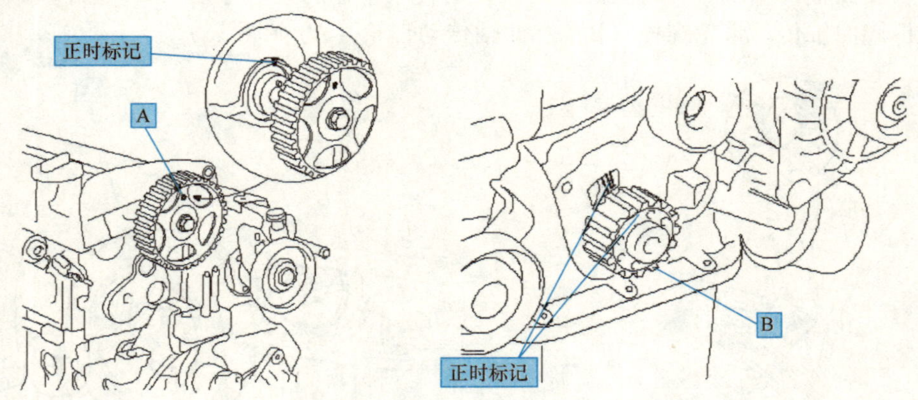

图 39　对正时标记

12）安装惰轮（A），按规定拧紧力矩拧紧螺栓（B）。

13）使用平垫圈（B），暂时安装正时传动带张紧器（A）。

14）安装传动带，以免每个轴中央部分松弛。安装正时传动带时，按照下列程序进行：曲轴链轮（A）、惰轮（B）、凸轮轴链轮（C）、正时传动带、张紧器（D）（图 40）。

15）暂时使用中央螺栓安装张紧器传动带轮以便在传动带上附加张力，调整正时传动带张力。

16）顺时针旋转曲轴（前视）角度等于曲轴链轮（A）的两个齿角度（180°）。

17）使用六角扳手按照顺时针方向在正时传动带上应用张力，以便受拉部分的传动带不松弛。

18）拧紧张紧器螺栓。

19）重新检查传动带张力。当用约 20N 的力水平推动正时传动带张力时，正时传动带端隙应有 4 ~6mm 的位移（图 41）。

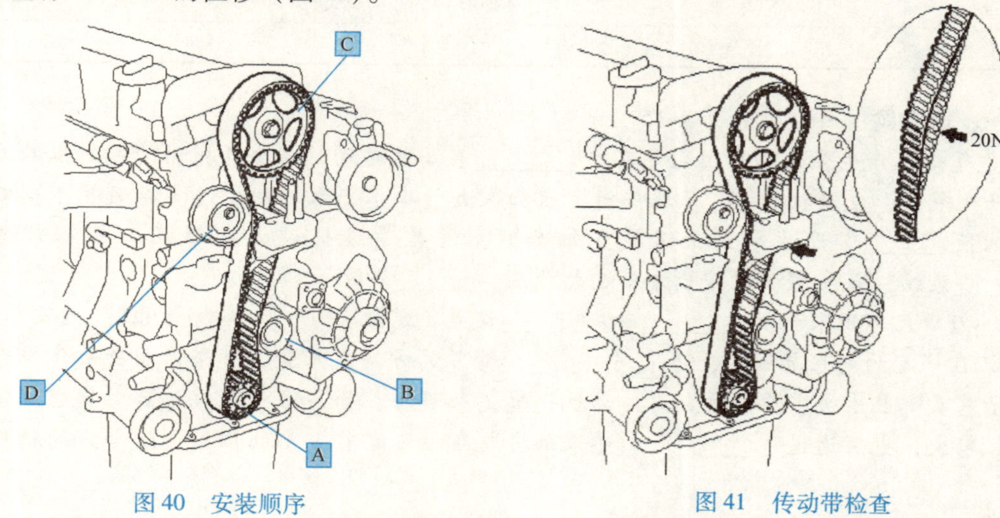

图 40　安装顺序　　图 41　传动带检查

20）按正常方向（顺时针）转动曲轴 2 圈，重新排列曲轴链轮和凸轮轴链轮正时标记。

21）安装其他附件。

轮换工作站学习

教师活动　教师组织学生轮换工作站进行小组学习。

学生活动　学生轮换工作站进行小组学习。(240min)

小组合作制作综合海报

教师活动　教师要求每个小组完成一张思维导图的总海报。

学生活动　学生分组完成一张总海报。(60min)

展示讲述综合海报

教师活动　教师选出一个组来介绍讲解总海报内容，教师进行评价。

学生活动　被选出的小组展示讲述本组绘制的总海报内容，其他组学生提出疑问、建议。(30min)

完成 2.5.3.2 理论测试

教师活动 教师要求学生独立完成2.5.3.2 理论测试，不允许查阅任何资料。

学生活动 学生安静独立地在系统上完成 2.5.3.2 理论测试并提交，不能查阅任何资料。(20min)

2.5.3.2 理论测试

2.5.3.2 理论测试

学校名称		任课教师		
班级		学生姓名		
学习领域	L2 机械组件与系统检查拆换			
学习情境	LS2.5：冷却液损失且排气管冒白烟			
理论学习内容	气缸盖、气缸垫及正时传动带的检测及更换	学习时间	5h	

一、填空题（每空1分，共15分）

1. 气缸体产生裂纹的原因主要有：________在高速转动时产生的振动使气缸体的薄弱部位产生裂纹；发动机________状态时突然加入大量冷水、水垢积聚过多而散热不良或由于穴蚀使________产生裂纹；镶换气缸套时，过盈量选择过大或压装工艺不当造成________裂纹；装配螺栓时拧紧力矩过大产生________裂纹等。

2. 刀口尺可用来测量________和________误差，需配合________来使用。

3. 在一定的变形范围内，可采用________修复的方法来修复，如果修整气缸体平面后引起活塞头部凸出，需要通过加厚发动机气缸垫来解决。如果修整气缸盖后引起燃烧室容积变化较大，也可通过________气缸垫来解决或在燃烧室非重要的位置去除部分的材料来解决。

4. 一般来说，气缸盖螺栓的拧紧顺序是：从________向________、________。

5. 当螺栓将要拧紧时，再将螺栓拧紧到规定力矩，必要时，必须遵守制造厂家规定的转角拧紧法。通常，必须采用一套________。拧松顺序与安装顺序________。

二、单选题（每题2分，共6分）

1. 平面度测量时刀口尺的刀口（　　）于被测平面，塞尺塞在刀口下的缝隙，从而测量出平面度误差。

A. 平行　　B. 倾斜放置　　C. 垂直

2. 当检测气缸体或气缸盖的平面度超过技术要求，但又小于允许的修正量时，可对平面进行（　　）。

A. 更换　　B. 修磨　　C. 加厚

3. 气缸体产生裂纹的原因主要有，装配螺栓时拧紧力矩（　　）产生螺纹孔裂纹。

A. 过小　　B. 过大

三、判断题（每题2分，共8分）

1. 根据缝隙的大小，选择合适厚度的塞尺，如果顺利的塞入，换厚一些的，如果不能塞入，换薄一些的。当塞尺恰好塞入，松紧适度，塞尺厚度数值，就是缝隙的数值。（　　）

2. 如果气缸盖和气缸体都已经磨损，应采用较薄的气缸垫，否则压缩比就会变化。（ ）

3. 在旋松气缸盖螺栓之前，应让发动机冷却下来，以防气缸盖变形。（ ）

4. 燃烧室的翻边不得伸入燃烧室，否则会导致早燃。（ ）

提交理论学习阶段的评价表

教师活动 教师要求学生对理论学习阶段2.5.3.1评价表进行自我评价。

学生活动 学生按照教师的要求对自己在理论学习阶段的表现进行自评，客观真实。

2.5.3.1 理论学习评价表

参与本项目的教师具体见Moodle系统，未参与本项目的教师可以根据实际情况自行制订。

2.5.4 任务计划：制订冷却液损失且排气管冒白烟故障诊断与排除工作计划

独立查阅信息

教师活动 教师提供实验车型的维修手册。

学生活动 学生个人独立查阅教师提供的维修手册，提炼整理关键信息。(20min)

小组制作工作计划海报

教师活动 教师要求学生小组合作制作“冷却液损失且排气管冒白烟故障诊断与排除”工作计划海报，把每一步的细节和注意事项写出来，包括为什么干？怎么干？安全、环保、工具、时间、成本、注意事项、检测标准等。

学生活动 学生分组讨论，小组合作完成工作计划海报。(40min)

2.5.4.1 工作计划海报

见附录。

展示讲述工作计划海报

教师活动 教师选出一个组来介绍讲解海报内容，教师进行评价。

学生活动 被选出的小组展示讲述本组学习成果，其他组学生提出疑问、建议。(40min)

修改工作计划海报

教师活动 教师强调修改工作计划时注意：安全、环保、规范、时间及成本控制意识的训练。

学生活动 每个组根据教师意见认真改进本组海报。(20min)

提交任务计划阶段的评价表

教师活动 教师提供任务计划阶段的评价表，指定组间评价顺序，保证每个组都被评价。要求学生将2.5.4.2评价表以小组形式提交到系统。

学生活动 每个组对老师指定的小组进行评价，合作填写2.5.4.2评价表，小组提交到系统。

2.5.4.2 任务计划评价表

参与本项目的教师具体见Moodle系统，未参与本项目的教师可以根据实际情况自行制订。

2.5.5 任务决策：与师傅和客户沟通工作计划

独立完成任务决策表

教师活动 教师发放2.5.5.1任务决策表要求学生安静地独立完成。

学生活动 学生每个人独立按照任务决策的关键要素完成2.5.5.1任务决策表。(20min)

2.5.5.1 任务决策表

2.5.5.1 任务决策表

决策类型	决策方案
与师傅决策	请站在厂商的角度，和师傅沟通任务计划实施的可能性。(包括：工作任务的时间控制和成本控制，工作步骤的正确性、规范性和合理性，工作过程的安全性和环保性，考虑厂商的经济效益和工作效率等，并记录决策结果与师傅的建议)
与客户决策	请站在客户的角度，和客户沟通任务计划实施的可能性。(包括：是否有几种可能供客户选择？某些项目做或不做？现在做还是未来做？考虑客户的成本控制、时间控制、安全性、环保性、美观性和便利性等，并记录决策结果与客户的意见)

实战演习任务决策

教师活动 教师选出一个学生代表（这个学生是以往决策出现问题较大的）和自己进行任务决策，及时担任师傅和客户双重角色。

学生活动 被选出的学生与教师进行决策对话，其他学生观察，并进行口头评价、补充、改进。(20min)

提交确认任务决策

学生活动 每个学生修改自己的任务决策方案表格，提交到系统。(20min)

教师活动 教师对每个学生制订的任务决策方案进行确认，并将确认信息从系统发给学生。

提交任务决策阶段的评价表

教师活动 教师要求学生对任务决策阶段 2.5.5.2 评价表进行自我评价。

学生活动 学生按照教师的要求对自己在任务决策阶段的表现进行自评，需客观真实。

2.5.5.2 任务决策评价表

参与本项目的教师具体见 Moodle 系统，未参与本项目的教师可以根据实际情况自行制订。

2.5.6 任务实施：使用设备进行实车拆装检测

示范操作

教师活动 教师亲自示范操作，或者播放相关视频（操作内容是：从接车确认开始，按照诊断思路进行冷却液损失且排气管冒白烟故障诊断与排除工作）。

学生活动 学生观察教师的示范动作，或观察视频中的示范动作。

操作实施

教师活动 教师将学生分组，并要求每组学生分工明确，严格强调安全和事故预防要求等。实施过程中教师进行巡视指导。

学生活动 学生分为 4 组，分工操作。每组每次安排 2 名学生操作，所有学生轮流，每个学生都要完成一次操作。当 2 名学生进行操作时，另外安排 2 名学生分别对其进行评价，填写 2.5.6.1 评价表，1 名学生拍视频，1 ~ 2 名学生监督记录，1 ~ 2 名学生查阅手册改进计划。(4h)

提交任务实施阶段的评价表和视频

教师活动 教师要求学生对任务实施阶段 2.5.6.1 评价表进行自我评价，并提交任务实施阶段录制的所有视频资料。

学生活动 学生按照教师的要求对自己在任务实施阶段的表现进行自评，客观真实。

负责拍摄的学生将视频整理提交到系统，负责评价的学生将2.5.6.1评价表提交到系统。

2.5.6.1 任务实施评价表

参与本项目的教师具体见Moodle系统，未参与本项目的教师可以根据实际情况自行制订。

2.5.7 任务检查：5S与检查工作结果

任务检查和5S

教师活动 教师提供2.5.7.1任务检查流程。要求学生分组，小组合作完成任务检查及5S，在2.5.7.1任务检查单上标注。教师要求学生小组成员对工作过程和工作计划进行监督和评估，记录优缺点及改进建议，并口头表达。教师要重点引导学生对队友的支持性意见的表达，并训练学生接纳他人建议。

学生活动 学生分组，小组合作完成任务检查及5S，在2.5.7.1任务检查单上标注。(20min)

学生按照教师规定严格监督和控制其他成员的工作过程并友善提出改进建议。(10min)

2.5.7.1 任务检查单

2.5.7.1 任务检查单

1. 请进行必要的最终任务检查，在（ ）里进行标记。

检查任务实施过程（ ），是否有改进或需要说明：

如有，处理意见：

检查测量值与标准值（ ），是否有改进或需要说明：

如有，处理意见：

2. 请进行必要的5S。

5S车辆（ ）

5S工位（ ）

5S场地（ ）

3. 请根据实施的诊断与修理工作，编制工作说明，完善改进工作计划（以另一种颜色的笔在任务计划上标注作答）。

小组合作修改工作计划

教师活动 教师要求学生小组合作修改完善工作计划，修改方式：在原有工作计划上用另一种颜色的笔进行真实、全面地复盘改进，并进行标注。

学生活动 学生小组合作修改完善工作计划，修改方式：在原有工作计划上用另一种颜色的笔进行真实、全面地复盘改进，并进行标注。(10min)

提交任务检查阶段的评价表

教师活动 教师要求学生对自己在任务检查阶段的表现进行自我评价。提醒学生：对于自己没有涉及的条目不评价。

学生活动 学生对自己在任务检查阶段的表现进行自我评价，对于自己没有涉及的条目不评价。

2.5.7.2 任务检查评价表

参与本项目的教师具体见 Moodle 系统，未参与本项目的教师可以根据实际情况自行制订。

2.5.8 任务交付：交车

任务交付准备

教师活动 在任务交付之前，教师提供 2.5.8.1 交车剧本给事先安排好的两个学生，一个扮演客户，另一个扮演 SA，以便上课时两个学生能在实车上呈现交车过程。

学生活动 两个角色扮演的学生要熟悉练习交车剧本。

2.5.8.1 交车剧本

2.5.8.1 交车剧本

（一）任务完成正常交车

前台：先生，您好！您的车修好了，没有任何问题，您可以放心使用了。这是针对发动机使用的开车温馨贴士，请您留存！

客户：非常感谢！

前台：不客气！这是费用清单，请您跟我去财务结账。

客户：好的。

前台：这是车钥匙，以后请您放心使用！请您随时观察车况，如果有任何问题，请随时联系我。非常愿意为您服务！

客户：好的！谢谢你！再见！

前台：再见！您慢走！

（二）任务未完成异常交车

前台：先生，您好！非常抱歉，您的车我们前期预估失误，虽然我们已经尽力了，但是还是不能按照约定时间正常交车给您，预计还得 2 个小时才能完成。您看您是继续在店里等待，还是先去处理其他事情。等这边结束我及时联系您。

客户：好吧！2 个小时后肯定能取走我的车吗？

前台：真的非常抱歉！不过，您放心！同样的错误我们不会出现第二次。再有 2 个小时肯定交车给您。

客户：好吧。2 个小时后等你电话，我先去处理其他事情。一定要彻底修好啊！

前台：请您放心！一定保证您的爱车行驶无忧，我会随时观察进展情况，及时联系您。非常愿意为您服务！

客户：好的！谢谢你！那我先走了，待会儿见！

前台：待会儿见！您慢走！

两人角色扮演

学生活动 学生分组，两人一组。其中，事先安排好的两个学生为一组，一个扮演客户，另一个扮演 SA，先交车给师傅，然后交车给客户。(10min)

教师活动 教师提前安排学生两人一组，观察角色扮演学生的表演过程，同时观察其他学生的表现：倾听的认真程度。

全员换位评价

学生活动 学生认真观看角色扮演情境再现过程，理解客户委托，并与本组学生一起对做角色扮演的学生换位思考进行口头评价：角色扮演时的优缺点，如果是自己怎么改进会更好。(5min)

教师活动 教师指出角色扮演的优缺点，提出注意事项进行强调说明。

全员分组练习

教师活动 教师要求所有学生借鉴两个示范学生的表现，进行任务交付练习。

学生活动 学生按照教师的提示与强调，借鉴示范的两个学生的表现，学生分组在实车上进行任务交付的角色扮演练习。互换角色再练习一次。(10min)

提交任务交付阶段的评价表

教师活动 教师要求学生对任务交付阶段自己扮演 SA 时的表现依据 2.5.8.2 评价表进行自我评价。

学生活动 学生按照教师的要求对自己在任务交付阶段扮演 SA 时的表现进行自评，客观真实。

2.5.8.2 任务交付评价表

参与本项目的教师具体见 Moodle 系统，未参与本项目的教师可以根据实际情况自行制订。

2.5.9 反思评价：总结知识点、技能点和素养点

提交反思评价自评表

教师活动 教师归纳整理理论知识体系，以一页 PPT 展示知识点、技能点和素养点。

学生活动 学生认真反思、倾听，构建适合自己学习的知识体系。(10min)

学生认真反思，对照学习目标进行自我反思，填写 2.5.9.1 自评表。(10min)

2.5.9.1 反思评价自评表

参与本项目的教师具体见 Moodle 系统，未参与本项目的教师可以根据实际情况自行制订。

提交反思评价他评表

教师活动 教师把每一位学生的反思阶段的评价表分配给其他同学进行评价。

学生活动 学生按照系统分配的评价对象，每个学生都填写一份对另一个学生的评价表。(10min)

2.5.9.2 反思评价他评表

参与本项目的教师具体见 Moodle 系统，未参与本项目的教师可以根据实际情况自行制订。

提交反思评价阶段的评价表

教师活动 教师参照学生的自评与他评在 2.5.9.3 反思评价表上给出学生反思评价成绩。

学生活动 每个学生将自评表和他评表形成的 2.5.9.3 反思评价表进行对照，帮助学生自我认识。

2.5.9.3 反思评价表

参与本项目的教师具体见 Moodle 系统，未参与本项目的教师可以根据实际情况自行制订。

2.5.10 巩固拓展

迁移新任务

教师活动 教师布置新的客户任务：发动机机油乳化。要求学生小组合作制订工作计划并用 PPT 展示。

学生活动 学生明确拓展任务：小组合作制订工作计划，下次课前用 PPT 展示和评价。做好完成拓展任务的计划（分工与时间安排）。

分工制作工作计划

教师活动 教师要控制学生的制作过程，要求学生分工完成 2.5.10.1 工作计划，把自己负责的部分提交到系统，让教师看到。

学生活动 学生在小组长的带领下，制作过程合理分工，每人完成工作计划的一部分并提交到系统。(课后)

2.5.10.1 工作计划海报

见附录。

提交过程视频和 PPT

教师活动 教师要求学生制作 PPT 的过程录制视频并把视频提交到系统，同时提交 PPT 结果到系统。

学生活动 小组合作，录制制作 PPT 过程的视频。

巩固拓展阶段的评价表

教师活动 教师要求小组长完成本小组所有成员的2.5.10.2评价表，提交到系统。

学生活动 小组长完成小组评价2.5.10.2评价表，并把每个组员的评价表提交到系统。

 **2.5.10.2 巩固拓展评价表**

参与本项目的教师具体见Moodle系统，未参与本项目的教师可以根据实际情况自行制订。

总体评价

给学生反馈总体评价表

教师活动 教师对每个学生的总体评价表初稿进行补充修改，形成总体评价定稿，作为每个学生本学习情境的最终评价。

学生活动 学生认真对照教师反馈的总体评价表，分析自己的优势和不足，有针对性地制订改进措施，加强培养素养或知识、技能不足的方面。

LS2.6

发动机爆燃噪声，机油压力指示灯亮起

教学准备

教学情境准备

教师活动 教师提前提供给所有学生 2.6.0.1 客户任务工单。提前在车上设置“发动机爆燃噪声，机油压力指示灯亮起”的真实故障。课前提供 2.6.0.2 接车剧本给事先安排好的两个学生，一个扮演客户，另一个扮演 SA，以便上课时两个学生能在实车上把客户任务真实再现。

学生活动 所有学生在课前熟悉 2.6.0.1 客户任务工单，提前了解客户委托任务。

两个角色扮演的学生要熟悉练习 2.6.0.2 接车剧本。（课前）

2.6.0.1 客户任务工单

2.6.0.1 客户任务工单

<table>
<tr><td>车主姓名</td><td></td><td>日期</td><td></td></tr>
<tr><td>车型</td><td></td><td>车牌号</td><td></td></tr>
<tr><td>发动机号</td><td></td><td>底盘号</td><td></td></tr>
<tr><td>联系电话</td><td colspan="3"></td></tr>
<tr><td>通信地址</td><td colspan="3"></td></tr>
<tr><td colspan="4">故障现象描述：
车主反映，发动机爆燃噪声，机油压力指示灯亮起。</td></tr>
<tr><td colspan="4">检查维修建议：</td></tr>
<tr><td colspan="4">故障结论：（更换或维修的零件记录）</td></tr>
<tr><td colspan="2">取车付款：
现金　　　　　　　银行卡</td><td colspan="2">维修人：
收款人：</td></tr>
</table>

2.6.0.2 接车剧本

2.6.0.2 接车剧本

学习情境描述：

一辆大众速腾轿车，行驶总里程6万km，客户发现发动机爆燃噪声，机油压力指示灯亮起。

前台：您好！有什么需要我帮忙的？

客户：您好！是这样的：我的车发动机爆燃噪声，机油压力指示灯亮起。您能帮我看看吗？

前台：好的！您给我车钥匙，我给您试一下车，先检查一下。

（上车，起动车辆并检查仪表板报警灯，询问客户）

前台：您的车以前润滑系统进行过维修吗？最近您修理过什么吗？

客户：不瞒您说，我的车车况特别好，在这之前什么毛病也没有，这是第一次出现故障，只做过正常的维护保养。

前台：那您的车车况真是不错，您使用得很好。我刚才初步诊断了一下：发动机有噪声，机油压力指示灯亮起。情况比较复杂，需要后台评估后才能确认。

客户：好的！那您尽快维修吧，我还着急用车呢。

前台：那您想什么时间取车？

客户：今天下午4点取车吧。

前台：好的！请您到客户区休息等待，如有需要，我会及时和您联系。

教学目标准备

教师活动 教师以一页PPT简介本情境的教学目标：素养点、知识点、技能点。

学生活动 学生思路清楚、明确目标，在头脑中形成个人学习规划。（课前）

素养点：

① 能够准确表述，让倾听者清楚地接收到信息。
② 能够为自己制作简单的讲稿。
③ 能够与他人融洽的相处并进行建设性的合作。
④ 能够展现积极正面的职业态度。
⑤ 能够独立工作。
⑥ 能够小组友好合作。

知识点：

① 曲柄连杆机构的组成及作用。
② 机体组的组成、作用及磨损特征。
③ 活塞连杆组的组成、作用及磨损特征。
④ 曲轴飞轮组的组成、作用及磨损特征。

技能点：

① 使用工具仪器对机体及缸套进行拆装检测。
② 使用工具仪器对活塞及连杆进行拆装检测。
③ 使用工具仪器对曲轴进行拆装检测。
④ 进行故障查询。
⑤ 使用塞尺、千分尺、量缸表等。
⑥ 遵守事故预防条例。

资料设备清单

参与本项目的教师具体见 Moodle 系统，未参与本项目的教师可以根据实际情况自行制订。

2.6.1 任务接受：接车

两人角色扮演

学生活动 学生分组，两人一组。其中，事先安排好的两个学生为一组，一个扮演客户，另一个扮演 SA，在实车上把客户任务真实再现。(10min)

教师活动 教师观察角色扮演学生的表演过程，同时观察其他学生的表现：倾听的认真程度。

全员换位评价

学生活动 学生认真观看角色扮演情境再现过程，理解客户委托，并与本组学生一起对做角色扮演的学生换位思考进行口头评价：角色扮演时的优缺点，如果是自己怎么改进会更好。(10min)

教师活动 教师指出角色扮演的优缺点，提出注意事项进行强调说明。

全员分组练习

教师活动 教师要求所有学生借鉴两个示范学生的表现，进行任务接受练习。

学生活动 学生按照教师的提示与强调，借鉴示范的两个学生的表现，学生分组在实车上进行任务接受的角色扮演练习。互换角色再练习一次。(10min)

提交任务接受阶段的评价表

教师活动 教师要求学生对任务接受阶段自己扮演 SA 时的表现进行自我评价。

学生活动 学生按照教师的要求对自己在扮演 SA 时的表现进行客观真实地自评。

2.6.1.1 任务接受评价表

参与本项目的教师具体见 Moodle 系统，未参与本项目的教师可以根据实际情况自行制订。

2.6.2 任务分析：发动机爆燃噪声，机油压力指示灯亮起的原因

教学方法：卡片法

独立查找原因

教师活动 教师提供 2.6.2.1 信息页（维修信息、文本资料）和卡片纸，指导学生独立查找发动机爆燃噪声、机油压力指示灯亮起的原因，并制作关键词卡片进行展示。

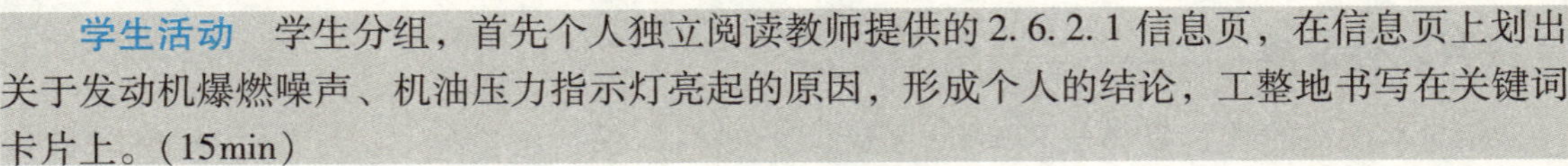

学生活动 学生分组，首先个人独立阅读教师提供的2.6.2.1信息页，在信息页上划出关于发动机爆燃噪声、机油压力指示灯亮起的原因，形成个人的结论，工整地书写在关键词卡片上。(15min)

2.6.2.1 信息页

2.6.2.1 信息页

学校名称		任课教师	
班级		学生姓名	
学习领域	L2 机械组件与系统检查拆换		
学习情境	LS2.6：发动机爆燃噪声，机油压力指示灯亮起	学习时间	15min

一、曲柄连杆机构常见故障分析

1. 气缸压力不足

气缸压力是指活塞到达压缩上止点时气缸内压力的大小。气缸压力不足，就意味着气缸密封性降低，将会使发动机功率下降，起动困难，若个别气缸压力不足会使发动机运转不稳定。

(1) 故障原因

1) 活塞环的侧隙、开口端隙过大，或气环开口的迷宫路线变短，或活塞环的第一密封面磨损后，其密封性会变差。

2) 活塞与气缸磨损过大使气缸间隙增大，活塞在气缸内运动摇摆，影响活塞环与气缸的良好贴合密封。

3) 因活塞环结胶、积炭而卡在活塞环槽内，使环的自身弹性不能发挥，失去了气环与气缸壁的第一密封面。

4) 气缸拉伤。当气缸拉伤之后，使活塞环与气缸的密封被破坏，造成气缸压力低。

5) 装用了不匹配的活塞。有的发动机所选用的活塞顶部凹坑深度不一，用错后将影响气缸压力。

6) 气缸垫冲坏，气门座圈松动，气门弹簧折断或弹力不足，气门与气门导管因积炭或间隙过小，使气门上下运动受阻等，导致气门密封不严。

7) 正时齿轮安装错误，齿轮键槽不正确，正时齿轮损坏或磨损过甚，凸轮轴正时齿轮上的轮毂与轮松动等，导致配气相位不正确。

8) 使用了不匹配的气缸盖，如有的气缸盖燃烧室容积可能不同，若装错会影响气缸压力。

9) 进排气门间隙调整不当，或与气门座密封不严，或测试气缸压力时操作不当。

10) 装有减压装置的发动机，其减压装置的间隙调整不当，会使气门关不严。

(2) 故障检修

当前用气缸压力表检测气缸压力的方法较多，可通过测量起动机电流和起动机电压来检测气缸压力；另外，也可用胶管和压缩空气逐缸测量的方法。用气缸压力表检测气缸压力时，应使发动机（处在正常热态下）冷却液温度在85~95℃，润滑油温度在70~90℃。同时，拔掉发动机转速传感器。

2. 连杆弯曲、扭曲和双重弯曲

连杆弯曲、扭曲和双重弯曲变形将使活塞在气缸中歪斜，造成活塞与气缸、连杆轴承与连杆轴颈的偏磨。

（1）故障原因

发动机工作时，气缸内的气体压力始终作用在活塞顶上。由于气体压力的作用，使活塞与活塞销、活塞销与连杆小头衬套压紧，并通过连杆使连杆轴承与连杆轴颈、主轴承与主轴颈相互压紧，由于上述各传力机件都具有一定的质量，具有保持原有运动状态的趋势，即惯性力的作用，再加上发动机超负荷和爆燃等原因，会使连杆弯曲、扭曲或双重弯曲。

（2）故障检修

连杆弯曲扭曲变形的检验可在连杆检验器上进行，如图1所示。

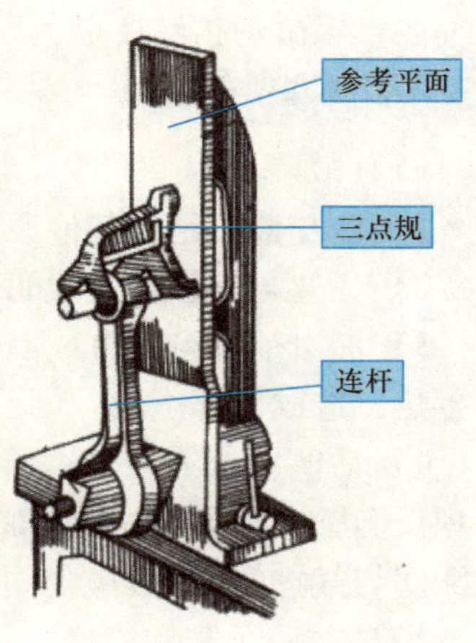

图1 连杆变形的检测

检验时，如果三点规的三个测点都与检验平板接触，说明连杆不弯曲也不扭曲。如果上测点与平板接触，下面两测点与平板不接触，且与平板的间隙相等，或下面的两测点与平板接触，而上测点与平板不接触，则表明连杆是纯弯曲；如果一个下测点与平板接触，上测点与平板间的间隙等于另一个下测点与平板间隙的一半，说明连杆是纯扭曲；否则是弯扭并存。连杆的弯曲、扭曲变形，通常用连杆校正器的附设工具进行校正。当连杆弯扭并存时，一般先校正扭曲后校正弯曲。连杆经过扭、弯校正后，两端座孔轴心线的距离变化应不大于0.15mm，否则会影响气缸的压缩比。

3. 曲轴弯曲和扭转

（1）故障原因

1）曲轴在修磨加工时，装卡定位不当，磨床本身精度不高。

2）发动机超负荷运转，连续爆燃，工作不平稳使各轴颈受力不均匀。

3）曲轴轴承和连杆轴承间隙过大，松紧不一，造成主轴颈中心不重合，运转时受冲击。

4）发动机发生轴承烧坏和抱住曲轴时，曲轴将出现弯曲和扭转。

5）曲轴轴向窜动过大或活塞连杆组重量不一，相差过大。

6）点火时间过早，或经常有1~2个火花塞工作不良，使发动机运转不平衡，曲轴受力不均匀。

7）曲轴平衡被破坏，或曲轴连杆组以及飞轮的平衡被破坏；曲轴过多磨损，强度、刚度不足，或由于装配不当而产生弯、扭。

8）曲轴材质不佳，或曲轴长期不合理的放置造成变形。

9）汽车起步行驶时，放松离合器踏板动作过快，接合时不柔和。或用冲力起动发动机，使曲轴受到突然扭转。

10）行车中使用紧急制动或在发动机动力不足的情况下，用高档低速勉强行驶。

（2）故障检修

曲轴弯曲变形后，其主轴颈的同轴度偏差增大。检验时，一般将曲轴的第一道和最后一道主轴颈搁置在检验平板的 V 形块上，将百分表头垂直地触及在中间一道主轴颈上（通常此道主轴颈变形量最大），慢慢转动曲轴一圈，此时百分表指针所示的最大摆差，即为该轴颈对前后两主轴颈轴线的同轴度偏差，其偏差一般应不大于0.15mm，否则应予校正，低于此限可结合磨削轴颈予以修正。

曲轴弯曲的校正通常采用冷压法和表面敲击法。

检验曲轴扭曲，可将曲轴置于检验平板的 V 形块上，然后将第一、六缸连杆轴颈转到水平位置，用百分表分别测量第一、六缸连杆轴颈至平板的距离，求得这同一方位上两个连杆轴颈的高度差。

曲轴轻微的扭转变形，可在曲轴磨床上磨削校正，大的扭转变形可用液压扳杆校正。

4. 活塞裙部烧蚀

（1）故障原因

1）冷却液不足或其他原因引起的发动机过热造成活塞过膨胀，缩小了气缸间隙。

2）活塞与气缸的装配间隙过小，使油膜不能保存，结果出现干摩擦生热而烧蚀。

3）润滑油牌号不符或润滑油被汽油稀释，使气缸壁形成不了油膜，出现干或半干摩擦而生热，造成裙部烧蚀。

4）活塞质量不佳。裙部无椭圆或椭圆过小，致使活塞受热后，因活塞销座膨胀量大，出现反椭圆（活塞销轴方向加长），使活塞销轴线方向与气缸无间隙，或因加工、安装不当，使活塞与气缸的装配间隙过小。

（2）故障预防和检修

1）汽车不能在缺冷却液、高温、大负荷下长期运行。出车前应检查润滑油数量和质量。

2）维修时应保证活塞与气缸的配合间隙，选好活塞，活塞的圆度要符合规定。对全浮式活塞销座孔的加工，不能使其与销轴配合过紧。

5. 活塞环槽磨损

（1）故障原因

1）活塞环槽磨损比较严重的是第一、二道气环槽。因为活塞头部的热量是由活塞环传给气缸壁的，所以第一道气环受热最严重，若第一环槽得不到良好的散热，将使其裙部加速磨损。

2）在活塞工作时，环槽的上下侧面与活塞环产生冲击磨损，使配合间隙加大，密封性能变坏。环槽的磨损主要是下平面磨损。

3）气缸内壁在磨损成椭圆和锥形或因其他原因变形后，活塞环在活塞往复运动时形成时胀时缩的现象，加速了环槽的磨损。侧压力使活塞左右摆动，活塞环在槽内产生左右摩擦。

4）可燃混合气和点火提前角调整不当，均导致燃烧不正常使发动机受热时间长，温度增高，降低了活塞环的机械强度。

5）维修时清洁不够。安装活塞环的工具制作或使用不当，气缸口台阶未进行修理，活塞顶和环槽内积炭等物未彻底清除等。

6）外界温差变化幅度大而发动机未采取相应的保温或降温措施，在尘土和风沙大的地区对进气系统防尘工作不重视，即对空气滤清器的维护不及时。

7）不遵守发动机使用操作规程，起动后急于提高发动机转速，或起步后温度过高时又强制降温等。

8）活塞质量低劣，环槽及环岸都加工粗糙，金相组织不佳。

（2）故障预防和检修

1）提高设计制造质量，增加一些特殊结构，如在活塞头部位设环槽护圈。

2）提高维修质量，在选择活塞环的边隙和背隙时，严格按规定选取装配间隙；在专用的发动机装配房间内进行装配工作。

3）提高驾驶操作技术，按操作规程操作，避免发动机长时间高速运转，保持发动机工作在正常温度范围内。

4）加强燃料系统和点火系统的调整和维护。

二、曲柄连杆机构异常噪声分析

曲柄连杆机构的故障属于机械类故障，此类故障大多数是异响。曲柄连杆机构的异响，往往反映着不同性质和不同程度的故障。判断异响主要是根据异响的产生部位：声响特征、出现时机、变化规律以及尾气排放的颜色等情况，并借助诊断仪器来找出故障部位及原因。

1. 曲轴主轴承响

（1）故障现象

1）发动机转速突然变化时，发出低沉连续“镫镫”金属敲击声，严重时发动机产生振动。

2）响声随发动机转速提高而增大，随负荷的增大而增大，产生响声的部位在气缸的下部。

3）单杠“断火”时，响声无明显变化，相邻两缸“断火”时，响声会明显减弱。

4）观察机油压力表，机油压力明显降低。

（2）故障原因

1）轴承与轴颈磨损而导致配合间隙过大。

2）主轴承盖螺栓松动。

3）主轴承与座孔配合松动。

4）轴承润滑不良，使轴承合金层烧蚀脱落。

2. 连杆轴承响

（1）故障现象

1）在突然加速时，有明显连续“当当”敲击声。

2）响声在怠速时较小，中速时较为明显，发动机温度升高后，响声无变化。

3）单缸“断火”后，响声明显减弱或消失。

（2）故障原因

1）连杆轴承盖螺栓松动。

2）连杆轴承与轴颈过量，致使径向间隙过大。

3）轴承润滑不良，造成轴承合金层烧毁、脱落。

4）连杆轴承与座孔配合松动。

3. 活塞敲缸响

（1）故障现象

1）发动机怠速时，在气缸上部发出清晰的“嗒嗒”敲击声。

2）冷车时响声明显，热车时响声减弱或消失。

3）该缸“断火”后，响声减弱或消失。

（2）故障原因

1）活塞与气缸壁的间隙过大，活塞在气缸内摆动，导致撞击气缸壁而发出响声。

2）活塞销与连杆衬套装配过紧。

3）活塞顶碰到气缸衬垫。

4）连杆变形。

4. 活塞销响

（1）故障现象

1）怠速和中速时响声比较明显、清脆，为有节奏的“嗒、嗒”声。

2）发动机转速变化时，响声的周期也随着变化。

3）发动机温度升高后，响声不减弱。

4）该缸“断火”后，响声减弱或消失，恢复该缸工作的瞬间，会出现明显的响声或连续两个响声。

（2）故障原因

1）活塞销与连杆小端衬套配合松旷。

2）活塞销与活塞销座孔配合松旷。

合作讨论原因

学生活动 学生小组合作讨论达成共识，小组合作讨论出本组的“发动机爆燃噪声，机油压力指示灯亮起”原因并写在卡片上，对卡片进行分类后贴在白板上，并进行展示。（25min）

教师活动 教师重点观察学生讨论时的表现：所有成员是否可以经过妥协或协商快速达成一致意见。

师生确定原因

教师活动 教师带领学生一起逐条对每组的结果进行分析评价，判断对错，总结原因。

学生活动 学生领会理解，修改笔记。（10min）

填写客户工单

教师活动 教师提供行驶证等资料，指导学生填写2.6.0.1客户工单（车辆检验内容，确定维修范围，是否修理车辆建议）。

学生活动 学生小组合作填写完整客户任务工单。（20min）

提交任务分析阶段的评价表

教师活动 教师要求学生对任务分析阶段2.6.2.2评价表进行自我评价。

学生活动 学生按照教师的要求对自己在任务分析阶段的表现对照每一条进行客观真实地自评。

2.6.2.2 任务分析评价表

参与本项目的教师具体见Moodle系统，未参与本项目的教师可以根据实际情况自行制订。

2.6.3 理论学习：曲柄连杆机构故障检修

教学方法：旋转木马法

3.1 曲柄连杆机构组成

关键词法独立学习

教师活动 教师提供2.6.3.1信息页，让学生独立阅读，划出关键词，完成2.6.3.1工作页，并整理出逻辑关系思维导图。

学生活动 学生安静独立地阅读2.6.3.1信息页，划出关键词，完成2.6.3.1工作页，并整理出逻辑关系的思维导图。(40min)

2.6.3.1 信息页

2.6.3.1 信息页

<table>
<tr><td>学校名称</td><td colspan="2"></td><td>任课教师</td><td></td></tr>
<tr><td>班级</td><td colspan="2"></td><td>学生姓名</td><td></td></tr>
<tr><td>学习领域</td><td colspan="4">L2 机械组件与系统检查拆换</td></tr>
<tr><td>学习情境</td><td colspan="2">LS2.6：发动机爆燃噪声，机油压力指示灯亮起</td><td>学习时间</td><td>40min</td></tr>
<tr><td>工作任务</td><td colspan="2">A：曲柄连杆机构组成</td><td>学习地点</td><td>理实一体化教室</td></tr>
</table>

1. 曲柄连杆机构的功用

曲柄连杆机构的功用是将燃料燃烧时产生的热能转变为活塞往复运动的机械能，再通过连杆将活塞的往复运动变为曲轴的旋转运动而对外输出转矩。

2. 曲柄连杆机构的组成

根据机件的运动方式不同，通常将曲柄连杆机构划分成机体组、活塞连杆组、曲轴飞轮组。机体组主要由气缸盖、气缸体、曲轴箱、气缸垫、油底壳和气缸套等不动件组成；活塞连杆组主要由活塞、活塞环、活塞销和连杆等运动件组成；曲轴飞轮组主要由曲轴、飞轮、扭转减振器和传动带轮等旋转件组成，其结构如图1所示。

(1) 机体组主要部件的结构

发动机机体组是发动机的骨架，是发动机各机构、系统和各种附件的装配基体。机体组

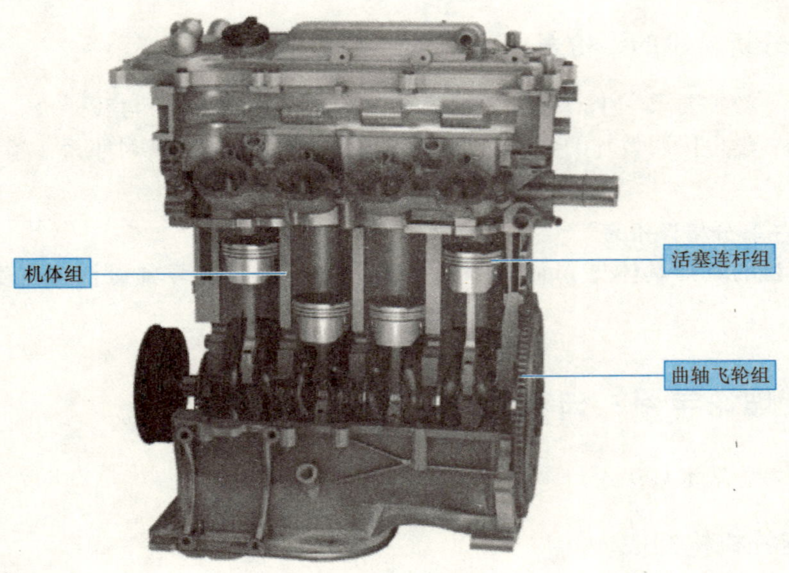

图1 曲柄连杆机构的组成

主要由气缸盖、气缸体、曲轴箱、气缸垫、油底壳和气缸套等组成，如图 2 所示。

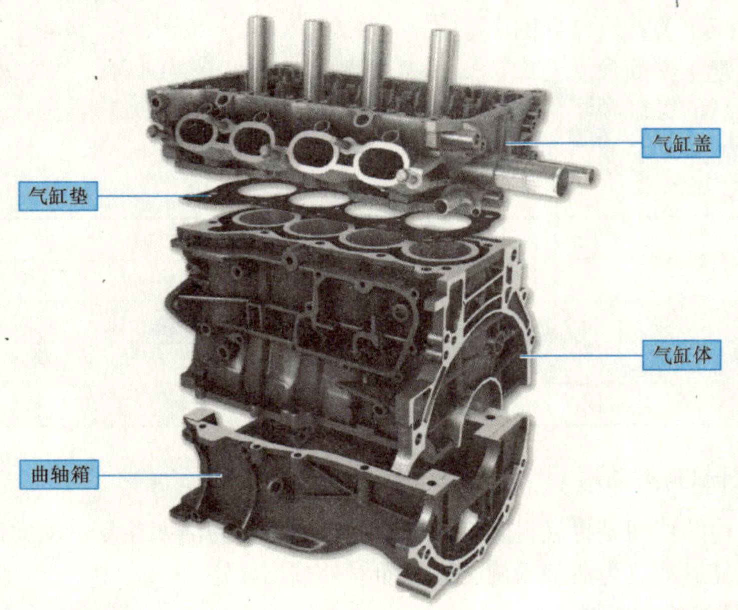

图2 机体组的组成

1）气缸体的结构。发动机气缸体与上曲轴箱常铸成一体，简称气缸体，结构如图 3 所示，是发动机各机构安装的基础。

气缸体上半部有若干个气缸，上下有两个平面用以安装气缸盖和油底壳，中部有水套。

上曲轴箱的下部制有用于安装曲轴主轴承座孔，侧壁和前后壁上钻有将润滑油流向各轴承的主油道和分油道。

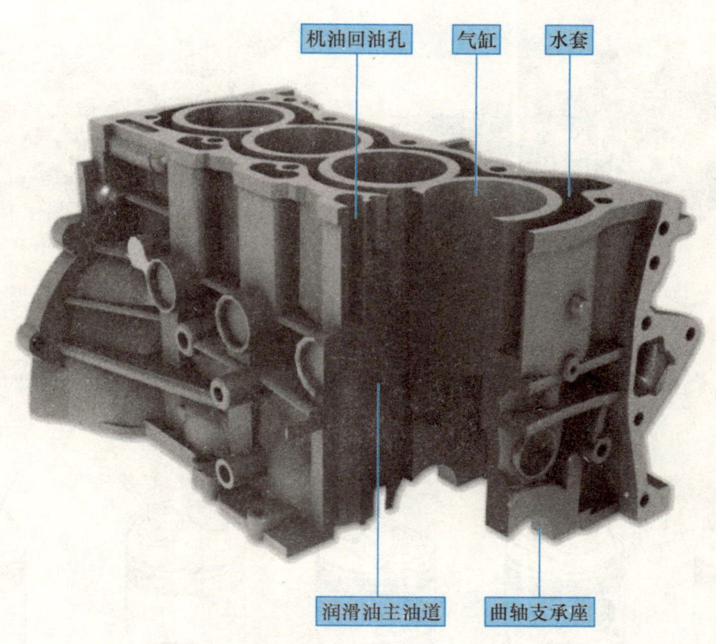

图 3 气缸体的结构

2）气缸的结构。气缸体内引导活塞做往复运动的圆柱形空腔称为气缸。它要承受着可燃混合气燃烧产生的压力和热量及活塞在气缸内往复运动中产生的侧向压力。

气缸根据气缸套的结构不同，可分为干式缸套和湿式缸套两种，如图 4 所示。

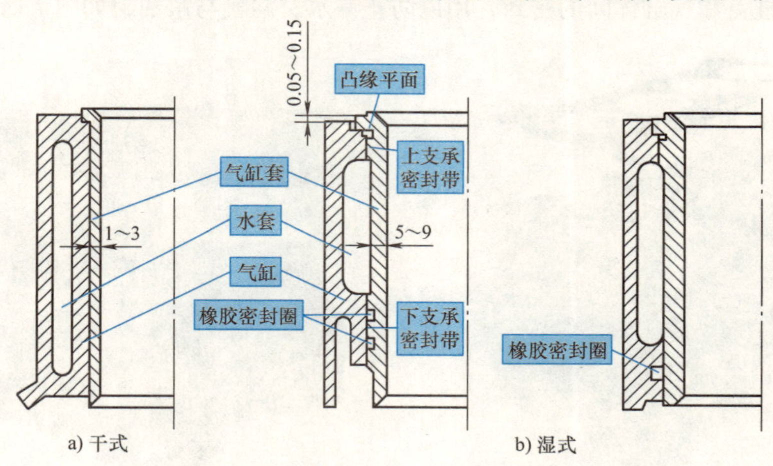

图 4 气缸套

3）气缸盖的结构。

① 气缸盖：气缸盖安装在气缸体的上表面，与活塞一起形成燃烧室。气缸盖内部有用于冷却燃烧室及周围区域的水套，其下端面上的冷却液孔与气缸体上的冷却液孔相通，以保证冷却液的循环。气缸盖上有进、排气门座，气门导管孔及进、排气通道等。气缸盖两侧安装进、排气歧管，上部安装凸轮轴。气缸盖上还加工有安装火花塞（汽油机）或喷油器（柴油机）的座孔，如图 5 所示。

图5 发动机气缸盖

② 燃烧室：燃烧室有盆形、倾斜盆形、楔形、半球形、多球形、双球形等类型，如图6所示。

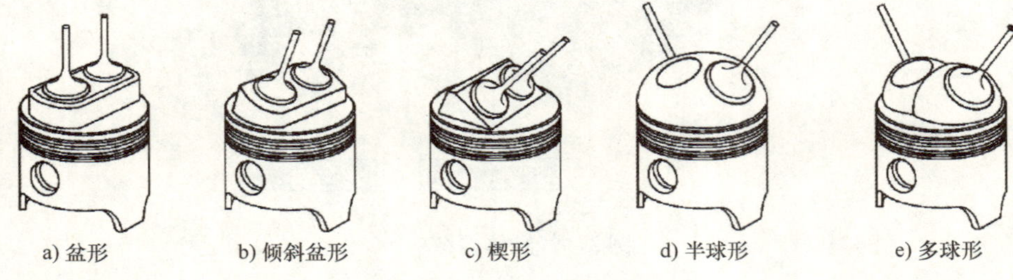

图6 发动机燃烧室

4）气缸垫的结构。气缸垫安装在气缸盖和气缸体之间，它是发动机最重要的一种垫片，是保证气缸盖和气缸体间的密封，用以防止漏水、漏气与窜油，如图7所示。

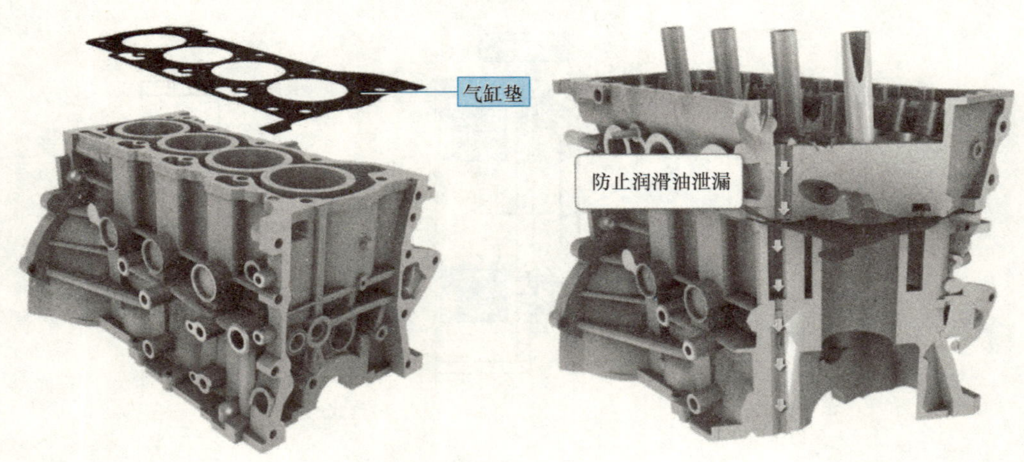

图7 气缸垫

气缸垫受气缸盖紧固螺栓拧紧力的压缩。发动机工作时又受到气缸内燃气的压力与热负荷的作用。这些应力都将引起气缸垫的变形，从而破坏密封的可靠性。此外它还受到油水的腐蚀作用，常见材料有金属石棉垫、金属骨架石棉垫、纯金属垫等类型，目前应用较多的是金属石棉垫。

5）油底壳的结构。油底壳又称下曲轴箱，如图8所示，其作用是储存和冷却机油并封闭曲轴箱。一般用薄钢板冲压而成。为防止汽车振动时油底壳油面产生较大的波动，内部设有稳油挡板。在底部装有一个放油螺塞，可以吸附润滑油中的铁屑（放油螺塞带磁性）。曲轴箱与油底壳之间有密封衬垫。

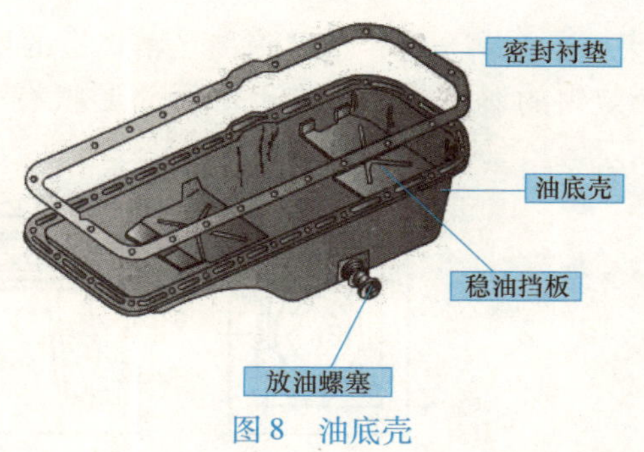

图 8　油底壳

（2）活塞连杆组主要部件的结构

活塞连杆组主要由活塞、活塞环、活塞销和连杆等部件组成，如图 9 所示。

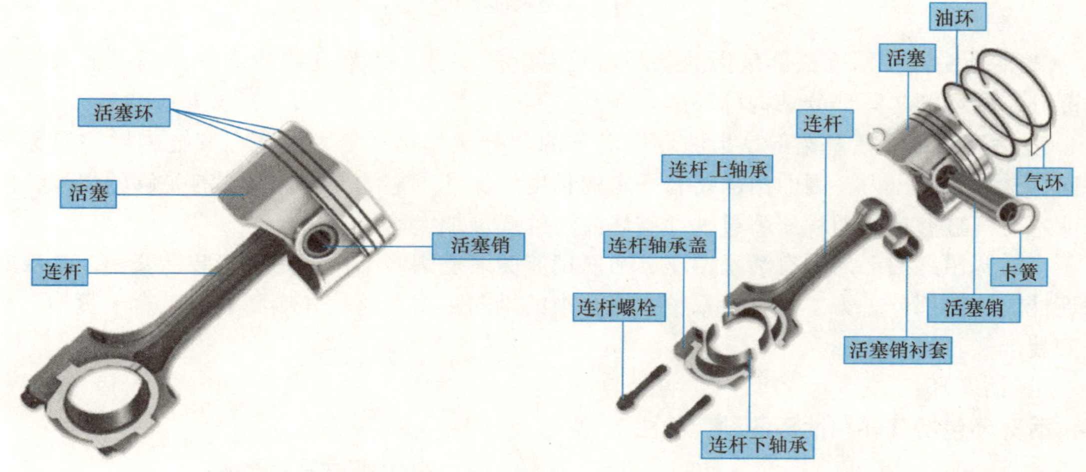

图 9　活塞连杆组

1）活塞：

活塞的功用是承受混合气燃烧后的膨胀压力，并通过活塞销和连杆将此力传递给曲轴，以驱动曲轴旋转，同时活塞顶部还与气缸盖和气缸壁共同构成燃烧室。

活塞的基本结构由活塞顶部、头部和裙部三部分组成，如图 10 所示。

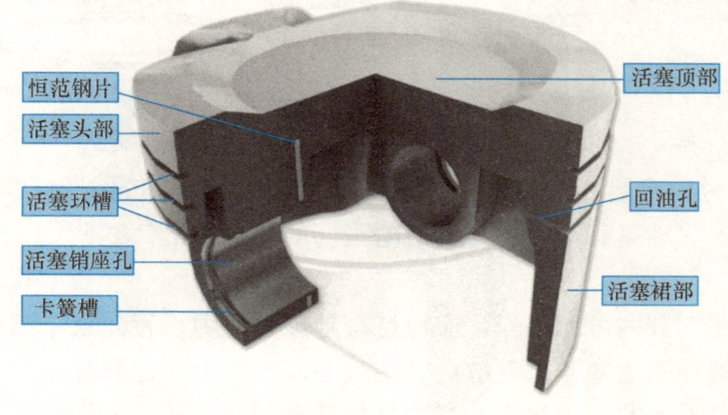

图 10　活塞的结构

① 活塞顶部：活塞顶部是燃烧室的重要组成部分，用来承受气体压力。其形状取决于燃烧室的形式。常见的活塞顶部形状有平顶、凸顶、凹顶、成型顶等结构形式，如图 11 所示。

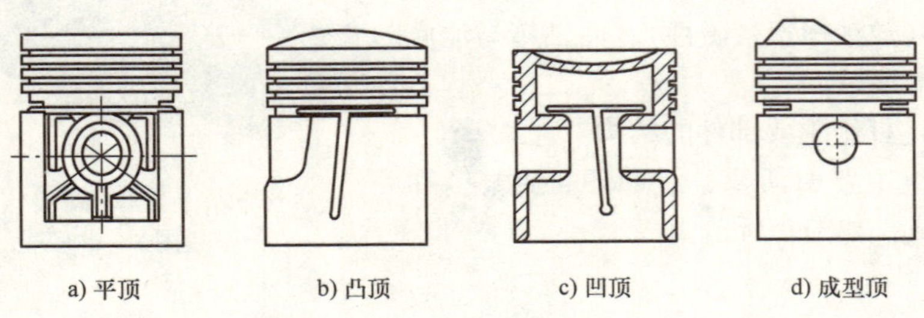

图 11 活塞顶部形状

② 活塞头部：活塞头部是指活塞环槽及以上的部分，用来安装活塞环，它是活塞的防漏部分，两环槽之间部分结构称环岸。

③ 活塞裙部：活塞裙部是指油环槽以下的部分，其功用是为活塞在气缸内做往复运动导向，并承受侧压力。因而裙部要有一定的长度，保证可靠的导向；又要有足够的面积，以防活塞对气缸壁单位面积压力过大、破坏润滑油膜、加大磨损。

在活塞裙部的上部制有活塞销座，活塞销座为厚壁圆筒结构，用来安装活塞销，是活塞与连杆的连接部分。为了限制活塞销在座孔中的轴向窜动，座孔外端面处加工有卡簧槽，用来安装卡簧。

2）活塞环：

活塞环包括气环和油环两种，如图 12 所示。

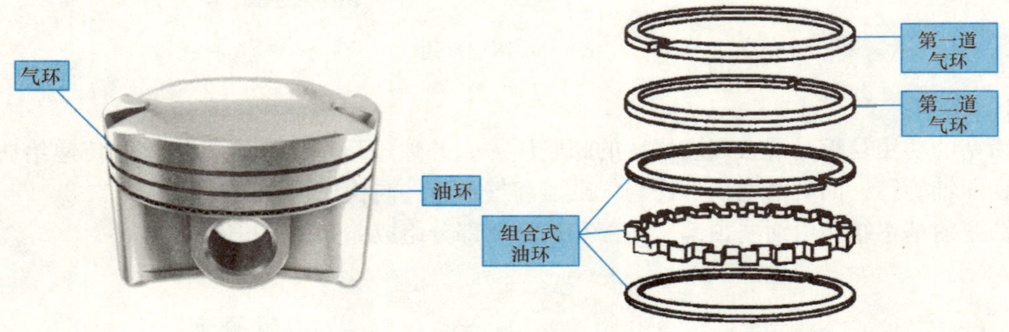

图 12 活塞环

① 气环：气环也称密封环，其作用是保证活塞与气缸壁间的密封，防止燃烧室中的高温高压气体大量漏入曲轴箱，同时还可将活塞头部的热量传给气缸壁。一般每个活塞上装有 2 ~ 3 道气环。

为保证活塞环在气缸内可靠工作，应保持有端隙、侧隙、背隙三个间隙，如图 13 所示。活塞环端隙是指活塞环随活塞装入气缸后，两端头间的间隙，此间隙是为了防止活塞环受热膨胀卡死在气缸内而设置的。活塞环的背隙是指活塞与活塞环装入气缸后，活塞环内圆柱面与活塞环槽底间的间隙。活塞环侧隙是指环的厚度与活塞上相应环槽宽度的差值，此间隙过大会使环的气体密封性下降，间隙过小会导致在高温膨胀时相互“黏住”的危险。在安装活塞环时，各道环的开口应按规定互相错开。活塞环上一般还有朝上标记，应按规定安装。

② 油环：油环的作用是刮去气缸壁上多余的润滑油，并将气缸壁上的润滑油分布均匀。一般每个活塞上装有一道油环。

油环根据结构的不同分为组合式油环和整体式油环，整体式油环结构如图 14a 所示，组合式油环结构如图 14b 所示，其中使用较广泛的是组合式油环。

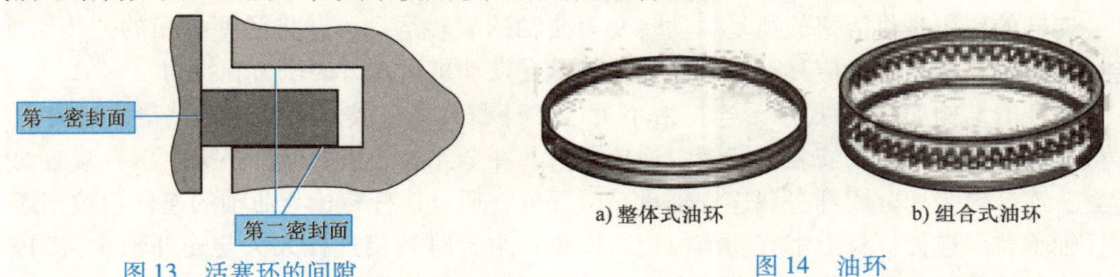

图 13 活塞环的间隙

图 14 油环

组合式油环由刮油的上下刮片和保持表面压力的衬簧构成。通过使用衬簧，可以得到较高的表面压力。

3）活塞销：

活塞销的功用是连接活塞与连杆，并将气体作用在活塞上的力传给连杆。活塞销的基本结构为一空心圆柱体，有时也按等强度要求做成变截面管状结构，如图 15 所示。

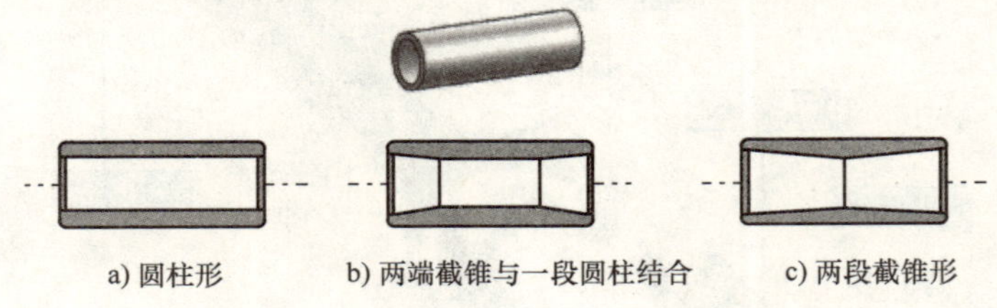

图 15 活塞销

活塞销与活塞销座孔和连杆小头的连接方式有全浮式和半浮式，如图 16 所示。

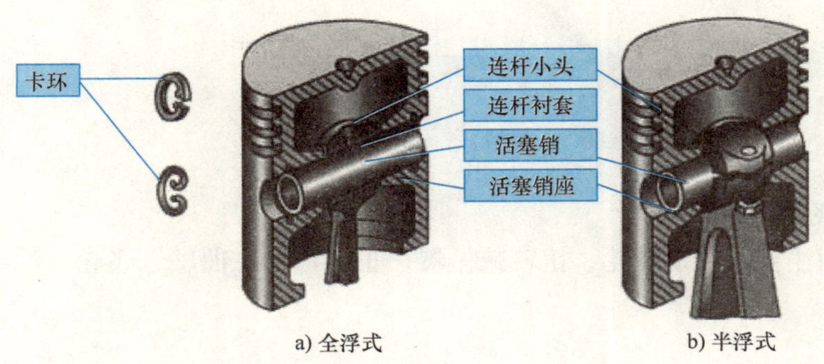

图 16 活塞销的连接方式

① 全浮式：全浮式连接是指发动机在正常工作温度下，活塞销与活塞销座孔及连杆小头衬套之间有合适的配合间隙，活塞销在孔内可以缓慢地自由转动，因而其磨损较均匀，使用寿命长。AJR 发动机活塞销采用全浮式连接。为了防止活塞销的轴向窜动而刮伤气缸壁，

在销座两端装有卡簧。

② 半浮式：半浮式连接是指活塞销与销座孔和连杆小头两处，一处固定（为过盈配合），另一处浮动。大多采用活塞销与连杆小头固定的方式。这种连接方式结构简单，销座孔内无卡簧，连杆小头处无衬套，修理起来比较方便。

4）连杆：

连杆的作用是将活塞的往复运动转变为曲轴的旋转运动，并将活塞承受的力传给曲轴。连杆的重量要轻，而且应具有足够的强度来承受发动机运转时的压力和拉力。

连杆的结构如图 17 所示，连杆由小头、杆身和大头组成。为了减轻重量，杆身为工字形截面。连杆小头用来安装活塞销以连接活塞，在全浮式连接的连杆小头内压有减磨的连杆衬套。连杆大头切分成杆身和连杆轴承盖两部分，通过连杆螺栓与曲轴的连杆轴颈相连。在连杆轴承盖和连杆杆身上都有朝前标记，以免在组合时装错连杆大头与连杆轴承盖的方向。有些连杆轴承盖上有定位销，在组合连杆总成时起到定位作用。

连杆螺栓用来将连杆体与连杆盖紧固在一起，必须按标准力矩拧紧。

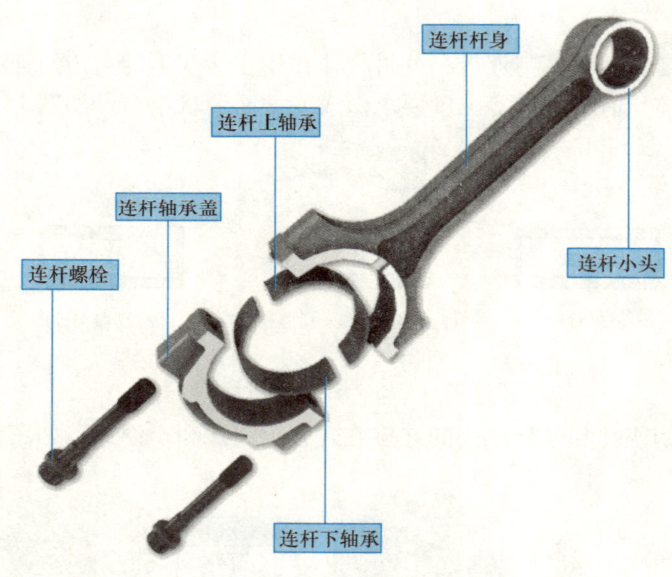

图 17　连杆的结构

（3）曲轴飞轮组的组成

曲轴飞轮组主要由传动带轮、扭转减振器、正时齿轮、曲轴、飞轮、油封等零件组成，如图 18 所示。

1）曲轴：

曲轴的作用是接受活塞连杆组传来的气体燃烧产生的压力，通过飞轮输出，同时将活塞的往复运动转变为旋转运动。

曲轴一般由主轴颈、连杆轴颈、曲柄、平衡重、前端轴和后端凸缘等组成，如图 19 所示。

曲轴的前端是第一道主轴颈之前的部分，安装有驱动配气机构的曲轴正时齿轮、驱动水

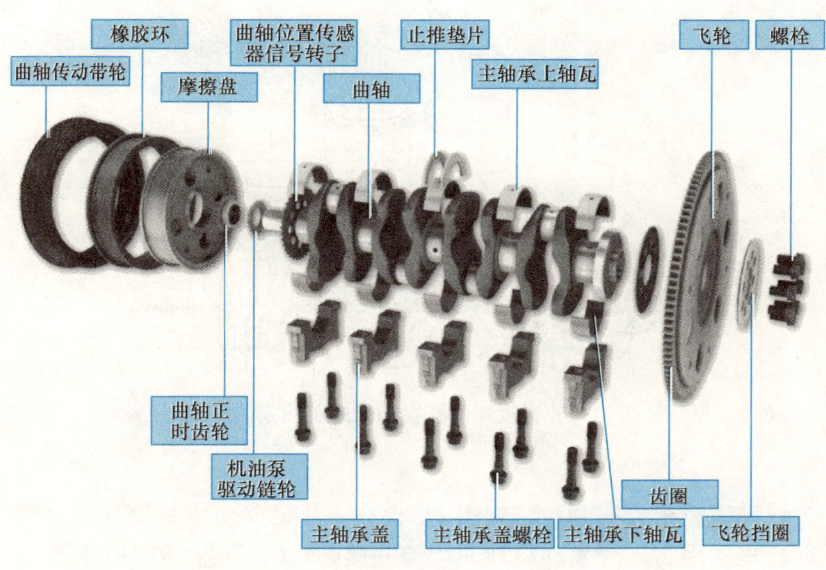

图 18　曲轴飞轮组的组成

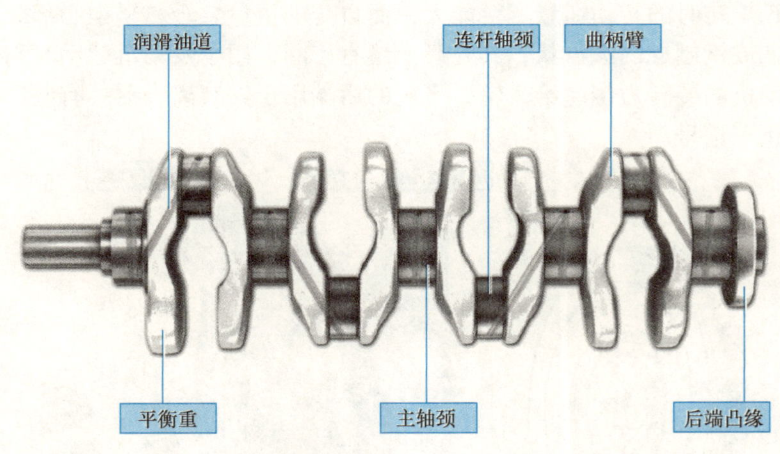

图 19　曲轴的结构

泵和交流发电机等辅机的曲轴传动带轮及扭转减振器等。曲轴的后端是最后一道主轴颈之后的部分，后端带有安装飞轮的凸缘盘，在后端部还安装了变速器第一轴的导向轴承。

曲轴主轴颈通过主轴承支撑在曲轴箱上，连杆轴颈与连杆大头相连。平衡重可以消除旋转部分重量的不平衡。曲轴主轴颈和连杆轴颈间有润滑油道，用于将曲轴主轴颈的一部分润滑油供应给连杆轴颈和连杆轴承润滑。

一个连杆轴颈和它两侧的主轴颈组成一个曲拐。曲拐的数量取决于发动机的气缸数及其排列方式，直列发动机的曲拐数等于气缸数，而 V 形排列和水平对置式发动机的曲拐数为气缸数的一半。曲拐的相对位置取决于气缸数、气缸排列形式和发动机的工作顺序，在四冲程发动机中曲轴转动两圈 720°，每个气缸都完成进气、压缩、做功、排气一个工作循环，曲轴每转动 180°完成一个行程。四冲程直列四缸发动机曲轴曲拐的布置，如图 20 所示，气缸从前到后的编号为：1 缸、2 缸、3 缸、4 缸，点火顺序是 1－3－4－2 或 1－4－3－2。

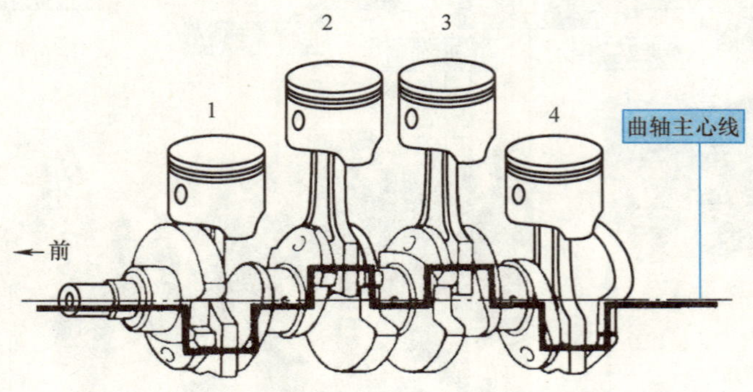

图 20　四冲程直列四缸发动机曲轴曲拐的布置

2）飞轮：

飞轮是一个转动惯量很大的圆盘，如图 21 所示。其主要作用是储存做功行程的部分能量，以克服辅助行程的阻力，使发动机转速均匀并提高短时超载的能力。同时，飞轮还有将曲轴的动力传递给离合器的作用。

为了使飞轮旋转时的转动惯量尽可能大，而自身的重量要轻，呈中心部分的壁薄、外圆部分壁厚的铸铁或钢制成的圆盘状，其外缘上镶有齿圈，用于发动机起动时与起动机的小齿轮啮合，把起动机的旋转力传递给飞轮，飞轮的后端用于安装离合器。有些厂家在飞轮上还刻有第一缸上止点记号。

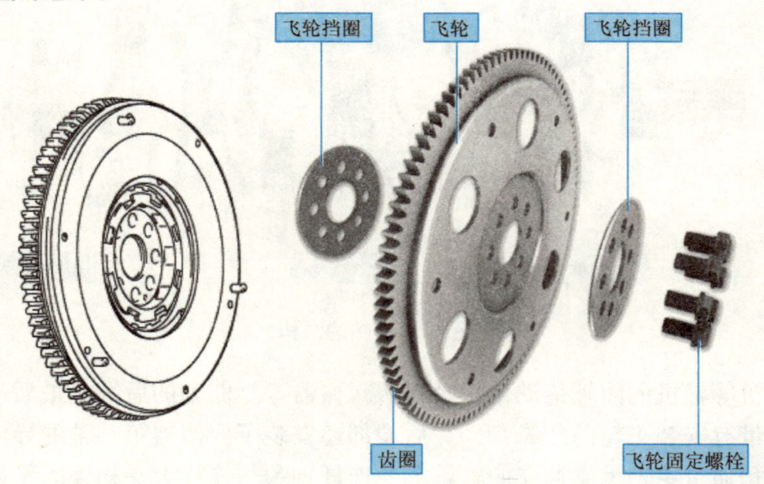

图 21　飞轮的构造

3）连杆轴承和曲轴主轴承：

连杆轴承通过连杆轴承盖安装在连杆大头与连杆轴颈间曲轴主轴承通过曲轴主轴承盖安装在曲轴主轴颈和曲轴支承间，这些轴承通常大多采用滑动轴承（平面轴承）。

一般，连杆轴承和曲轴主轴承都是精密加工镶入式平面轴承，以软钢为背，内衬以轴承合金。

曲轴主轴承上有使润滑油流向连杆轴颈的油孔和油槽，连杆轴承上设有通向连杆的润滑油喷射孔的油孔。在分开嵌入式轴承上还设置有定位舌，用于承轴周向定位，如图 22 所示。

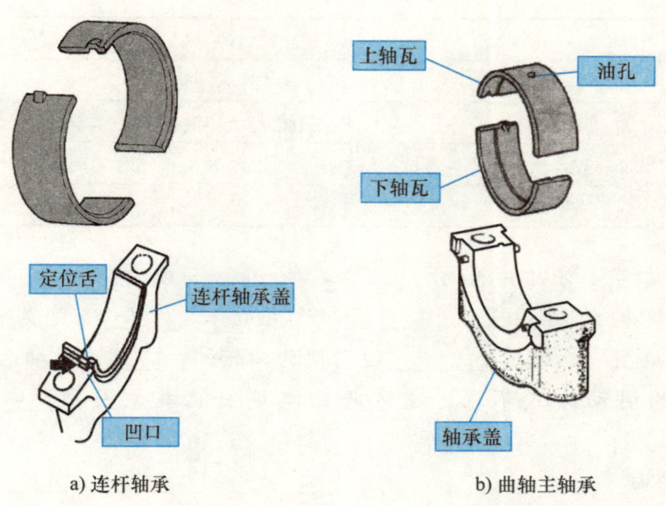

a) 连杆轴承　　b) 曲轴主轴承

图 22　连杆轴承和曲轴主轴承

为防止曲轴轴向窜动，其中一道曲轴主轴承的两侧装有止推片或翻边主轴承进行轴向定位，如图 23 所示。

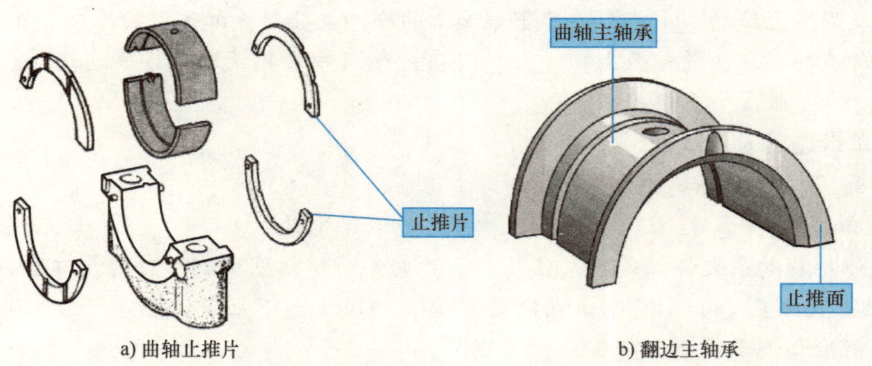

a) 曲轴止推片　　b) 翻边主轴承

图 23　曲轴轴向定位片

旋转木马法互学

教师活动　教师给学生分成旋转木马小组，提出要求让学生进行旋转木马互相讲述。
学生活动　学生按照教师要求进行旋转木马讲述。（25min）

小组合作整理笔记

教师活动　教师要求学生回到原始学习小组，整理关键内容到笔记本上。
学生活动　学生回到原始学习小组，经过讨论把关键内容整理到笔记本上。（15min）

2.6.3.1 理论测试

2.6.3.1 理论测试

学校名称		任课教师	
班级		学生姓名	
学习领域	L2 机械组件与系统检查拆换		
学习情境	LS2.6：发动机爆燃噪声，机油压力指示灯亮起	学习时间	30min
工作任务	曲柄连杆机构组成	学习地点	理实一体化教室

一、填空题（每空1分，共30分）

1. 曲柄连杆机构的功用是将________产生的________转变为活塞往复运动的________，再通过连杆将活塞的________运动变为曲轴的________运动而对外输出转矩。

2. 根据机件的运动方式不同，通常将曲柄连杆机构划分成________、________、________3个组。

3. 机体组主要由________、________、________、________、________和________等不动件组成。

4. 曲轴飞轮组主要由________、________、________和________等旋转件组成。

5. ________安装在气缸盖和气缸体之间，它是发动机最重要的一种垫片，是保证气缸盖和气缸体间的________，防止________、________与________。

6. 气缸盖安装在气缸体的________，与活塞一起形成________。气缸盖内部有用于冷却燃烧室及周围区域的________，其下端面上的冷却液孔与气缸体上的冷却液孔________，以保证冷却液的循环。气缸盖上________门座，气门导管孔及进、排气通道等。气缸盖两侧安装________歧管，上部安装________。

二、单选题（每题2分，共10分）

1. 下列（ ）不属于机体组零件。

A. 气缸体　　B. 气缸盖　　C. 气门　　D. 曲轴箱

2. 气缸磨损的最大部位是活塞在（ ）时第一道活塞环相对应的气缸壁。

A. 上止点位置　　B. 下止点位置　　C. 上、下止点位置

3. 气缸磨损测量一般用（ ）检测。

A. 量缸表　　B. 内径千分尺　　C. 百分表

4. 在组装活塞环时，应注意活塞环标记面朝向（ ）。

A. 上　　B. 下　　C. 活塞销轴线

5. 气环主要起（ ）作用。

A. 刮油　　B. 涂油　　C. 传热　　D. 密封

三、判断题（每空2分，共10分）

1. 气缸盖的作用是封闭气缸上部，由活塞顶部与气缸盖上相应空间部构成燃烧室。（ ）

2. 气缸体的作用是承受发动机负荷，在其内部安装有曲柄连杆机构和配气机构，在其外部安装发动机的所有部件。（ ）

3. 气缸垫的作用是弥补气缸体和气缸盖接触面的不平度，防止漏气漏水。（ ）

4. 气环用于密封气缸，并将活塞顶部的热量传给气缸壁，由冷却液带走，将气缸壁多余的机油刮掉，并使机油在气缸壁分布均匀。（ ）

5. 油环将气缸壁多余的机油刮掉，并使机油在气缸壁分布均匀。（ ）

教学方法：工作站法

3.2 曲柄连杆机构检修

工作站学习完成工作页

教师活动 教师提供实验车型的维修手册等资料和工作站，提供 2.6.3.2 ~ 2.6.3.4 信息页，要求学生完成工作页 2.6.3.2 ~ 2.6.3.4 和实际操作，教师对各工作站进行巡视和指导。

学生活动 学生根据教师要求，查阅 2.6.3.2 ~ 2.6.3.4 信息页，完成工作站的学习内容和实操内容。(135min)

2.6.3.2 信息页

2.6.3.2 信息页

学校名称		任课教师	
班级		学生姓名	
学习领域	L2 机械组件与系统检查拆换		
学习情境	LS2.6：发动机爆燃噪声，机油压力指示灯亮起	学习时间	45min
工作任务	B：气缸和气缸体的检修	学习地点	理实一体化教室

1. 气缸磨损的规律

在正常磨损情况下，气缸磨损的规律是不均匀磨损。气缸沿工作表面在活塞环运动区域呈上大下小的不规则锥形磨损，如图 1 所示。磨损的最大部位是活塞在止点位置时第一道活塞环相对应的气缸壁，而活塞环接触不到的上口几乎没有磨损而形成了明显的“缸肩”。气缸沿圆周方向的磨损也是不均匀的，形成不规则的椭圆形，一般是与活塞销轴线垂直的方向磨损较大。其最大磨损部位往往随气缸结构、使用条件不同而异。

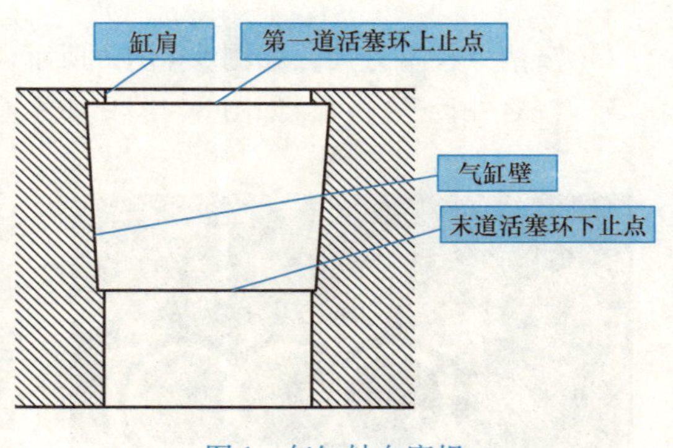

图 1 气缸轴向磨损

2. 气缸磨损的原因

气缸是在润滑不良、高温、高压、交变负荷和腐蚀性物质作用的恶劣环境下工作的，同时由于活塞、活塞环在气缸内高速往复运动，也会使气缸工作表面发生磨损。

气缸的最大磨损位置处在第一道活塞环在上止点的部位，该部位磨损最大的主要原因

如下：

1）由于活塞环换向，运动速度几乎为零，活塞环的布油能力最差，油膜不容易建立，此时活塞环的背压最大，使其接触面间的油膜形成更困难。因此，气缸壁形成了上大下小的机械磨损。

2）可燃混合气燃烧产生的酸性物质对气缸壁有腐蚀作用，当发动机使用高硫分燃油和发动机长期低温使用，以及在低温状态下频繁起动，这种腐蚀磨损更为严重。

3）进气中的灰尘在此处缸壁上附着量较多，加剧了此处的磨料磨损。

4）燃烧产生的高温、高压，使活塞承受的侧向力加大且冷却不够，气缸与活塞可能由于干摩擦使两者熔融粘着或剥落，造成粘着磨损。

3. 气缸磨损的检测

（1）内径百分表（也叫量缸表）的组装与调校

1）检查缸体和准备工量具，如图2～图4所示。

所需要的设备和工量具主要有外径千分尺、量缸表、游标卡尺、抹布、气缸体等。

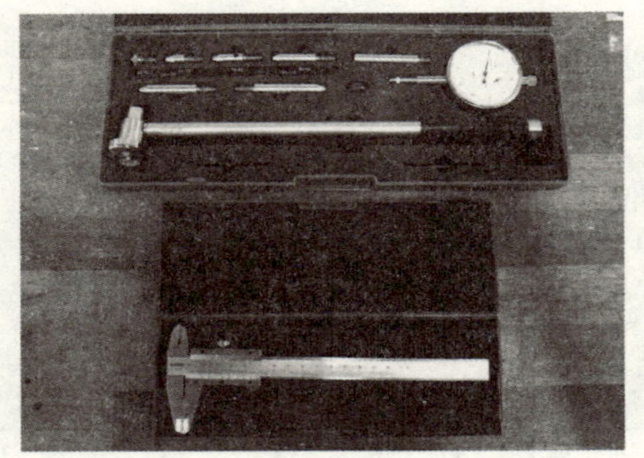

图2 量缸表、游标卡尺

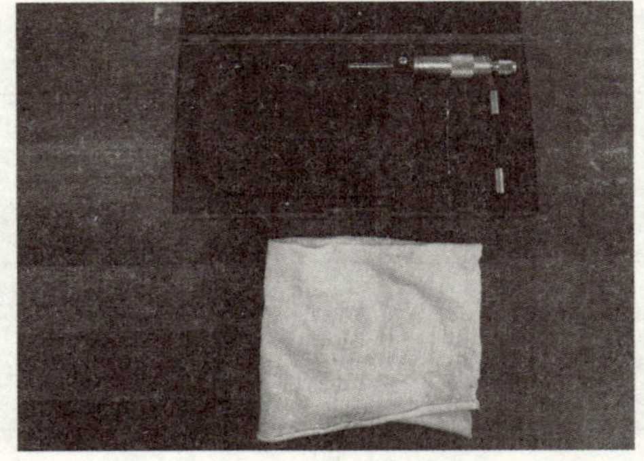

图3 千分尺、抹布

2）清洁外径千分尺，如图5～图7所示。

3）校对外径千分尺，如图8、图9所示。

图4 气缸体

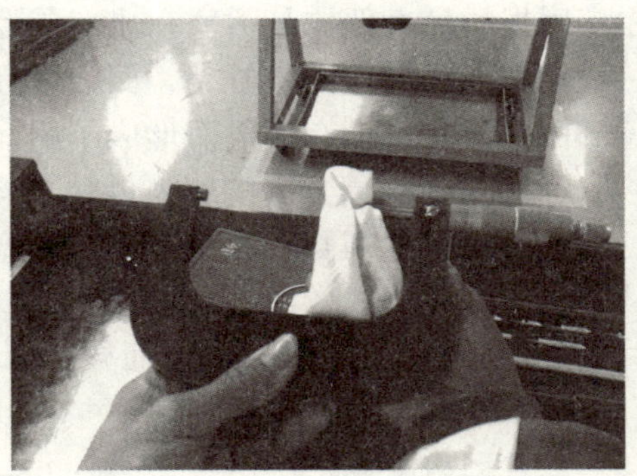

图5 清洁测量面

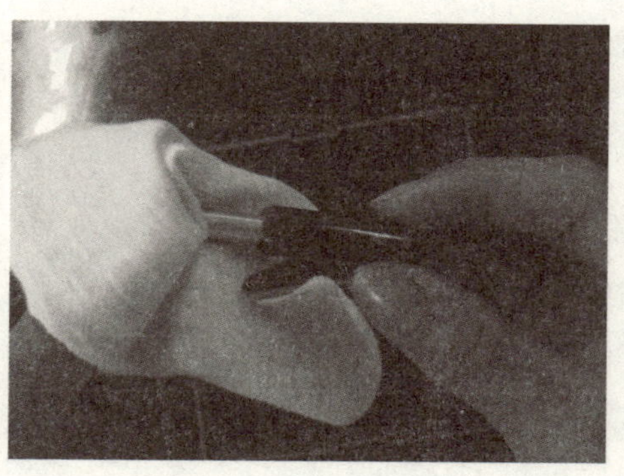

图 6 清洁校正量杆

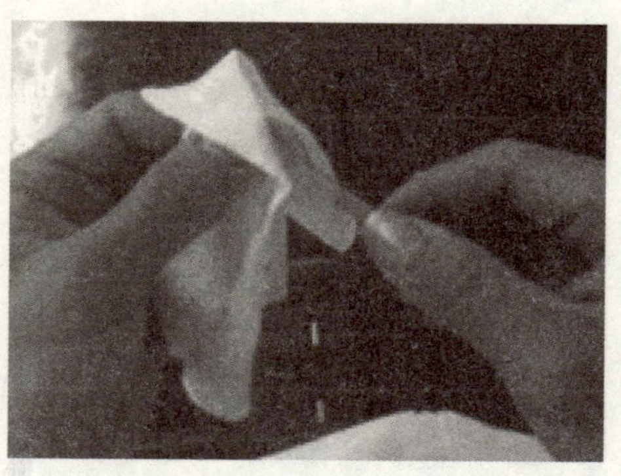

图 7 清洁扳手

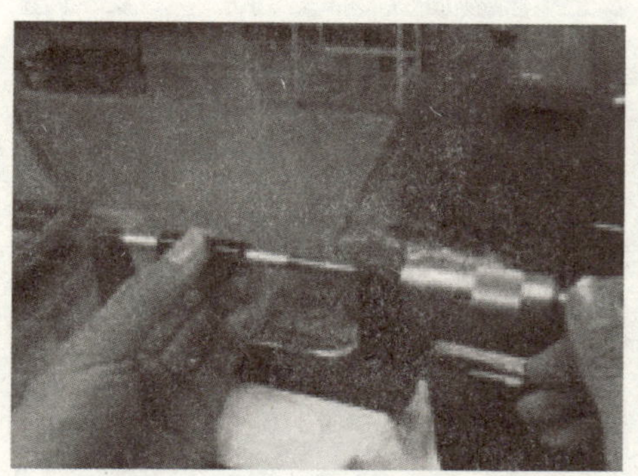

图 8 校正千分尺

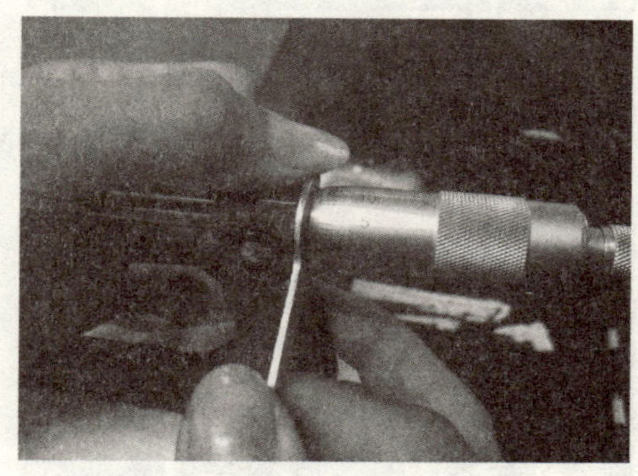

图 9 调整千分尺

先清洁标准杆。对于校对的结果，如果没有误差，则正常测量。如果有误差，即用扳手对千分尺进行调整。

4）将外径千分尺调整到标准缸径。标准缸径可以通过相应的维修手册查到，例如：卡罗拉 1ZR 发动机气缸体的标准缸径为 80.500mm。然后向左拨动锁紧杆，将外径千分尺锁紧。

5）清洁内径百分表各处，如图 10、图 11 所示。

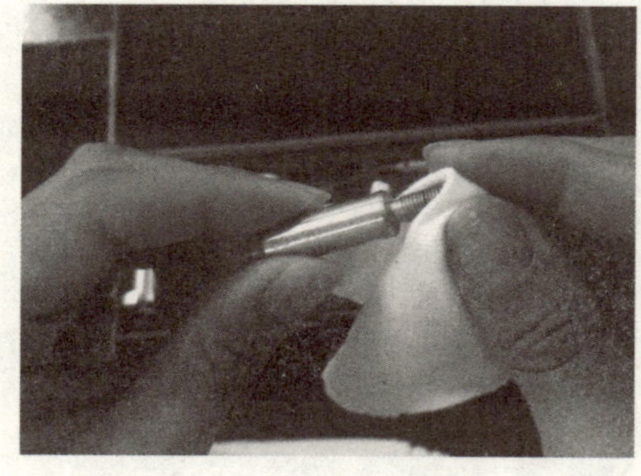

图 10 清洁测杆

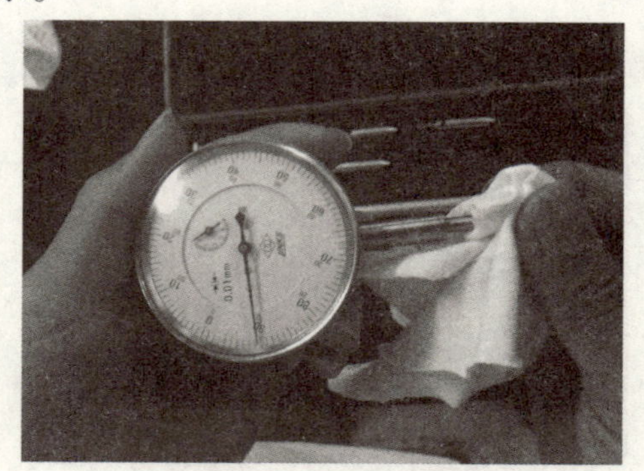

图 11 清洁内径百分表

6）将内径百分表头插入表杆上端，如图 12 所示。注意：内径百分表的方向应对准测量时测量者的眼睛，一般为垂直于测量推杆。

7）将内径百分表慢慢来回转动下移，直到内径百分表大针转动为止。

8）锁紧内径百分表表头，如图 13 所示。

图 12 安装内径百分表表头

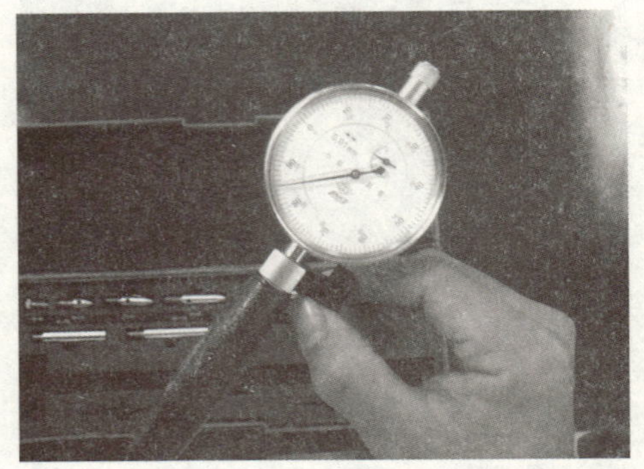

图 13 锁紧内径百分表表头

9）选择合适的测量推杆，先将推杆拧到尽头，如图 14 所示。

10）锁紧推杆，如图 15 所示。

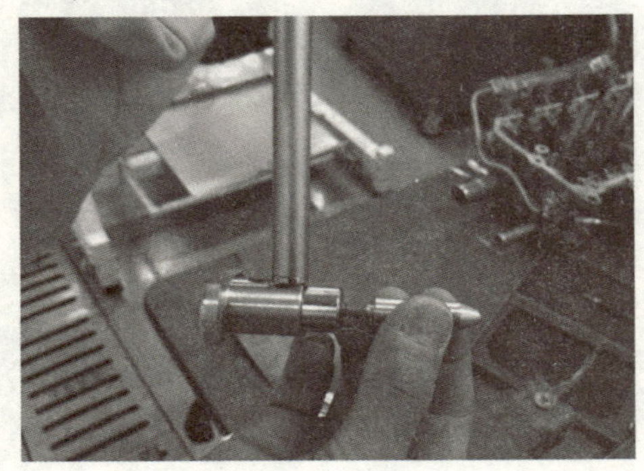

图 14 选择合适测量推杆

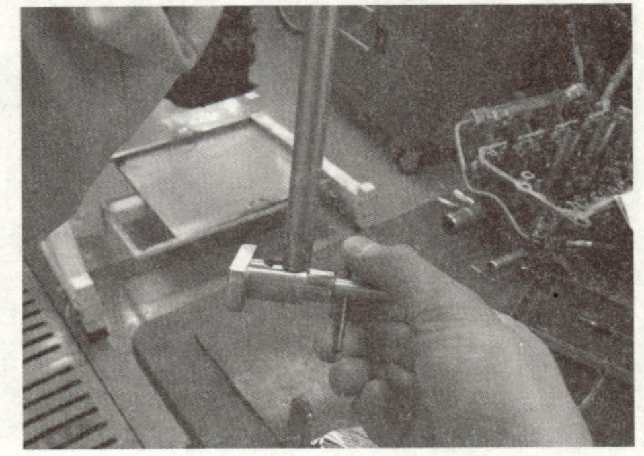

图 15 锁紧推杆

11）将内径百分表放到外径千分尺中间调校，使内径百分表的大指针指向 0，如图 16 所示。

（2）气缸磨损的测量

1）清洁缸体和游标卡尺，如图 17、图 18 所示。

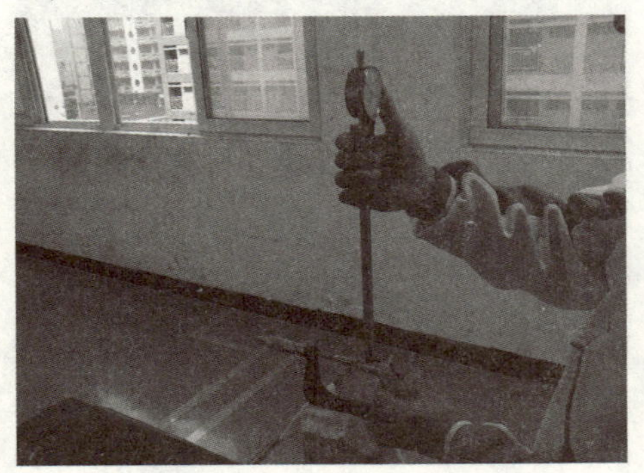

图 16 校正量缸表

图 17 清洁缸体

2）用游标卡尺检查缸体直径，应与标准缸径基本相符。检测方法如图 19 所示。

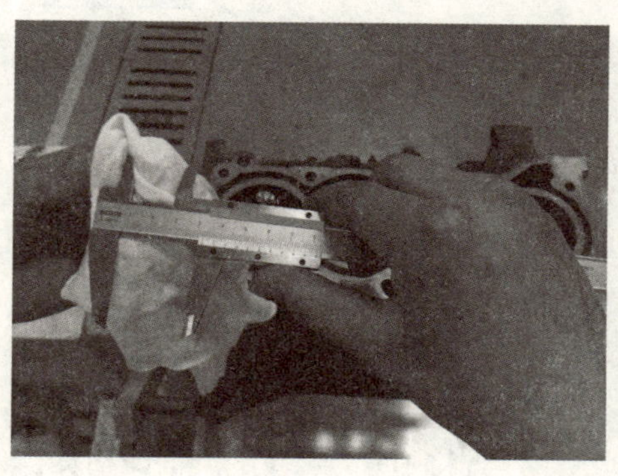
图 18 清洁游标卡尺

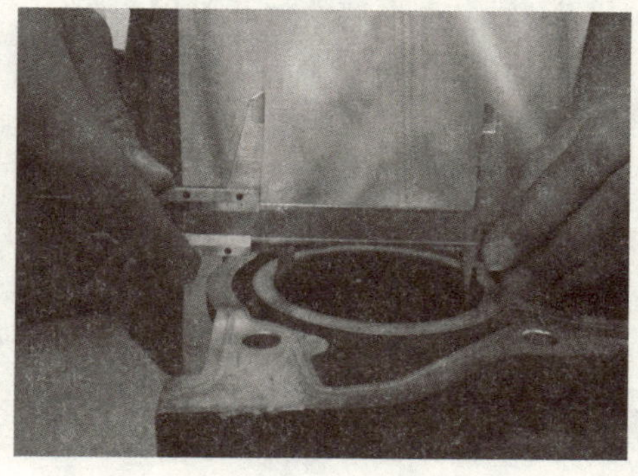
图 19 测量缸体的标准缸径

3）将内径百分表倾斜放入缸体，如图 20 所示。

4）测量位置的选择，如图 21 所示。

① 气缸上部测量断面位于第一道活塞环上止点顶边稍下处，相当于气缸上边缘以下 10mm 左右处，此断面一般是气缸的最大磨损断面。

② 气缸中部测量断面位于活塞上、下止点中间的位置。

③ 气缸下部测量断面，取活塞到下止点时最下一道活塞环对应的位置，相当于气缸下边缘以上 10mm 左右处。

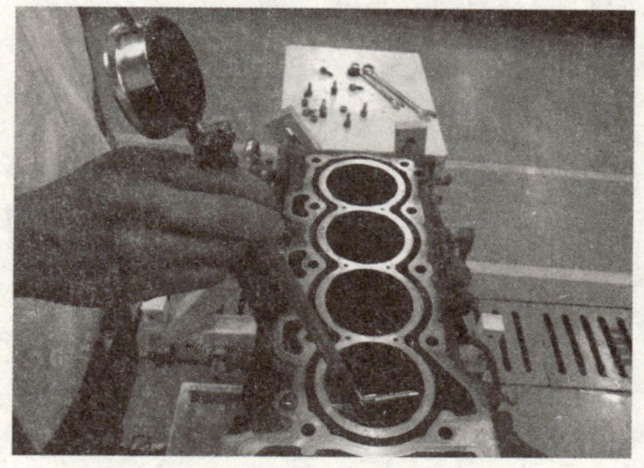
图 20 内径百分表装入缸体

5）数据读取，如图 22 所示。测量时，一只手拿住内径百分表的绝热套，另一只手托住测量推杆使之靠近气缸，将测量推杆倾斜并稍微压缩测量推杆放入气缸内，标杆可左右微量偏摆，一定使测量推杆保持与气缸中心线垂直，指针指示的最小值即为被测值。

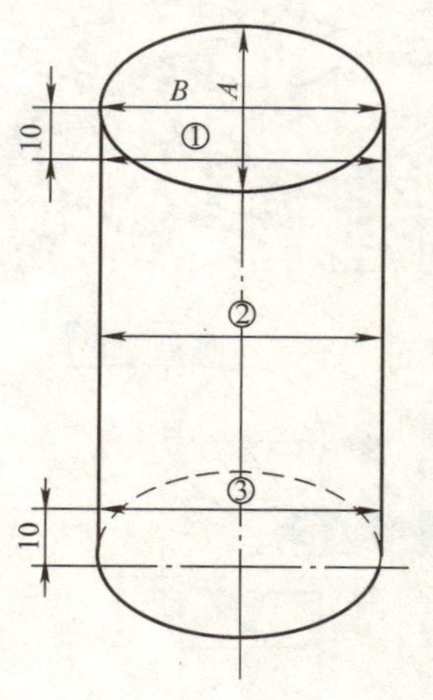

图 21 气缸的测量部位

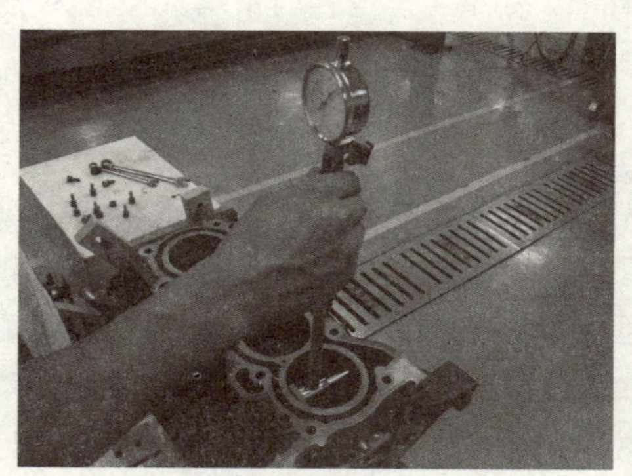
图 22 气缸的测量位置

6）记录数据，如图23所示。

7）清洁工量具设备，并复位。

（3）圆度误差、圆柱度误差的计算和修理尺寸的确定

1）长短轴直径差值的一半即为该测量平面的圆度误差，在三个测量断面上，测量到的最大的圆度误差作为气缸的圆度误差。

2）气缸长轴最大值与不同截面最小磨损处直径之差的一半，即为该气缸的圆柱度误差。

3）气缸修理尺寸等级的确定。

① 气缸修理的标志。气缸直径每100mm的圆度误差超过0.0625mm或圆柱度误差超过0.20mm，则需进行镗缸修理。

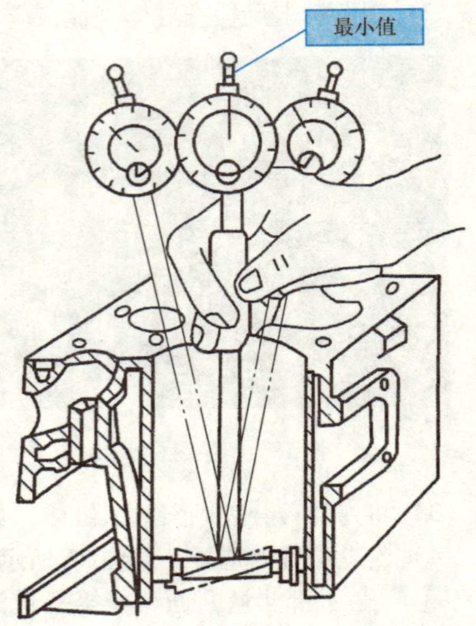

图23 读取数据

圆度和圆柱度误差虽然未超出使用限度，但在缸壁上已有严重拉痕、沟槽或麻点时也应进行镗缸修理。

② 气缸修理等级标准。气缸直径除标准尺寸外，汽油机通常还有6级修理尺寸，每加大0.25mm为一级。桑塔纳JV发动机的标准缸径为81.01mm，修理尺寸81.26mm、81.51mm；桑塔纳2000 AFE发动机的标准缸径为81.01mm，检查结果与标准尺寸的偏差最大为0.08mm，修理尺寸为第一次为81.26mm，第二次为81.51mm，第三次为82.01mm；桑塔纳2000 AJR发动机的标准缸径为81.01mm，要求与标准尺寸的最大偏差为0.08mm，修理尺寸为80.51mm；桑塔纳3000 BKU发动机的标准缸径为81.01mm，要求与标准尺寸的最大偏差为0.08mm，修理尺寸为80.51mm。

对于卡罗拉1ZR发动机来说，其气缸体的测量方法如图24所示。用量缸表在位置*A*和*B*处测量止推方向与轴向的气缸缸径。卡罗拉1ZR发动机标准直径为80.500～80.513mm，最大直径为80.633mm，如果4个位置的平均缸径值大于最大值，则应更换气缸体。

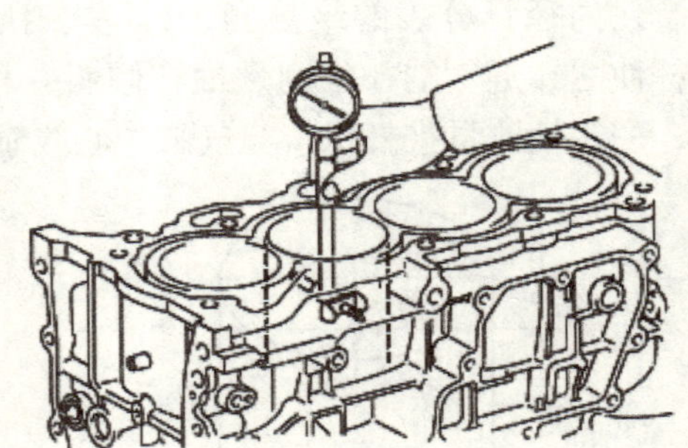

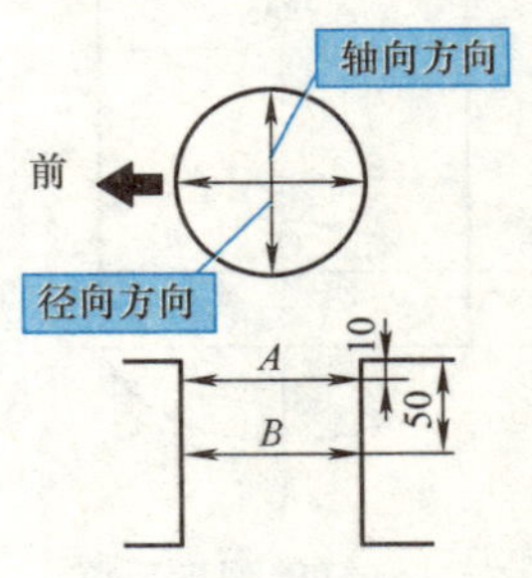

图24 卡罗拉气缸体的检测

③ 气缸修理等级的确定。当气缸磨损超过允许的限度时，必须修理气缸或更换新的气缸套。修理气缸的方法是用镗缸机在缸壁上切削掉一层金属（镗缸），然后用研磨机把缸径磨削至规定尺寸，通过加大直径的方法，恢复气缸的圆度、圆柱度等形位精度和表面粗糙度。再选配直径加大了的活塞和活塞环，达到标准的配合间隙，从而使气缸的密封性达到或接近新发动机的水平。

通过测量，找出磨损最大的气缸尺寸。找出磨损程度最大的气缸，以它的尺寸为基准，决定

各个气缸的修理尺寸等级。

计算公式：

修理尺寸 = 最大气缸磨损直径 + 加工余量

加工余量包括镗缸和磨缸的预留量，一般取 0.10 ~ 0.20mm。

将与计算数值最接近的修理尺寸确定为气缸的修理等级。

例如：测得桑塔纳 JV 发动机气缸的最大磨损直径为 81.28mm，加工余量为 0.20mm。气缸修理尺寸则为 81.48mm，此数值接近第二级修理尺寸 81.51mm，最后选定为第二级修理尺寸同一缸体的各个气缸，均应为同一级修理尺寸。

配缸间隙为气缸直径与活塞直径之差的一半。

4. 气缸磨损的修复

(1) 气缸的镗削

镗缸需要在专用镗床上进行，同时也需要熟练的技术工人进行操作，以确保恢复气缸的圆度、圆柱度要求以及气缸轴线与曲轴主轴承座孔轴线的垂直度要求。镗削加工后，气缸的表面会留下刀痕，达不到气缸工作表面应有的表面粗糙度要求，必须再对气缸表面进行研磨，以达到规定的表面粗糙度值。因此，镗缸后，在达到圆度、圆柱度和表面粗糙度要求的同时，还应留有 0.03 ~ 0.05mm 的磨削余量，即镗削后，气缸的尺寸应小于已确定的气缸修理尺寸 0.03 ~ 0.05mm。

(2) 气缸的磨削

气缸磨削的目的是去除镗削刀痕，减小表面粗糙度值，提高气缸表面的加工质量，达到气缸加工的最终尺寸要求，延长发动机使用寿命。磨削气缸同样也需要专用设备和熟练的技术工人，现在一般是在专业修理厂中进行。

磨削后，气缸的圆度误差应符合要求，各缸直径差不大于 0.005mm，表面粗糙度 R_a 值应不大于 0.8μm，活塞与气缸配合应符合规定。桑塔纳 JV 发动机为 0.035 ~ 0.045mm，EQ6100 - 1 发动机为 0.004 ~ 0.006mm。

(3) 气缸的镶套

气缸镗削超过最后一级修理尺寸，或气缸壁上有特殊损伤时，可在气缸体上镶换新的气缸套，延长气缸体的使用寿命。

1) 干式气缸套的镶配。

① 去除旧套。用专用工具将旧套压出，或将旧套镗去。

② 选择缸套。第一次镶套应选用标准尺寸的气缸套。

③ 对制造时未使用缸套的气缸体镗削承孔。根据所选的气缸套外径尺寸，对承孔进行镗削，镗削后气缸体承孔表面粗糙度 R_a 值应不大于 2.5μm，并留有适当的过盈量，一般带有凸缘的气缸套的过盈量为 0.05 ~ 0.07mm，无凸缘的为 0.07 ~ 0.10mm。

④ 压入新套。将承孔和气缸套外壁涂以机油，放正气缸套，在气缸套上放上垫块，用压床缓慢压入，压装缸套的压力应不大于 98kN，缸套应抵住气缸承孔的止口台肩。保证与顶面齐平，高出部分不超过 0.05mm。

⑤ 压入缸套时，应采用隔缸压入法。镶套完工后，应进行一次水压试验。

2) 湿式气缸套的选配。

① 拆去旧缸套。清除气缸体承孔。

接合面上的铁锈、污物，用砂布擦至露出金属光泽为止，特别是与密封圈接触的部位必须光滑，以防止不平而漏水。

② 试装新缸套。将末装密封圈的气缸套装入气缸内，压紧后检查气缸套端面高出气缸体平面的距离，一般为0.03～0.10mm。如不符合尺寸要求，可在气缸套台肩下选装适当厚度的铜质垫片调整，相邻两缸凸出量误差不得大于0.04mm。

③ 装入气缸套。将新缸套装上水封圈，并涂以密封胶，检查各道水封圈与气缸体的接触是否平整，然后稍加压力即可装入气缸体承孔内。

④ 水压试验。气缸套装入后，应进行水压试验，检查水封圈的密封性。

5. 气缸体产生裂纹的常见部位和裂纹产生的原因

气缸体产生裂纹的原因主要有：曲轴在高速转动时产生的振动使气缸体的薄弱部位产生裂纹；发动机高温状态时突然加入大量冷水、水垢积聚过多而散热不良或由于穴蚀使水道壁产生裂纹；镶换气缸套时，过盈量选择过大或压装工艺不当造成气缸局部裂纹；装配螺栓时拧紧力矩过大导致螺纹孔裂纹等。

6. 气缸体的变形位置及产生变形的原因

（1）气缸体和气缸盖接合平面的翘曲变形

此类变形通常是：气缸盖工作时受热不均匀（如个别缸不工作）；拆装气缸盖时操作不当，未按气缸盖螺栓规定的拆装顺序和力矩进行；高温下拆卸气缸盖以及气缸垫或气缸体所造成的。

（2）气缸体上、下平面螺纹口周围凸起

此类变形通常是：装配时拧紧力矩过大；螺纹孔未清理干净。

（3）气缸体和气缸盖接合平面翘曲变形产生的危害

气缸体和气缸盖平面发生变形，会造成气缸密封不严：漏气、漏水，甚至混合气气冲坏气缸垫：

1）冷却液或机油渗进气缸，影响混合气的正常燃烧，积炭增多，对气缸壁、活塞、活塞环、气门等零件产生腐蚀作用。

2）发动机工作时高压高温气体窜进冷却系统，造成水压升高，出现水沸现象，大量的蒸汽往外泄漏，其结果不但造成发动机无法正常工作，还导致气缸垫损坏。这种现象称为“冲床”。

7. 气缸体平面变形检测

1）检查被测物体和准备工量具，如图25～图27所示。

2）清洁工量具，如图28、图29所示。

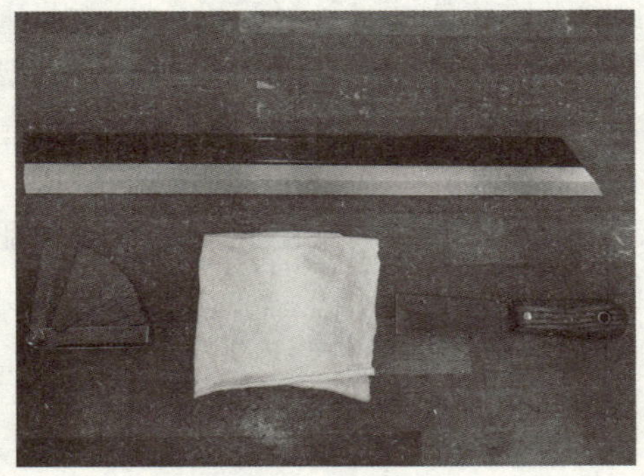

图25 工量具

图26 气缸盖

图 27　气缸体

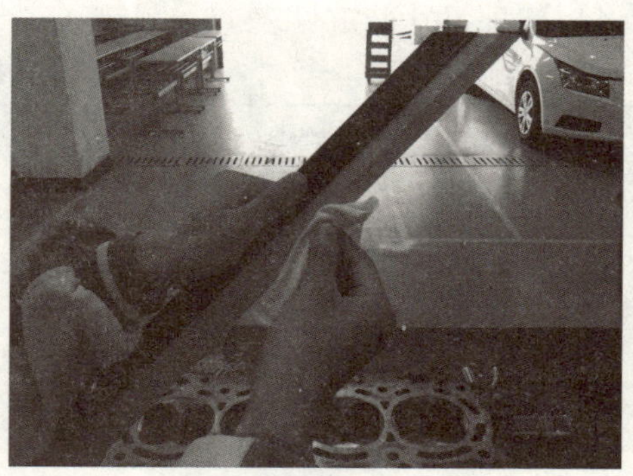

图 28　清洁刀口尺

3）气缸体平面度变形测量，如图 30 ~ 图 33 所示。

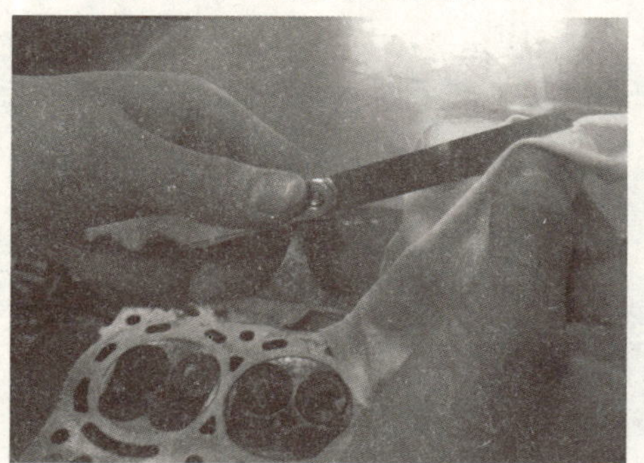

图 29　清洁塞尺

图 30　清洁气缸体（抹布）

图 31　清洁气缸体（铲刀）

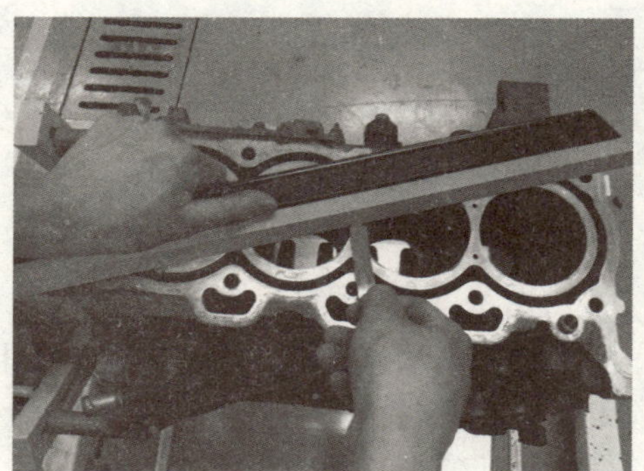

图 32　测量气缸体

图 33　气缸体测量位置

4）修理尺寸确定见表1。

表1 卡罗拉1ZR发动机标准值

项目	规定状态/mm
气缸盖	0.05
进气歧管侧	0.10
排气歧管侧	0.10
气缸体	0.05

如果翘曲度大于最大值，则更换气缸体。

5）气缸体和气缸盖接合平面的修整。当检测气缸体或气缸盖的平面度超过技术要求，但又小于允许的修正量时，可对平面进行修磨，部分发动机气缸体和气缸盖的平面度超过技术要求时需要更换，所以确定能否修复要符合维修手册的规定。

在一定的变形范围内，可采用磨削修复的方法来修复，如果修整气缸体平面后引起活塞头部凸出，需要加厚发动机气缸垫来解决。如果修整气缸盖后引起燃烧室容积变化较大，也可通过加厚气缸垫来解决或在燃烧室非重要的位置去除部分的材料来解决。

2.6.3.3 信息页

2.6.3.3 信息页

学校名称		任课教师	
班级		学生姓名	
学习领域	L2 机械组件与系统检查拆换		
学习情境	LS2.6：发动机爆燃噪声，机油压力指示灯亮起	学习时间	45min
工作任务	C：活塞连杆组件的检修	学习地点	理实一体化教室

1. 活塞和活塞环的损伤形式

活塞和活塞环的损失形式如下：

（1）活塞的损伤形式

活塞的损伤形式包括活塞的环槽、裙部、销座孔磨损，少数的刮伤、烧顶、裂纹等一些异常的损坏现象，可通过检测活塞环槽侧隙判断活塞环槽的磨损。其原因是由燃烧室高温、高压混合气的作用和活塞高速往复运动。检测活塞裙部的直径判断活塞裙部的磨损；检测活塞销座孔的直径判断活塞销孔的磨损，将活塞装到专用座架的活塞销上测量活塞与销座的垂直度，如图1所示。

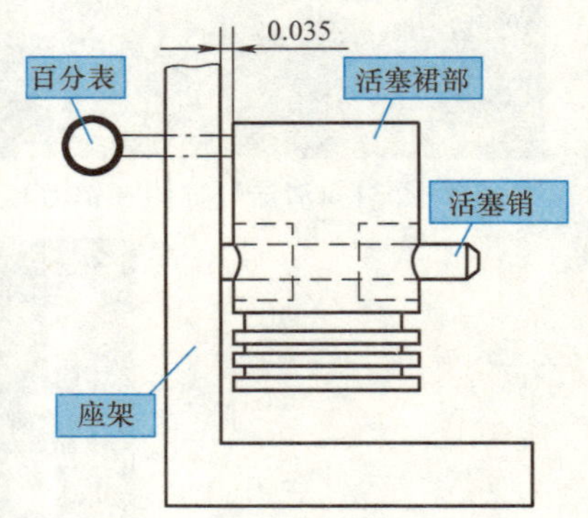

图1 活塞销座孔垂直度检测

（2）活塞环的损伤形式

活塞环的主要损伤形式有活塞环的磨损、弹性减弱和断裂等。其原因主要是活塞环受高温高压混合气的作用、活塞环往复运动冲击和润滑不良。

1）活塞环弹力是活塞环张紧在气缸壁上的力，是保证密封性的必要条件。弹力过大会加剧活塞环的磨损，弹力太小会使气缸密封性变差。

把活塞环放在弹力检验仪上，使活塞环的开口向外处于水平位置，将杠杆压在活塞环上，移动重锤，按规定所需的力使环的端隙压到规定值，如果荷重符合要求则环的弹力也符合要求，如图 2 所示。

2）活塞漏光度检测如图 3 所示。漏光的缝隙过大，或造成漏气、窜机油。要求活塞环漏光缝隙不超过 0.03mm，在活塞环端口左右 30°氛围内不允许漏光，同一活塞环漏光不多于两处，每处漏光弧长对应圆心角小于等于 25°。

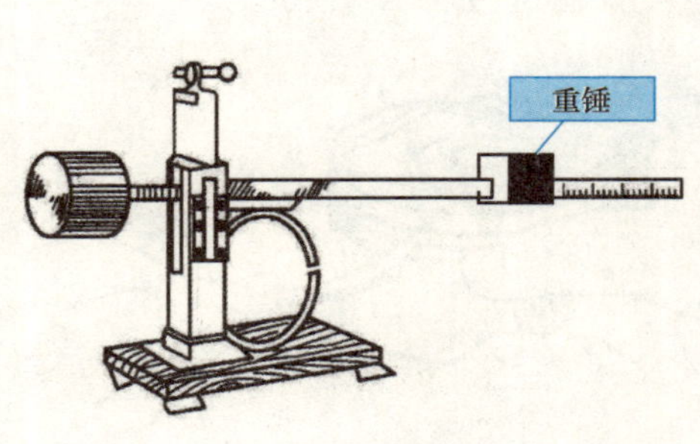

图 2　活塞环弹力检测

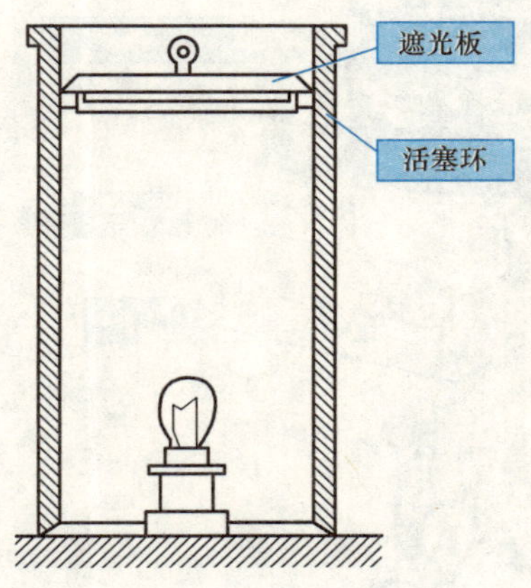

图 3　活塞漏光度检测

3）活塞环“三隙”。三隙过大，气缸漏气严重；三隙过小，活塞环膨胀后易卡死和折断。

① 端隙，若端隙大于规定值应重新选配，若小于规定值，应用细平锉对开口处一端进行锉削。只能锉削一端，且环口平整，边锉边量。

② 侧隙，侧隙大于规定值应重新选配活塞环。

③ 背隙，用槽深与环宽之差衡量，该数值一般为 0 ~ 0.35mm，背隙过小应更换活塞环或车深环槽；背隙过大应重新选配活塞环。

2. 活塞与活塞环的拆卸

以丰田卡罗拉 1ZR 发动机为例。

1）使用活塞环扩张器（活塞环拆装钳）拆卸活塞环组件，如图 4 所示。

① 用活塞环扩张器（活塞环拆装钳）拆下上面两道气环。

② 用手拆下油环的两个刮油片和衬环，如图 5 所示。

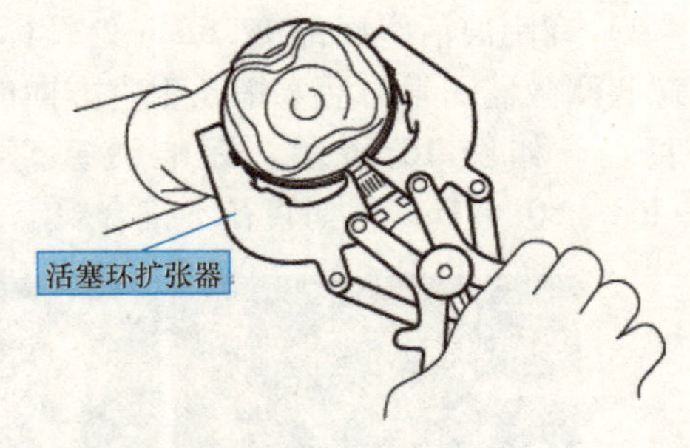

图 4　活塞环组件的拆卸

2）清洁活塞与活塞环。

① 用衬垫刮刀去除活塞顶部的积炭，如图 6 所示。

② 用环槽清洁工具或折断的活塞环清洁活塞环槽，如图 7 所示。

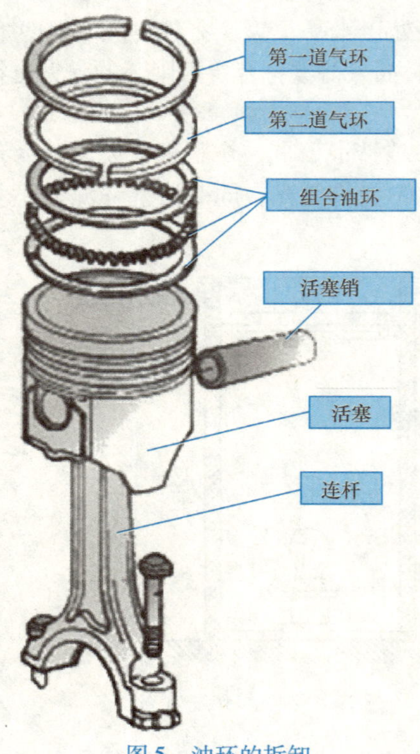

图5 油环的拆卸

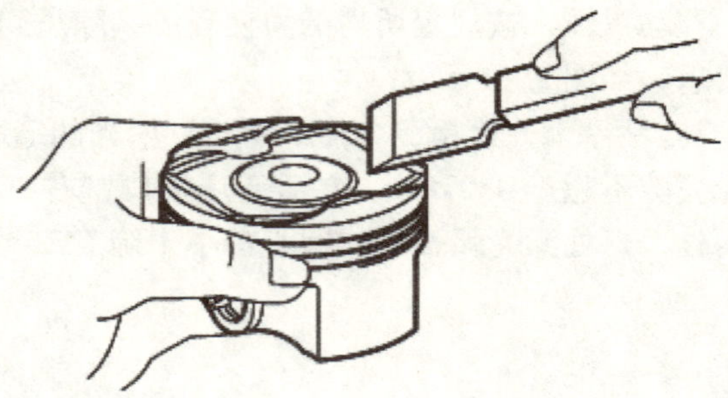

图6 去除活塞顶积炭

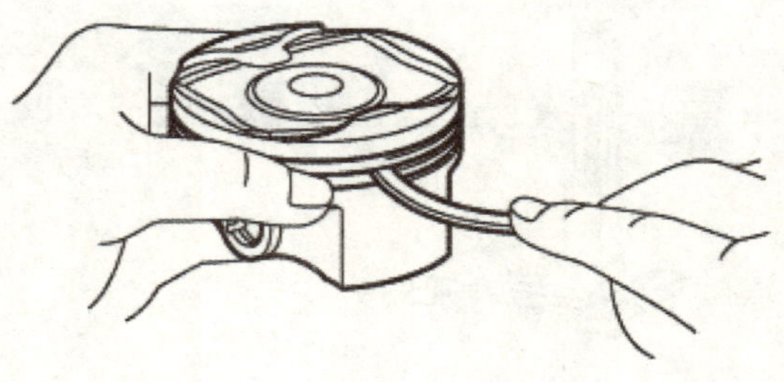

图7 清洁活塞环槽

③ 用刷子和汽油或酒精刷洗活塞、活塞环，如图8所示。

注意：不要使用钢丝刷，以免划伤活塞。

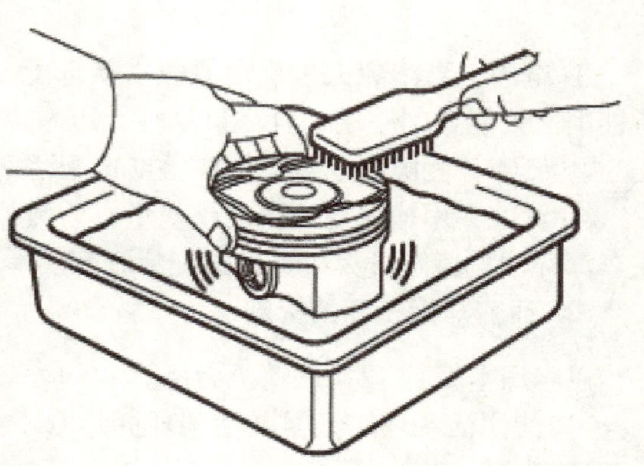

图8 刷洗活塞和活塞环

3. 活塞与活塞环的检测

（1）活塞直径的测量

1）清洁螺旋测微仪，并校准，如图9所示。

2）在距离活塞底部12.6mm处做标记，用螺旋测微器测量与活塞销孔垂直方向的活塞直径，如图10所示。标准活塞直径：80.461～80.471mm。如直径不符合规定，则更换活塞。

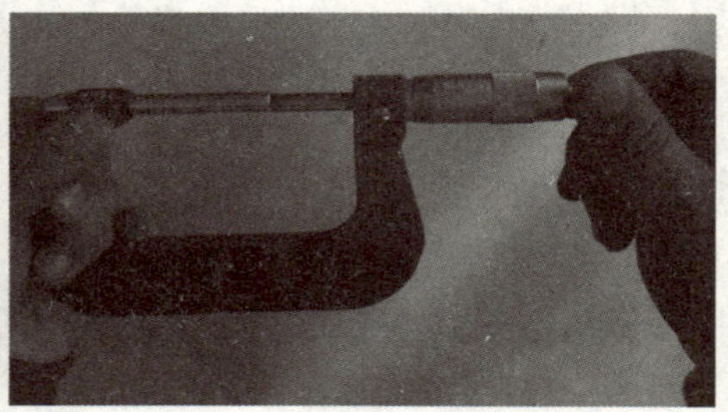

图9 清洁、校准螺旋测微仪

3）检查活塞油膜间隙。用气缸缸径测量值减去活塞直径测量值。标准油膜间隙：0.029～0.052mm，最大间隙0.09mm。如果油膜间隙大于最大值，则更换所有活塞。如有必要，更换气缸体。

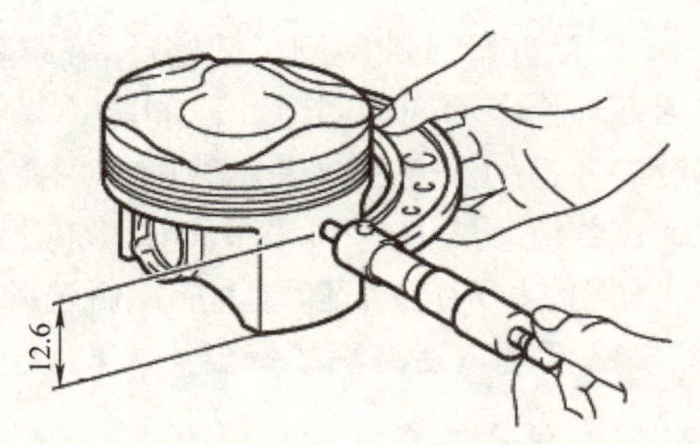

图10 活塞直径的测量

（2）活塞环“三隙”的检测

使用塞尺测量间隙，测量前检查、清洁塞尺，如图11所示。

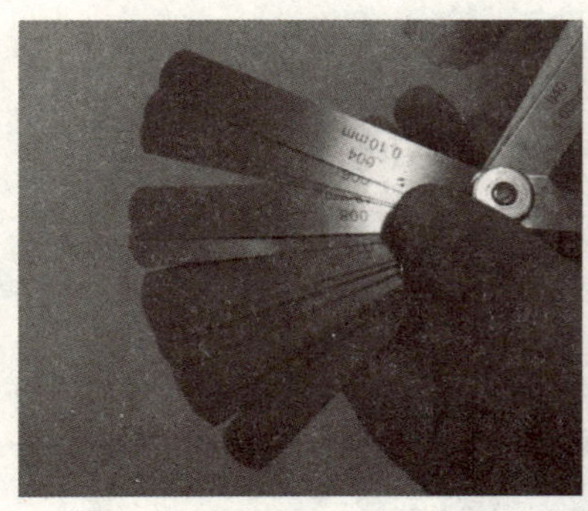
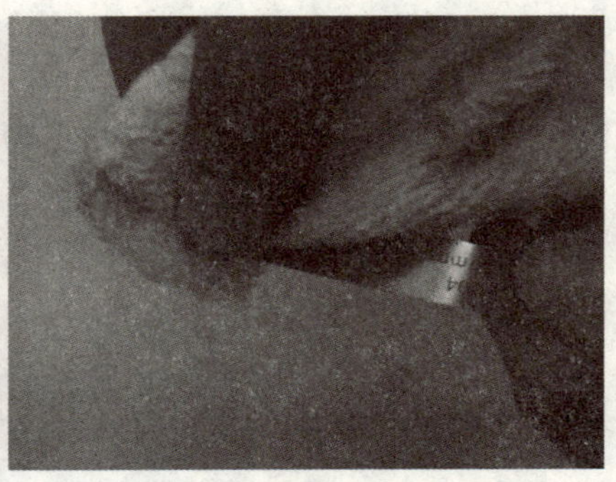

图11 检查、清洁塞尺

1）活塞环侧隙的检测，如图12所示，将活塞环放在环槽内，围绕环槽滚动一圈，活塞环在环槽内应滚动自如，既无松动也无卡滞现象，然后用塞尺测量活塞环侧与环槽侧的间隙。

标准间隙：第一道环为0.02～0.07mm；第二道环为0.02～0.06mm；油环为0.02～0.065mm。若活塞环正常，活塞环侧隙仍不符合规定，则应更换活塞。

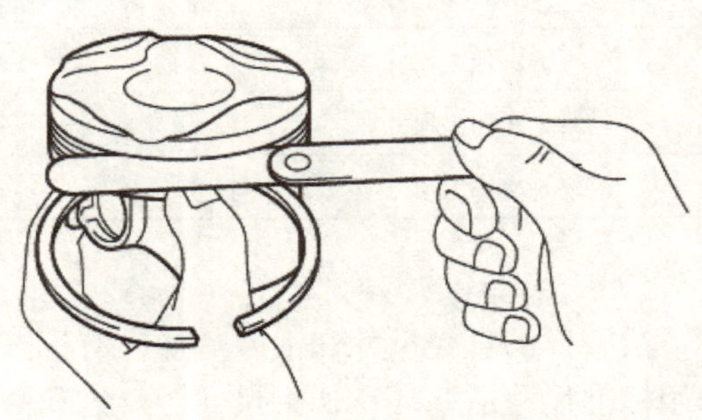

图12 活塞环侧隙的测量

2）活塞环端隙检测。用活塞从气缸体的顶部将活塞环推至活塞环底部使其行程超过50mm，用塞尺测量活塞环开口处间隙，如图13所示。

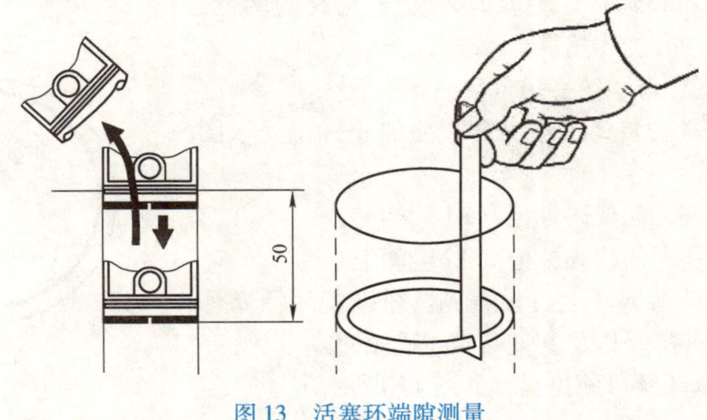

图13 活塞环端隙测量

3）活塞环背隙检测。活塞环和活塞装入气缸内，活塞环背面与活塞环槽底部间的间隙。该间隙不易测量，所以维修中以环的厚度与环槽的深度之差表示背隙。用游标卡尺测量槽深与环宽之差，该数值一般为 0～0.035mm，背隙过小应更换活塞环或车深环槽，如图 14 所示。背隙过大应重新选配活塞环。

活塞
活塞环
0.035
活塞环背隙的检查

图 14　活塞环背隙测量

4. 活塞与活塞环的修复

（1）活塞的修复

1）以丰田卡罗拉 1ZR 发动机为例，经检测，活塞直径及因活塞磨损造成活塞“三隙”不在规定范围内的，应更换活塞。选配活塞要注意以下 2 点。

① 按气缸尺寸选配活塞，选用与气缸同一尺寸级别的活塞。

② 同一台发动机必须选用同一厂牌的活塞。

2）以桑塔纳 1.8L 发动机为例，在维修中，若气缸磨损需要更换相应尺寸的活塞，气缸修理和活塞的选配，见表 1。

表 1　桑塔纳 1.8L 发动机气缸修理和活塞选配尺寸

修理级别	气缸直径/mm	活塞直径/mm
标准尺寸	81.01	79.98
第 1 次加大尺寸	81.26	81.23
第 2 次加大尺寸	81.51	81.48
第 3 次加大尺寸	82.01	81.98

（2）活塞环的选配

活塞环的直径尺寸和活塞一样也有标准尺寸和加大的修理尺寸。标准尺寸的气缸和活塞选用标准尺寸活塞环；加大尺寸的气缸和活塞，选用同一修理等级的活塞环。同时，应严格按照汽车生产厂的维修规定和要求进行。

5. 活塞与活塞环的安装

1）用手安装油环的衬环和两个刮油片，如图 15 所示。

注意：安装衬环和油环，使其环端处于相反的两侧，将胀圈牢固安装至油环的内槽。

2）安装第二道气环、第一道气环。

用活塞环扩张器安装 2 个压缩环，使油漆标记处于图 16 所示位置。

安装 1 号压缩环，使代码标记（A1）朝上。

安装 2 号压缩环，使代码标记（A2）朝上。

油漆标记仅在新活塞环上可检查到。重新使用活塞环时，检查各活塞环外形，以将其安装至正确位置。

3）错开各活塞环开口的位置，如图 17 所示。

衬环
油环

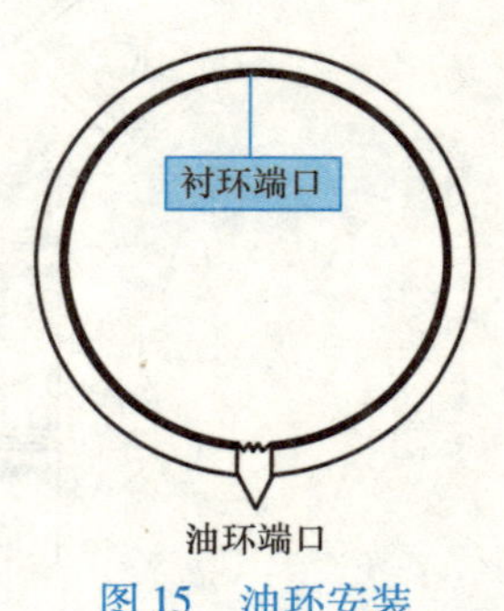

图 15　油环安装

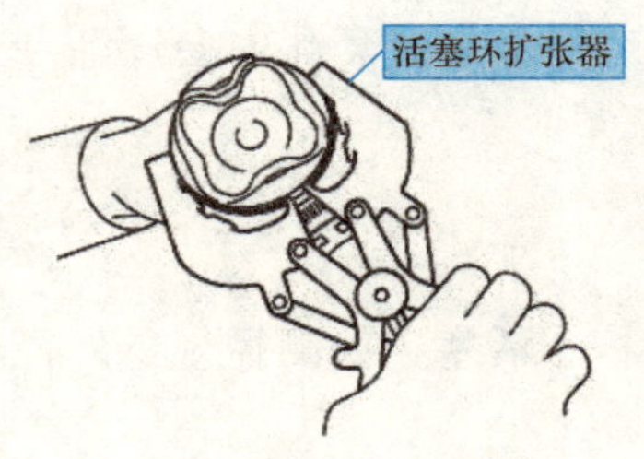

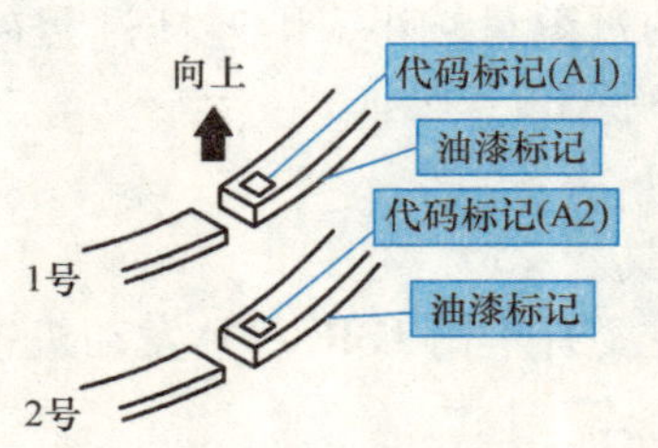

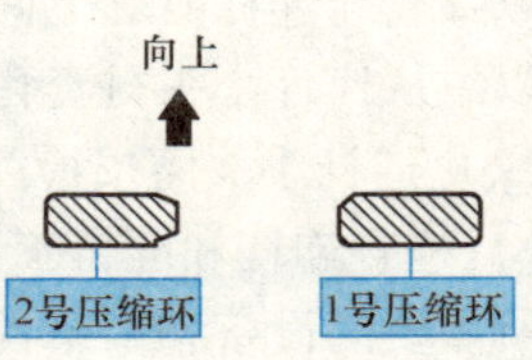

图 16　活塞环组件的安装

注意：检测等相关工作完成后，要清洁、整理、归位工量具设备。

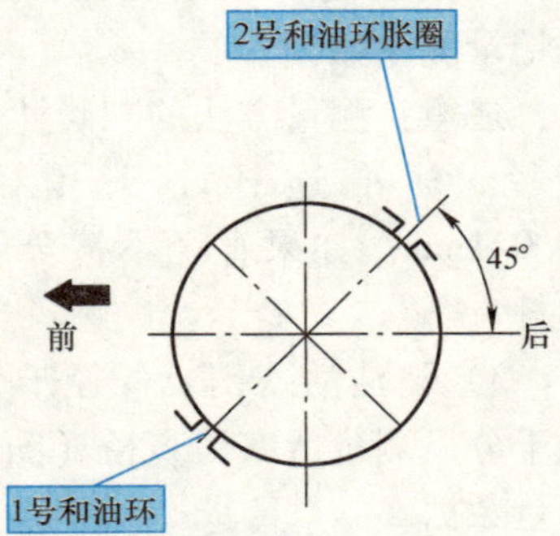

图 17　错开活塞环开口位置

6. 连杆小头检测与修复

（1）连杆衬套损坏的原因

连杆小头与连杆衬套过盈配合（图 18）。在小头上方开有集油孔或集油槽，靠曲轴箱中飞溅的油雾进行润滑。润滑油的均匀分布可通过衬套上开布油槽来达到。

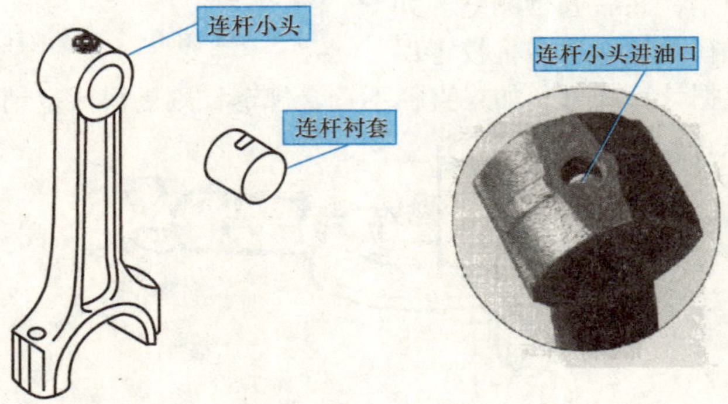

图 18　连杆小头

1）连杆衬套与活塞销的配合间隙在常温下一般只有 0.005～0.010mm。对于这么小的间隙，在缺少专用量具的情况下只能凭经验确定。如果该间隙小于 0.005mm，则机油不易进入连杆衬套及活塞销的两摩擦表面间，以致两摩擦面在相对运动时得不到充分的润滑而产生高温，甚至粘结，而两摩擦面的粘结则会导致连杆衬套在连杆小头衬套孔内转动，使连杆衬套外圆和连杆小头衬套孔磨损。当连杆衬套在冲击负荷的作用下就可能从连杆小头衬套孔中脱出，并与活塞销座孔相碰撞而发出“嚓嚓”声。

2）有些连杆小头衬套孔两端无倒角，在冲出连杆衬套时连杆小头衬套孔的两端常会产生锋利的突起，在这样的情况下安装新连杆衬套时，连杆衬套会因受突起的挤压而产生变形，甚至其外圆表面会被刮出铜屑。这既增加了铰修连杆小头衬套的难度，又减小了连杆衬套与连杆小头衬套孔之间的过盈量。

3）使用过一段时间的连杆，其小头衬套孔偶尔会因磨损而产生圆度和圆柱度超标的现象，以致它与连杆衬套之间的过盈量减小，则连杆衬套在连杆小头衬套孔内会逐渐产生转动，以致从连杆小头衬套孔中脱出。

（2）连杆小头磨损检测

1）检查连杆和准备工量具。

所需要的设备和工量具主要有丰田 1ZR－FE 发动机连杆、活塞销、测径规、外径千分尺、抹布等。

2）清洁连杆小头孔径及测径规，使用测径规测量连杆小头孔径，如图 19 所示。并记录测量数据。

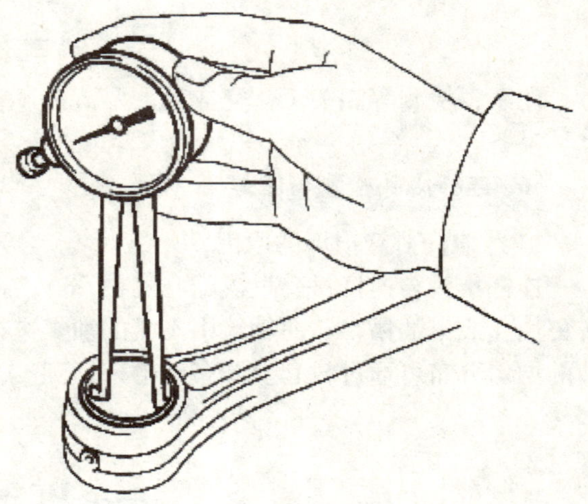

图 19 测量连杆小头孔径

注意：测量方法的准确性，找到真实的直径。标准连杆小头孔径：20.012～20.021mm。如果直径不符合规定，则更换连杆。

3）清洁活塞销及外径千分尺，使用外径千分尺测量活塞销直径（图 20），并记录测量数据。

注意：外径千分尺使用前需先校零，如果有误差，可消除误差，然后进行测量。如果不消除误差也可进行测量，只需将校零误差带入最后的测量数据计算即可。如果直径不符合规定，则更换活塞销。

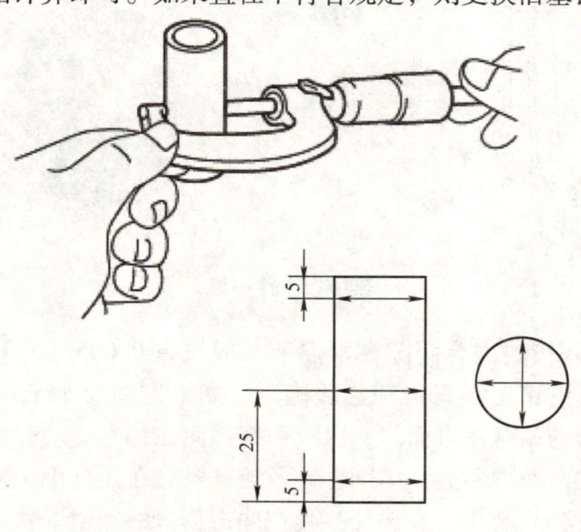

图 20 活塞销测量方法及位置

4）计算连杆小头与活塞销的油膜间隙。

方法：用连杆小头孔径测量值减去活塞销直径测量值（表 2）。标准油膜间隙：0.005～0.011mm，最大油膜间隙：0.014mm。如果油膜间隙大于最大值，则更换连杆。如有必要，则成套更换连杆和活塞销。

表 2 连杆小头与活塞销油膜间隙

项目	连杆小头孔径	活塞销直径
实际直径		
油膜间隙		
分析结论		

(3) 连杆衬套的修复

在修理过程中，如果活塞、活塞销已换成了新件，一般应同时更换连杆衬套，并通过铰削或镗削恢复它与活塞销的正常配合。桑塔纳 AFE 型发动机的连杆衬套修复过程如下：

1) 连杆衬套的选配。

连杆衬套与连杆小头应有 0.06 ~ 0.10mm 的过盈量，以保证衬套在工作时不走外圆。分别测量连杆小头内径（图 21）和新衬套外径（图 22），其差值就是衬套的过盈量。

测量方法与丰田 1ZR－FE 连杆小头磨损及活塞销直径测量方法相同。

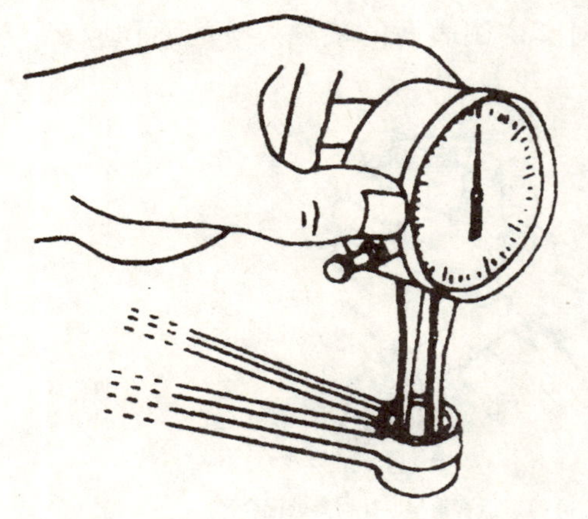

图 21 测量连杆小头内径

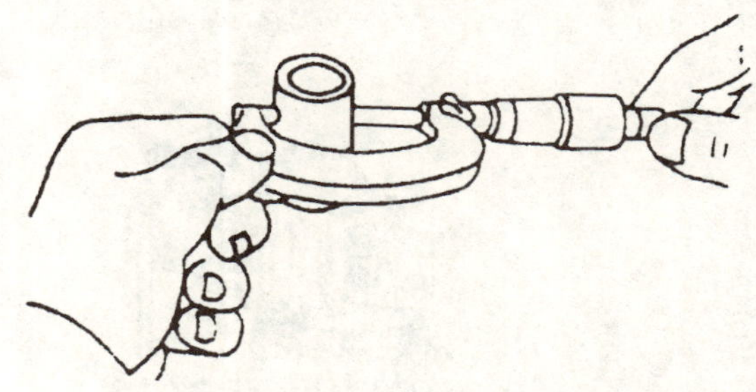

图 22 测量新衬套外径

新衬套的压入可在台虎钳上进行。压入前，应检查连杆小头有无毛刺，以免擦伤衬套外圆。压入时，衬套倒角应朝向连杆小头倒角一侧，并将其放正，同时对正衬套的油孔和连杆小头油孔，如图 23 所示，确保润滑油道畅通。

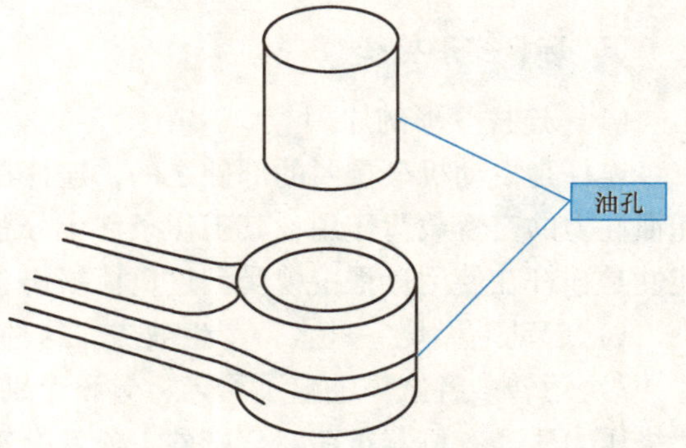

图 23 连杆衬套油孔对准连杆油

2) 连杆衬套的修配。

① 调整铰刀时，连杆小头承孔套入铰刀，使其互相垂直，以切削刃露出衬套上端面 3 ~ 5mm 为第一刀的铰削量来进行铰削。铰刀每次的调整量以旋转螺母 60° ~ 90°为宜，当接近配合尺寸时，铰刀每次应调整 30° ~ 60°。

② 铰削时，一手托住连杆大头，一手把持住连杆小头，向下略施压力，并保持连杆杆身与铰刀轴线垂直（图 24）。每次铰削都要从衬套的两个方向各铰销一次，以保证圆柱度要求，铰到底后从铰刀下面取出连杆小端。

③ 在铰削过程中要不断用活塞销试配，以防止铰削过大，当铰削到用手掌力能将活塞销推入衬套1/3～2/5，应停止铰削。将活塞销压入连杆小端衬套内，并夹在台虎钳上往复扳转连杆，然后压出活塞销，查看衬套的接触情况。

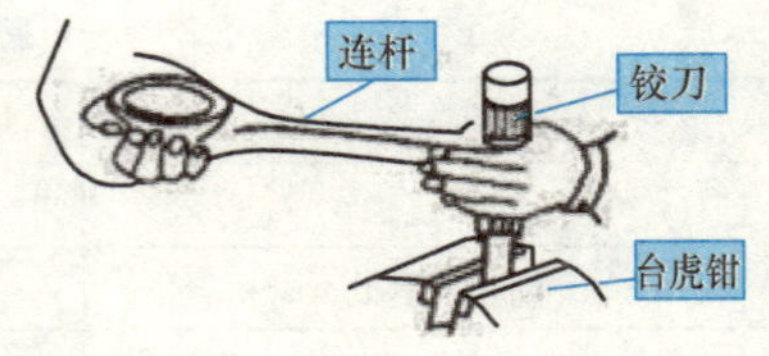

图24 铰削连杆衬套

④ 活塞销与连杆衬套的配合是否符合要求（图25），通常是用感觉来判断的。因为它们在常温下仅有0.005～0.010mm的微量间隙，这样高的配合要求是难以测量的。镗削后的衬套，表面较粗糙，应以拇指力量能压入抹过机油的活塞销为宜；或将活塞销夹于台虎钳上，沿活塞销轴线方向扳动连杆，应无间隙感，转动连杆时，圆滑无滞。

对于手工铰削的衬套，用手掌力能压入涂过机油的活塞销，或在台虎钳上夹住活塞销，把连杆向上转至与水平方向约成75°时能停住，用手轻轻振动，连杆能靠其自身重量徐徐下落，则配合间隙符合要求。

左右转动连杆数次后，取出活塞销，则连杆衬套内圆表面的接触痕迹的面积应在75%以上，且接触点分布均匀，轻重一致。

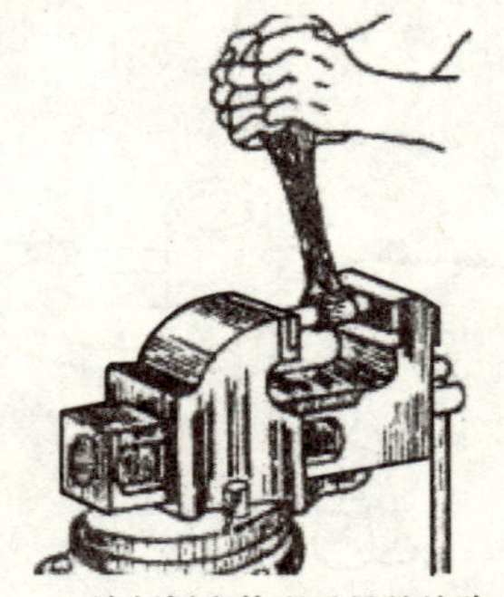
a) 连杆衬套修配质量的检验

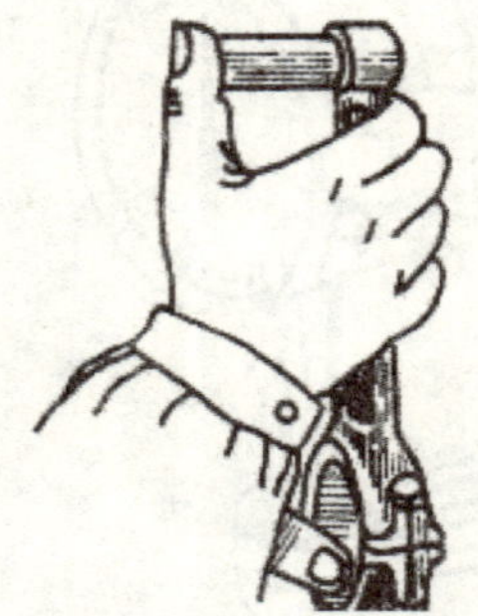
b) 检查活塞销与连杆衬套的配合

图25 检验活塞销与连杆衬套的配合

7. 连杆变形检修

（1） 连杆变形的原因

连杆是发动机最重要的部件之一，连杆在工作过程中，要承受周期不断变化的燃烧压力和惯性力的交变载荷作用，其工作条件十分恶劣。排除材料原因导致连杆弯曲变形最大的可能性是连杆在使用过程中曾受到过负荷损伤，主要原因为：

1） 起动前燃烧室进水，产生液击，这种情况对连杆的损伤极大。

2） 运转中各缸供油量不均匀，导致个别缸长时间超负荷；或者供油提前角过早，气缸燃烧压力过高；机器负荷变化剧烈，或者突然停车。

（2） 连杆弯曲与扭曲变形检测

通常用连杆检验器来检验连杆的弯曲与扭曲变形，其步骤如下：

1） 检查连杆和准备工量具，所需要的设备和工量具主要有丰田1ZR－FE发动机连杆组、连杆检验器、塞尺、抹布等。

2） 将连杆盖装在连杆上，并用标准力矩拧紧，同时装上选配好的活塞销。

3）将连杆轴承孔套装在检验器的横轴上，转动轴端螺母，使横轴上的定心块向外张，将连杆固定在检验器上。

4）检验器量规的 V 形面靠在活塞销顶面上，观察小角铁三个爪头与平面的接触情况，即可查出连杆的弯曲方向和程度，如图 26 所示。

① 仔细观察三个量脚指接触点与粗磨平面的接触情况，用塞尺测量其间隙，记录其数据。

② 将连杆翻面再检查一次，记录其数据。根据两次记录，进行弯曲度和扭曲度的计算，取其平均值作为质检结果。

③ 连杆在连杆检验器上检验时，量规的三个量脚点的情况：

量规的下两个指点与平板接触，而上一个指点不与平板接触；或者量规的上一个指点与平板接触，而下两个指点不与平板接触。这时用塞尺测得的测点与平板间的间隙值，即为连杆在 100mm 长度上的弯曲度值。连杆弯曲程度不得大于：0. 05mm/100mm。如最大偏差大于最大值，则更换连杆。

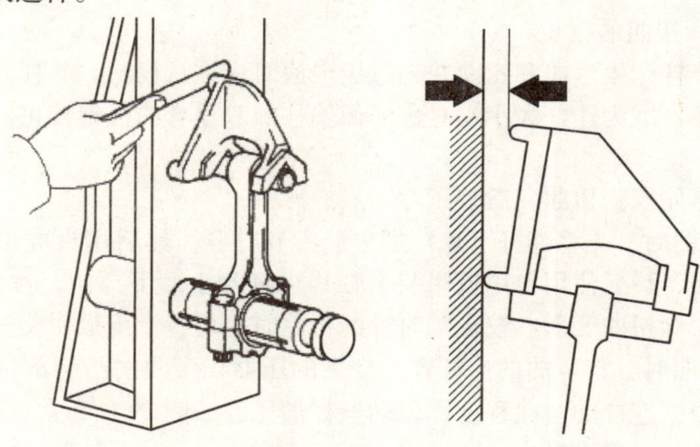

图 26　检查连杆弯曲度

5）将量规下移，使其侧面与活塞销侧面接触，观察量规与活塞销两端的接触情况，即可测出扭曲方向和扭曲度，如图 27 所示。

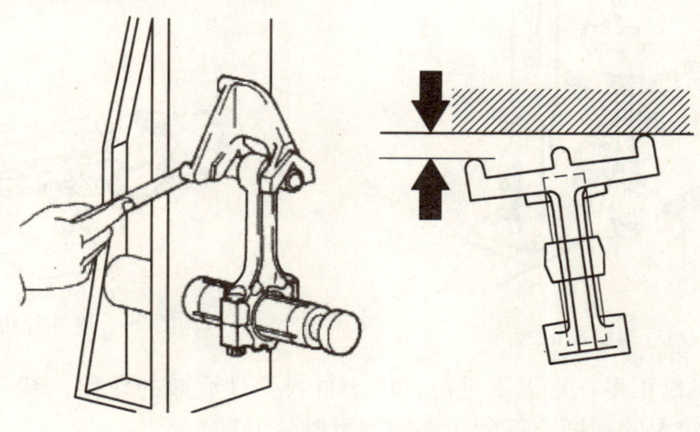

图 27　检查连杆扭曲度

① 仔细观察三个量脚指接触点与粗磨平面的接触情况，用塞尺测量其间隙，记录其数据。

② 将连杆翻面再检查一次，记录其数据。根据两次记录，进行弯曲度和扭曲度的计算，取其平均值作为质检结果。

③ 在直线度检验仪上检验连杆时，量规的三个量脚点的情况：

上一指点、下两指点中的一指点接触平板，而另一指点不接触平板。这时该指点与平板间隙为连杆在100mm长度上的扭曲度数值。连杆扭曲程度不得大于：0.05mm/100mm。如果扭曲度大于最大值，则更换连杆。

6）连杆检验器下两指点中的一个指点接触平板，或仅上一指点接触平板，而下两指点与平板间的间隙不一致。这说明连杆同时存在弯曲和扭曲，其接触间隙可用塞尺测得。

桑塔纳AFE发动机的连杆变形检测方法与丰田1ZR－FE发动机的连杆检测方法相同，但变形的极限值不同，在100mm长度上，AFE发动机连杆的弯曲变形量不得大于0.05mm，连杆扭曲量不得大于0.15mm，否则应进行校正。

（3）连杆弯曲和扭曲的校正

经过检验发现连杆产生弯曲和扭曲并超过极限值时应进行校正。连杆的双重弯曲通常不予以校正而直接更换。因为连杆大小端对称平面偏移的双重弯曲极难校正，对曲柄连杆机构的工作极为有害。

如需校正一般是先校正扭曲，后校正弯曲。

1）校正连杆扭曲时，先将连杆下盖按规定装配和拧紧，然后用台虎钳口垫以软金属垫片夹紧连杆大端侧面，最后使用专用扳钳装卡在连杆杆身上、下部位，按图28所示的安装方法校正连杆的逆时针扭曲变形。校正顺时针的扭曲时，可将上下扳钳交换即可。

2）校正连杆弯曲时，将弯曲的连杆置入专用的压器，弯曲的凸起部位朝上，在正丝杆的部位加入垫块，根据连杆的弯曲程度，扳动丝杠加压，如图29所示。

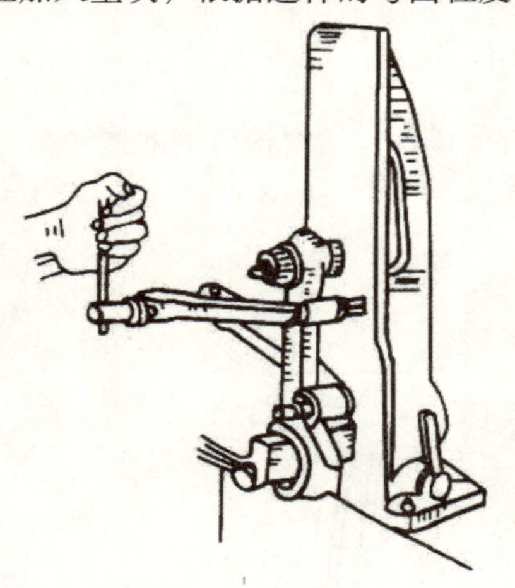

图28 连杆扭曲校正

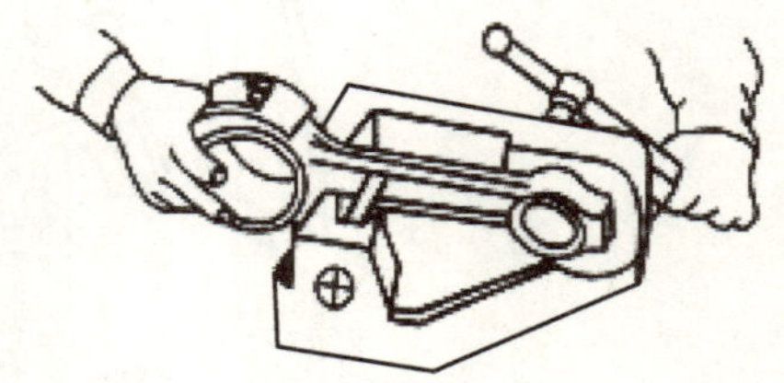

图29 连杆弯曲校正

3）连杆的弯扭校正多在常温下进行，由于材料弹性后效的作用，卸荷后连杆有复原趋势。因此，变形量较大的连杆校正后，必须进行时效处理。

方法是：将连杆加热至300℃，保温一段时间，以消除其内应力。校正变形较小的连

杆，只需在校正负荷下保持一定时间即可。

4）对于校正后的连杆，应多次从正反方向进行复查，直至确认合格为止。

8. 连杆螺栓检测

（1）连杆螺栓的要求

在每副轴承上，一般用两个连杆螺栓固紧。位于轴承各剖分面处的螺栓杆身直径较大，以便装配时可与螺栓孔配合定位；其余螺栓杆身部分的直径则较螺栓孔的直径小，长度也较长，以便承受弯曲和冲击载荷时可减轻螺纹部分的载荷。螺纹部分常采用较高精度的细牙螺纹。

在使用连杆螺栓时，会发现连杆螺栓有的存在很多问题，会有外观问题、公差长度问题、断裂问题、牙螺纹问题，以及安装时所发现的问题等。

连杆螺栓受到装配时预紧力的作用，四冲程发动机运转时连杆螺栓还受到往复惯性力的作用。连杆螺栓的直径较小，因其受到曲柄销直径和连杆大端外廓尺寸的限制。

（2）连杆螺栓的故障原因

1）装配时拧紧力矩过大，用力不均匀。

由于在装配中没有严格地配用扭力扳手，具体拧紧力矩又不太了解，认为越紧越好；紧固连杆螺栓用较长的加力杆，拧紧力矩过大，超过了螺栓材料的屈服极限，使连杆螺栓出现屈服变形，使之在冲击载荷的作用下因过度地伸长而断裂。应强调的是，一定要按标准拧紧连杆螺栓，千万不能认为越紧（力量越大）越好。

2）发动机的连杆分多种级别，在检修中应注意不能换用不同级别的连杆。

如果在检修中由于粗心将连杆盖搞乱、错装，会造成连杆大头结合面配合不紧密，在发动机运行中会造成连杆盖松动而导致连杆螺栓断裂。

3）发动机在运行中出现飞车故障或活塞在气缸内烧“死”的故障，将连杆螺栓拉断。

如果发动机在使用中出现过飞车故障，应对发动机做一次全面检查，最好更换连杆螺栓；如果在运行中个别气缸出现过较严重的拉缸，在更换气缸活塞组件时也应将连杆螺栓更换。

4）材质问题、加工缺陷及热处理工艺问题也会导致连杆螺栓在发动机运行中出现断裂。

（3）连杆螺栓的检测

1）检查连杆螺栓和准备工量具。

所需要的设备和工量具主要有丰田1ZR－FE发动机连杆螺栓、游标卡尺、抹布等。

2）检查螺栓表面有无肉眼可见的缺陷，不允许有碰伤、拉毛、变形、裂纹、螺纹损坏和配合松动等缺陷。

3）采用放大镜、着色探伤或磁粉探伤等方法检查螺栓的各圆角、螺纹之间的过渡处有无裂纹。

4）使用游标卡尺测量螺栓受力部分的直径。

① 清洁游标卡尺，并校零（图30）；如有误差则更换游标卡尺，如无误差则可正常使用。

校零方法：将游标卡尺的游标尺拉到最左边合拢，观察游标尺和主尺的“0”刻度线是否在一条线上，如在一条线上，则没有误差。

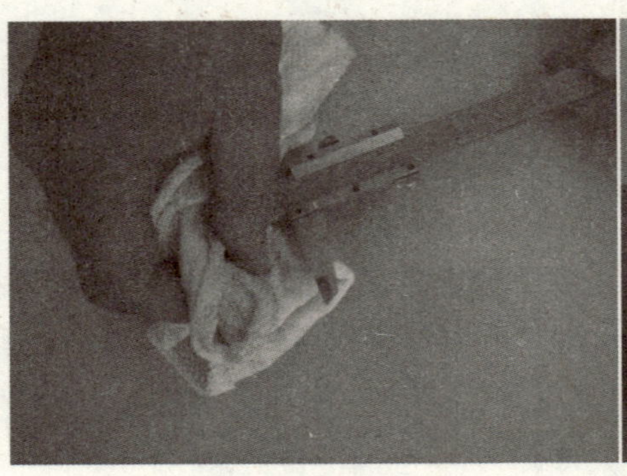

a) 清洁游标卡尺

b) 游标卡尺校零

图 30 游标卡尺的清洁和校零

② 清洁连杆螺栓，先用汽油洗，然后再用气枪吹干净，或使用干净的抹布擦拭。

注意：重点清洁测量部位。

③ 用游标卡尺测量连杆螺栓受力部分的直径（图 31），并记录数据。

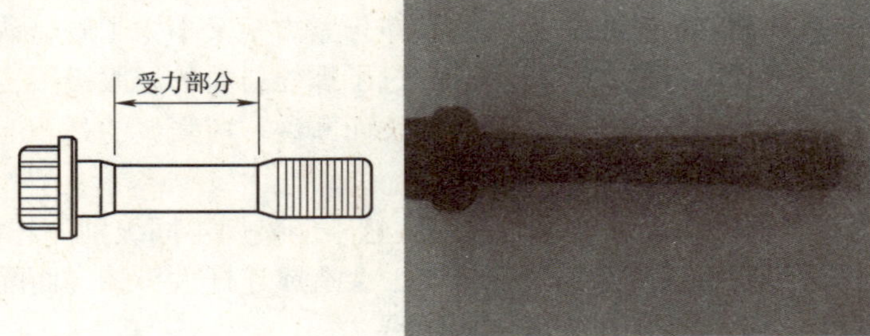

图 31 连杆螺栓受力部分

丰田卡罗拉 1ZR－FE 发动机连杆螺栓标准直径：6.6～6.7mm，最小直径：6.4mm。如果直径小于最小值，则更换连杆螺栓。

注意：测量时要正确使用游标卡尺，两测量爪的连线应与连杆螺栓轴线垂直，不可歪斜，如图 32 所示。取下游标卡尺读数前，需锁紧游标卡尺的锁止螺钉，防止读数变化。

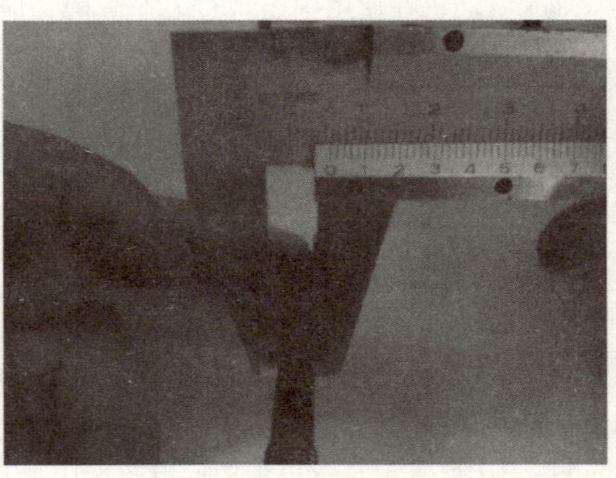

图 32 测量连杆螺栓直径

9. 连杆轴承检测与选配

（1）连杆轴承的要求

连杆轴承是用来保护连杆轴颈和连杆大头孔的，连杆轴承在工作时承受着较大的交变载荷、高速摩擦、低速大负荷时润滑困难等苛刻条件。因此，要求轴承具有足够的强度、良好的减摩性和耐腐蚀性。为适应连杆轴承的工作条件，要求减摩合金有足够的疲劳强度，有良好的抗咬性、顺应性、嵌藏性，有足够的结合强度和良好的耐磨性。连杆轴承的背面应有很高的光洁度。

（2）连杆轴承的故障原因

1）连杆轴承产生异响与其他轴承不同，连杆轴颈有公转也有自转，连杆轴承也在公转和自转。公转是绕主轴承转动，自转时轴径与瓦面摩擦，所以连杆轴承的磨损比较快。

2）轴瓦通常起着支撑作用，轴瓦是固定的，在一个方向上受力。连杆轴承却与一般的轴承不同，由于发动机曲轴的转速不同，连杆轴承的负荷是变化着的，造成连杆轴承和连杆轴颈的磨损加剧。当发动机负荷轻、转速高时，轴、瓦的负荷比较轻。发动机负荷重、转速低时，轴、瓦负荷比较重，轴承、轴颈磨损比较快。汽车下陡坡时，连杆轴颈拖动连杆轴承部分，此时小瓦上下两片的中心面磨损比较多。

3）连杆轴承经常冲击连杆轴颈，小瓦上片比下片摩擦快，曲轴上止点前后120°轴面上摩擦比较大。再加上小瓦轴面上的机油压力比主轴承机油压力低，摩擦时产生的温度比较高，机油黏度则降低，故连杆轴承比其他轴承的磨损速度快。

（3）连杆轴承的检测

1）检查活塞连杆组和准备工量具。所需要的设备和工量具主要有含曲轴的丰田1ZR－FE发动机气缸体台架、活塞连杆组、含磁性表座的百分表、塑料间隙规、相关拆装工具等。

2）清洁连杆轴颈和活塞连杆组，按规范将活塞连杆组安装到曲轴上，安装磁性表座及百分表，如图33所示。

方法：百分表测量头部顶住连杆盖，并校零，然后前后移动连杆盖2～3次，观察百分表读数，百分表的最大值与最小值的差值即为连杆的轴向间隙（图34）。

丰田1ZR－FE发动机连杆轴承标准轴向间隙：0.160～0.342mm，最大轴向间隙：0.342mm。如果轴向间隙大于最大值，则必要时更换连杆总成。如有必要，则更换曲轴。

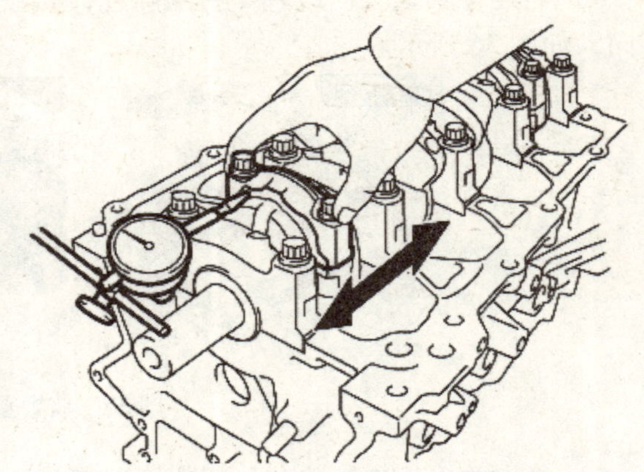

图33 测量活塞连杆组轴向间隙

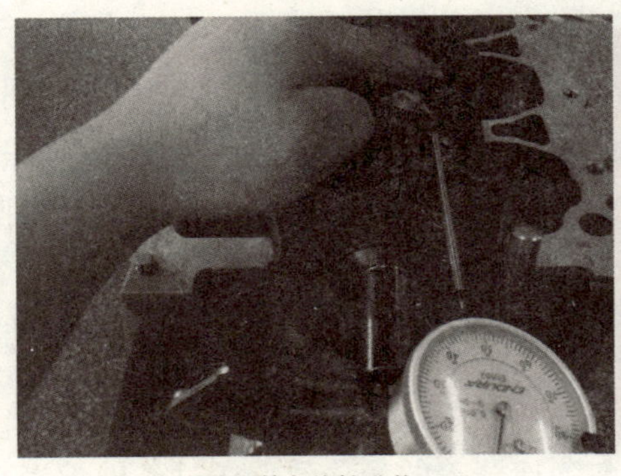

a) 向发动机前方拉轴承盖

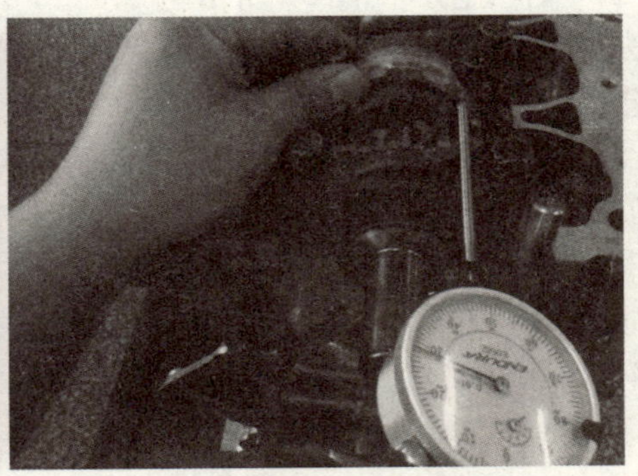

b) 向发动机后方推轴承盖

图34 测量连杆轴承盖轴向间隙值

桑塔纳 AFE 发动机的连杆轴向间隙检测方法与丰田 1ZR－FE 发动机相同，但磨损极限值为 0.37mm。

3）拆下活塞连杆组，清洁连杆轴颈和活塞连杆轴承（图 35）。

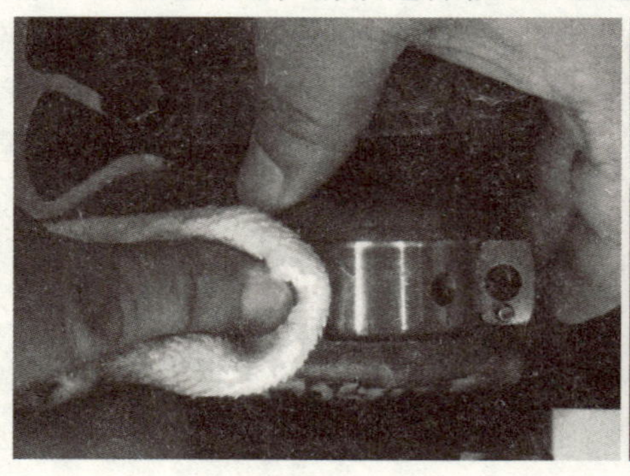

a) 清洁连杆轴颈

b) 清洁连杆轴承

图 35 清洁连杆轴颈及连杆轴承

4）在连杆轴颈上面放置塑料间隙规，间隙规长度与轴颈宽度一致，方向沿着连杆轴线方向，如图 36 所示。

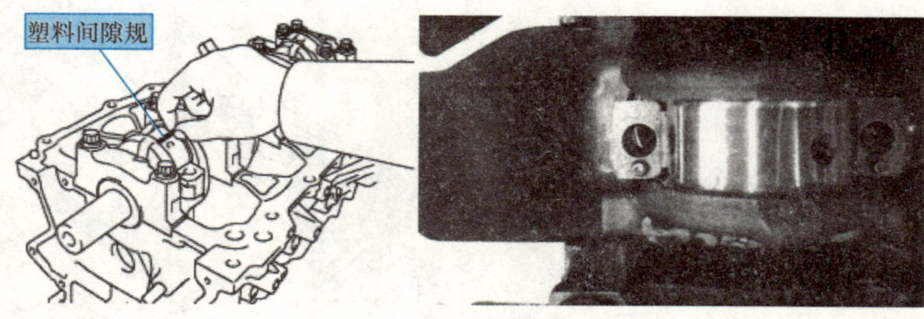

图 36 放置塑料间隙规

5）检查并确认连杆盖上的朝前标记朝前，然后按规范紧固活塞连杆组，如图 37 所示。

注意：不要转动曲轴，不可在轴颈上加润滑油。

6）拆下连杆盖，如图 38 所示。

方法：用 2 个已拆下的连杆盖螺栓，通过左右摇动连杆盖拆下连杆盖和下轴承。

注意：保持下轴承插入连杆盖。

7）测量塑料间隙规宽度，此宽度即是连杆轴颈与轴承之间的间隙，如图 39 所示。

丰田 1ZR－FE 发动机连杆轴承径向标准油膜间隙：0.030～0.062mm，最大油膜间隙：0.07mm。如果油膜间隙大于最大值，则更换连杆轴承。如有必要，检查曲轴。

桑塔纳 AFE 发动机连杆径向间隙检测方法与丰田 1ZR－FE 发动机相同，但标准间隙应为 0.024～0.048mm，磨损极限值为 0.12mm。

注意：测量后要清理干净塑料间隙规。

提示：如果更换轴承，则新轴承的编号应与各连杆盖的号一致。通过各轴承表面的 1、2 或 3 指示其标准厚度，如图 40 所示。

（4）连杆轴承的选配

在维修中一般不允许刮削。只能根据轴颈的修理尺寸进行选配。由于曲轴轴颈修磨后有

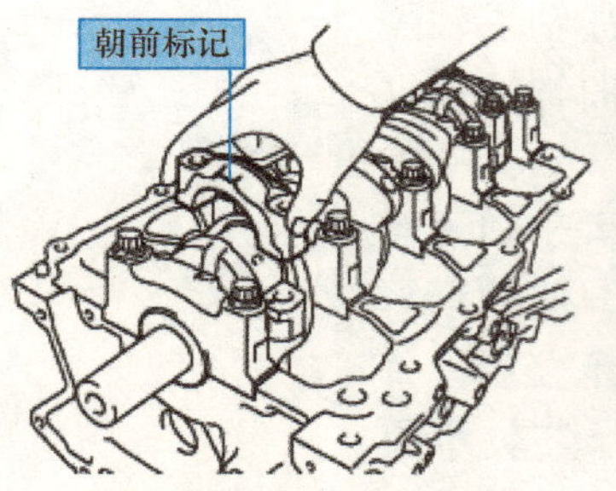

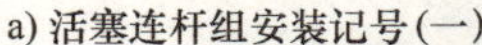
a) 活塞连杆组安装记号(一)

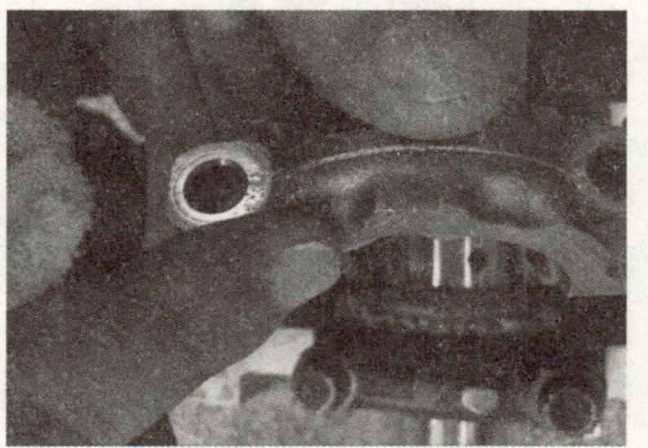
b) 活塞连杆组安装记号(二)

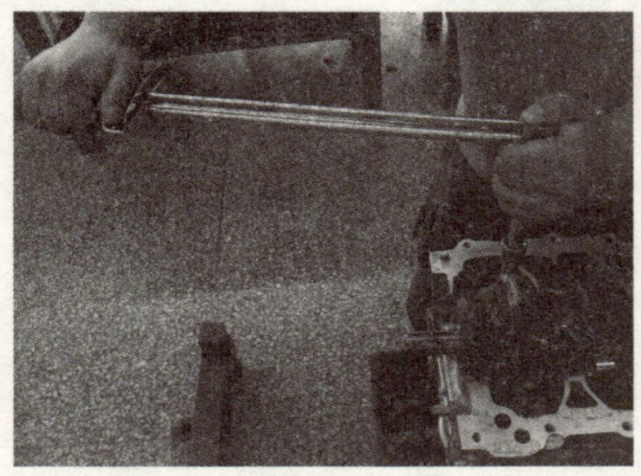
c) 用扭力扳手紧固连杆螺栓

图 37　安装活塞连杆组

a) 用扭力扳手卸力

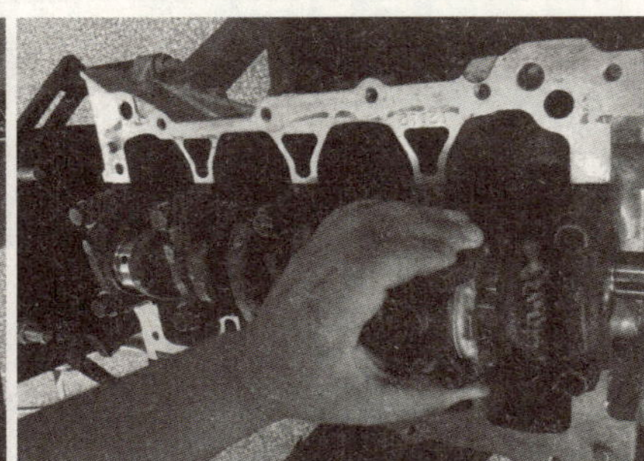
b) 取下连杆轴承盖

图 38　拆下连杆盖

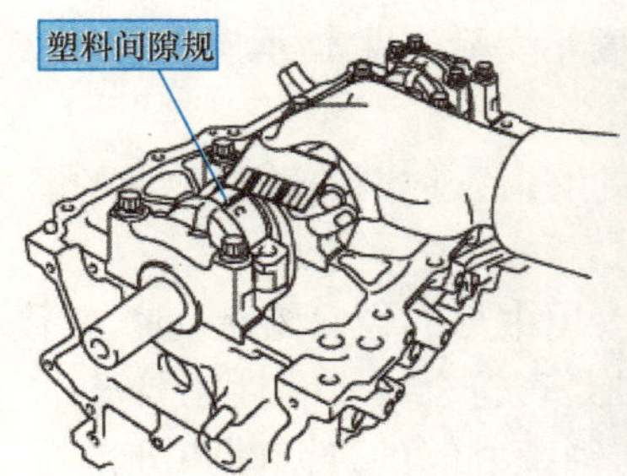

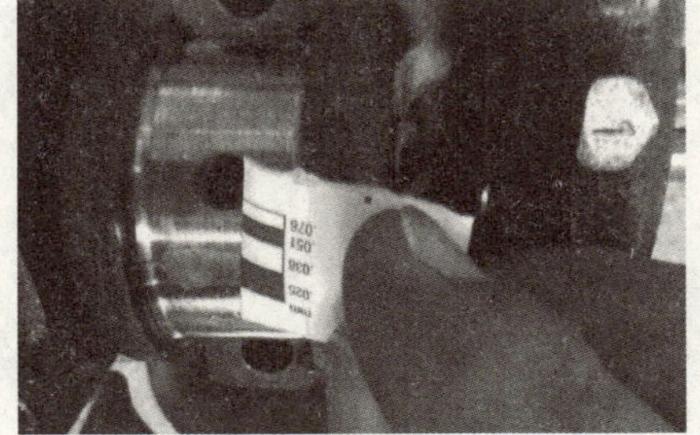

图 39　对比塑料间隙规宽度

不同的修理尺寸，为保证正常的配合间隙，曲轴主轴承和连杆轴承也有不同级别的修理尺寸与之适应。选配曲轴轴承时，其修理尺寸应与曲轴主轴颈和连杆轴颈的修理尺寸在同一级；某些发动机曲轴轴颈仅有标准直径一个级别，则只能选用标准轴承。

此外，选用的轴承在自由状态下的半径应大于轴承盖半径，这样放入轴承盖后才能保证一定的张力，使轴承与轴承盖紧密贴合，保证散热效果。轴承装入轴承盖后，每端均应高出 0.05mm。这样压紧轴承盖后，轴承与轴承盖过盈形成对轴承的径向压吸力，保证发动机工作时轴承在轴承盖中固定。同时轴承背面的定位凸键应完好，若定位凸健损伤，就不能有效地防止曲轴在工作时带动轴承一起转动。

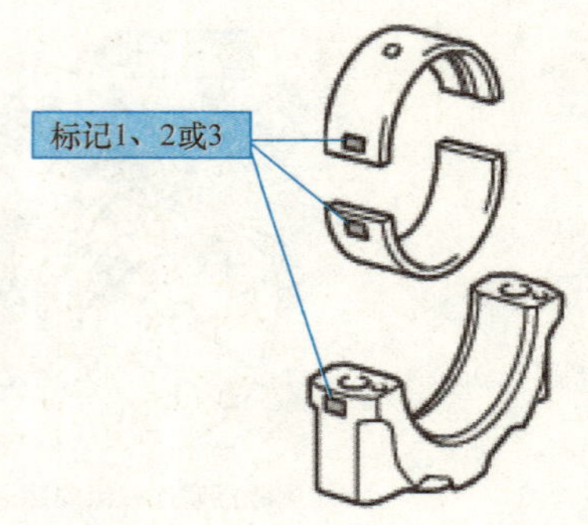

图 40　连杆轴承编号

2.6.3.4　信息页

2.6.3.4　信息页

学校名称		任课教师	
班级		学生姓名	
学习领域	L2 机械组件与系统检查拆换		
学习情境	LS2.6：发动机爆燃噪声，机油压力指示灯亮起	学习时间	45min
工作任务	D：曲轴飞轮组件的检修	学习地点	理实一体化教室

1. 曲轴和轴承的损伤形式

根据曲轴的工作条件可知，曲轴的损伤形式包括：曲轴轴颈磨损、曲轴的弯曲变形、曲轴的裂纹等。轴承常见的损伤形式包括：磨损、疲劳剥落、刮伤、黏着咬死等。

（1）曲轴的损伤

1）曲轴轴颈磨损。曲轴主轴颈的磨损是没有一定规律的，因为受连杆轴颈和曲柄离心惯性力的作用，轴颈最大磨损部位是靠近连杆轴颈的地方。其他轴颈磨损的原因有机油不清洁、润滑不良、轴承过热烧伤或损伤等。

曲轴轴颈的磨损，可通过轴颈的测量，计算圆度和圆柱度，判断是否符合技术和性能要求。

2）曲轴的弯曲变形。曲轴的弯曲变形，是由于使用不当和修理不当造成的。如发动机个别气缸不工作或工作不平衡，各道主轴承松紧度不一致，主轴承座孔同轴度偏差较大等，都会造成曲轴轴承受载荷后弯曲变形。

曲轴弯曲变形后，会加剧活塞连杆组和气缸的磨损，加剧曲轴和轴承的磨损，甚至曲轴会疲劳折断。

曲轴弯曲是指曲轴中心线中部的偏移程度，多用中部的径向圆跳动来表示。通过测量曲轴的同轴度误差（最大径向跳动量），可判断曲轴是否符合技术和性能要求。

3）曲轴的裂纹。曲轴的裂纹多发生在曲柄与轴颈之间的过渡圆角处以及油孔处。前者是径向裂纹，严重时造成曲轴断裂；后者多为轴向裂纹，沿油孔顺轴向发展。

曲轴的裂纹主要由应力集中产生。曲轴工作时受力非常复杂，既要承受燃烧气体的压力、往复运动的惯性力以及离心力，还要承受这些力所形成的弯矩和转矩，使过渡区应力增

加，易产生疲劳，出现裂纹。在交变应力的作用下，裂纹扩展，导致曲轴的断裂。

曲轴的裂纹可通过磁力探伤、粉渍法检测，判断是否符合技术和性能要求。

（2）曲轴主轴承的损伤

曲轴轴承对润滑油流动的阻尼能力减弱，使主油道压力降低而破坏轴承正常润滑，加剧轴承的磨损；加之冲击载荷，造成轴承疲劳应力剧增，使轴承疲劳导致粘着咬死，发动机丧失工作能力。

曲轴的止推轴承或止推垫片损伤后，引起曲轴轴向窜动，加剧气缸、活塞连杆组、曲轴及轴承的磨损。因此，发动机运转时，听到轴承异响，应及时停车检修。

曲轴主轴承的损伤可通过检测轴承的径向间隙、曲轴的轴向间隙，判断是否符合技术和性能要求。

2. 曲轴和轴承的拆卸

以丰田卡罗拉 1ZR 发动机为例：

1）发动机曲柄连杆组拆卸完毕后，拆卸曲轴。按图 1 所示顺序，均匀地拧松并拆下 10 个主轴承盖螺栓。

2）用 2 个已拆下的主轴承盖螺栓拆下 5 个主轴承盖和 5 个下轴承。

依次将螺栓插入轴承盖。如图 2 所示，轻轻地向上拉并向气缸体的前、后侧施加力，将轴承盖拉出。不要损坏轴承盖和气缸体的接触面。

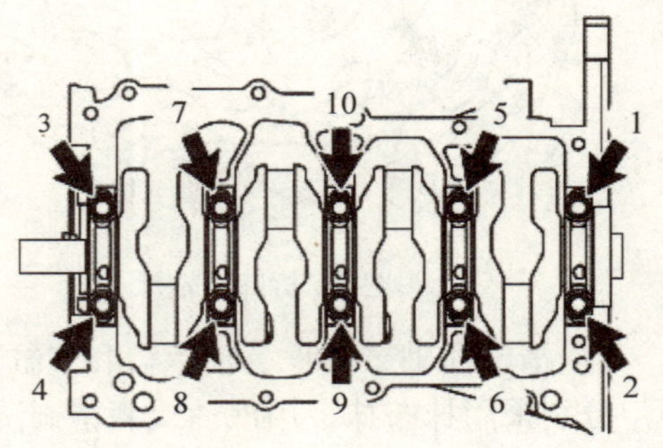

图 1　曲轴主轴承盖螺栓拆卸顺序

注意：

① 将下轴承和主轴承盖作为一个组件保存。

② 按正确的顺序摆放主轴承盖。

3）用两只手平稳地提出曲轴，避免磕碰和撞击，可靠放置。

4）拆卸曲轴上止推垫圈，如图 3 所示。

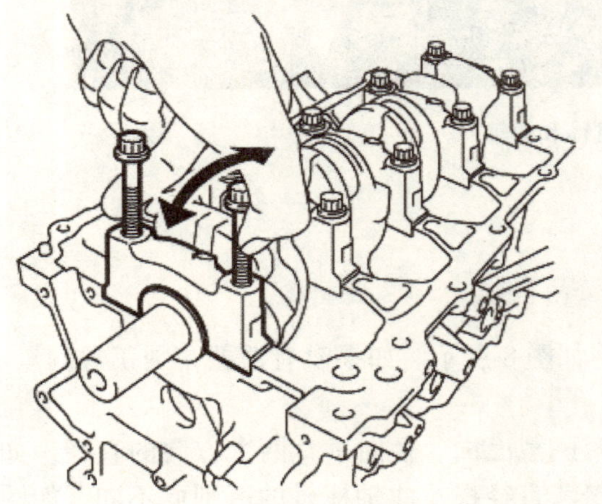

图 2　曲轴轴承盖拆卸

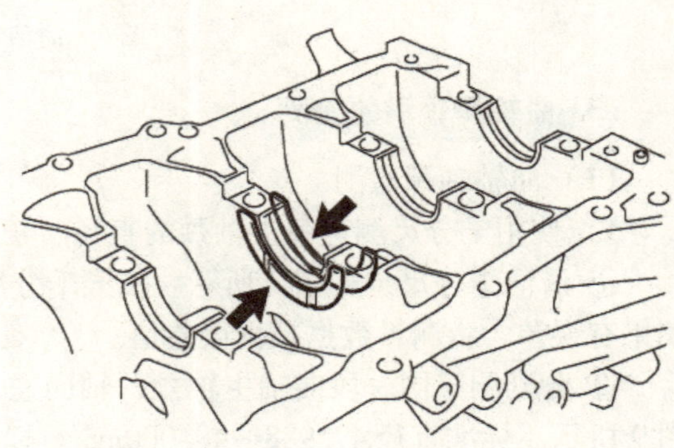

图 3　止推垫圈的拆卸

5）拆卸曲轴轴承。

① 从气缸体上拆下 5 个主轴承，如图 4 所示。

注意：按正确的顺序摆放轴承。

② 从 5 个主轴承盖上拆下 5 个下主轴承，如图 5 所示。

注意：按正确的顺序摆放轴承。

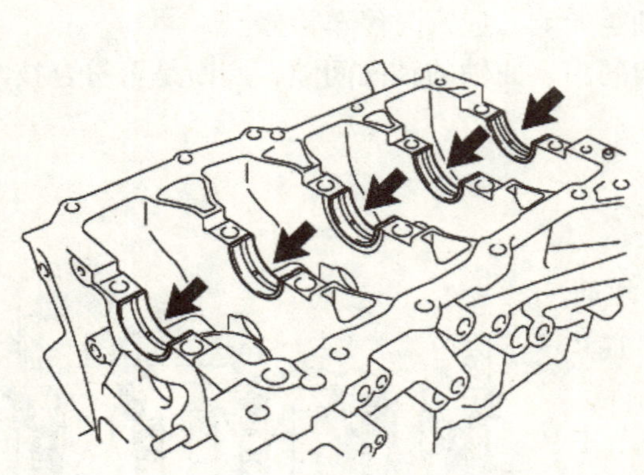

图 4　拆卸上轴承

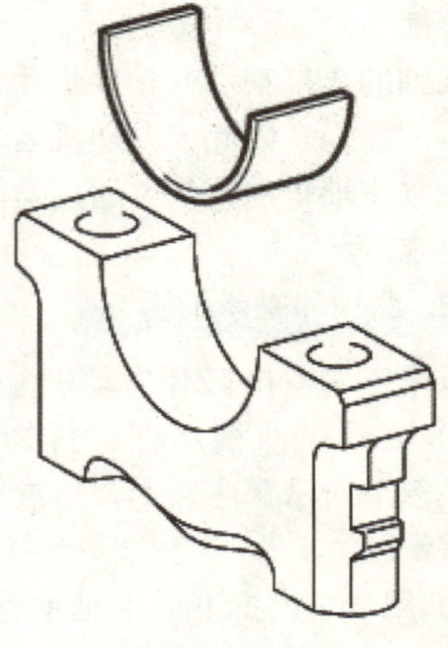

图 5　拆卸下轴承

6）清洁曲轴、轴承、轴承盖和气缸体。

分别采用抹布抹，用汽油或酒精刷洗，最后用压缩空气吹干等，如图 6 所示。清洁后的零部件按正确顺序可靠摆放，曲轴支撑在 V 形块上。

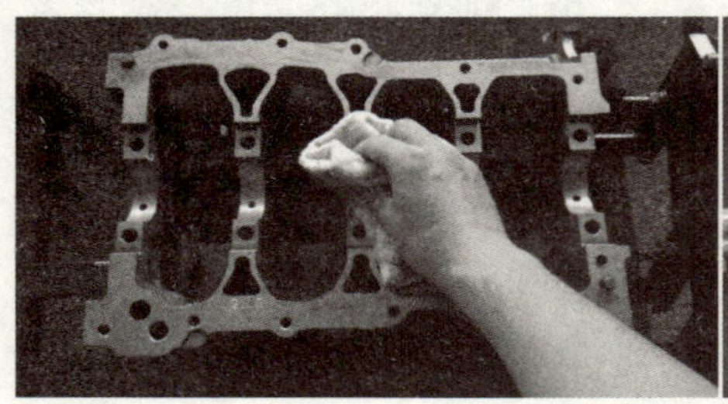

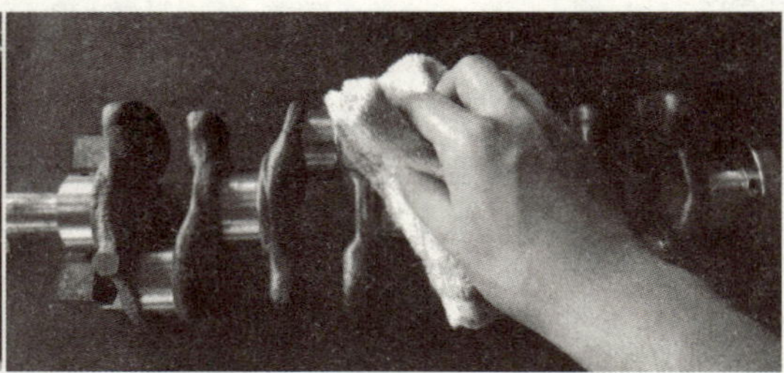

图 6　清洁气缸体和曲轴

3. 曲轴和轴承的检测

（1）曲轴轴颈检测

1）使用千分尺测量各主轴颈的直径。

① 清洁千分尺，如图 7 所示。校准千分尺，如图 8 所示。如果没有误差，则正常测量。如果有误差，将测量数据减去误差值。

② 分别测量同一段曲轴主轴颈，轴向左右两侧截面内、径向垂直两个方向的直径，如图 9 所示。标准直径 47.988 ~ 48.000mm。标准参考直径根据曲轴标号的区别而不同，如图 10 所示。

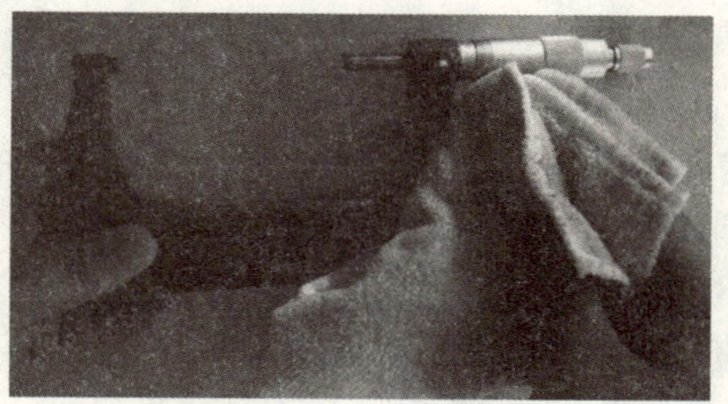

图 7　清洁千分尺

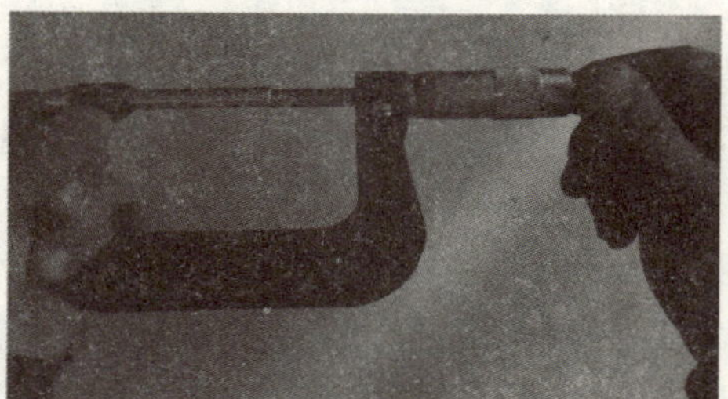

图 8　校准千分尺

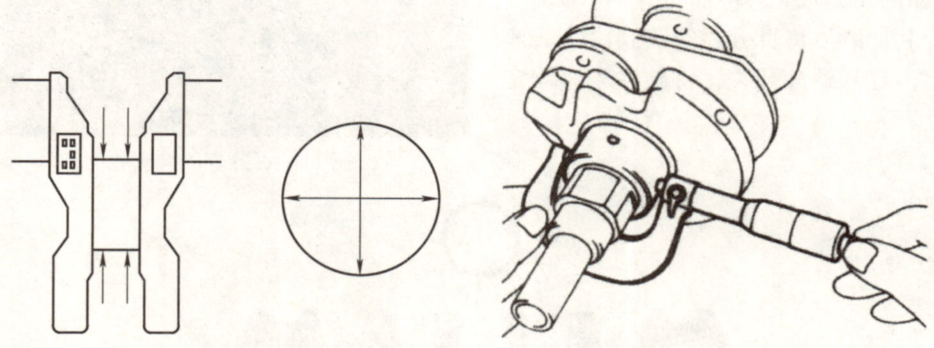

图 9　轴颈测量位置

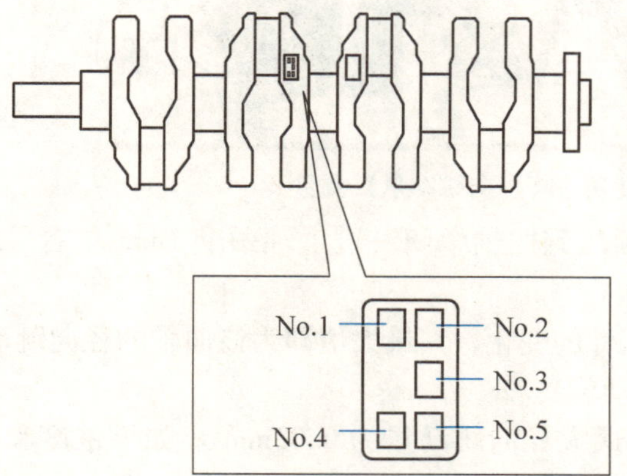

标记	规定状态/mm
0	47.999～48.000
1	47.997～47.998
2	47.995～47.996
3	47.993～47.994
4	47.991～47.992
5	47.988～47.990

图 10　标准参考直径

2）圆度和圆柱度的计算。

圆度是同一截面最大直径与最小直径之差的1/2，反映的是同一截面上磨损的不均匀性。即：圆度误差=(最大直径-最小直径)/2

圆柱度误差是轴颈所有部位测得的最大直径与最小直径之差的1/2，反映的是轴向截面内磨损的不均匀性。即：圆柱度误差=(最大直径-最小直径)/2

以丰田卡罗拉轿车1ZR发动机为例，最大圆度、圆柱度误差要求不超过0.004mm。如果圆度和圆柱度大于最大值，则更换曲轴。

3）连杆（曲柄销）轴颈检测。

采用上述“曲轴主轴颈的测量”一样的方法，检测连杆轴颈的直径。标准直径：43.992~44.000mm。如果直径不符合规定，则检查连杆轴承间隙。

计算连杆轴颈的圆度和圆柱度。最大圆度和圆柱度为：0.004mm，如果圆度和圆柱度大于最大值，则应更换曲轴。

（2）曲轴同轴度误差（最大径向跳动量）的检测

1）用手压缩百分表测量头，检查指针是否旋转正常，清洁测量头和表头，如图11所示。

2）如图12所示，将曲轴用V形块支撑在平台上，清洁将百分表安装到磁性表座及支架上，打开磁性开关，将磁性表座固定在平台上。

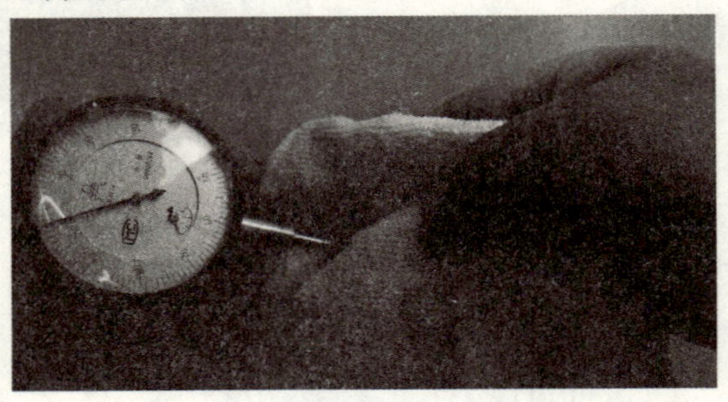

图11 百分表的检查和清洁

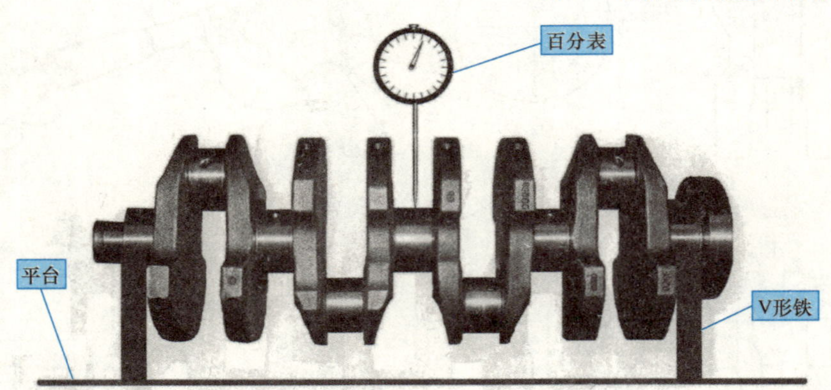

图12 曲轴同轴度误差（径向跳动量）测量

3）旋松表座操作手柄，使百分表针预压到曲轴中间一道主轴颈上1mm左右，旋紧手柄，固定百分表。

4）慢慢旋转曲轴一圈，观察百分表指针的变化，其最大值即为该曲轴的径向跳动量。

同轴度误差=（最大跳动值-最小跳动值）/2

以丰田卡罗拉轿车1ZR发动机为例，最大径向跳动量为0.03mm 。如果锥度和变形程度大于最大值，则更换曲轴。

（3）检查曲轴扭曲

曲轴扭曲通常用扭曲角表示。可将曲轴的第一道和最后一道连杆轴颈转到水平位置，测量两连杆轴颈的高度差，然后按下式计算曲轴扭曲角。如图 13 所示。

图 13 曲轴扭曲度测量

（4）曲轴裂纹的检测

1）磁力探伤。用电磁探伤仪，先将曲轴磁化，再将铁粉撒在需要检查的部位，用小锤轻轻敲击曲轴，若有裂纹，则在铁粉聚积的地方会出现清晰的裂纹线条。

2）锤击法。清除曲轴上的油污，用煤油浸洗曲轴，取出抹拭干净，放置在木架上，用小锤轻敲每道曲柄发出“锵、锵”的金属声，则表示无裂纹；若发出“波、波”的哑声，则表示有裂纹，在此部位用放大镜细看，会出现油渍冒出或一条黑线。

3）粉渍法。将曲轴在煤油或柴油中浸洗，取出抹拭干净，在曲轴表面均匀地撒上一层滑石粉，然后用小锤轻敲曲柄。若有裂纹，油渍从裂纹内部渗出，使曲轴表面滑石粉变成黄褐色。

（5）曲轴主轴承间隙的检测

1）检查曲轴轴颈和轴承是否有点蚀和划痕。

2）参见“曲轴和轴承的安装”，安装曲轴轴承、曲轴。

3）将塑料间隙规摆放在各轴颈上，如图 14a 所示。

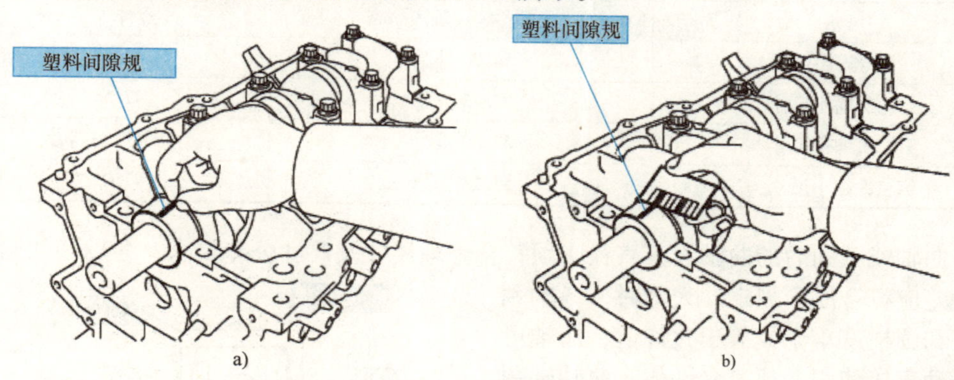

图 14 曲轴主轴承间隙的测量

4）安装主轴承盖。

注意：不要转动曲轴。

5）拆下主轴承盖。

6）测量塑料间隙规最宽处，如图 14b 所示。

7）以丰田卡罗拉 1ZR 发动机为例，标准油膜间隙：0.016～0.039mm，最大油膜间隙：0.050mm。如果油膜间隙大于最大值，则更换曲轴轴承。如有必要，则更换曲轴。

8）测量后完全拆下塑料间隙规，清洁曲轴和轴承，重新安装复位。

（6）曲轴轴向间隙的检测

1）安装曲轴主轴承盖（参见“曲轴和轴承的安装”）。

2）清洁将百分表安装到磁性表座及支架上，打开磁性开关，将磁性表座固定在发动机的前侧，旋松表座操作手柄，使百分表针预压到曲轴中间一道主轴颈上 1mm 左右，旋紧手柄，固定百分表。如图 15 所示。

3）用螺丝刀来回撬动曲轴的同时，用百分表测量轴向间隙。

标准轴向间隙：0.04 ~ 0.14mm，最大轴向间隙：0.18mm。

如果轴向间隙大于最大值，则成套更换止推垫圈。注意：止推垫圈厚度在 2.43 ~ 2.48mm。

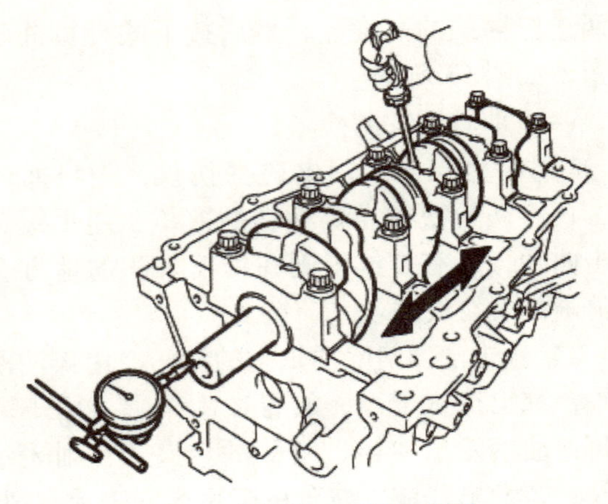

图 15　曲轴轴向间隙的测量

4. 曲轴的修复和轴承的选配

（1）曲轴的修复

1）轴颈的修复。

① 卡罗拉 1ZR 发动机，维修手册要求，主轴颈或连杆轴颈的圆度和圆柱度，超过最大值时，应更换曲轴。

② 桑塔纳 2000 AJR 发动机，维修手册要求，轴颈或连杆轴颈的圆度和圆柱度，超过最大值时，可用磨床按修理尺寸法对轴颈进行修磨，曲轴磨损后磨削数据，如表 1 所示。

表 1　桑塔纳 2000 AJR 发动机曲轴维修技术数据

尺寸	曲轴主轴承轴颈/mm	连杆轴颈/mm
标准尺寸	$54.00^{-0.022}_{-0.042}$	$47.80^{-0.022}_{-0.042}$
第一次缩小尺寸	$53.75^{-0.022}_{-0.042}$	$47.55^{-0.022}_{-0.042}$
第二次缩小尺寸	$53.50^{-0.022}_{-0.042}$	$47.30^{-0.022}_{-0.042}$
第三次缩小尺寸	$53.25^{-0.022}_{-0.042}$	$47.05^{-0.022}_{-0.042}$

新曲轴或磨削后的曲轴，其直径必须符合修理尺寸及尺寸公差要求，各轴颈的圆度和圆柱度误差应符合原厂规定。大修时，各轴颈的圆度和圆柱度小于或等于允许值，曲轴可不经修理直接使用，超过允许值，曲轴轴颈必须修理后方可使用。修理时，在保证磨削质量的前提下，尽可能选择最接近的修理级别，以延长曲轴的使用寿命。曲轴的连杆轴颈和主轴颈，应分别磨削成同一级别的修理尺寸，以便选配轴承，保证合理的配合间隙。

2）曲轴弯曲变形的修复。曲轴弯曲的校正，通常采用冷压校正法，如图 16 所示。

图 16　曲轴弯曲的校正

冷压校正曲轴步骤如下：

曲轴弯曲变形较大时，应分几次校正至合格，以防一次压弯量过大而造成曲轴折断。

① 用放在压床台面上的两个 V 形架支撑起曲轴两端的主轴颈（与轴颈接触处垫以铜皮）。

② 转动曲轴，使弯曲凸面朝上，并将压头对准中间主轴颈（双数主轴颈应选中间两道）。在 V 形压具与主轴颈接触处垫支铜皮。

③ 使百分表的触头垂直地抵在两道被压主轴颈的正下方，转动表盘使表针指“0”。

④ 用压床的压头向下缓慢增压，压弯量为曲轴弯曲量的 10～15 倍（球墨铸铁曲轴，此值不大于 10 倍），并保持压力 90～120s，然后检查校正后的弯曲度，直至校正合格。

⑤ 将曲轴加热到 573～773K，保温 30～60min，进行时效处理，以消除冷压校正时产生的内应力，防止弯曲变形反弹。

3）曲轴裂纹的修复。横向裂纹应更换曲轴；细微的纵向裂纹可通过磨削消除。

（2）曲轴主轴承的选配

1）轴承的选配。以丰田卡罗拉 1ZR 发动机为例，标准油膜间隙：0.016～0.039mm，最大油膜间隙：0.050mm。如果油膜间隙大于最大值，则更换曲轴轴承。

如果更换轴承，则选择同号的新轴承。如果轴承号无法确定，则将气缸体和曲轴上压印的号码相加，以计算正确的轴承号。然后根据表 2，用计算的号码选择新轴承。有四种尺寸的标准轴承，分别标有“1”“2”“3”“4”，如图 17 所示。

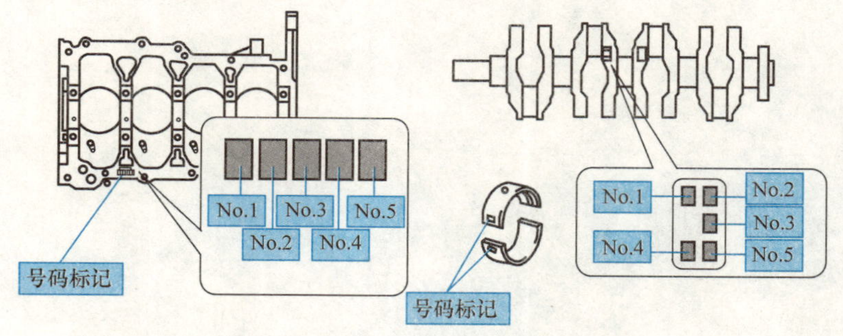

图 17　轴承选配标记

例如：气缸体“3”＋曲轴“5”＝总数 8（使用 3 号轴承）

表 2　选择新轴承

气缸体＋曲轴	0 至 2	3 至 5	6 至 8	9 至 11
将使用的轴承	“1”	“2”	“3”	“4”

2）曲轴轴向间隙的修复。如果轴向间隙大于最大值，则成套更换止推垫圈。

注意： 止推垫圈厚度在 2.43～2.48mm，如图 18 所示。

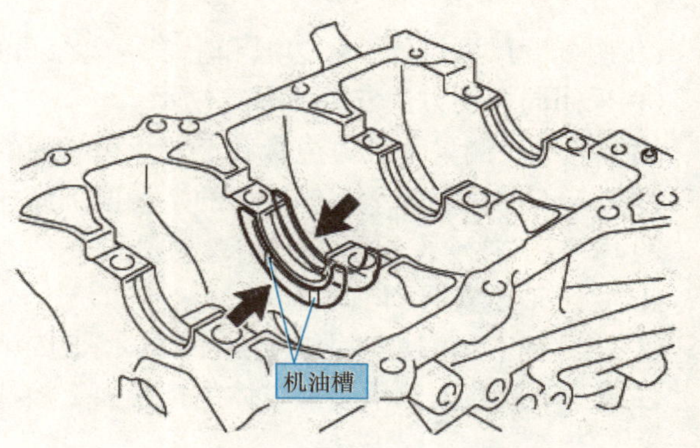

图 18　止推垫圈的更换

5. 曲轴和轴承的安装

以丰田卡罗拉 1ZR 发动机为例：

（1）安装曲轴轴承

1）安装上轴承（除 3 号轴颈外，如图 19 所示）。

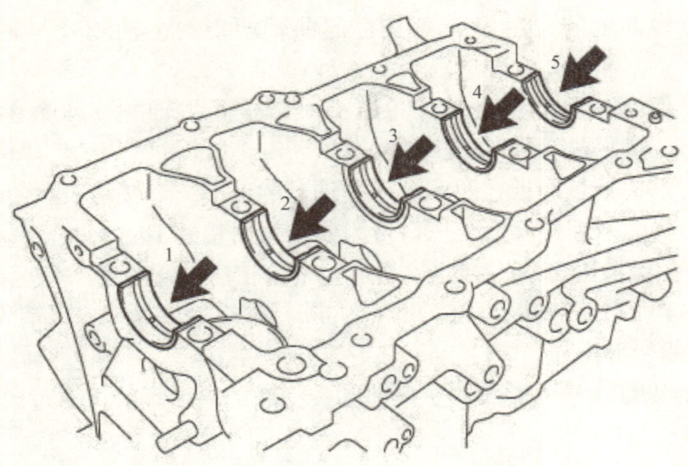

图 19　曲轴 3 号轴颈的轴承位置

① 将带机油槽的上轴承安装到气缸体上，如图 20 所示。

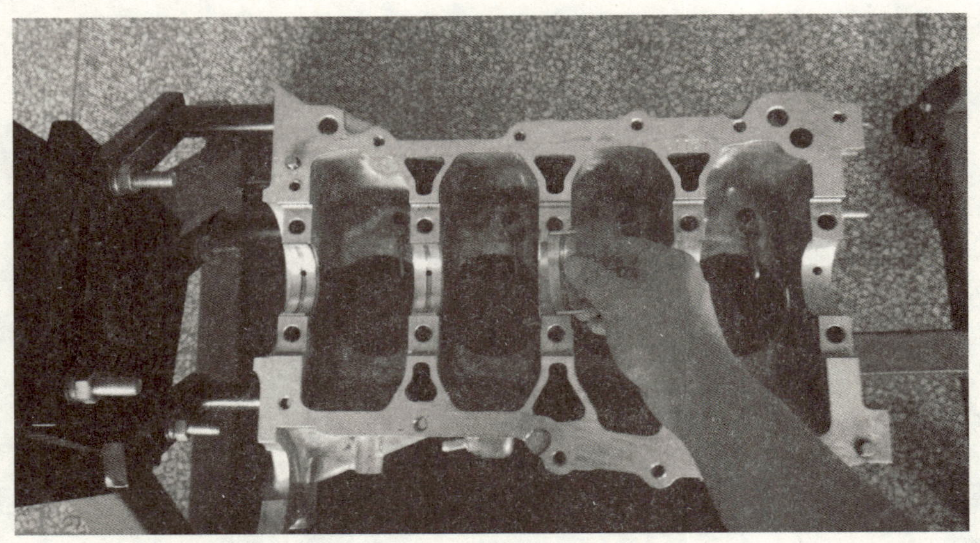
图 20　曲轴上轴承的安装

② 用刻度尺测量气缸体边缘和上轴承边缘间的距离，应为 0.5 ~ 1.0mm，如图 21 所示。

③ 采用同样的方法安装 3 号上轴承。

用游标卡尺测量气缸体边缘和上轴承边缘间的距离，应小于 0.7mm，如图 22 所示。

注意：不要在上轴承与气缸体的接触面上涂抹机油。

2）安装下轴承，如图 23 所示。

① 将下轴承安装到轴承盖上。

② 用游标卡尺测量轴承盖边缘和下轴承边缘间的距离，应小于 0.7mm。

注意：不要在上轴承与气缸体的接触面上涂抹机油。

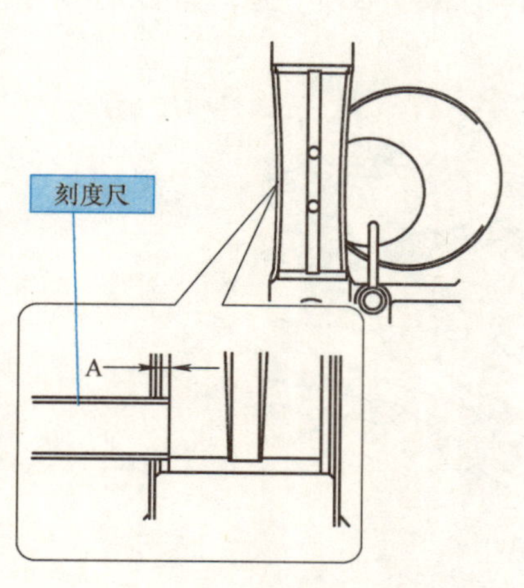

图 21 安装上轴承

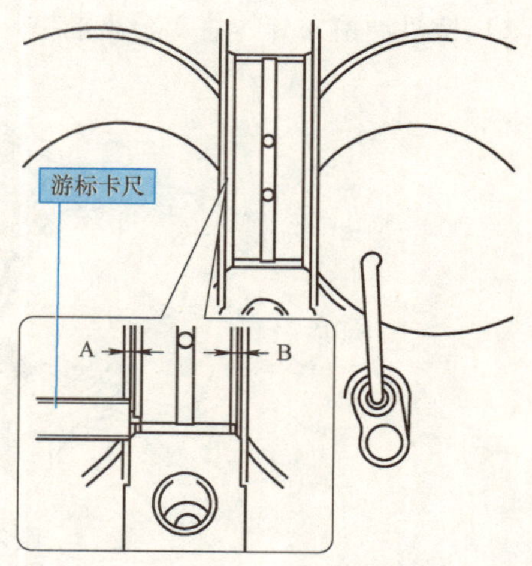

图 22 安装 3 号轴承

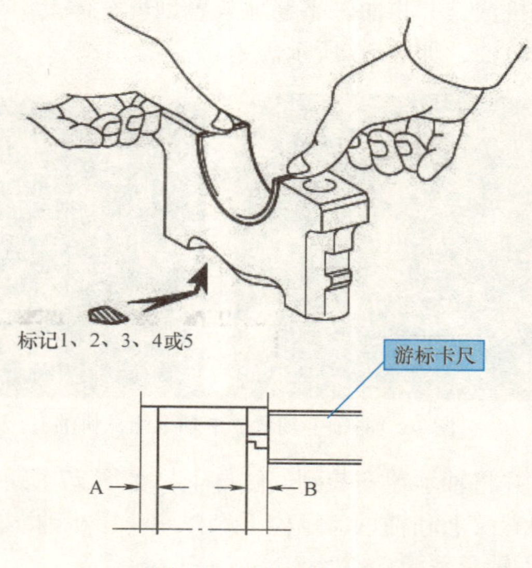

图 23 安装下轴承

（2）安装曲轴上止推垫片

1）在曲轴止推垫片上涂抹发动机机油，如图 24 所示。

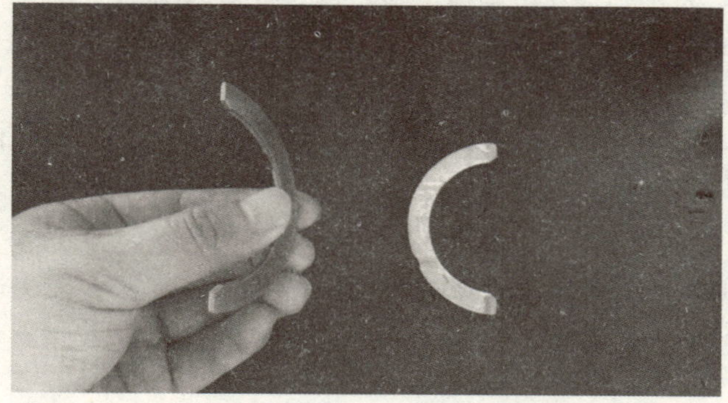

图 24 曲轴止推垫片涂抹机油

2）使机油槽向外，将2个止推垫片安装到气缸体的3号轴颈下方，如图25所示。

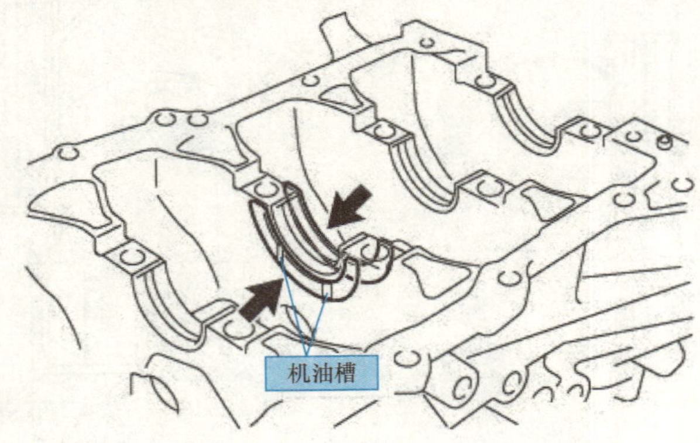

图25　安装止推垫片

（3）安装曲轴

1）在上轴承上涂抹机油，并将曲轴平稳地放置到气缸体上。

2）在下轴承上涂抹机油，如图26所示。

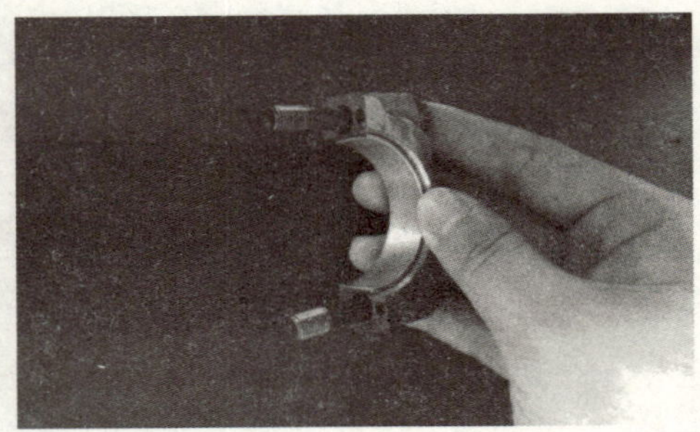

图26　曲轴上轴承、下轴承涂抹机油

3）检查数字标记，并将轴承盖安装到气缸体上，如图27所示。

4）在轴承盖螺栓的螺纹上和轴承盖螺栓下涂抹一薄层机油。

5）暂时安装10个主轴承盖螺栓。

6）标记2个内轴承盖螺栓并以此为导向，用手插入主轴承盖，直到主轴承盖和气缸体间的间隙小于5mm。

7）用塑料锤轻轻敲击轴承盖以确保正确安装，如图28所示。

（4）安装曲轴轴承盖螺栓

主轴承盖螺栓的紧固分两步完成：

1）按图29所示顺序安装并均匀紧固10个主轴承盖螺栓，力矩：40N·m。

2）用油漆在轴承盖螺栓前端做标记，按图30所示数字顺序，将轴承盖螺栓再旋转90°。

① 检查并确认油漆标记现在与前端成90°角。

② 检查并确认曲轴转动顺畅。

③ 检查曲轴轴向间隙。

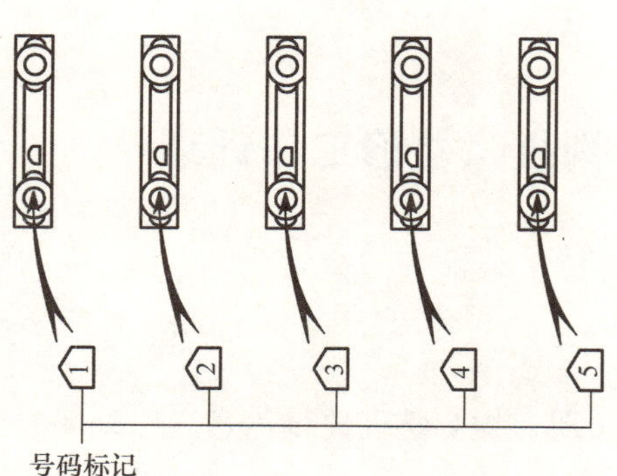

图 27　曲轴轴承盖安装顺序

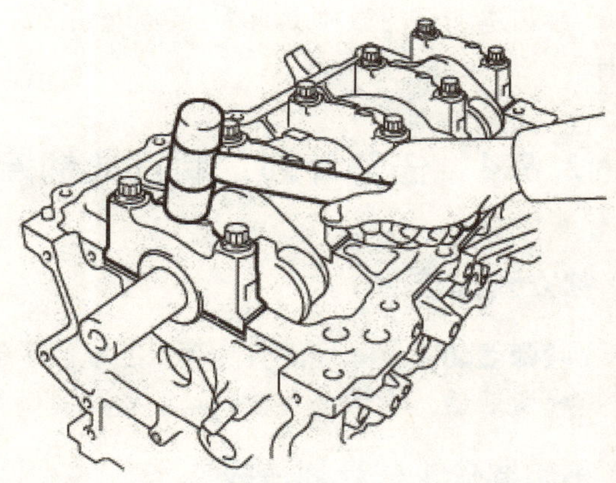

图 28　安装曲轴轴承盖

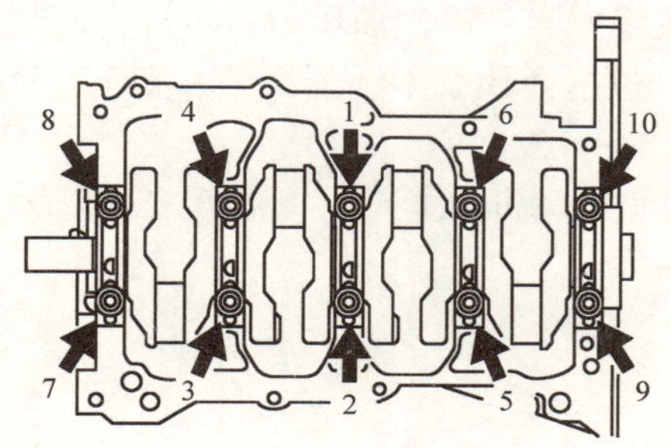

图 29　轴承盖螺栓紧固顺序

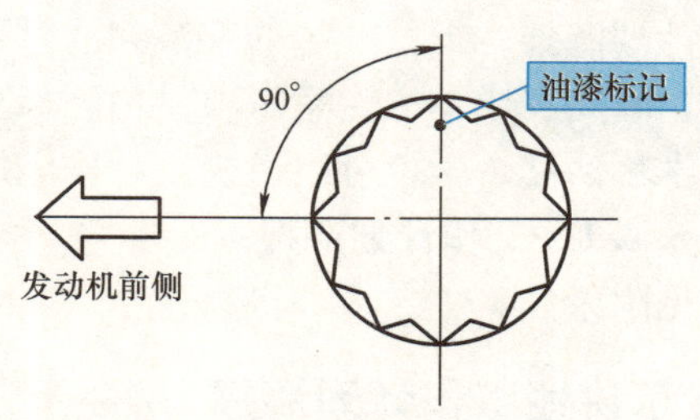

图 30　轴承盖螺栓再旋转 90°

注意：检测等相关工作完成后，要清洁、整理、归位工量具设备。

轮换工作站学习

教师活动　教师组织学生轮换工作站进行小组学习。

学生活动　学生轮换工作站进行小组学习。(90min)

小组合作制作综合海报

教师活动　教师要求每个小组完成一张思维导图的总海报。

学生活动　学生分组完成一张总海报。(15min)

展示讲述综合海报

教师活动　教师选出一个组来介绍讲解总海报内容，教师进行评价。

学生活动　被选出的小组展示讲述本组绘制的总海报内容，其他组学生提出疑问、建议。(5min)

提交理论学习阶段的评价表

教师活动　教师要求学生对理论学习阶段 2. 6. 3. 1 评价表进行自我评价。

学生活动　学生按照教师的要求对自己在理论学习阶段的表现进行自评，客观真实。

2.6.3.1 理论学习评价表

参与本项目的教师具体见 Moodle 系统，未参与本项目的教师可以根据实际情况自行制订。

2.6.4 任务计划：制订曲柄连杆机构故障检修工作计划

独立查阅信息

教师活动 教师提供实验车型的维修手册。

学生活动 学生个人独立阅读教师提供的维修手册，提炼整理关键信息。(15min)

小组制作工作计划海报

教师活动 教师要求学生小组合作制订“发动机爆燃噪声，机油压力指示灯亮起故障”工作计划海报，把每一步的细节和注意事项写出来，包括为什么干、怎么干、安全、环保、工具、时间、成本、注意事项、检测标准等。

学生活动 学生分组讨论，合作完成工作计划海报。(20min)

2.6.4.1 工作计划海报

见附录。

展示讲述工作计划海报

教师活动 教师选出一个组来介绍讲解海报内容，教师进行评价。

学生活动 被选出的小组展示讲述本组学习成果，其他组学生提出疑问、建议。(10min)

修改工作计划海报

教师活动 教师强调修改工作计划时注意：安全、环保、规范、时间及成本控制意识的训练。

学生活动 每个组根据教师意见认真改进本组海报。(10min)

提交任务计划阶段的评价表

教师活动 教师提供任务计划阶段的评价表，指定组间评价顺序，保证每个组都被评价。要求学生将 2.6.4.2 评价表小组形式提交到系统。

学生活动 每个组对老师指定的小组进行评价，合作填写 2.6.4.2 评价表，提交到系统。(5min)

2.6.4.2 任务计划评价表

参与本项目的教师具体见 Moodle 系统，未参与本项目的教师可以根据实际情况自行制订。

2.6.5　任务决策：与师傅和客户沟通工作计划

独立完成任务决策表

教师活动　教师发放2.6.5.1任务决策表要求学生独立完成。

学生活动　学生独立按照任务决策的关键要素完成2.6.5.1决策方案表格。(10min)

2.6.5.1　任务决策表

2.6.5.1　任务决策表

决策类型	决策方案
与师傅决策	请站在厂商的角度，和师傅沟通任务计划实施的可能性。(包括：工作任务的时间控制和成本控制，工作步骤的正确性、规范性和合理性，工作过程的安全性和环保性，考虑厂商的经济效益和工作效率等，并记录决策结果与师傅的建议)
与客户决策	请站在客户的角度，和客户沟通任务计划实施的可能性。(包括：是否有几种可能供客户选择？某些项目做或不做？现在做还是未来做？考虑客户的成本控制、时间控制、安全性、环保性、美观性和便利性等，并记录决策结果与客户的意见)

实战演习任务决策

教师活动　教师选出一个学生代表（这个学生是以往决策出现问题较大的）和自己进行任务决策，及时担任师傅和客户双重角色。

学生活动　被选出的学生与教师进行决策对话，其他人观察，并进行口头评价、补充、改进。(10min)

提交确认任务决策

学生活动 每个学生修改自己的任务决策方案表格，提交到系统。(10min)

教师活动 教师进行任务决策确认。

提交任务决策阶段的评价表

教师活动 教师要求学生对理论学习阶段2.6.5.2评价表进行自我评价。

学生活动 学生按照教师的要求对自己在任务决策阶段的表现进行自评，客观真实。

2.6.5.2 任务决策评价表

参与本项目的教师具体见 Moodle 系统，未参与本项目的教师可以根据实际情况自行制订。

2.6.6 任务实施：使用设备进行实车拆装检测

示范操作

教师活动 教师亲自示范操作，或者播放相关视频。(操作内容：从接车确认开始，按照发动机爆燃噪声，机油压力指示灯亮起故障的所有诊断与排除工作

学生活动 学生观察教师的示范动作，或观察视频中的示范动作。

操作实施

教师活动 教师将学生分组，并要求每组学生分工明确，严格强调安全和事故预防要求等。实施过程中教师进行巡视指导。

学生活动 学生分为4组，分工操作。每组每次安排2名学生操作，所有学生轮流，每个学生都要完成一次操作。当2名学生进行操作时，另外安排2名学生分别对其进行评价，填写2.6.6.1评价表，1名学生拍视频，1~2名学生监督记录，1~2名学生查阅手册改进计划。(185min)

提交任务实施阶段的评价表和视频

教师活动 教师要求学生对任务实施阶段2.6.6.1评价表进行自我评价，并提交任务实施阶段录制的所有视频资料。

学生活动 学生按照教师的要求对自己在任务实施阶段的表现进行自评，客观真实。负责拍摄的学生将视频整理提交到系统，负责评价的学生将2.6.6.1评价表提交到系统。

2.6.6.1 任务实施评价表

参与本项目的教师具体见 Moodle 系统，未参与本项目的教师可以根据实际情况自行制订。

2.6.7　任务检查：5S 与检查工作结果

任务检查和 5S

教师活动　教师提供 2.6.7.1 任务检查流程。要求学生分组，小组合作完成任务检查及 5S，在 2.6.7.1 任务检查单上标注。教师要求学生小组成员对工作过程和工作计划进行监督和评估，记录优缺点及改进建议，并口头表达。教师要重点引导学生对队友的支持性意见的表达，并训练学生接纳他人建议。

学生活动　学生分组，小组合作完成任务检查及 5S，在 2.6.7.1 任务检查单上标注（15min）

学生按照教师规定严格监督和控制其他成员的工作过程并友善提出改进建议。（5min）

2.6.7.1　任务检查单

2.6.7.1　任务检查单

1. 请进行必要的最终任务检查，在（　　）里进行标记。

检查任务实施过程（　　），是否有改进或需要说明：

如有，处理意见：

检查测量值与标准值（　　），是否有改进或需要说明：

如有，处理意见：

2. 请进行必要的 5S。

5S 车辆（　　）

5S 工位（　　）

5S 场地（　　）

3. 请根据实施的诊断与修理工作，编制工作说明，完善改进工作计划（以另一种颜色的笔在任务计划上标注作答）。

小组合作修改工作计划

教师活动　教师要求学生小组合作修改完善工作计划，修改方式：在原有工作计划上用另一种颜色的笔进行真实、全面地复盘改进，并进行标注。

学生活动　学生小组合作修改完善工作计划，修改方式：在原有工作计划上用另一种颜色的笔进行真实、全面地复盘改进，并进行标注。（5min）

提交任务检查阶段的评价表

教师活动　教师要求学生对自己在任务检查阶段的表现进行自我评价。提醒学生：对于自己没有涉及的条目不评价。

学生活动　学生对自己在任务检查阶段的表现进行自我评价，对于自己没有涉及的条目不评价。

2.6.7.2　任务检查评价表

参与本项目的教师具体见 Moodle 系统，未参与本项目的教师可以根据实际情况自行制订。

2.6.8 任务交付：交车

任务交付准备

教师活动 在任务交付之前，教师提供2.6.8.1交车剧本给事先安排好的两个学生，一个扮演客户，另一个扮演SA，以便上课时两个学生能在实车上呈现交车过程。

学生活动 两个角色扮演的学生要熟悉练习交车剧本。

2.6.8.1 交车剧本

2.6.8.1 交车剧本

（一）任务完成正常交车

前台：先生，您好！您的车修好了，没有任何问题，您可以放心使用了。这是发动机使用温馨贴士，请您留存！

客户：非常感谢！

前台：不客气！这是费用清单，请您跟我去财务结账。

客户：好的。

前台：这是车钥匙，以后请您放心使用！请您随时观察车况，如果有任何问题，您都能随时联系我。非常愿意为您服务！

客户：好的！谢谢您了！再见！

前台：再见！您慢走！

（二）任务未完成异常交车

前台：先生，您好！非常抱歉，您的车我们前期预估失误，虽然我们已经尽力了，但是还是不能按照约定时间正常交车给您，预计还得2个小时才能完成。您看您是继续在店里等待，还是先去处理其他事情。等这边结束我及时联系您。

客户：好吧！怎么回事呀，我已经等待这么长时间了。2个小时后一定能取走我的车吗？

前台：真的非常抱歉，在此对您说声对不起！不过，您放心！同样的错误我们不会出现第二次。再有2个小时肯定交车给您。

客户：好吧。2个小时后等你电话，我先去处理其他事情。一定要修好啊！

前台：请您放心！一定保证您的爱车行驶无忧，我会随时观察进展情况，及时联系您。非常愿意为您服务！

客户：好的！谢谢您了！那我先走了，待会儿见！

前台：待会儿见！您慢走！

两人角色扮演

学生活动 学生分组，两人一组。其中，事先安排好的两个学生为一组，一个扮演客户，另一个扮演SA，先交车给师傅，然后交车给客户。（10min）

教师活动 教师提前安排学生两人一组，观察角色扮演学生的表演过程，同时观察其他学生的表现：倾听的认真程度。

全员换位评价

学生活动 学生认真观看角色扮演情境再现过程，理解客户委托，并与本组学生一起对做角色扮演的学生换位思考进行口头评价：角色扮演时的优缺点，如果是自己怎么改进会更好。(5min)

教师活动 教师指出角色扮演的优缺点，提出注意事项进行强调说明。

全员分组练习

教师活动 教师要求所有学生借鉴两个示范学生的表现，进行任务交付练习。

学生活动 学生按照教师的提示与强调，借鉴示范的两个学生的表现，学生分组在实车上进行任务交付的角色扮演练习。互换角色再练习一次。(10min)

提交任务交付阶段的评价表

教师活动 教师要求学生对任务交付阶段自己扮演 SA 时的表现依据 2.6.8.2 评价表进行自我评价。

学生活动 学生按照教师的要求对自己在任务交付阶段扮演 SA 时的表现进行自评，需客观真实。

2.6.8.2 任务交付评价表

参与本项目的教师具体见 Moodle 系统，未参与本项目的教师可以根据实际情况自行制订。

2.6.9 反思评价：总结知识点、技能点和素养点

提交反思评价自评表

教师活动 教师归纳整理理论知识体系，以一页 PPT 展示知识点、技能点和素养点。

学生活动 学生认真反思，倾听，构建适合自己学习的知识体系。(10min)

学生认真反思，对照学习目标进行自我反思，填写 2.6.9.1 自评表。(10min)

2.6.9.1 反思评价自评表

参与本项目的教师具体见 Moodle 系统，未参与本项目的教师可以根据实际情况自行制订。

提交反思评价他评表

教师活动 教师把每一位学生的反思阶段的评价表分配给其他同学进行评价。

学生活动 学生按照系统分配的评价对象，每个学生都填写一份对另一个学生的评价表。(10min)

2.6.9.2 反思评价他评表

参与本项目的教师具体见 Moodle 系统，未参与本项目的教师可以根据实际情况自行制订。

提交反思评价阶段的评价表

教师活动 教师参照学生的自评与他评在2.6.9.3反思评价表上给出学生反思评价成绩。

学生活动 每个学生将自评表和他评表形成的2.6.9.3反思评价表进行对照，帮助学生自我认识。

2.6.9.3 反思评价表

参与本项目的教师具体见Moodle系统，未参与本项目的教师可以根据实际情况自行制订。

2.6.10 巩固拓展

迁移新任务

教师活动 教师布置新的客户任务：车辆运行时有“嗒嗒”的响声。要求学生小组合作制订工作计划并用PPT展示。

学生活动 学生明确拓展任务：小组合作制订工作计划，下次课前用PPT展示和评价。做好完成拓展任务的计划（分工与时间安排）。

分工制作工作计划

教师活动 教师要控制学生的制作过程，要求学生分工完成2.6.10.1工作计划，把自己负责的部分提交到系统，让教师看到。

学生活动 学生在小组长的带领下，制作过程合理分工，每人完成工作计划的一部分并提交到系统。（课后）

2.6.10.1 工作计划海报

见附录。

提交过程视频和PPT

教师活动 教师要求学生制作PPT的过程录制视频并把视频提交到系统，同时提交PPT结果到系统。

学生活动 小组合作，录制制作PPT过程的视频。

巩固拓展阶段的评价表

教师活动 教师要求小组长完成本小组所有成员的2.6.10.2评价表，提交到系统。

学生活动 小组长完成小组评价2.6.10.2评价表，并把每个组员的评价表提交到系统。

2.6.10.2 巩固拓展评价表

参与本项目的教师具体见Moodle系统，未参与本项目的教师可以根据实际情况自行制订。

总体评价

给学生反馈总体评价表

教师活动 教师对每个学生的总体评价表初稿进行补充修改，形成总体评价定稿，作为每个学生本学习情境的最终评价。

学生活动 学生认真对照教师反馈的总体评价表，分析自己的优势和不足，有针对性地制订改进措施，加强培养素养或知识、技能不足的方面。

附录

工作计划样表

＿＿＿＿＿＿＿＿工作计划

序号	目录	工作步骤内容	设备工具	安全环保	标准规范	检测值	检测结论
预估工时				成本预算			

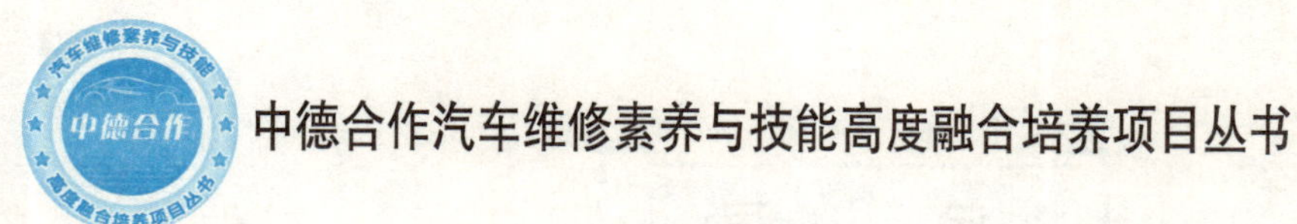

中德合作汽车维修素养与技能高度融合培养项目丛书

机械组件与系统检查拆换

学习领域2

Check and Replacement of Mechanical Components and Systems

工作页

杨梅　赵超　张彦华　周克媛　高吕和　编著

机 械 工 业 出 版 社

目　录

LS2.1

安装车轮和轮胎并进行四轮定位

2.1.3.1 工作页

2.1.3.1 工作页

学校名称		任课教师	
班级		学生姓名	
学习领域	L2 机械组件与系统检查拆换		
学习情境	LS2.1：安装车轮和轮胎并进行四轮定位	学习时间	50min
工作任务	A：底盘的结构组成	学习地点	理实一体化教室

1. 请简述汽车底盘的组成和作用。

2. 请简述传动系统的组成和作用。

3. 请简述行驶系统的组成和作用。

4. 请简述转向系统的组成和作用。

5. 请简述制动系统的组成和作用。

6. 请完成下列题目：

1）传动系统按能量传递方式的不同可划分为________、________、________、________等。

2）传统的发动机纵向安装在汽车前部，根据后桥驱动的4×2汽车布置示意图，发动机发出的动力经________、________、________传到________。在驱动桥处，动力经过________、________和________传给驱动轮。

3）液力传动（此处单指动液传动）是利用________在________和________之间循环流动过程中动能的变化来传递动力。液力传动装置串联一个有级式机械变速器，这样的传动称为液力机械传动。

4）电传动是由________驱动________发电，再由________驱动驱动桥或由电动机直接驱动带有减速器的________。

7. 请列表写出传动系统的布置形式及优缺点。

8. 请简述行驶系统各部件的作用。

2.1.3.2　工作页

2.1.3.2　工作页

学校名称		任课教师	
班级		学生姓名	
学习领域	L2 机械组件与系统检查拆换		
学习情境	LS2.1：安装车轮和轮胎并进行四轮定位	学习时间	50min
工作任务	B：轮胎的作用、分类与标识	学习地点	理实一体化教室

1. 请用关键词简述轮胎的作用。

2. 请简述轮胎普通花纹、越野花纹和混合花纹的优点。

3. 请填写空缺的标识名称。

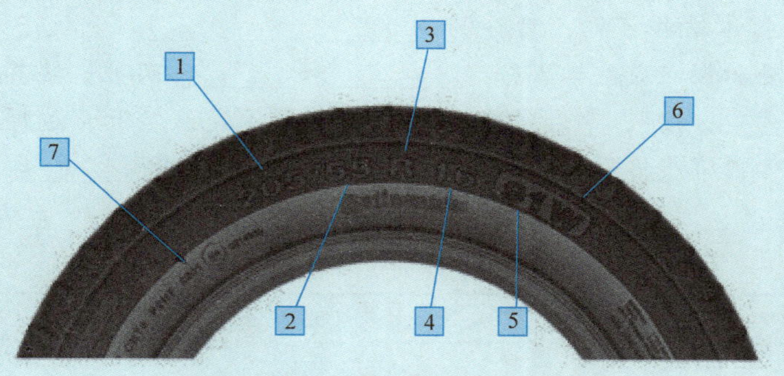

1 205 ____________ 5 91 ____________

2 55 ____________ 6 W ____________

3 R ____________ 7 0201 ____________

4 16 ____________ ____________

4. 请识别实物轮胎上的标识并填写表格。

	轮胎 1	轮胎 2	轮胎 3
断面宽度/mm			
扁平率（%）			
断面高度/mm			
构造类型			
轮毂直径/in			
载重指数			
最高载重/kg			
速度指数			
最高行驶速度/(km/h)			

表 1 轮胎载重指数（部分）

指数	重量/kg	指数	重量/kg	指数	重量/kg	指数	重量/kg
85	515	90	600	95	690	100	800
86	530	91	615	96	710	101	825
87	545	92	630	97	730	102	850
88	560	93	650	98	750	103	875
89	580	94	670	99	775	104	900

表 2 速度指数（部分）

指数	最高行驶速度/(km/h)	指数	最高行驶速度/(km/h)	指数	最高行驶速度/(km/h)
L	120	R	170	V	240
M	130	S	180	VR	>210
N	140	T	190	W	270
P	150	U	200	ZR	>240
Q	160	H	210	Y	300

5. 填空

汽车轮胎按胎体结构不同，可分为________和________。现代汽车绝大多数都采用________。充气轮胎按组成结构可分为________和________两种；按其胎内工作气压分为________和________；按________的不同，可分为普通花纹轮胎、越野花纹轮胎和混合花纹轮胎等；按胎体内帘线排列方向的不同，可分为________和________。

2.1.3.3 工作页

2.1.3.3 工作页

学校名称		任课教师	
班级		学生姓名	
学习领域	L2 机械组件与系统检查拆换		
学习情境	LS2.1：安装车轮和轮胎并进行四轮定位	学习时间	50min
工作任务	C：轮胎的结构和原理	学习地点	理实一体化教室

1. 选择题

(1) 有内胎的充气轮胎由外胎、内胎和（　　）组成。

A. 垫带　　B. 帘布　　C. 纤维　　D. 帘带

(2) 胎圈是（　　）的根基，它有较大的刚度和强度，轮胎靠胎圈装在轮辋上。胎圈由钢丝圈、帘布层包边和胎圈包布组成。

A. 胎冠　　B. 帘布层　　C. 胎肩　　D. 胎侧

(3) 内胎是一个环形橡胶管，上面有气门嘴，用于充入或排出空气，其尺寸稍（　　）外胎内壁尺寸，内胎具有良好的弹性，耐热性和密封性。

A. 小于　　B. 大于

2. 判断题

(1) 外胎是用耐磨橡胶制成的强度高又有弹性的外壳，直接与地面接触，保护内胎不受损伤。（　　）

(2) 胎冠不与地面接触，间接承受冲击与磨损，并保护胎体免受机械损伤。（　　）

(3) 胎肩是较厚的胎冠与较薄的胎侧间的过渡部分，一般也制有花纹，以利于防滑和散热。（　　）

(4) 胎侧是贴在帘棉层侧壁的薄橡胶层，用以保护胎肩，避免受潮湿和机械损伤。（　　）

(5) 帘布层是外胎的骨架，也称胎体，其主要作用是承受载荷、保持轮胎外缘尺寸和形状。（　　）

3. 请简述子午线轮胎和普通斜交轮胎的区别及优缺点。

4. 看图填空。

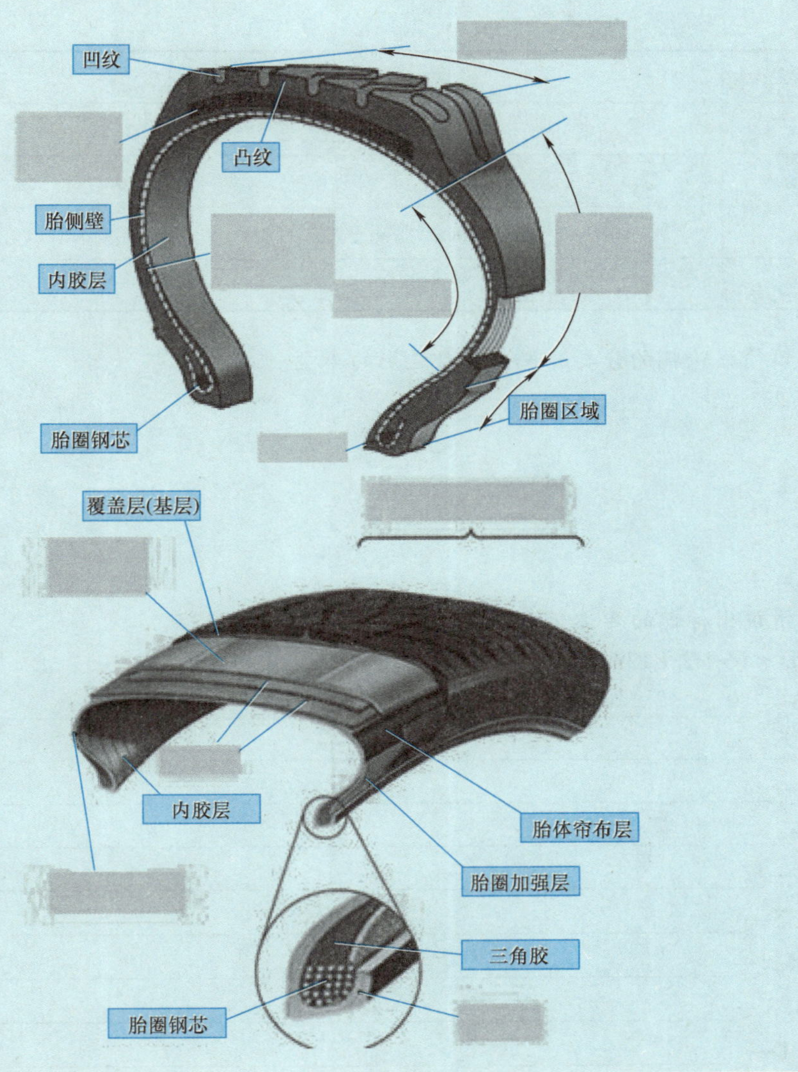

2.1.3.4 工作页

2.1.3.4 工作页

学校名称		任课教师	
班级		学生姓名	
学习领域	L2 机械组件与系统检查拆换		
学习情境	LS2.1：安装车轮和轮胎并进行四轮定位	学习时间	50min
工作任务	D：车轮的分类和组成	学习地点	理实一体化教室

1）通常车轮由________、________以及这两件元件之间的连接部分称为________的元件所组成。

2）按照轮辐的结构车轮可分为________和________。

3）根据轮辋形式不同又可分为________、________、________、________。

4）请简述辐板式车轮和辐条式车轮的制成方式及各自使用的车型。

2.1.3.5 工作页

2.1.3.5 工作页

学校名称		任课教师	
班级		学生姓名	
学习领域	L2 机械组件与系统检查拆换		
学习情境	LS2.1：安装车轮和轮胎并进行四轮定位	学习时间	50min
工作任务	E：轮辋的标识与组成	学习地点	理实一体化教室

1. 请简述轮辋的分类并说出各自适用的车型。

2. 请说出标识的名称。

7.5J×16 H2 ET35 LK4×114.3×67.1 0712 BBS

7.5—________

J—________

×—________

16—________

H2—________

ET35—________

LK4×—________

114.3—________

67.1—________

0712—生产周数2012年第7周

BBS—轮毂生产商

3. 根据实物记录轮毂型号。

	轮毂1	轮毂2	轮毂3
轮毂宽度/mm			
轮毂直径/mm			
偏心距/mm			

4. 轮毂的基本结构：

轮辋通常被分为________和________两种形式，________轮辋用于商用汽车。

5. 请填入空缺的标识名称。

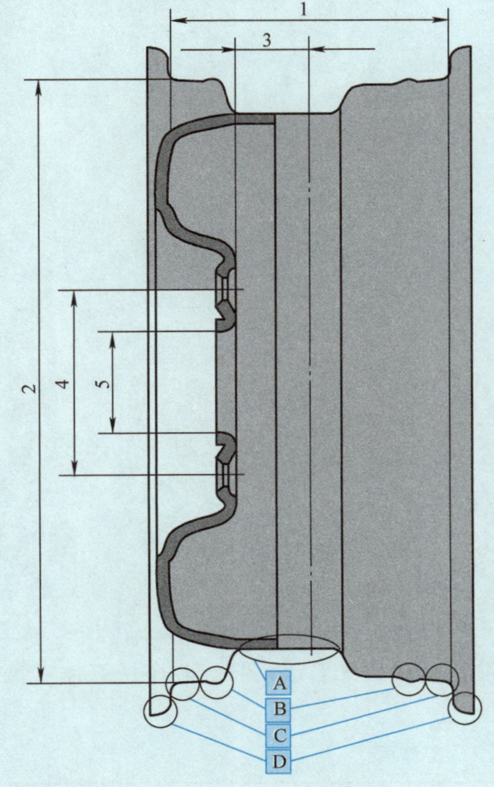

1—______________

2—______________

3—______________

4—______________

5—______________

A—______________

B—______________

C—______________

D—______________

2. 1. 3. 6 工作页

2. 1. 3. 6 工作页

学校名称		任课教师	
班级		学生姓名	
学习领域	L2 机械组件与系统检查拆换		
学习情境	LS2. 1：安装车轮和轮胎并进行四轮定位	学习时间	50min
工作任务	F：拆装车轮方法和注意事项	学习地点	理实一体化教室

1. 判断题

1）可以装用其他汽车型号的轮胎，保证汽车的路面附着性和行驶的安全性。（　　）

2）为了使轮胎磨损尽可能达到均衡，安装在汽车上的所有轮胎，应进行轮胎换位，轮胎换位要按规定进行，并保持轮胎的原滚动方向。（　　）

3）交叉换位法，适用于经常在较平坦道路上行驶的汽车。（　　）

4）拆卸轮胎时，应使用千斤顶，在指定位置上将车身顶起。（　　）

5）经修理过的或新的轮胎不须经过动平衡试验可使用。（　　）

6）轮胎与轮辋必须配套使用，可以对轮辋进行敲击或使用撬棒。（　　）

2. 请用关键词简述使用轮胎时有哪些注意事项。

3. 请列表简述轮胎故障及产生原因。

4. 填空题

1）车辆举升前将车轮________松开。

2）采用举升机抬升的车辆要使用________保证安全。

3）在拆卸前使用________来标记车轮相对于轮毂轴承的位置。

4）使用________对轮胎的安装位置进行标记。

5）对有待安装的车轮进行________的尺寸检查。

6）在举升的车辆上先将螺母拧到________的程度。

7）在放下来的车辆上，使用力矩扳手将车轮紧固，紧固力矩根据生产厂商规定，通常钢轮毂为________，螺母的紧固不要大于规定的紧固力矩，否则轮毂和车轮螺栓可能会损坏。

2.1.3.7 工作页

2.1.3.7 工作页

学校名称		任课教师	
班级		学生姓名	
学习领域	L2 机械组件与系统检查拆换		
学习情境	LS2.1：安装车轮和轮胎并进行四轮定位	学习时间	50min
工作任务	G：拆胎机的使用方法和注意事项	学习地点	理实一体化教室

1. 填空题

1）卸下轮胎前将气门罩拧下并拆下________。

2）将两个胎缘压入________内。

3）将车轮外侧面朝上夹紧，用撬棍经过轮毂凸峰将胎缘撬至安装头的分离铲上。轮胎始终从________开始进行拆卸。握紧撬棍并踩下踏板使工作盘转动。

4）有内胎时首先将________取出。

5）带内胎的轮胎内部涂上________，将胎缘涂抹轮胎________。

6）有些轮胎会在气门处有彩色标记。从________之后开始安装轮胎。

2. 判断题

1）轮胎的分解应先举升车体，并在车轮上标明记号。(　　)

2）拆卸轮胎必须使用专用工具，如撬棒、手锤、拆胎机等，也可以用大锤重击或用其他尖锐工具。(　　)

3）外胎胎面如有标志，表示轮胎较重的部位，内胎嘴应安装在该处。(　　)

4）双胎并装时，两轮胎的气门嘴应对称排列（互成180°角），这样有利于平衡。(　　)

2.1.3.8 工作页

2.1.3.8 工作页

学校名称		任课教师	
班级		学生姓名	
学习领域	L2 机械组件与系统检查拆换		
学习情境	LS2.1：安装车轮和轮胎并进行四轮定位	学习时间	50min
工作任务	H：动平衡	学习地点	理实一体化教室

1. 请简述什么是静态平衡和动态平衡。

2. 请简述车轮不平衡的影响。

3. 请用框图标识静态平衡的检测方法。

4. 请用框图表示离车式动平衡机的检测方法。

5. 请用框图表示就车式动平衡机的检测步骤。

2.1.3.9 工作页

2.1.3.9 工作页

学校名称		任课教师	
班级		学生姓名	
学习领域	L2 机械组件与系统检查拆换		
学习情境	LS2.1：安装车轮和轮胎并进行四轮定位	学习时间	50min
工作任务	I：四轮定位	学习地点	理实一体化教室

1. 填空题

1）为了保持汽车直线行驶时的稳定性、转向轻便性，减小轮胎和机件的磨损，转向轮、转向节和前轴三者之间在安装上，具有一定的________，这种具有一定相对位置的安装，称为________。它包括________、________、________和________四个参数。

2）主销后倾角：在________平面内，________与________之间的夹角。

3）主销内倾角：在________平面内，________与________之间的夹角。

4）前轮外倾角：________与________平面之间的夹角。

5）前轮前束值：两轮________距离与________距离差值。

2. 请简述转向轮定位参数的作用。

3. 请用表格写出四轮定位前的检查项目和标准。

4. 选择题

1）转向沉重，可能的原因正确的是（　　）。

A. 动力转向机构故障　　B. 发动机运转不顺畅

C. 外倾角不正确　　D. 左右车轮气压不相等

2）转向盘发抖，可能的原因正确的是（　　）。

A. 车轮中心点偏离，产生凸轮效应　　B. 发动机运转不顺畅

C. 车轮动态不平衡　　D. 制动盘异常磨损，厚度不均匀

E. 都正确

3）主销后倾角不正确不会引起（　　）。

A. 转向沉重　　B. 转向盘发抖

C. 转向盘漂浮不定　　D. 转向盘不能良好回正

5. 请用框图表示四轮定位的调整步骤。

LS2.2

制动时产生摩擦噪声，制动片磨损指示器亮起

2.2.3.1 工作页

2.2.3.1 工作页

学校名称		任课教师	
班级		学生姓名	
学习领域	L2 机械组件与系统检查拆换		
学习情境	LS2.2：制动时产生摩擦噪声，制动片磨损指示器亮起	学习时间	50min
工作任务	A：制动系统的组成与分类	学习地点	理实一体化教室

1. 请用关键词简述制动系统的组成及作用。

2. 请用逻辑框图画出制动系统的分类。

3. 填空题

1）一般来说，汽车制动系统包括________装置和________装置两套独立的装置。

2）人力制动系统的制动能源仅仅是驾驶人的肌体。按其传动装置的结构形式，人力制动系统有________和________两种。

3）动力制动系统有________、________和________三种。

4. 选择题

1）用以使行驶中的汽车降低速度甚至停车的制动系统称为（　　）。

A. 行车制动系统　B. 驻车制动系统　C. 应急制动系统　D. 辅助制动系统

2）用以使已停驶的汽车驻留原地不动的制动系统则称为（　　）。

A. 行车制动系统　B. 驻车制动系统　C. 应急制动系统　D. 辅助制动系统

3）在行车制动系统失效的情况下，保证汽车仍能实现减速或停车的制动系统称为应急制动系统（　　）。

A. 行车制动系统　B. 驻车制动系统　C. 应急制动系统　D. 辅助制动系统

4）在行车过程中，辅助行车制动系统降低车速或保持车速稳定，但不能将车辆紧急制停的制动系统称为（　　）。

A. 行车制动系统　B. 驻车制动系统　C. 应急制动系统　D. 辅助制动系统

5）目前轿车上主要采用的是（　　），同时采用两种以上传能方式的制动系称为组合式制动系统。

A. 机械式　B. 液压式　C. 气压式　D. 电磁式

5. 请用关键词简述人力制动系统、动力制动系统和伺服制动系统的工作原理。

6. 判断题

1）制动系统要求具有足够的制动力。（ ）

2）制动系统作用滞后性应尽可能短。气制动 <1.0s，列车 <0.8s。（ ）

3）制动系统采用双管路制动系统。其中一套管路失效时另一条管路的制动能力不低于未失效时的50%。（ ）

4）制动系统应防止水和污泥进入制动器工作表面。（ ）

5）驻车制动装置的功用是使正在行驶中的汽车减速或在最短的距离内停车。（ ）

6）制动系统控制装置。包括将制动能量传输到制动器的各个部件，如制动主缸、轮缸。（ ）

7）摩擦衬片（块）应有足够的使用寿命。（ ）

8）部分靠发动机的动力转化而成的气压或液压形式的势能进行制动的系统称为动力制动系统。（ ）

9）人力制动系的制动能源仅仅是驾驶人的肌体。（ ）

2.2.3.2 工作页

2.2.3.2 工作页

学校名称		任课教师	
班级		学生姓名	
学习领域	L2 机械组件与系统检查拆换		
学习情境	LS2.2：制动时产生摩擦噪声，制动片磨损指示器亮起	学习时间	50min
工作任务	B：液压制动系统的工作原理	学习地点	理实一体化教室

1. 看图填空。

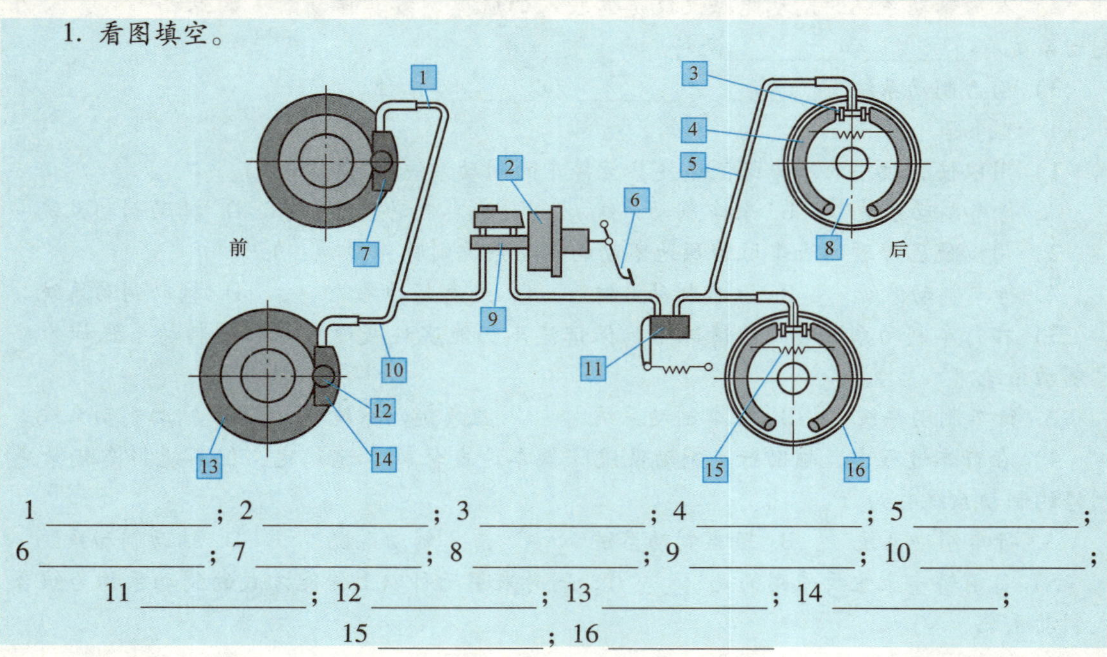

1 ____________；2 ____________；3 ____________；4 ____________；5 ____________；
6 ____________；7 ____________；8 ____________；9 ____________；10 ____________；
11 ____________；12 ____________；13 ____________；14 ____________；
15 ____________；16 ____________

2. 根据下图解释制动液压系统工作原理。

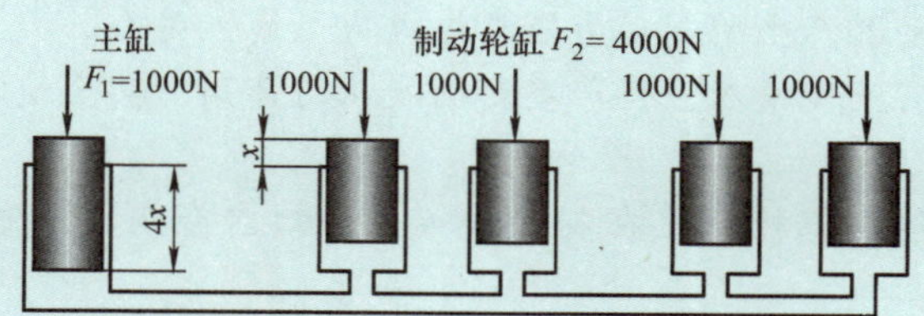

答：

3. 什么是双制动回路？为何要采用双制动回路布置？
答：

4. 写出5种双回路制动系统代号，请画出结构图并简单说明。

形式代号	结构图	简单说明

5. 请用逻辑框图写出制动系统的工作步骤。

6. 选择题

1）通常情况下，比较老的车型和较小的汽车后轮采用（　　）。

A. 盘式制动器　　B. 鼓式制动器

2）主缸中液压能量所做的功（$W=F*S$）与制动轮缸中相比是（　　）。

A. 主缸大　　B. 制动轮缸大　　C. 相同　　D. 都不对

3）为了提高汽车行驶的安全性，并根据道路交通安全法规的要求，现代汽车的行车制动系都采用了（　　）回路制动系。

A. 单　　B. 双　　C. 三　　D. 四

4）双活塞式，缸体用螺栓固定在制动底板上，缸内有（　　）个活塞，二者之间的内腔由两个皮碗密封。

A. 1　　B. 2　　C. 3　　D. 4

5）汽车制动液的选择应坚持两条原则：一是选择（　　）制动液；二是质量等级以FMSSNo. 116DOT标准为准。

A. 非合成　　B. 合成

7. 判断题

1）管路液压和制动器产生的制动力矩与踏板力呈线性关系。（ ）

2）液压系统中若有空气侵入，将严重影响液压的升高，甚至使液压系统完全失效。（ ）

3）双活塞式，缸体用螺栓固定在制动底板上，缸内有两个活塞，二者之间的内腔由两个皮碗密封。（ ）

4）单活塞式制动轮缸。为缩小轴向尺寸，液压腔密封件不用抵靠活塞端面的皮碗，而采用装在活塞导向面上切槽内的皮圈，进油间隙靠活塞端面的凸台保持。（ ）

5）制动液要求有高的沸点，高温下不易汽化，否则易产生气阻，使制动系统失效。（ ）

6）制动液的更换以汽车的行驶里程或时间确定，一般行驶里程超过 5 万 km 或时间超过两年须更换。（ ）

2.2.3.3 工作页

2.2.3.3 工作页

学校名称		任课教师	
班级		学生姓名	
学习领域	L2 机械组件与系统检查拆换		
学习情境	LS2.2：制动时产生摩擦噪声，制动片磨损指示器亮起	学习时间	50min
工作任务	C：鼓式制动器的结构与工作原理	学习地点	理实一体化教室

1. 请写出下面各图所示分别是哪种形式的鼓式制动器，并列表格写出各形式鼓式制动器的组成、工作原理及优缺点。

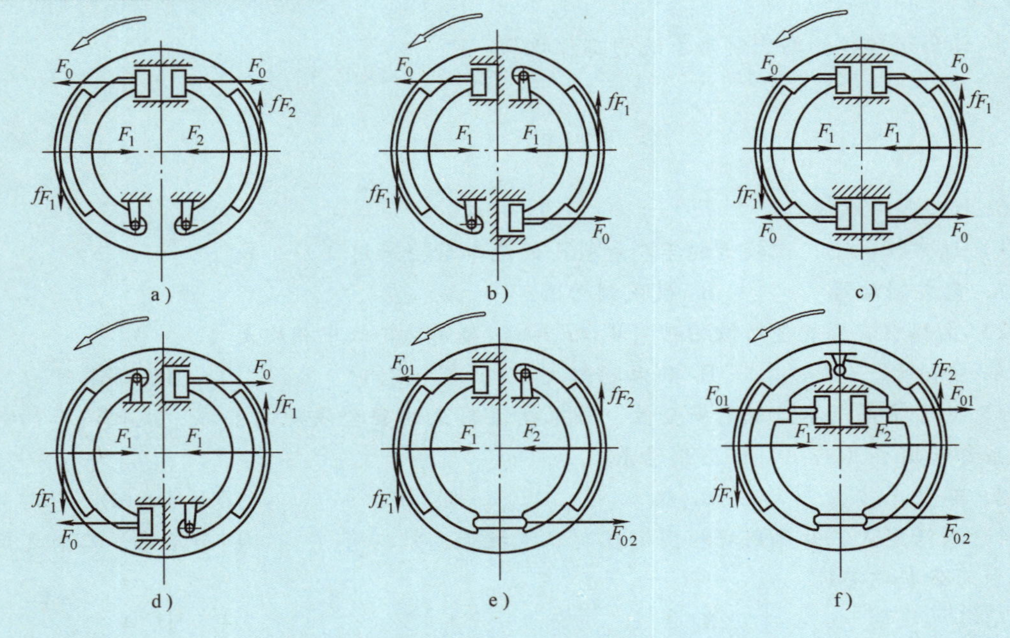

2. 填空题

1）________是最早形式的汽车制动器，在盘式制动器出现之前，它已经广泛应用于各类汽车。

2）以液压制动轮缸作为制动蹄促动装置的制动器称为________。

3）按张开机构不同分类，鼓式制动器可分为________、________和________。

4）根据制动过程中两个制动蹄产生制动力矩的不同分类，鼓式制动器可分为________、________、________、________、________和________等。

5）在汽车前进时，两蹄均为领蹄的制动器称为________。

6）自增力式制动器可分为________和________两种。

3. 选择题

1）鼓式制动器的旋转元件是（　　），固定元件是制动蹄（　　）。

A. 制动鼓　　B. 制动蹄　　C. 制动片　　D. 制动盘

2）鼓式制动器的特点有（　　）。

A. 自行增强制动力　　B. 具有防尘保护

C. 摩擦片更换和维护费用高，工时长　　D. 容易使用驻车制动

E. 以上都对

3）一般情况下领蹄产生的制动力矩约为从蹄制动力矩的（　　）倍。

A. 1~2　　B. 2~2.5　　C. 2.5~3　　D. 3~5

4）制动片中，（　　）由增强材料（石棉及其他纤维）、黏结剂、摩擦性能调节剂组成。

A. 石棉摩阻材料　　B. 半金属摩阻材料　　C. 金属摩阻

5）（　　）粉末冶金，无机质粉末冶金无机质，制造工艺复杂、成本高、容易产生噪声和刮伤对偶。

A. 石棉摩阻材料　　B. 半金属摩阻材料　　C. 金属摩阻

4. 判断题

1）一般情况下领蹄产生的制动力矩约为从蹄制动力矩的1~2倍。（　　）

2）后轮制动器的制动间隙是自动调整的，在装配时不需要调整间隙，只需在安装到汽车上后经过一次完全制动，即可以将间隙调整到设定值。（　　）

3）领从蹄式制动器广泛应用，多用于后轮制动。（　　）

4）双领蹄式制动器适用于前进制动时前轴动轴荷及附着力大于后轴. 而倒车制动时则相反的汽车前轮上。（　　）

5）双向增力式适合于双回路制动系统。（　　）

6）制动蹄和摩擦片可以铆接，也可以粘接。（　　）

7）摩擦衬片要有尽可能大的压缩率和膨胀率。（　　）

8）半金属摩阻材料由金属纤维、黏结剂和摩擦性能调节剂组成。较高的耐热性和耐磨性，没有石棉粉尘公害。（　　）

2.2.3.4 工作页

2.2.3.4 工作页

学校名称		任课教师	
班级		学生姓名	
学习领域	L2 机械组件与系统检查拆换		
学习情境	LS2.2：制动时产生摩擦噪声，制动片磨损指示器亮起	学习时间	50min
工作任务	D：盘式制动器的结构与工作原理	学习地点	理实一体化教室

1. 看图填空。

盘式制动器被设计成________或________制动器。制动轮缸活塞装在制动钳上。汽车制动时，活塞将摩擦块压向制动盘。

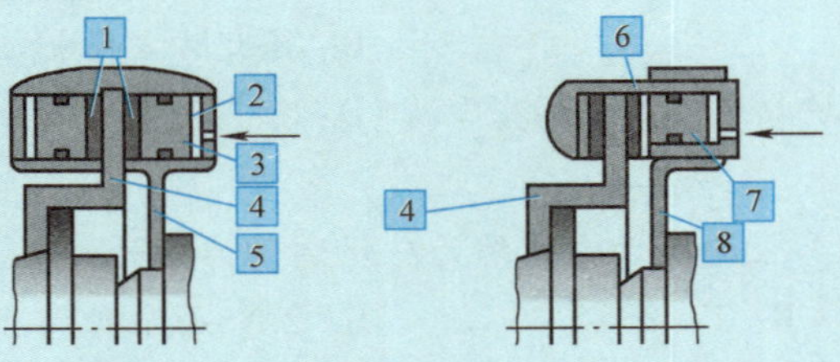

1 __________；2 __________；3 __________；4 __________；5 __________；6 __________；7 __________；8 __________

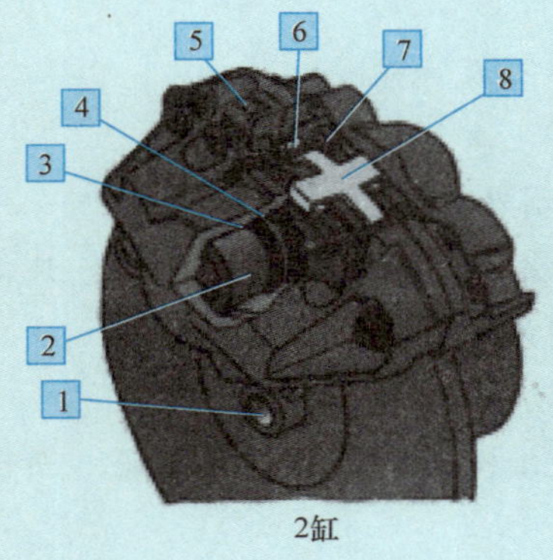

2缸

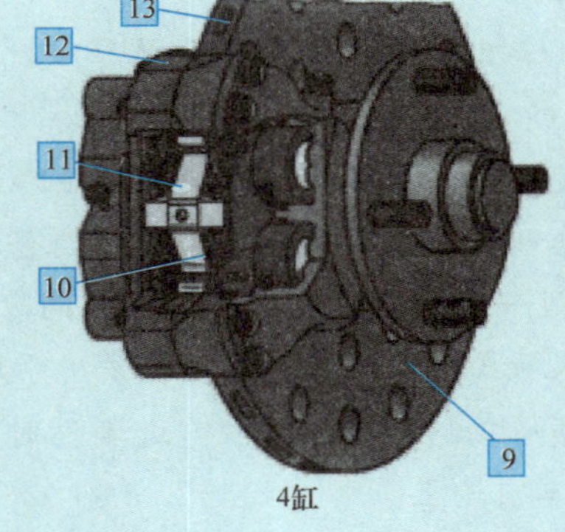

4缸

1 __________；2 __________；3 __________；4 __________；5 __________；6 __________；7 __________；8 __________；9 __________；10 __________；11 __________；12 __________；13 __________

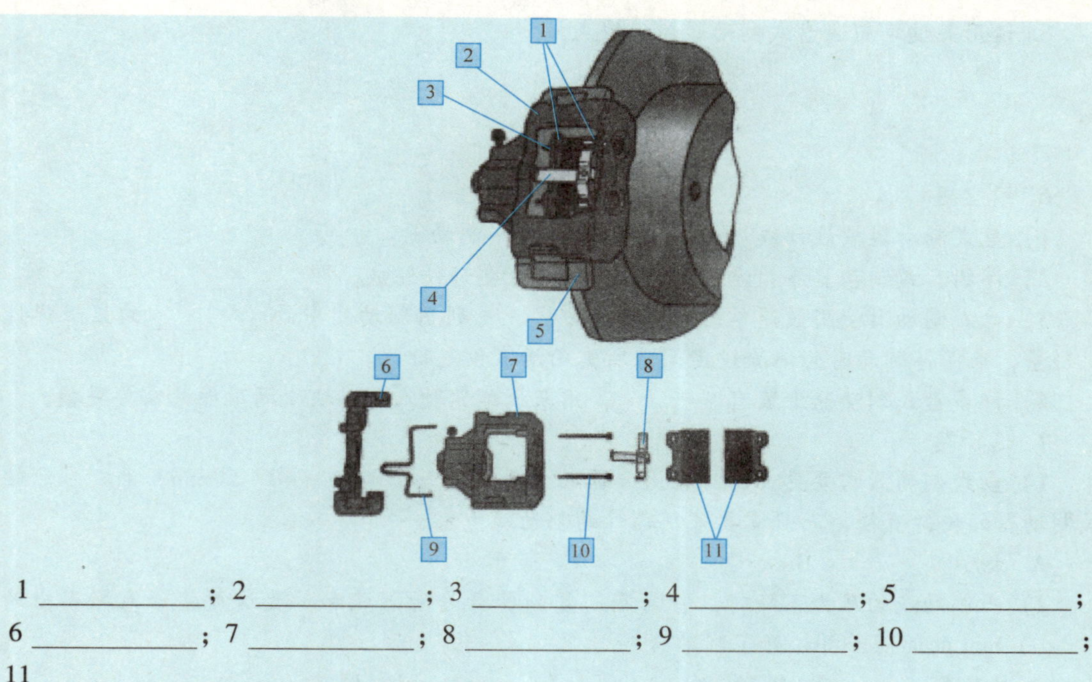

1 ____________；2 ____________；3 ____________；4 ____________；5 ____________；
6 ____________；7 ____________；8 ____________；9 ____________；10 ____________；
11 ____________

2. 根据下图简述浮钳式盘式制动工作原理。

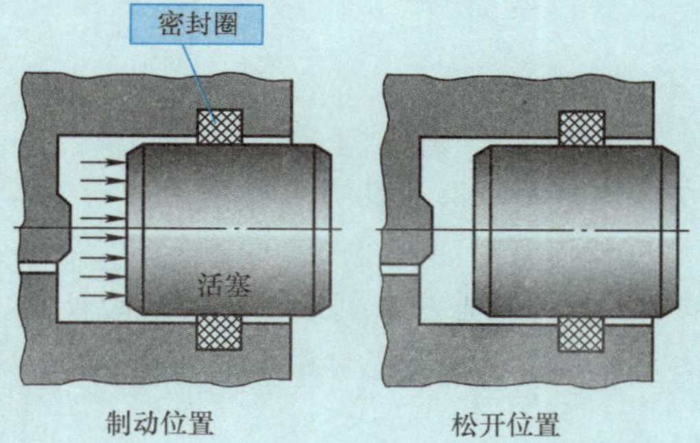

答：

3. 请用框图简述固定钳式制动器工作原理。

4. 请用关键词描述制动器如何实现间隙自动调整。

5. 请用关键词简述盘式制动器的优缺点。

6. 填空题

1）盘式制动器被设计成________或________制动器。

2）浮钳盘式制动器浮钳盘式制动器由两个主要部件组成，即________和________。

3）盘式制动器使用最简单的间隙自调方式，是利用制动钳中的________的极限弹性变形量，来保持制动时为消除设定间隙所需的活塞设定行程。

4）许多盘式制动器上装有________，用来提醒驾驶人制动块上的摩擦片需要更换。

7. 选择题

1）盘式制动器需要更大的压紧力，因而需要的制动缸直径（40～50mm）（　　）鼓式制动器的轮缸直径，而且需要采用额外的制动助力器。

A. 大于　　B. 小于　　C. 等于

2）当制动液的压力下降时，密封圈回复到其开始的形状和位置这也使活塞撤离出约（　　）mm的间隙，并松开了制动盘。

A. 0.015　　B. 0.15　　C. 1.5　　D. 15

3）制动盘暴露在空气中，散热能力（　　）。特别是采用通风式制动盘，空气可以流经内部，加强散热。

A. 弱　　B. 强

8. 判断题

1）盘式制动器制动力易于测量，因为没有自行增力，而且摩擦系数变化较小，保证了制动过程中制动力几乎没有任何波动。（　　）

2）制动液产生的热较多，因为摩擦块在制动活塞上装的较紧。（　　）

3）若盘式制动器的设定间隙较大，用密封圈就不可靠，而应采用专门的间隙调整装置。（　　）

4）在制动摩擦块的背板上装有一小弹簧片，其端部到制动盘的距离刚好为摩擦片的磨损极限，当摩擦片磨损到需更换时，弹簧片与制动盘接触发出刺耳的尖叫声，警告驾驶人需要维修制动系统。（　　）

5）盘式制动器浸水后制动效能降低较大，须经多次制动才恢复正常。（　　）

2.2.3.5 工作页

2.2.3.5 工作页

学校名称		任课教师	
班级		学生姓名	
学习领域	L2 机械组件与系统检查拆换		
学习情境	LS2.2：制动时产生摩擦噪声，制动片磨损指示器亮起	学习时间	50min
工作任务	E：鼓式制动器的检查与更换	学习地点	理实一体化教室

请用关键词框图表示鼓式制动器的检查与更换方法。

2.2.3.6 工作页

2.2.3.6 工作页

学校名称		任课教师	
班级		学生姓名	
学习领域	L2 机械组件与系统检查拆换		
学习情境	LS2.2：制动时产生摩擦噪声，制动片磨损指示器亮起	学习时间	50min
工作任务	F：盘式制动器的检查与更换	学习地点	理实一体化教室

1. 请用关键词框图表示盘式制动器的检查与更换方法。

2. 填空题

1）用直尺测量衬块厚度，标准厚度为________ mm，极限厚度为________ mm，必要时更换。

2）检查前盘式制动器衬块支撑板，确保盘式制动器衬块支撑板有足够的________，没有________、________或________，并清除所有的________和________，必要时更换。

3）用千分尺测量制动盘厚度，标准厚度为________mm，极限厚度为________mm，必要时更换。

4）安装前消声垫片在消声垫片上涂敷指定________。

LS2.3

底板上发出随转速变化的隆隆声或响亮的排气声

2.3.3.1 工作页

2.3.3.1 工作页

学校名称		任课教师	
班级		学生姓名	
学习领域	L2 机械组件与系统检查拆换		
学习情境	LS2.3：底板上发出随转速变化的隆隆声或响亮的排气声	学习时间	50min
工作任务	A：排气系统的作用及分类	学习地点	理实一体化教室

1. 请用关键词简述排气系统的作用和工作条件。

2. 请用关键词框图表示排气系统的分类。

3. 请用表格简述排气系统按照设计分类的几种类型的原理和优缺点。

4. 填空题

1）排气系统是控制汽车的________和________的系统，它布置于整个汽车________之下，与发动机________相连，悬挂于车身底板之下。

2）排气系统按结构要求又可分：________、________和__________________。

3）有的发动机有两根排气支管，两根排气支管通过一根叉形管将两个排气支管连接到一根排气管上，共用一个三元催化转化器、一根消声器、一根排气尾管，这就叫__________________。

4）排气管的形式是最终根据发动机的________、________所决定的。

5. 选择题

1）消声过程中对废气流动造成干扰而产生的发动机功率损失应尽可能（　　）。

A. 大　　　　B. 小

2）由于暴露在外面会受到气候的影响，在冬天还会受到道路防冻盐的作用，在整个排气系统的全长上会出现外部（　　）。

A. 裂纹　　B. 腐蚀　　C. 鼓包　　D. 断裂

3）通常，消声器采用（　　）层结构。

A. 1　　B. 2　　C. 3　　D. 4

6. 判断题

1）国家对汽车排放要求程度不同而设计出不同的排气系统，越到越后面排气系统对排放控制越严格，系统也就越复杂。（　　）

2）在排气系统上游温度较高的部分上，燃烧气体的冷凝（水、亚硫酸）会导致排气系统内部腐蚀。（　　）

3）排气系统的上游零部件由于要经受高温工作条件，所以主要用变形小、不结垢，并且耐高温腐蚀的不锈钢制成。（　　）

4）排量大的车一般排气管也就多。（　　）

2.3.3.2　工作页

2.3.3.2　工作页

学校名称		任课教师	
班级		学生姓名	
学习领域	L2 机械组件与系统检查拆换		
学习情境	LS2.3：底板上发出随转速变化的隆隆声或响亮的排气声	学习时间	50min
工作任务	B：排气系统的组成及工作原理	学习地点	理实一体化教室

1. 看图填空。

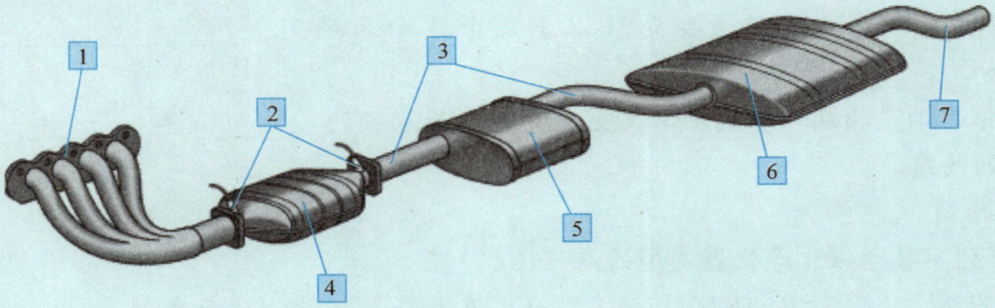

1 ____________；2 ____________；3 ____________；4 ____________；5 ____________；6 ____________；7 ____________

2. 请简述消声器的分类。

3. 请简述催化转化装置的结构。

4. 请简述振动和回压的含义及对排气系统的影响。

5. 填空题

1）排气系统由________、________（简称催化器）和________组成。

2）排气系统在其全长上必须是________的，这样，燃烧气体才不能进入车内，消声过程才不会受到影响。

3）各种声波都是因物体的________而产生，振动而辐射声波的物体称之为________。

4）噪声的基本性质包括________方面和________方面。前者描述噪声的客观属性，如声压、声强、频率等，后者涉及人们的主观感觉即噪声对人的影响。

5）噪声的评价指标：对声音的描述分为客观评价和主观评价。客观评价是用________、________、________等声音的基本物理量来描述声音；主观评价是通过人耳的听觉的感受来对声音进行描述。

6）反射消声就是在声波传播的路径上设置一些________（即隔板）。

7）干涉效应如果在消声器内，废气流先分成两路，然后在经过不同长度路径后，再重新并到一起，那么，这些声波在相遇时就会部分相互________。

8）吸收就是将噪声引向多孔性材料，通过________将声能转变成________，以达到实际衰减噪声能量的目的。

9）评价消声器的性能主要是从以下几个方面来确定：________、________、________和________等。

10）催化剂是指在化学反应中改变反映速度而本身的________和________在反应中保持不变的物质。

6. 选择题

1）下列不属于催化净化器类型的是（　　）。

A. 氧化型　　B. 还原型　　C. 催化型　　D. 三元型

2）排气管制作的材料也由最初的铁的、镀锌的，慢慢地过渡到今天使用的（　　）。

A. 铜　　B. 铝合金　　C. 不锈钢　　D. 银

7. 判断题

1）制造厂对消声器的结构与布置以及连接管的长度和横截面都要相互匹配。（　　）

2）波动是振动产生的根源，振动是波动的传播过程。（　　）

3）噪声的主观评价是通过人耳的听觉的感受来对声音进行描述。（　　）

4）消声器一般包括从消声器进气口开始的整个消声器部件，包括发动机排气歧管和排气管。（　　）

2.3.3.3　工作页

2.3.3.3　工作页

学校名称		任课教师	
班级		学生姓名	
学习领域	L2 机械组件与系统检查拆换		
学习情境	LS2.3：底板上发出随转速变化的隆隆声或响亮的排气声	学习时间	50min
工作任务	C：排气管总成的连接方式及焊接技术	学习地点	理实一体化教室

1. 填空题

1）连接就是将两个或更多的工件相互连在一起，在接合处形成了结合强度。根据要求的性能，诸如________、________、________、________、________和________这样的连接在汽车上都得到了应用。

2）螺纹连接通常是________的摩擦连接，然而，其中有些又属于________。

3）铆钉连接是________式连接。

4）钎焊是利用________的填充金属（钎料）对金属零件进行的材料连接。

5）熔接是最常用的材料连接方法。熔接有两种不同的方法：________和________。

6）用外加气体作为电弧介质并保护电弧和焊接区的电弧焊称为气体保护电弧焊，简称________。

2. 选择题

1）扳手必须与螺纹连接件的头部相适应操作时，务必遵守拧紧力矩表或制造商说明书中所列的（　　）。

A. 拧紧力矩　　B. 拧紧角度　　C. 拧紧工具　　D. 拧紧步骤

2）熔接是一种（　　）的、通常采用与母材相同材料的材料连接方法通过在连接处进行加热，从而使零件通过液态材料连接在一起，或者通过加热和加压，使零件通过膏状材料连接到一起。

A. 不可拆卸　　B. 可拆卸

3）下列不属于气体保护焊的常用气体（　　）。

A. 二氧化碳（CO_2）　B. 氩（Ar）　C. 氦（He）　D. 氧（O_2）

4）对接焊焊疤最短长度为（　　）mm，焊疤最长长度为38mm。

A. 20　　B. 25　　C. 30　　D. 35

5）焊疤最小直径为（　　）mm；焊疤最大直径为12mm。

A. 7　　B. 8　　C. 9　　D. 10

3. 判断题

1）螺纹连接件的最小旋入深度必须考虑能确保传递连接作用力。（　　）

2）在焊接过程中，钎料应该摊开并在较大的面积上润湿焊接表面。（　　）

3）分段焊接时，应当使某一段区域的对接焊能够自然冷却，然后再进行下一区域的焊接。（　　）

4）塞焊具有足够的强度来承受各种结构的焊接载荷，不可用于装饰性物体的外壳和其他金属薄板上。（　　）

5）焊接和对接焊，金属穿透宽度为 0 ~ 5mm，对接焊焊片夹缝是金属板厚度的 3 ~ 4 倍。（　　）

6）焊件正面焊接最大宽度为 3mm，金属最大穿透宽度为 1 ~ 1.5mm。（　　）

4. 请简述铆接的过程。

5. 请简述 CO_2 气体保护焊的原理、特点及需要调节的参数。

6. 请简述基本的焊接方式及注意事项。

2.3.3.4　工作页

2.3.3.4　工作页

学校名称		任课教师	
班级		学生姓名	
学习领域	L2 机械组件与系统检查拆换		
学习情境	LS2.3：底板上发出随转速变化的隆隆声或响亮的排气声	学习时间	50min
工作任务	D：排气管总成的检查及拆装	学习地点	理实一体化教室

1. 请用关键词简述排气管总成的拆装步骤。

2. 填空题

1）检查安装情况，检查排气管________处是否损坏，检查其支架上的________是否脱落或损坏。

2）检查排气管是否锈蚀或损坏，通过观察接头部位是否有________，检查排气管连接处是否________，检查消声器是否________和________，检查三元催化转化器是否损坏。

3. 判断题

1）在检查排气系统泄漏状况时，必须戴手套和护目镜。（　　）

2）采用仔细倾听和手感检查相结合的方法，对排气系统接合密封部位进行检查，如果存在泄漏则进行标记。（　　）

3）检查时双手应接触排气系统。（　　）

4）如果存在排气泄漏，佩戴的保护手套将明显感到冲击，此部位应是泄漏点。（　　）

LS2.4

发动机运行不平稳且功率不足

2.4.3.1 工作页

2.4.3.1 工作页

学校名称		任课教师	
班级		学生姓名	
学习领域	L2 机械组件与系统检查拆换		
学习情境	LS2.4：发动机运行不平稳且功率不足	学习时间	50min
工作任务	A：发动机的分类	学习地点	理实一体化教室

1. 请用表格形式总结发动机的分类及特点。

2. 填空题

1）发动机是将某一种形式的能量转换为机械能的机器。其功用是将液体或气体的________通过燃烧后转化为________，通过膨胀再将热能转化为________并对外做功、输出动力。

2）点燃式发动机，最好使用汽油，混合气在________或________形成。

3）柴油机，发动机的混合气在________形成，以________为燃料。

4）四冲程发动机对于一个做功循环，这些发动机均有一个封闭的气体交换过程，并且每循环需要活塞运动________个行程，即曲轴转________圈。

5）二冲程发动机对于一个做功循环，这些发动机具有一个开放式的气体交换过程，并且每循环只需要活塞运动________个行程，即曲轴转________圈。

6）按活塞形成进行分类，可分为________和________。

7）按冷却系统进行分类，可分为________和________。

8）对于轿车来说，发动机的布置位置可以简单地分为________、________和________三种。目前市面上大多数车型都是采用的________发动机。

9）内燃机按照进气系统是否采用增压方式可以分为________和________。

3. 选择题

1）由于二冲程发动机做功冲程频繁，每转一圈需燃烧一次，因此发动机各零部件受热程度比四冲程发动机（　　）。

A. 高　　B. 低　　C. 相同

2）发动机，比如L4就代表着（　　）4缸的意思。

A. 水平对置　　B. 直列　　C. V形　　D. 转子式

3）V 形发动机，使两组气缸形成一个夹角的平面，从侧面看气缸呈 V 字形，通常的夹角为（　　），故称 V 形发动机。

A. 30°　　B. 45°　　C. 60°　　D 90°

4）水冷发动机是利用在气缸体和气缸盖冷却水套中进行循环的（　　）作为冷却介质进行冷却的。

A. 机油　　B. 冷却液　　C. 水　　D. 空气

4. 判断题

1）点燃式发动机在轿车和中小型货车及军用越野车上得到广泛的应用。（　　）

2）由于二冲程发动机做功冲程频率大，故工作不平稳。（　　）

3）直列发动机缺点在于发动机本身的功率较低，并不适合配备 6 缸以上的车型。（　　）

4）VR 发动机的汽缸夹角非常小，两列气缸接近平行，气缸盖上的火花塞孔几乎并在一条直线上。（　　）

5）W 形与 V 形发动机相比可将发动机做得更短一些，曲轴也可短些。（　　）

6）风冷发动机是利用流动于气缸体与气缸盖外表面散热片之间的冷却液作为冷却介质进行冷却的。（　　）

2.4.3.2　工作页

2.4.3.2　工作页

学校名称		任课教师		
班级		学生姓名		
学习领域	L2 机械组件与系统检查拆换			
学习情境	LS2.4：发动机运行不平稳且功率不足	学习时间	50min	
工作任务	B：发动机的组成和工作原理	学习地点	理实一体化教室	

1. 请用关键词鱼骨图总结发动机的组成部件。

2. 看图填空。

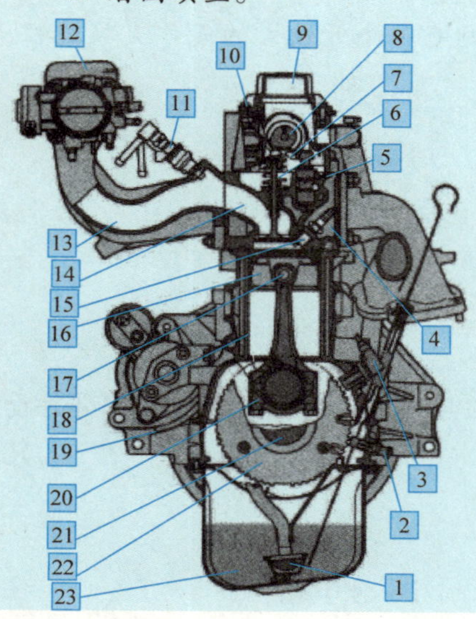

1 ________；2 ________；3 ________；
4 ________；5 ________；6 ________；
7 ________；8 ________；9 ________；
10 ________；11 ________；12 ________；
13 ________；14 ________；15 ________；
16 ________；17 ________；18 ________；
19 ________；20 ________；21 ________；
22 ________；23 ________

3. 总结四冲程发动机的原理。

行程	温度	压力	气门状态	活塞方向
吸气				
压缩				
做功				
排气				

4. 请用关键词总结发动机的技术特点。(每条不超过8个字)

5. 填空题

1) 汽油机由________大机构和________大系统组成，即________、________、________、________、________、________和________组成。

2) 曲柄连杆机构是发动机实现工作循环完成能量转换的主要运动机构。它由________、________和________等组成。

3) 配气机构大多采用顶置气门式配气机构，一般由________、________和________组成。

4) 燃油供给系统包括________、________、________、________、________、________等部件。

5) 润滑系通常由________、________、________和________等组成。

6) 水冷发动机的冷却系通常由________、________、________、________、________等组成。

7) 点火系通常由________、________、________、________和________等组成。

6. 选择题

1) 机体组是发动机的（　　），是曲柄连杆机构、配气机构和发动机各系统主要零部件的装配机体。

A. 核心　　B. 支架　　C. 外壳　　D. 附属部件

2) 活塞连杆组将活塞的往复运动变为（　　）的旋转运动。

A. 机体组　　B. 连杆　　C. 曲轴　　D. 飞轮

3) 气门组的结构主要由气门、气门弹簧、气门锁夹等组成，通常情况下，进气口的直径要（　　）排气口，主要是为了增加进气量，来提高燃烧效率，从而获得更好的动力输出。

A. 小于　　B. 等于　　C. 大于

4) 气门驱动组的作用是定时驱动气门开闭，并保证气门有足够的开度和适当的气门（　　）。

A. 长度　　B. 高度　　C. 间隙

5) 不适于发动机润滑系统润滑方式的有（　　）。

A. 压力润滑　　B. 飞溅润滑　　C. 润滑脂润滑　　D. 快速润滑

7. 判断题

1）通常情况下，进气口的直径要小于排气口。（ ）

2）燃油缓冲器也称脉动阻尼器。其作用是使燃油泵泵出的油压变得平稳，减少油压波动和降低噪声。（ ）

3）节温器主阀门开启过迟，则使发动机预热时间延长，使发动机温度过低。（ ）

4）正常行驶中，高速气流已足以散热，风扇一般不会在这时候工作。（ ）

5）大多经济型车常采用镍合金火花塞，只有中高档车才会使用铂金火花塞或铱金火花塞。（ ）

6）缸线数目与发动机缸数不相同。（ ）

2.4.3.3 工作页

2.4.3.3 工作页

学校名称		任课教师	
班级		学生姓名	
学习领域	L2 机械组件与系统检查拆换		
学习情境	LS2.4：发动机运行不平稳且功率不足	学习时间	50min
工作任务	C：发动机气缸压力检测	学习地点	理实一体化教室

1. 请用关键词简述发动机机械系统故障的表现及影响。

2. 请用关键词简述发动机机械系统故障的成因。

3. 请用关键词框图表示缸压测试的步骤及注意事项。

4. 请简述缸压测试的标准及分析方法。

5. 填空题

1）工况异常是指汽车发动机的工作状况突然出现了________现象，这是比较常见的工作症状。

2）在正常情况下，无论汽车工作多长时间，发动机各系统和机构应保持一定的工作温度，超过这个温度，称为________。

3）发动机在过程中，正常的燃烧生成物应表现为________颜色的烟雾。

4）燃料、润滑油消耗异常也是一种故障现象。润滑油消耗增加，原因通常是________。

5）造成发动机机械系统故障的原因是多方面的，有________的原因，有________不当的原因、也有________不当的原因，但大部分是由于长期运行后的正常________引起的。

6. 选择题

1）排（　　）主要是燃料燃烧不完全，烟雾中含有大量的炭粒。

A. 白烟　　B. 黑烟　　C. 蓝烟　　D. 红烟

2）排（　　）主要是因为机油进入燃烧室被燃烧所致。

A. 白烟　　B. 黑烟　　C. 蓝烟；　　D. 红烟

3）排（　　）是因为燃油中有水或水进入发动机气缸。

A. 白烟　　B. 黑烟　　C. 蓝烟　　D. 红烟

7. 判断题

1）事实证明，凡响声沉重，并伴有明显振抖现象的机械故障多为恶性故障，应立即停机，查明原因。（　　）

2）轿车发动机冷却系的正常温度为70～105℃，超过此温度范围则为发动机过热。（　　）

3）排白烟是因为燃油中有水或水进入发动机气缸。（　　）

4）气缸的密封性与气缸的磨损程度无关。（　　）

5）发动机各气缸压力应不小于原设计规定值的80%。（　　）

2.4.3.4　工作页

2.4.3.4　工作页

学校名称		任课教师		
班级		学生姓名		
学习领域	L2 机械组件与系统检查拆换			
学习情境	LS2.4：发动机运行不平稳且功率不足		学习时间	50min
工作任务	D：发动机压力损失检测		学习地点	理实一体化教室

1. 请简述发动机机械系统故障的诊断方法。

2. 请用关键词简述气缸压力损失检测的步骤。

3. 填空题

1）汽车故障诊断方法有：________、________和________。

2）________就是部分地隔离或隔断某些系统或某些部件的工作，通过观察故障现象的变化来确定故障范围或部位的方法。

3）________是指对故障可能产生的部位通过试探性的排除或调整来判断其是否正常。

4）在进气歧管或排气歧管内有漏气响声，表明________或________泄漏。

5）在机油加注管口或油尺口处听到漏气声，表明________、________和________、________损坏。

4. 选择题

1）气缸漏损，允许泄漏总读数（　　）。

A. ≤25%　　B. ≤10%　　C　≤20%

2）气缸密封性：气门和气缸盖衬垫处的允许泄漏总读数（　　）。

A. ≤25%　　B. ≤10%　　C. ≤20%

3）气缸密封性：活塞和活塞环处的允许泄漏总读数（　　）。

A. ≤25%　　B. ≤10%　　C. ≤20%

5. 判断题

1）当隔离或隔断某部位后，若故障现象立即消失，则说明故障发生在此部位或与此部位相关的系统；若故障现象依然存在，说明故障在其他部位。（　　）

2）当某缸不工作，怀疑火花塞工作不正常时，可将一个正常的火花塞换上，若故障消失，说明该火花塞工作不正常。（　　）

3）冷却系统散热器加注口里冒气泡，或相邻气缸的火花塞孔内有响声，表明气缸垫泄漏或气缸盖上有裂纹。（　　）

LS2.5

冷却液损失且排气管冒白烟

2.5.3.1　工作页

2.5.3.1　工作页

学校名称		任课教师		
班级		学生姓名		
学习领域	L2 机械组件与系统检查拆换			
学习情境	LS2.5：冷却液损失且排气管冒白烟		学习时间	50min
工作任务	A：发动机控制系统组成及原理		学习地点	理实一体化教室

1. 请用关键词简述发动机控制系统的组成和工作原理。

2. 请简述什么是进气相位、排气相位和气门重叠角。

3. 请简述发动机正时系统工作原理。

4. 填空题

1）电子控制汽油喷射系统的组成至少包括三个子系统：________、________和________。

2）空气供给系统的组成包括：________、________、________和________（支管）。

3）燃油供给系统的组成包括：______、______、______、______和________。

4）ECU 根据发动机________和________（主控参数），利用存储的程序脉谱图计算基本喷油量。

5）在四冲程发动机中曲轴每转 2 圈完成一个完整的气缸循环，所以正时系统最基本的就是在驱动气门的凸轮轴上和曲轴上各有一个齿轮，两者的齿数比是______：______。

6）配气相位是指进、排气门________和________时间用曲轴转角来表示。

7）发动机正时系统主要由________（电子控制单元）和________等组成。

5. 选择题

1）曲轴正时齿轮的齿数为凸轮轴正时齿轮齿数的一半。曲轴与凸轮轴的转速之比为（　　）。

A. 1∶1　　B. 1∶2　　C. 2∶1　　D. 3∶1

2）气门实际开启和关闭时刻不设定在活塞的上、下止点，而采用提前打开和滞后关闭的办法来延长进、排气时间，使实际气门开启过程中曲轴转角都大于180°。

A. 大于　　B. 小于　　C. 等于

3）从进气门开启到上止点所对应的曲轴转角 α 称为进气提前角，α 一般为（　　）。

A. 10°～30°　　B. 15°～30°　　C. 20°～30°　　D. 10°～20°

4）从下止点到进气门关闭所对应的曲轴转角 β 称为进气滞后角，β 一般为（　　）。

A. 40°～80°　　B. 50°～80°　　C. 60°～70°　　D. 40°～60°

6. 判断题

1）由于一个做功循环包括四个活塞行程，即曲轴转两圈，并且在此过程中，气门只能被操纵一次，所以凸轮轴必须以曲轴一半的转速来旋转。（　　）

2）进气门早开，保证进气行程开始时，气门就有较大的开度，获得较大的进气通道截面，使新鲜气体顺利充入气缸。（　　）

3）从排气门开始开启到下止点所对应的曲轴转角 γ 称为排气提前角，γ 一般为60°～80°。（　　）

4）只要气门重叠角选择适当，就不会出现废气倒流入进气管和新鲜气体随同废气排出的问题。（　　）

5）通过判断曲轴位置及凸轮轴位置，ECU便可以确定发动机喷油时刻及点火时刻等基本控制参数。（　　）

2.5.3.2　工作页

2.5.3.2　工作页

学校名称		任课教师		
班级		学生姓名		
学习领域	L2 机械组件与系统检查拆换			
学习情境	LS2.5：冷却液损失且排气管冒白烟	学习时间	50min	
工作任务	B：气缸盖、气缸垫及螺栓连接	学习地点	理实一体化教室	

1. 看图填空。

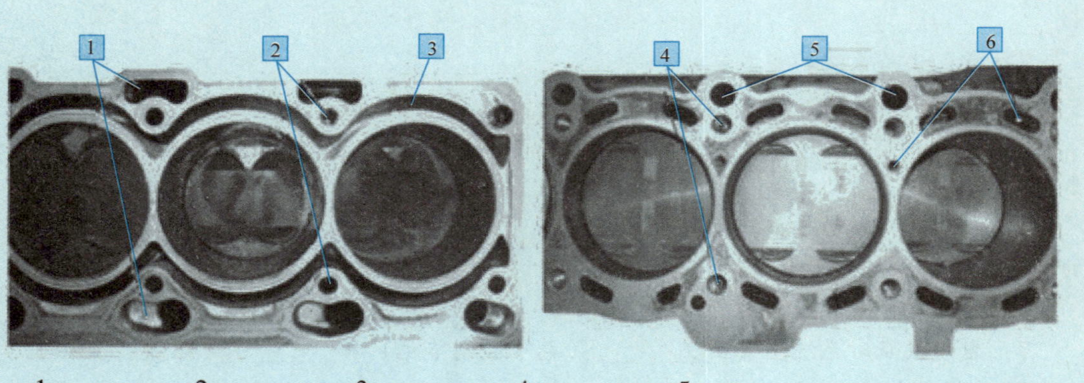

1 ________；2 ________；3 ________；4 ________；5 ________；6 ________

2. 请简述气缸垫需要满足的技术条件及方法。

3. 请用表格总结螺栓、螺母的类型。

4. 确定下列圆柱头螺栓的紧固力矩。

1）ISO 4762 M4 10.9。

2）ISO 4762 M10×55 10.9。

3）ISO 4762 M12 5.6。

5. 请总结防松的种类和方法。

6. 请用关键词简述扭力扳手的使用方法。

7. 请简述攻螺纹和套螺纹的方法和步骤。

8. 填空题

1）气缸盖从顶部封闭燃烧室，气缸盖与气缸体上平面之间插入气缸垫，气缸盖用________固定。

2）气缸盖要承受高负荷（高的燃烧压力和温度），因而必须对________、________和________进行检验。

3）水冷式气缸盖这种气缸盖主要为独立布置的________和________而铸造，材料为________。冷却液通过水道口从气缸体流到气缸盖。

4）螺母分为______、______、______、________、________、________、________。

5）可调扭力扳手在使用后应调到________，这样可以在更长时间内维持调定精度。

9. 选择题

1）金属/软材料气缸垫在约（　　）mm 厚的金属基板上制有夹持齿凸。

A. 0.1　　B. 0.2　　C. 0.3　　D. 0.4

2）钢制螺栓上会标有制造商和强度等级的标识。强度等级是通过两个数字中间加一点来标识的，如10.9，第一个数字表示螺栓材料最低拉伸强度的（　　）。

A. 十分之一　　B. 百分之一　　C. 千分之一　　D. 万分之一

3）例如，如果螺母可以承受1000N/mm^2 的检测应力，则标识数为（　　）。

A. 1　　B. 10　　C. 100　　D. 0.1

10. 判断题

1）风冷式气缸盖这种气缸盖全用铝合金制成，并制有散热片。由于热量向空气传递的效率低于向冷却液的传递，所以必须通过散热片来加大冷却表面积。 （ ）

2）螺栓头轮廓和扳手靠面之间有圆滑过渡，使得较大力矩可以可靠传递，而不会造成螺栓头和扳手的损伤。 （ ）

3）应力螺栓自己保持预应力，因此可不使用防松手段。 （ ）

4）螺纹旋入深度必须最少为 0.6d（螺栓直径）。 （ ）

5）攻螺纹时应顺时针旋转，若感到吃力时即逆时针旋转 180°。再吃力时适当加一点冷却液（根据被攻工件的材质而定）。 （ ）

2.5.3.3 工作页

2.5.3.3 工作页

学校名称			任课教师	
班级			学生姓名	
学习领域	L2 机械组件与系统检查拆换			
学习情境	LS2.5：冷却液损失且排气管冒白烟	学习时间	50min	
工作任务	C：气缸盖、气缸垫的检测及更换	学习地点	理实一体化教室	

1. 请用关键词简述气缸体和气缸盖的变形位置及产生变形的原因。

2. 请用关键词简述气缸体和气缸盖平面变形检测。

3. 请用关键词简述气缸垫更换的步骤及注意事项。

4. 填空题

1）气缸体产生裂纹的原因主要有：________在高速转动时产生的振动使气缸体的薄弱部位产生裂纹；发动机________状态时突然加入大量冷水、水垢积聚过多而散热不良或由于穴蚀使________产生裂纹；镶换气缸套时，过盈量选择过大或压装工艺不当造成________裂纹；装配螺栓时拧紧力矩过大产生________裂纹等。

2）刀口尺可用来测量________和________误差，需配合________来使用。

3）在一定的变形范围内，可采用________修复的方法来修复，如果修整气缸体平面后引起活塞头部凸出，需要通过加厚发动机气缸垫来解决。如果修整气缸盖后引起燃烧室容积变化较大，也可通过________气缸垫来解决或在燃烧室非重要的位置去除部分的材料来解决。

4）一般来说，气缸盖螺栓的拧紧顺序是：从________向________，________。

5）当螺栓将要拧紧时，再将螺栓拧紧到规定力矩，必要时，必须遵守制造厂家规定的转角拧紧法。通常，必须采用一套________。拧松顺序与安装顺序________。

5. 选择题

1）平面度测量时将刀口尺的的刀口（　　）于被测平面，用塞尺来塞刀口下的缝隙，从而测量出平面度误差。

A. 平行　　　B. 倾斜放置　　　C. 垂直

2）当检测气缸体或气缸盖的平面度超过技术要求，但又小于允许的修正量时，可对平面进行（　　）。

A. 更换　　　B. 修磨　　　C. 加厚

3）气缸体产生裂纹的原因主要有，装配螺栓时拧紧力矩（　　）产生螺纹孔裂纹。

A. 过小　　　B. 过大

6. 判断题

1）根据“缝隙”的大小，选择合适厚度的塞尺，如果顺利的塞入，换厚一些的，如果不能塞入，换薄一些的。当塞尺恰好塞入，松紧适度，塞尺厚度数值，就是“缝隙”的数值。（　　）

2）如果气缸盖和气缸体都已经磨损，应采用较薄的气缸垫，否则，压缩比就会变化。（　　）

3）在旋松气缸盖螺栓之前，应让发动机冷却下来，以防气缸盖变形。（　　）

4）燃烧室的翻边不得伸入燃烧室，否则，会导致早燃。（　　）

2.5.3.4　工作页

2.5.3.4　工作页

学校名称			任课教师	
班级			学生姓名	
学习领域	L2 机械组件与系统检查拆换			
学习情境	LS2.5：冷却液损失且排气管冒白烟		学习时间	50min
工作任务	D：检测和更换正时传动带		学习地点	理实一体化教室

1. 请用关键词简述正时链条的更换方法。

2. 请用关键词简述正时传动带的更换步骤。

LS2.6

发动机爆燃噪声，机油压力指示灯亮起

2.6.3.1 工作页

2.6.3.1 工作页

学校名称		任课教师		
班级		学生姓名		
学习领域	L2 机械组件与系统检查拆换			
学习情境	LS2.6：发动机爆燃噪声，机油压力指示灯亮起	学习时间	40min	
工作任务	A：曲柄连杆机构组成	学习地点	理实一体化教室	

1. 填空题

1）曲柄连杆机构的功用是将燃料燃烧时产生的________转变为活塞往复运动的________，再通过连杆将活塞的________运动变为曲轴的________运动而对外输出转矩。

2）根据机件的运动方式不同，通常将曲柄连杆机构划分成________、________、________。

3）机体组主要由________、________、________、________、________和________等不动件组成。

4）活塞连杆组主要由________、________、________和________等运动件组成。

5）曲轴飞轮组主要由________、________、________和________等旋转件组成。

6）直列式气缸体气缸排成一列，是最普通的气缸排列方式。其特点是________，________，发动机的将随着气缸数目增加而增加。

7）________安装在气缸盖和气缸体之间，它是发动机最重要的一种垫片，是保证气缸盖和气缸体间的________，防止________、________与________。

8）活塞的功用是承受混合气燃烧后的________，并通过________和________将此力传递给曲轴，以驱动曲轴________，同时活塞顶部还与气缸盖和气缸壁共同构成________。

9）气缸体内引导活塞做往复运动的圆柱形空腔称为________。它要承受着燃烧产生的压力和热量及活塞在气缸内往复运动中产生的________。

10）气缸盖安装在气缸体的________，与活塞一起形成________。气缸盖内部有用于冷却燃烧室及周围区域的________，其下端面上的冷却液孔与气缸体上的冷却液孔________，以保证冷却液的循环。气缸盖上________门座，气门导管孔及进、排气通道等。气缸盖两侧安装________歧管，上部安装________。

2. 在下图中标出机体组各部件的位置及名称。

3. 请设计合适的表格，列出机体组主要部件的作用。

4. 在下图中标出活塞连杆组各部件的名称。

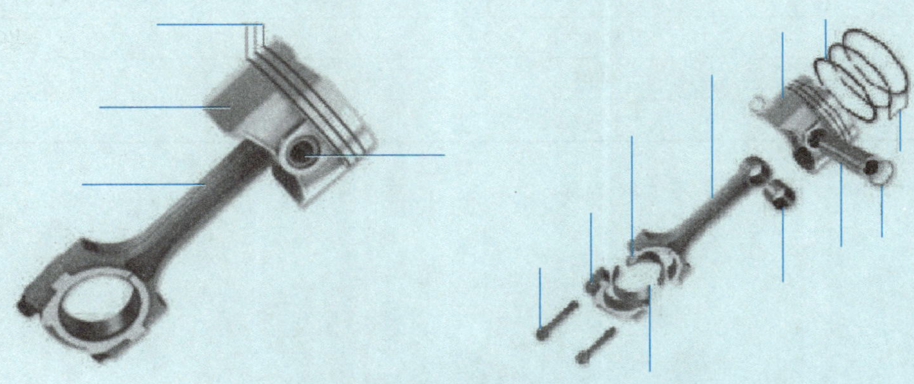

5. 请设计合适的表格，列出活塞连杆组主要部件的作用。

6. 请在下图中标出曲轴飞轮组各部件的名称。

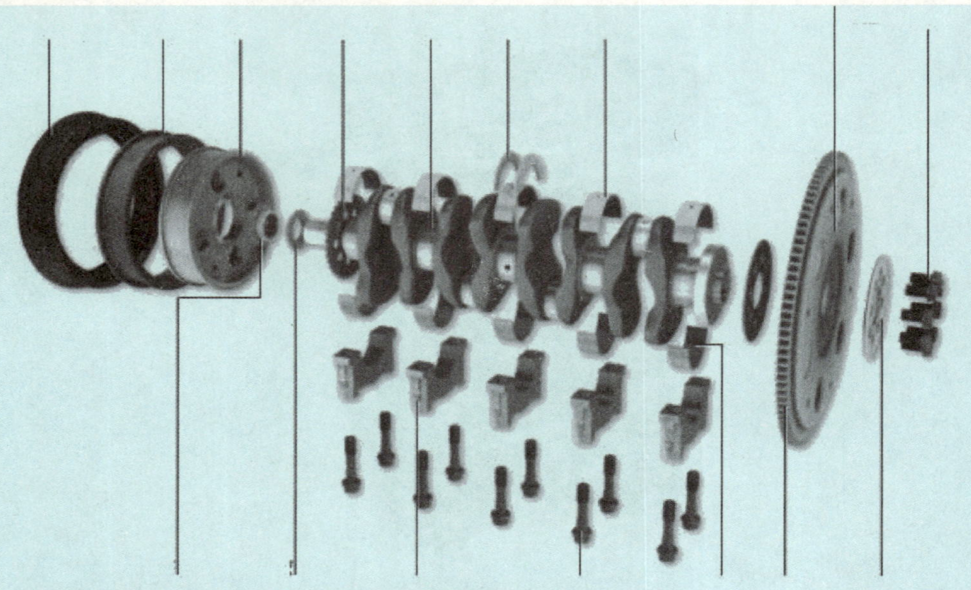

7. 请设计合适的表格，列出曲轴飞轮组主要部件的作用。

8. 对比不同气缸排列形式，用关键词描述其主要特点。(10个字以内)

序号	气缸排列形式	特点
1	直列式	
2	V形	
3	水平对置式	

9. 在下图中标出活塞各部位的名称。

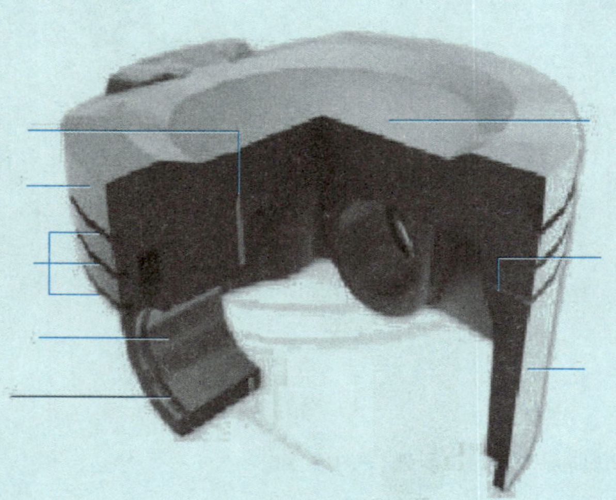

2.6.3.2 工作页

2.6.3.2 工作页

学校名称		任课教师	
班级		学生姓名	
学习领域	L2 机械组件与系统检查拆换		
学习情境	LS2.6：发动机爆燃噪声，机油压力指示灯亮起	学习时间	45min
工作任务	B：气缸和气缸体的检修	学习地点	理实一体化教室

1. 请用示意图描述气缸体的磨损规律。

2. 气缸的最大磨损位置处在哪些部位？这些部位磨损最大的主要原因是：

1	
2	
3	
4	

3. 请写出内径百分表（也叫量缸表）的组装与调校步骤。

1	
2	
3	
4	
5	
6	
7	
8	
9	
10	
11	

4. 请写出气缸磨损的测量步骤。

1	
2	
3	
4	
5	
6	
7	

5. 气缸体产生裂纹的常见部位和裂纹产生的原因：

部位	原因

6. 气缸体和气缸盖接合平面翘曲变形产生的危害是什么？

7. 气缸体平面变形检测记录：

位置 测量值	位置1 /mm	位置2 /mm	位置3 /mm	位置4 /mm	位置5 /mm	位置6 /mm
气缸体上平面						

8. 气缸检测步骤及规范：

<table>
<tr><th>操作步骤</th><th>工量具</th><th>过程</th><th>维修规范与操作要求</th></tr>
<tr><td rowspan="2">清洁并检查气缸壁</td><td>抹布</td><td>擦拭气缸壁</td><td rowspan="2">维修规范：
如发现气缸壁有无损坏，如有则需进行维修或更换。</td></tr>
<tr><td>目视</td><td>检查气缸壁有无损坏</td></tr>
<tr><td rowspan="2">组装量缸表并校零</td><td>千分尺</td><td>清洁、校零千分尺并将千分尺调整到标准缸径76.51mm</td><td rowspan="2">维修规范：
缸体的修理尺寸：
<table>
<tr><th>修理级别</th><th>气缸体直径/mm</th></tr>
<tr><td>基本尺寸</td><td></td></tr>
<tr><td>第一次维修</td><td></td></tr>
<tr><td>第二次维修</td><td></td></tr>
</table>
操作要求：
1. 量缸表的检查内容包括：
1）检查内径百分表表头的活动情况，转动表盘无卡滞，捏住内径百分表上部的拉手部位轻轻向上提无卡滞。
2）检查表杆是否弯曲。
3）检查量缸表导向端的活动情况。
4）检查调整垫片是否有腐蚀或脏物，清洁并测量调整垫片。
2. 组装量缸表注意事项：
1）组装量缸表，并留1～2mm的预压缩量。
2）根据气缸直径选择合适的接杆，并用扳手拧紧接杆。</td></tr>
<tr><td>千分尺、量缸表</td><td>检查、组装量缸表并用千分尺对其进行校零</td></tr>
</table>

（续）

<table>
<tr><th>操作步骤</th><th>工量具</th><th>过程</th><th>维修规范与操作要求</th></tr>
<tr><td rowspan="2">测量气缸直径，记录数据并计算</td><td>量缸表</td><td>测量气缸三个截面横向和纵向直径</td><td>维修规范：
1. 横向和纵向三个截面测量点位置：
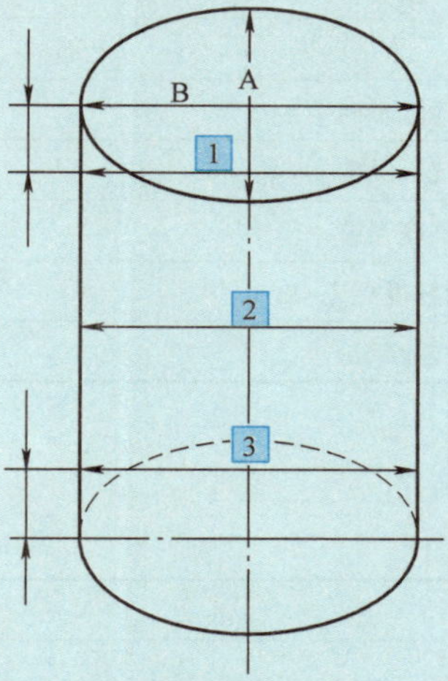

2. 测量值与标准尺寸的最大偏差为0.08mm，气缸标准尺寸为：
<table><tr><th>修理级别</th><th>气缸体直径/mm</th></tr><tr><td>基本尺寸</td><td>76.51</td></tr><tr><td>第一次维修</td><td>76.76</td></tr><tr><td>第二次维修</td><td>77.01</td></tr></table>操作要求：
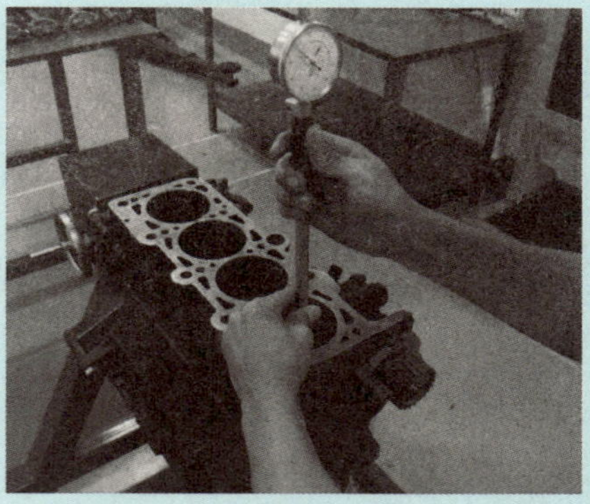
1）测量气缸直径时，要先将放入气缸并贴着缸壁直到表头达到待测位置，切勿磨损。
2）测量气缸直径时，要摆动量缸表，当指针出现最大的偏转时的计数即为该位置气缸的。</td></tr>
<tr><td></td><td>记录并计算圆度、圆柱度</td><td>维修规范：
1. 圆度误差≤0.05mm，圆柱度误差≤0.20mm。
2. 计算各缸的误差：同一平面位置两直径之差再除以2。
3. 计算各缸的误差：最大直径与最小直径之差再除以2。
4. 判断能否正常使用，得出结论。</td></tr>
</table>

（续）

操作步骤	工量具	过程		维修规范与操作要求
记录结果	气缸壁外观检查结果			
		上部	中部	下部
	气缸轴向			
	气缸纵向			
	圆度误差			
	圆柱度误差			
	检验结论			

2.6.3.3 工作页

2.6.3.3 工作页

学校名称		任课教师		
班级		学生姓名		
学习领域	L2 机械组件与系统检查拆换			
学习情境	LS2.6：发动机爆燃噪声，机油压力指示灯亮起	学习时间	45min	
工作任务	C：活塞连杆组件的检修	学习地点	理实一体化教室	

1. 请设计合适的表格展示活塞的损伤形式和检测方法。

2. 请设计合适的表格展示活塞环的损伤形式和检测方法。

3. 请写出清洁活塞与活塞环的步骤要点。

1	
2	
3	

4. 活塞直径的测量。

1）请描述活塞直径的测量方法。

2）完成活塞直径的测量并记录。

项目	活塞直径/mm
测量值	
数据判断及处理	

3）若活塞的直径不符合技术标准，如何修复？

5. 活塞环“三隙”的检测。

1）请描述活塞环“三隙”的检测方法。

2）完成活塞环“三隙”的检测并记录。

项目	侧隙/mm	端隙/mm	背隙/mm
测量值			
结果判断及处理			

3）若活塞环三隙不符合技术标准，如何修复？

6. 连杆小头孔径及活塞销直径测量。

连杆小头孔径	活塞销直径	配合间隙	分析结论

7. 列出连杆变形的原因。

1	
2	
3	

8. 连杆螺栓检测

1）列出连杆螺栓的故障原因。

1	
2	
3	
4	

2）写出使用游标卡尺测量螺栓受力部分的直径的方法步骤要点。

1	
2	
3	

3）完成连杆螺栓直径的检测并记录。

连杆螺栓直径	分析结论

9. 连杆轴承检测。

1）写出连杆轴承的检测的方法步骤要点。

1	
2	
3	
4	
5	
6	
7	

2）完成连杆轴承的检测并记录。

轴向间隙	径向间隙	配合间隙	分析结论

10. 活塞连杆组拆装步骤及规范。

<table>
<tr><td>总装配图</td><td colspan="3">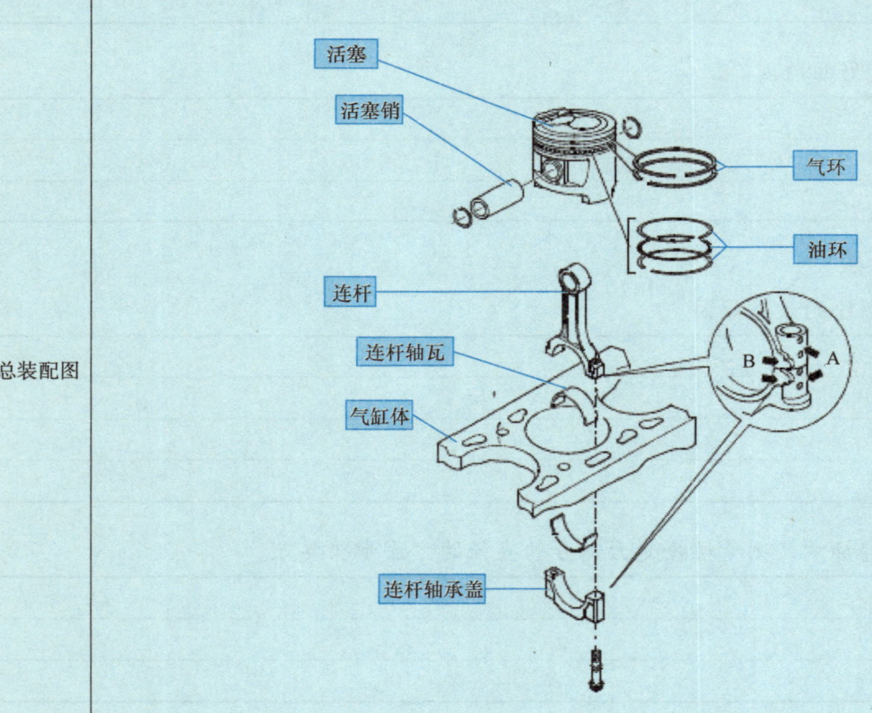
</td></tr>
<tr><td>操作步骤</td><td>工量具</td><td>过程</td><td>维修规范与操作要求</td></tr>
<tr><td rowspan="2">旋转曲轴</td><td></td><td>气缸盖及油底壳拆卸后，转动发动机翻转架使发动机倒置</td><td rowspan="2">操作要求：
当需要拆卸二、三缸活塞时，需 ________ 转动曲轴 ________，使二、三缸处于活塞 ________ 位置。</td></tr>
<tr><td></td><td>将需要拆卸活塞的气缸转动至下止点位置</td></tr>
</table>

（续）

操作步骤	工量具	过程	维修规范与操作要求
拆卸连杆轴承盖	指针式扭力扳手	拆卸连杆轴承盖螺栓	操作要求： 1. 拆卸连杆轴承盖螺栓时需________拧松，螺栓首次拧松需采用________扭力扳手。 2. 当轴承盖不易取下时，可用________轻敲连杆螺栓然后取下，注意防止________掉落（或将已经拆卸的螺栓放在螺栓孔内，扭动取出轴承盖）。 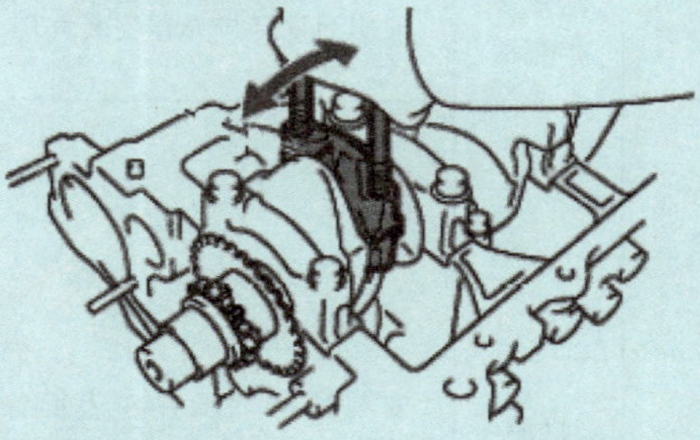
		取下连杆轴承盖及连杆轴承	3. 拆卸的轴承盖及轴承需要________摆放整齐，防止安装时与其他气缸零件错位安装。 4. ________在拆卸后需更换。
拆卸活塞连杆组	锤子	用锤子的木柄在合适的位置向下推出连杆活塞组	操作要求：  1. 最好选用________的榔头柄推动活塞。 2. 拆卸的活塞连杆、连杆轴承及轴承盖需在________摆放整齐或________，防止出现与其他气缸错位安装。
拆卸活塞环	活塞环扩张器	使用活塞环扩张器拆下两道气环	操作要求： 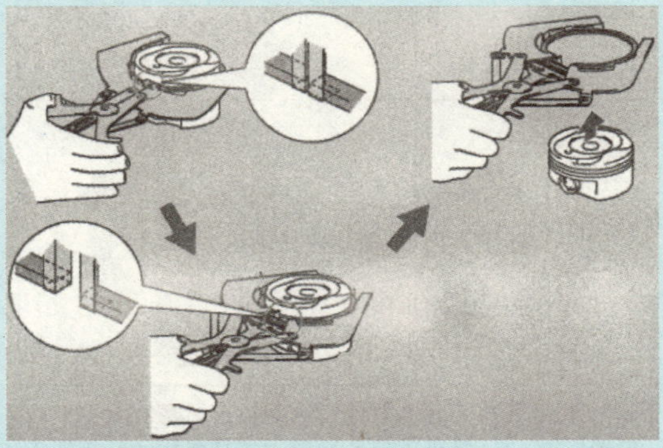 为防止拆卸活塞环时出现断裂或变形情况，在拆卸过程中应避免________气环和油环。
		用手拆下组合油环	
	铲刀	清理活塞顶面、活塞环和活塞环槽的积炭	

（续）

操作步骤	工量具	过程	维修规范与操作要求
安装活塞环		用手安装组合油环	维修规范： 1. 活塞环开口偏移________。 2. 活塞环上____________标记必须朝向活塞顶部。 操作要求： 1. 活塞环安装顺序：________、________、________。 2. 活塞环开口偏移________。 3. 活塞环上________标记必须朝向活塞顶部。
	活塞环扩充器	使用活塞环扩充器安装气环	
安装活塞连杆组	机油	安装连杆轴承并在表面涂抹机油	操作要求： 1. 在连杆轴承表面涂抹________，不要在轴承________涂抹机油，否则轴承的散热效能会严重下降。
	活塞环压缩器	按照装配记号放入活塞，用橡胶锤轻轻推入	2. 安装连杆轴承时注意________标记。 3. 活塞裙部的箭头必须朝向________。 4. 转动发动机翻转架至气缸朝上位置，放入活塞安装工具，调整安装工具，按照________放入活塞，用________轻轻推入（推入深度与缸体平面平齐），取下活塞安装工具，再次用________将活塞推入到位。
安装连杆轴承盖	扭力扳手	安装连杆轴承盖	维修规范： 1. 连杆螺栓拧紧力矩________。 2. 连杆螺栓在拆卸后________。 3. 安装螺栓时________螺纹和接触表面。 操作要求： 当一、四缸处于下止点时安装一、四缸活塞连杆组，再转动曲轴________安装二、三缸活塞。
思考	1）为什么要使用木柄推出活塞？ 2）轴承正确的润滑方式是怎样的？润滑不正确会产生什么影响？ 3）活塞环缺口为什么要错开布置？		

1）为什么要使用木柄推出活塞？

2）轴承正确的润滑方式是怎样的？润滑不正确会产生什么影响？

3）活塞环缺口为什么要错开布置？

11. 活塞及活塞环检测步骤及规范。

<table>
<tr><th>操作步骤</th><th>工量具</th><th>过程</th><th>维修规范与操作要求</th></tr>
<tr><td rowspan="2">清洗活塞及活塞环</td><td>铲刀</td><td>清除活塞环槽内的积炭</td><td rowspan="2">操作要求：
用铲刀清理活塞环槽内________时，要做到细心耐心，操之过急会________活塞。</td></tr>
<tr><td>毛刷、吹枪</td><td>将活塞及活塞环置于油盆内清洗，最后用吹枪吹洗干净以待测量</td></tr>
<tr><td rowspan="3">测量活塞裙部直径</td><td>千分尺</td><td>千分尺清洁并校零</td><td rowspan="3">维修规范：
1. 测量点约在活塞下边缘约________mm 处与________垂直方向。
2. 活塞标准尺寸：<table><tr><th>修理级别</th><th>活塞直径/mm</th></tr><tr><td>基本尺寸</td><td>76. 475</td></tr><tr><td>第一次维修</td><td>76. 725</td></tr><tr><td>第二次维修</td><td>76. 975</td></tr></table>3. 测量值与标准尺寸的偏差最大为________ mm。
操作要求：
测量完成后，注意及时清洁活塞上的________。</td></tr>
<tr><td>记号笔</td><td>在活塞上以空心十字的形式标记测量点</td></tr>
<tr><td>千分尺</td><td>测量活塞裙部直径并记录测量值</td></tr>
</table>

（续）

<table>
<tr><th>操作步骤</th><th>工量具</th><th>过程</th><th>维修规范与操作要求</th></tr>
<tr><td rowspan="3">测量活塞环开口间隙</td><td>塞尺</td><td>选择合适塞尺厚度并清洁</td><td rowspan="3">维修规范：
1. 活塞环压入气缸距离气缸底部边沿约为________ mm。
2. 活塞环开口间隙规范值：
<table><tr><th>活塞环尺寸/mm</th><th>新件尺寸</th><th>磨损极限</th></tr><tr><td>第1道气环</td><td>________</td><td>1.0</td></tr><tr><td>第2道气环</td><td>________</td><td>1.0</td></tr><tr><td>油环</td><td>________</td><td></td></tr></table>操作要求：
1. 压入气缸的活塞要求开口________，活塞环平面与气缸壁________，建议利用________的活塞将环压入气缸内。
2. 用塞尺测量开口端隙时，所选塞尺的厚度在间隙中运动能够感到________的，即为测量值。</td></tr>
<tr><td></td><td>将待测量的活塞环从上端压入气缸</td></tr>
<tr><td>塞尺</td><td>测量活塞环开口间隙</td></tr>
<tr><td rowspan="3">测量活塞环环槽间隙</td><td>塞尺</td><td>选择合适塞尺厚度并清洁</td><td rowspan="3">维修规范：
活塞环环槽间隙规范值：
<table><tr><th>活塞环尺寸/mm</th><th>新件尺寸</th><th>磨损极限</th></tr><tr><td>第1道气环</td><td>________</td><td>0.15</td></tr><tr><td>第2道气环</td><td>________</td><td>0.15</td></tr><tr><td>油环</td><td colspan="2">不能测量</td></tr></table>操作要求：
1. 边滚动活塞环，边测量________点位置。
2. 用塞尺测量环槽间隙时，所选塞尺的厚度在间隙中运动能够感到明显摩擦力的，即为测量值。</td></tr>
<tr><td></td><td>将待测量的活塞环放入相应活塞环槽内</td></tr>
<tr><td>塞尺</td><td>用塞尺测量活塞环与相应环槽的侧壁的间隙</td></tr>
</table>

（续）

操作步骤	工量具	过程	维修规范与操作要求
记录结果	外观检查		
	活塞裙部直径		
	活塞间隙		
	检测结论		

2.6.3.4 工作页

2.6.3.4 工作页

学校名称		任课教师	
班级		学生姓名	
学习领域	L2 机械组件与系统检查拆换		
学习情境	LS2.6：发动机爆燃噪声，机油压力指示灯亮起	学习时间	45min
工作任务	D：曲轴飞轮组件的检修	学习地点	理实一体化教室

1. 请完成曲轴和轴承损伤形式的列表。

部件	损伤形式	形成原因	影响	检测方法
曲轴				
主轴承				

2. 记录曲轴和轴承的拆卸步骤及要点。

序号	拆卸步骤	操作要点
1		
2		
3		
4		
5		
6		

3. 曲轴轴颈的测量。

1）怎么测量曲轴的轴颈？需测量哪些部位？

2）对曲轴轴颈进行检测并记录。

位置号	测量点 1	测量点 2	圆度	圆柱度
曲轴轴颈截面 1				
曲轴轴颈截面 2				
连杆轴颈截面 1				
连杆轴颈截面 2				
曲轴弯曲度				
结论				

3）若曲轴的轴颈不符合技术标准，如何修复？

4. 曲轴最大径向跳动量的测量。

1）怎么测量曲轴的最大径向跳动量？

2）对曲轴的最大径向跳动量进行检测并记录。

最大径向跳动量	跳动量标准值	结果判断

3）若曲轴的径向跳动量不符合技术标准，如何修复？

5. 请简述曲轴裂纹的检测方法？

序号	检测方法	主要步骤
1		
2		
3		

6. 曲轴主轴承间隙的检测。

1）请写出曲轴主轴承间隙的检测步骤。

1	
2	
3	
4	
5	
6	
7	
8	

2）对曲轴轴承间隙进行检测并记录。

轴承间隙测量值	轴承间隙标准值	结果判断

3）若曲轴的轴承间隙不符合技术标准，如何修复？

7. 曲轴轴向间隙的检测。

1）请写出曲轴轴向间隙的检测步骤。

1	
2	
3	

2）对曲轴轴向间隙进行检测并记录。

曲轴轴向间隙测量值	曲轴轴向间隙标准值	结果判断

3）若曲轴的轴向间隙不符合技术标准，如何修复？

8. 曲轴的拆装步骤及规范。

<table>
<tr><td>总装配图</td><td colspan="3"></td></tr>
<tr><th>操作步骤</th><th>工量具</th><th>过程</th><th>维修规范与操作要求</th></tr>
<tr><td rowspan="2">拆卸曲轴主轴承盖</td><td>指针式扭力扳手</td><td>拆卸曲轴主轴承盖螺栓</td><td rowspan="2">维修规范：
1. 检查主轴承盖对前记号。
2. 检查轴承和轴承盖标记。
操作要求：
1. 使用指针式扭力扳手和套筒________拆卸主轴承盖螺栓。
2. 分几次________松开主轴承盖螺栓。
3. 使用拆下的主轴承盖的螺栓，________并拆下主轴承盖和下止推片（只有2号主轴承盖处）。 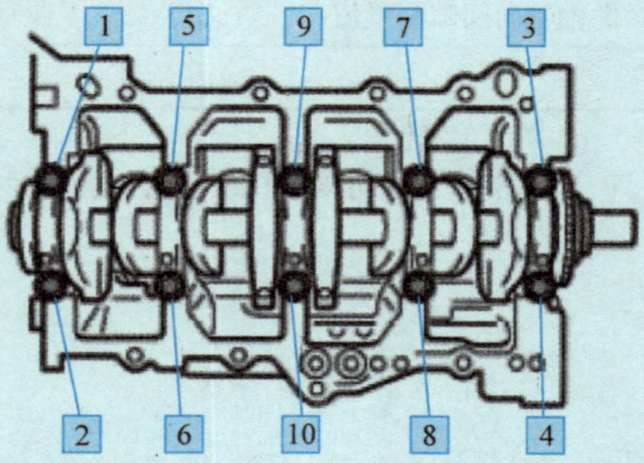</td></tr>
<tr><td></td><td>取下主轴承盖</td></tr>
<tr><td>拆卸曲轴</td><td></td><td>取下曲轴和止推垫片</td><td>操作要求：
1. 抬出曲轴，________放在________。
2. 把下轴承和主轴承盖放在一起，并按________摆放。
3. 检查________标记。</td></tr>
</table>

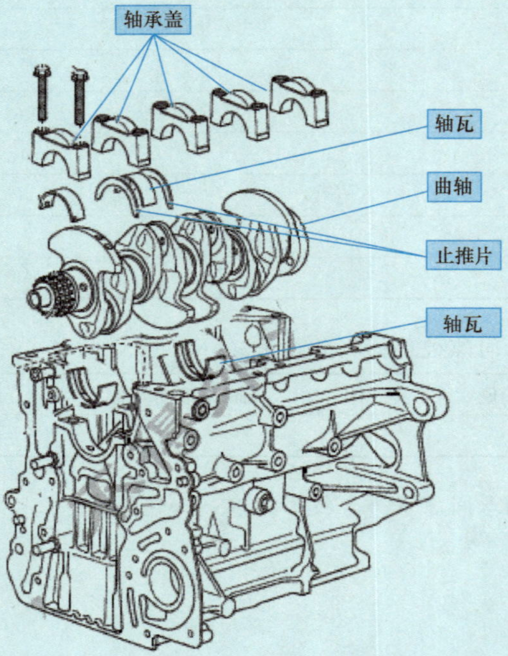

（续）

操作步骤	工量具	过程	维修规范与操作要求
清洁、检查曲轴及相关零件	抹布、吹枪	清洁曲轴轴颈、轴承和轴承盖	维修规范： 每个主轴颈、连杆轴颈和轴承应________，否则________曲轴或视情修理。
	目视	检查主轴颈、连杆轴颈和轴承有无麻点和划痕	
安装曲轴		安装曲轴轴承和止推垫片	操作要求： 1．对准轴承凸起和缸体的________。 2．安装止推垫片，________朝外。 3．润滑________、________及________。
		安装曲轴	
安装曲轴轴承盖		安装曲轴轴承盖	维修规范： 1．力矩：50N·m＋90°。 2．轴承盖标记________，按顺序摆放，相互位置________更换。 3．检查曲轴转动，应能________转动。 操作要求： 1．对准轴承凸起和主轴承盖的________。 2．润滑轴承________。 3．________的螺纹和________涂一薄层机油。 4．按顺序几次________拧紧10个主轴承________。
	扭力扳手	紧固曲轴轴承盖螺栓	5 1 3 7 9 10 6 2 4 8

思考问题：

1）安装止推垫片有何注意事项？

2）润滑轴承盖有何注意事项，否则会有何后果？

3）轴承盖拧紧力矩不一致会产生什么影响？

9. 曲轴的测量步骤及规范。

操作步骤	工量具	过程	维修规范与操作要求
清洁、检查曲轴外观	抹布、吹枪	清洁曲轴轴颈、轴承和轴承盖	维修规范： 每个________、________和________应无麻点和划痕，否则更换曲轴或视情况修理。
	目视	检查主轴颈、连杆轴颈和轴承有无麻点和划痕	
组装百分表	百分表、磁性表座	清洁、组装百分表测量头并调零	操作要求： 1. 将曲轴________放置平台上，并用V形铁支撑，确保其在V形块上水平放置，两端不能________，否则会影响________。 2. 检查百分表及支架并组装，百分表的________必须锁紧，否则会因为百分表松动影响到测量结果。 3. 调整百分表，使________贴近曲轴主轴颈，并对百分表预压________mm；若不进行百分表预压，也会引起测量结果失准。 4. 转动百分表刻度盘，使其________对准“0”刻度。
检查曲轴弯曲度	百分表、磁性表座、平台	检查曲轴弯曲度	维修规范： 最大圆跳动量为________mm，如果曲轴的圆跳动量超过最大值，则________曲轴。 操作要求： 1. 双手________曲轴，仔细观察百分表所测出曲轴的________。 2. 眼睛必须与百分表________。
检查曲轴磨损	千分尺	清洁千分尺并校零	维修规范： 主轴颈直径标准：________mm。 连杆轴颈直径标准：________mm。 圆度和圆柱度误差：________mm。 操作要求： 1. 检查主轴颈直径。 2. 检查连杆轴颈直径。 3. 计算主轴颈、连杆轴颈圆度和圆柱度误差。
	千分尺	测量曲轴主轴颈及连杆轴颈	
		记录数据并计算	

（续）

操作步骤	工量具	过程	维修规范与操作要求
数据记录	外观检查		
	曲轴弯曲度		
	主轴颈圆度		
	连杆轴颈圆度		
	检测结论		